근대를 살다

한국 근대의 인물과 사상

김경일 지음

성균관대학교
출판부

19세기 후반 이래 우리는 근대라는 시간을 살아왔다. 그 안에서 겪은 경험과 감정의 총체를 근대성이라 한다면, 이 근대성은 곧이어 들이닥친 식민 치하에서 형성된 식민성과 조우했다. 식민 지배를 경험한 아시아, 아프리카, 라틴아메리카 여러 나라들에서 근대성은 흔히 이렇게 식민성을 동반했고, 양자의 병존, 교차가 이뤄지는 가운데 근대화가 진행되었다. 널리 알려진 '식민지 근대화론'이란 이러한 인식의 산물이다. 게다가 서구는 제국주의의 무력과 그람시Antonio Gramsci가 말한 헤게모니 행사를 통해 식민성을 부과, 강요했으면서도 근대성의 표상으로 보편주의를 표방하면서 식민성과 무연한 실체로 자리 잡기에 이른다.

그러나 무엇보다 근대성은 서구의 식민주의 기획과 불가피하게 얽혀 있는 인식 틀이라는 주장이 점차 설득력을 얻어냈다. 근대성의 발전에 식민성은 필수불가결했고, 이러한 점에서 양자는 분리할 수 없는 동전의 양면이라는 것이다. 파농Frantz Fanon에 따르면, 지구의 일정 지역을 침략해 식민화하는 식민자는 피식민자를 만들어내면서 동시에 자신도 식민화되는 과정을 밟는다. 보편을 표방하는 서구의 근대성 기획 자체가 식민성으로부터 자유롭지 않다는 점에서 근대성 서사는 애당초 식민주의를 내장한다는 의미다. 서구가 식민지와 무관한 듯 보이는 실체라기보다 양자가 한 몸으로 근대를 만들어갔다는 이러한 인식은 지금까지의 세계사를 상당 부분 다시 써야 한다는 주장으로 이어진다.

근대성과 식민성에 대한 이러한 문제의식을 염두에 두고, 필자는 40년 남짓한 연구자의 여정에서 마주친 몇몇 근대인의 삶과 사상을 공유하기 위해 이 장을 마련하였다. 그 주인공은 유길준과 윤치호(제1장), 안중근(제2장), 한상룡(제3장), 여운형(제4장), 안재홍(제5장), 김마리아, 박인덕, 허정숙(제6장), 나혜석(제7장), 미야케 시카노스케(三宅鹿之助, 제8장), 이렇게 11인이다. 연대로 보면 이들은 1856년부터 1991년 사이에 걸쳐 있으며, 대체로 19세기 말에서 20세기 전반기 근대의 삶을 살았다. 제9장과 10장은 일제 강점기 전향 제도와 일본 제국주의 식민 정책으로서 동화주의를 다룬다. 일제 식민 지배의 특징을 잘 드러내는 징후로서의 성격을 갖는 두 주제는 서로 밀접하게 연관되어 체제 유지에 기여해왔다는 점에서, 위 주인공들의 생애 무대에 일부 배경을 이룬다.

이들이 어떠한 방식으로 무엇을 느끼고 지향하며 근대를 살아갔는지는 각자의 인지와 판단, 선택과 결단이라는 삶의 미시적 과정들을 내포한다. 그러니 외부에서 근대성과 식민성이라는 추상의 두

거시 지표로써 미시의 일상들을 아우르기가 쉽지는 않다. 거시/외부의 차원이 자료와 사실에 의존하는 분석과 해석의 영역이라면, 미시/내면의 차원은 윤치호처럼 무려 60년에 이르는 일기를 남긴 드문 예외를 제외하면, 대부분 상상에 근거하는 추론의 영역이기 때문이다. 시간을 거슬러 올라갈수록, 대상에 관한 자료가 부족할수록 이러한 어려움은 가중된다. 이 책은 이러한 한계를 인식하면서 각 인물들이 근대성과 식민성의 좌표에서 어떠한 궤적을 그려나갔으며, 오늘날 우리는 그것을 어떻게 평가하고 있는지, 나아가 그것이 시사하는 바는 무엇인지 살펴본다.

19세기 후반의 근대를 가장 먼저 살아간 유길준과 윤치호는 문명개화를 추구하면서도 점진 개혁을 지향하는 온건한 근대화를 선호했다. 유길준은 18세기 이후 영국에서 발달한 자본주의를 인류가 도달할 수 있는 가장 좋은 체제라고 생각했다. 그에게 미국은 문명의 극치에 서 있는 부강과 풍요의 나라였다. 윤치호 역시 이러한 인식에서 크게 벗어나지 않았다. 비록 그것을 최선이라 여기지는 않았지만, 같은 맥락에서 그는 근대성의 열렬한 옹호자였다. 물론 근대성에 대한 이해와 지향에서 양자 간 차이도 있었다. 유길준이 근대성을 서구에 바로 등치시키기보다 그 기저에 유교적 세계관을 깔고 있었던 반면, 윤치호는 당대 서구를 추상화하고 탈맥락화하여 근대성에 대한 자기 이해에 투사한 혐의가 있다. 또한 문명과 제도 도입을 통해 근대성을 전망한 유길준과 달리, 윤치호는 근대성의 담지자로서 민족과 인종에 주목했으며, 인종주의의 유혹에서 벗어나지 못했다.

서구의 문명 단계를 절대화했다는 점에서 그 반영으로서 식민성을 설정할 수도 있겠지만, 유길준은 서구 제국의 식민성에 대해서는 짐짓 무심했다. 윤치호의 식민성은 다른 방식으로 구현되었다. 인종 차별과 도덕의 타락이라는 미국 문명에 대한 회의에서 그는 서구 문명이 표방한 '고귀한 이상'의 배후에서 작동하는 추악한 현실에 민감하게 반응했다. 그는 표방과 실제 사이의 괴리와 모순을 힘의 논리와 그것을 구현하는 행위자로서 민족과 인종을 통해 해소하려 했다. 그리하여 서구 문명의 근대성과 식민성을 넘어 아시아 차원의 문명 세계 건설을 전망했다. 하지만 불행하게도 그것은 서구 패권주의와 인종주의를 넘어서지 않는, 서구가 표방한 보편 거울상에 비친 허상이었다.

안중근에게서는 유길준이나 윤치호에게 나타나는 근대성에 대한 열망을 찾아볼 수 없다. 현실 서구 문명을 직접 체험한 두 사람과 달리, 안중근에게 서구는 지식과 이론 영역에 속해 있었다. 즉, 그의 근대성은 일종의 배경으로서 당위와 주장 차원에서 기능했다. 관념으로서의 서구와 달리, 그는 윤치호와 비슷하게 동아시아라는 지역과 동일 인종에 기반을 둔 공동체로서 세계 건설을 전망했다. 그렇다고 해서 윤치호나 대부분의 아시아주의자처럼 인종주의나 닫힌 민족주의의 유혹에 빠져들지 않았다. 인종을 초월한 민중에 대한 헌신, 보편의 세계주의에 대한 믿음을 통해 그는 식민성에 대한 도전의 길로 걸어갔다. 그리고 이를 위해 기꺼이 자신의 삶을 바침으로써 세계 차원은 아니더라도 동아시아 단위에서 서구의 근대성이 내포했던 식민성으로부터 자유로운 근대를 꿈꿨다.

한상룡에게 근대성은 일본이 받아들였던 서구 문명을 준거로 한다는 점에서 이중의 굴절을 겪었다. 그의 근대성 인식에는 서구 문명의 영향과 일본식 정조의 편린이 병존한다. 그는 스스로 근대성을 향유, 소비, 대상화하기보다는 그 실행자이자 구현자로 자임하는 생애를 구가했다. 물론 일본식 근대를 모델로 식민지 통치 기구의 경제와 실업 부문에서 식민지 근대를 추구하면서 한때 좌절과 갈등도 겪었다. 그러나 사실 그에겐 식민성 탈피가 불가능한 것이었다기보다 애당초 시야로 들어올 수 없는 것이었다. 근대성에 부합하는 식민성을 철저히 구현하며 그는 안중근이 꿈꾼 세계의 대척점에서 예속과 굴종의 삶을 살았다. 자민족과 국가를 소거하고 일본식 근대로의 철저한 귀일을 선택한 그는 근대성과 식민성의 본질과 그 모순을 적나라하게 드러내는 희귀한 사례를 역사에 남겼다.

한상룡의 근대에 일본식 서구의 그림자가 어려 있다면, 여운형은 중국을 준거 삼은 근대성의 영향을 받았다. 또한 한상룡이나 안중근 등 윗세대와 달리 20세기 전반 동아시아에 등장했던 마르크스주의 진보 이념과 조우했다. 그의 근대 개념은 서구 마르크스주의와 기독교, 동학사상 그리고 전통 유교와 농촌의 정조가 한데 어우러진 복합적 성격을 띠었다. 안중근과 비슷하게 그는 민족과 계급을 매개로 설정된 동양 평화의 개념을 통해 또 다른 차원의 근대성을 꿈꿨다. 그러나 민족을 명시화해서 구현한 안중근과 달리, 그는 민족에 정박하면서도 궁극에는 계급을 지향함으로써 식민성에 도전하고 그를 돌파하려 했다. 그 결과가 비록 개인의 절멸이라는 파국으로 귀결되었다 해도, 그는 식민성의 유혹을 경계하고 보편의 시각에서 계급과 민중을 조망하면서 새로운 차원의 근대성 영역을 제시했다.

안재홍의 근대 개념은 복합적 성격을 지닌 보편주의와 이에 대응하는 특수주의에 대한 성찰을 포괄한다. 서구 기독교 문명이 주도해 국제화·세계화 추세로 진행되었던 단일화의 양식과 마르크스주의 발전 단계의 임박한 이행이라는 근대성이 표방한 보편주의 너머를 조망하면서, 그는 식민지 현실의 문화적 중층성을 통해 보편의 근대성과 특수한 지역/민족 간의 상호 결합을 모색했다. 보편의 근대성을 자동적·필연적으로 인식하는 만큼, 그는 지역과 민족의 특수성을 보편으로 고양시키기 위해 탐구하고 노력했다. 그에게 근대성은 극복이나 도전 대상이라기보다 경쟁을 통해 따라잡아 궁극의 경지에 도달해야 하는 어떤 것이었다. 이는 비록 방도와 수단 차원에서는 다르다 해도 근대성 자체를 열렬히 추구했던 민족 부르주아지 특정 분파와의 차별성을 해소하는 것이었다. 근대성에 내포된 계급 지배와 억압의 실상을 직시하면서 반제와 진보를 옹호했기에, 그는 안중근과 여운형처럼 식민성에 반대하는 노선을 걸었지만, 이들처럼 근대성 자체를 넘어서는 전망을 제시하지는 못했다. 서구식 근대는 요원했고, 일본의 근대는 경계했으며, 마르크스주의의 근대에는 거부감을 지닌 그가 보편주의에 대한 전망을 상실하고 민족과 전통으로 회귀할 수밖에 없었던 것은 보편과 특수의 종합을 시도한 그의 비극이었다.

일본의 영향이 없지는 않지만, 김마리아의 근대는 토착의 민족 정서를 바탕으로 미국과 기독교가 주요한 준거로 작용했다. 근대성의 주요 준거가 미국이라는 점에서는 박인덕과 비슷하지만, 그녀에게 미국은 이중의 의미였다. 즉, 그녀에게 미국의 근대는 한편으로는 동경과 경의로써 적응해야 할 대상이었지만, 다른 한편으로는 (경제) 불평등과 (인종) 차별로 갈등과 고통을 초래한 실체였다. 불안과 소외가 작동하는 이 근대의 시공간 안에서 그녀는 기독교라는 신에 대한 믿음과 가족과 민족에 대한 헌신에 정박하고자 했다. 민족을 향한 대의는 근대성 안에 식민성 자체가 들어설 여지를 남기지 않을 정도로 강렬하고 온전했지만, 바로 그러한 이유로 나혜석처럼 여성으로서의 자의식을 고양시킴으로써 근대성 자체에 의문을 제기하는 길로 이끌리지는 않았다.

유럽과 러시아 경험이 있긴 했지만, 박인덕에게도 근대성은 김마리아처럼 영어와 기독교의 나라인 미국으로 표상되었다. 미국 문명에 찬사를 보내긴 했으되 본원적 호감은 없는 김마리아나 그에 비판적 태도를 분명히 한 허정숙과 달리, 박인덕은 동경과 경이 그리고 찬사로써 미국의 근대를 이상화했다. 타자(미국)에 대한 지나친 이상화는 자신(조선)에 대한 또 다른 부정의 얼굴이라는 점에서, 그녀는 전자의 근대성으로부터 소외되었을 뿐 아니라 자신이 지향했던 근대성마저 관념화하고 식민화해버리고 말았다. 직접 봉건 가부장제와 결혼제도의 모순을 고통스럽게 체험함으로써 김마리아보다 더 남녀평등과 여성해방 문제에 앞장섰지만, 제한되고 유보된 그녀의 젠더 인식은 근대성에 대한 도전이나 균열이 아니라 보완과 강화의 차원이었다.

일정 부분 긍정적 평가가 없지는 않았지만, 허정숙은 미국 문명을 물질과 금전 추구로 요약하고 비판했다. 미국과 일본, 중국의 근대를 두루 경험한 그녀는 미국 자본주의로 표상되는 근대성을 금전만능, 퇴폐, 타락의 현실로 인식했다. 마르크스주의라는 대안 근대성의 가르침에 따라, 그녀는 합리화 기제와 자기 방어론을 갖춘 미국의 근대에 도전하고 나아가 그를 극복하는 길은 사회운동과 계급투쟁에 있다고 믿었다. 그러나 박인덕에게서는 찾아볼 수 없는 비판과 통찰로써 미국 여성의 지위와 권리를 이해했음에도, 그녀의 인식 가운데서 여성성이나 여성주의를 통해 근대성에 도전하는, 나혜석과 같은 방식을 찾아보긴 어렵다.

나혜석은 근대의 표상을 선취하고 전유하여 근대 역사에서 신여성의 이름을 남긴 운동과 사상의 조류를 상징하는 인물이다. 유학과 여행을 통해 이 시기 그 어떤 여성들보다 더 많이 일본, 유럽, 미국 등지의 근대 문명을 체험했으며, 여성성, 친밀성, 여성해방 등의 주제로 표상되는 근대와 근대성의 영역을 제시함으로써 근대성의 새로운 차원을 개척했다. 남성 중심 가부장 사회에서 사랑의 방식과 결혼제도, 모성애 신화 등에 도전해 이를 해체하면서 성의 자기결정권을 주장하고, 성과 사랑에 대한 본원의 이해를 바탕으로 자유로운 성과 성 해방을 지향하는 실천의 삶을 살았다. 다양한 여성성의 차원에 대한 인정, 독신 생활과 남자 공창, 여성 주도의 대안결혼, 이성간 우정과 시험 결혼, 원초의 대안 가족에 대한 모색도근대 비판의 새로운 목록으로 기억되어야 한다. 그녀의 이러한 제안과 시도는 사회의식과 정치 성향에서의 식민성을 초월할 정도로 강렬하고 담대했다. 하지만 남성 근대주의자들의 근대 기획에 대한 도전이었던 그녀의 대안 근대성 추구는 그녀에게 끝내 가혹한 대가를 요구했다.

미야케 시카노스케三宅鹿之助는 경성제국대학의 교수로서 식민 통치 집단에 위치하면서도 식민 지배의 기획을 부정하고 식민지 피억압 민족과 연대를 추구했던 보기 드문 인물이다. 인도주의 관점에서 동정과 연민의 발로였건 이념을 함께하는 동지로서 연대감의 표출이었건 간에, 지배자와 피지배자의 경계가 뚜렷한 식민지 사회에서 그는 지배 영역에 속하면서도 스스로 피지배 진영의 편에 서고자 했다. 그는 대만과 일본에서 배웠고 조선에서 가르쳤으며 유럽과 미국에서 연구 활동을 하면서 다양한 근대성을 경험했다. 마르크스주의에 준거한 근대성을 추구했으며 지배 기획에 균열을 야기하고 저항하면서 피지배 진영에 대한 공감과 연대를 지향했다. 이를 통해 근대성에 내포된 식민성을 극복하는 차원으로 다가갔지만, 마르크스주의를 부정하는 사상 전향과 함께 그의 시도는 끝내 미완으로 끝나고 말았다.

이들 11인은 미국, 유럽, 일본, 중국 혹은 인도와 같이 다양한 지역과 문명을 통해 근대를 체험했다. 그런가 하면 안재홍은 서구 근대성의 한 변용으로서 마르크스주의를 다분히 의식했으며, 여운형, 허정숙, 미야케 시카노스케는 직접 그것을 받아들였다. 나아가 전통과 근대를 이분화하는 시각에서 벗어난다면, 전통 역시 근대성의 지표나 준거로 작용했음을 알 수 있다. 드러난 자료들만 봐도 적어도 유길준의 유교나 여운형의 농촌, 김마리아의 가족, 후기 나혜석의 불교가 그러했다.

식민성에 적나라하게 예속되었던 한상룡을 한 극단으로 보면, 그를 극복하고 그에 대한 대안을 모색했던 시도들은 민족, 계급, 젠더처럼 근대성에 내장되어 있는 식민성의 여러 지표들에 대한 도전을 의미했다. 이 또 다른 극단에서 근대의 선취와 전유는 다양한 양상을 보여준다. 근대의 성취를 목표로 설정한 유길준이나 안재홍은 말할 것도 없고, 민족에 고착하여 근대성의 영역을 벗어나지 못했던 김마리아와 달리 안중근과 여운형 등은 민족, 민중, 계급을 매개로 삼아 동양 평화로 나아가는 새로운 근대성의 영역을 전망했다. 또한 나혜석은 여성해방과 자유로운 성을 지향하는 대안 근대성의 경지를 개척했다.

이 책은 근대성과 식민성에 관한 일관된 논증에 앞서, 각 장 집필 당시 사회와 학계의 주요 이슈와 논쟁들을 나름의 문제의식 속에서 비판하고 성찰해본 결과에 힘입은 바 크다. 이러한 점에서 이 책은 근대 후반기 혹은 탈근대의 이행기를 살아가는 필자의 삶의 여정을 반영한 것이기도 하다. 학문 공동체 안에서 교류한 여러 선후배 동료 연구자들의 참여와 실천의 열정과 함께, 이 책이 진보와 미래로의 길 어디에선가 기억될 수 있다면 기쁘겠다.

2024년 여름

김경일

차례

일러두기

＊ 인용문 표기는 원 자료의 것을 그대로 따랐다. 다만 아주 어색한 띄어쓰기는
바로잡았고, 단어의 의미가 불분명하거나 검열 등으로 단어가 생략('×××'
식으로 표기)되어 의미 전달이 불확실하다고 판단될 경우, [ ]안에 간단히 추
가 설명하고, 필자 주 표기했다(예: 프로[프롤레타리아—필자]).

제 1 장

문명론과 인종주의:
아시아연대론

지리, 인종과 문명

19세기 후반 서구 제국주의 열강이 동아시아 삼국에서 점차 영향력을 키워가자 조선, 중국, 일본도 각각 다양한 양상으로 이에 대응했다. 조선에서는 이른바 위정척사파와 개화파를 양극으로 하여 각기 다른 입장이 맞서면서 전통의 고수와 근대의 도입을 둘러싸고 치열한 논쟁과 대립이 야기되었다. 이는 정치 무대에서 반대파 축출과 박해 그리고 해외 망명 등 격렬한 투쟁 과정을 수반했다.

국내에서 이러한 대립 양상은 대외 문제와 밀접한 관련을 맺으면서 진행되었다. 이는 서구 열강과 국교를 맺는 과정은 물론이고, 같은 지역권 안의 다른 동아시아 국가와 관계를 설정하는 데서도 재현되었다. 엄연한 서세동점의 현실 속에서 국가를 보존하고 자주성을 지켜내야 한다는 절박함에는 서로 공감했지만, 동아시아 다른 국가들과 어떻게 관계를 설정할 것인가에 대해서는 다양한 의견과 제안들이 제시되었다. 한편에선 화이華夷 세계관에 입각한 중국 중심의 전통적 지역 질서인 조공체제와 근대의 국제 질서로서 만국 공법 간의 대립이 나타났는가 하면, 다른 한편에선 동아시아 국가, 특히 일본과의 관계 설정을 둘러싼 의견차가 노정되기도 했다.

조선 사회 내부에서 근대와 전통, 개화와 반개화의 대립 전선이 형성되면서 전자를 지지하는 개화사상이 출현한 것은 시간상 1850년대부터 1870년대 사이로, 10년 단위로 구분된 다양한 견해들이 제출되어 있다.[1] 그러니 개화사상이 적어도 1870년대 무렵에 형성된 것임은 분명하다. 반면 국제 쟁점으로서 동아시아에 관한 관심은 이보다 늦은 1880년대 무렵부터 제기되기 시작해 1910년대까지 지속되었다.

자주 독립과 근대화를 위해 대외 개방을 해야 하고, 이어 동아시아 국가들끼리 연대해야 한다는 생각이 개화파 일부를 중심으로 제기되면서, 지식인 사회에서는 아시아연대론이나 동양 삼국공영론 같은 주장을 둘러싸고 활발한 논쟁이 전개되었다. 동아시아 국가들끼리 상호 연대를 주장하는 쪽에서는 지리 인접성이나 인종 그리고 문화와 같은 요인들을 강조함으로써 자신들의 주장을 정당화하려 했다. 보통 지리 근접성, 인종 동질성, 문화 유사성은 지역 정체성을 구성하는 요소로서, 문화 가치와 아이덴티티를 표상하는 지역과 인종은 동양연대론, 아시아연대론의 핵심 개념이었다.[2]

이 요소들은 1880년대 이후 시대 맥락에서 미묘한 편차들을 보이면서 각 시기별로 의미 변화를 겪는다. 먼저 지리 조건은 보통 장기 지속되어 변치 않는 속성을 지니는 것으로, 이 시기 아시아 연대에서 가장 우선하는 영향력을 가졌다. 무엇보다 15세기 후반 이래로 폐쇄 상태에 있던 동아시아 지역이 개방 체제로 이행하는 주요 요인은 이 시기에 들어와 지리 범위가 대폭 확장되었다는 사실에서 비롯한다. 일국 천하관이라는 전통 개념에 사로잡혀 있던 동아시아 지식인의 인식 지평에 서구라는 타자의 출현은 세계 차원으로 공간 규모를 확장시켰다.

물론 지역 내에서도 국가별 편차가 있었다. 일본은 16세기 네덜란드를 통한 서양 문물의 도입에서 보이듯 아주 이른 시기부터 서구를 통해 공간 확장을 경험했다. 일본의 아시아연대론은 그 범위를 동남아시아나 인도 그리고 중동의 이슬람 국가들로까지 확장시킨 것이었다.[3] 그러나 조선은 동양 삼국공영론에서처럼 1880년대 초의 시점 그대로 이후에도 동아시아 삼국의 범위를 거의 벗어나지 않았다. 중국은 보편주의 제국 형태에서 세계 속의 한 '지역'으로의 전변이라는 '근대적 사건'[4]과 아울러 일본의 침략에 의한 반식민지 상태를 경험했다. 하지만 오늘날까지 동아시아 지역을 여전히 거대 제국의 자국 영토 동쪽에 있는 변방에 불과한 것으로 본다.

지리 조건보다는 덜 하지만 인종 역시 불변하는 자연적 속성을 지닌다. 인종주의는 아시아연대론에서 직접 즉자의 감정에 호소하는 대중 차원의 영향력을 꾸준히 행사했다. '아시아'에 대한 인식 자체가 그러하듯이 아시아에 속한 같은 인종이라는 자각은 내재했다기보다 외부에서 왔다. "같은 인종끼리 특별히 더 사랑하는 것은 인정의 당연한 바"라는 주장에서 보듯이,[5] 같은 인종과 다른 인종을 구분하고 자신이 속한 인종에 정서적 귀속감을 부여하는 인식은 내재해온 원초 감정의 영역처럼 보이지만, 사실 서구와의 조우를 통해 비로소 생겨난 것이었다. 1880년대 이래로 미국과 유럽에서 보급된 이른바 황화론 같은 대중 담론이 그 상상력의 원천이었으며, 사회진화론이나 형질인류학 같은 근대 '과학'의 외양을 띤 이론의 유포는[6] 이러한 믿음을 더욱 강화시켰다.

동아시아에서 인종주의는 시기별 변화를 거쳐 모순되고 복합적인 성격을 드러냈다. 무엇보다 앞서 지리 조건처럼 인종에 대한 이해도 나라마다 달랐다. 그 범위가 가장 좁은 사례가 조선이다. 동아시아라는 지리 공간을 좀처럼 벗어나지 않은 조선에서 같은 인종이란 동아시아 삼국의 '민족' 혹은 인종 집단을 우선 의미하는 것으로 이해되었다. 다양한 소수 민족을 영토에 포괄하고 있던 중국은 논외로 하더라도, 일본도 동남아시아, 인도, 이슬람을 포괄하면서 동아시아에 한정해 인종을 이해하던 방식을 확장해나갔다.

동일 인종에 대한 반응도 다양한 양상으로 나타났다. 삼국공영론이나 삼국정립론에서 보듯이,[7] 서구 제국주의의 침략에 대항하기 위해 같은 인종끼리 단결해야 한다는 주장은 19세기 말 주요한 관심사가 되었고, 이와 대립하는 의견 또한 일본에서 일찍이 제기되었다. 문명개화론자인 후쿠자와 유키치福澤諭吉는 중국에서 양무운동이 좌절되고 조선에서 갑신정변이 실패한 것을 배경 삼아 1885년에 "아시아 동방의 악우惡友를 사절謝絶한다"라는 유명한 탈아론을 발표함으로써 아시아로부터 이탈을 선언했다.[8] 이어 1905년 이후 일본의 침략이 노골화하면서 조선과 중국에서도 아시아연대론에 대한 환멸과 비판이 거세게 제기되었다. 이에 따라 아시아연대론은 형태의 변용을 피할 수 없었다.

흔히 인종 전쟁이라는 통설로 알려진 바로서[9] 1904년 러일전쟁에 대한 평가에서도 이러한 복합성을 찾아볼 수 있다. 황인종 일본이 유럽의 러시아를 격퇴한 사건은 일본은 말할 것도 없고 동아시아 근대사에서 초유의 일로 평가받아 왔다. 조선에서 김윤식은 이 전쟁이 "세계 초유의 의전義戰"으로서 "비단 동양을 진동시켰을 뿐만 아니라 그 광영은 전 지구를 찬란하게 비출 것"이라고 찬양했다.[10] 중국에서도 상하이 『동방잡지東方雜志』가 보도하듯이 "내지(만주 이외 중국 지역) 사람으로 러일전쟁을 모르는 사람을 제외하고는 일본이 이기기를 바라지 않는 사람이 없었"으며, 중국인 대부분이 일본의 승리를 기뻐했다.[11] 하지만 이와 상반된 반응들이 있었다는 점도 주목해야 한다. 정창렬은 일반 민중들의 반응 속에서 이를 짚어내고 있으며,[12] 옌안성嚴安生 역시 중국 지식인들이 일본의 승리를 반긴 현상이 "자주적으로 형성된 것이라기보다는 유학을 권유하고 받아들이는 상대, 즉 일본의 영향이 짙게 반영되어 있다는 것을 알아야 한다"[13]라고 지적한다.

이 전쟁의 복합성은 또 다른 측면에서 생각해볼 수도 있다. 이른바 문명과 야만의 대립 차원이다. 문명개화한 일본이 차르 전제가 지배하는 야만 러시아를 물리쳤다는 인식이 여기서 나온다. 어둠, 낙후, 전제 같은 부정적 이미지에 대항한 문명, 발전, 진보의 승리라는 표상도 찾을 수 있다.[14] 여기서 아시아 연대를 구성하는 마지막 인자로서 문명(문화)의 요소가 등장한다. 지리나 인종에 비해 문

洲　　林省

咸鏡道

平安道

東省

京畿道

黄海　海

朝鮮

対馬

萊州湾

渤海

명은 자연으로부터 가장 거리가 멀다. 인간의 개입이나 의지의 작용이 가능한 영역인 만큼, 이 시기 아시아연대론에서 문명의 영향은 결정 가능하고 또 궁극의 것으로 여겨졌다.

문명이 결정적인 영향력을 행사한다는 말은 그것이 궁극에는 인종 같은 자연 제약 요인을 앞선다거나 논리에 선행한다는 것을 의미한다. 후쿠자와 유키치가 "동방의 악우를 사절한다"라고 한 것도 인종보다 문명의 척도를 우선시한 결과였으며, 유색 인종 국가 일본이 이 시기 국제무대에서 문명국 대접을 받은 것도 인종에 앞서는 문명의 영향력 때문이었다. 조선에서도 문명개화는 부국강병의 유력 수단으로서 1880년대 이후 강조되기 시작했다. 1880년대 중반 이후 『한성순보』, 『한성주보』, 『독립신문』 등에선 자주 독립과 함께 문명개화, 문명 부강, 문명 진보 혹은 문명과 야만 등의 용어를 어렵지 않게 찾아볼 수 있다.[15]

그런데 현실에서 문명의 모범은 발전한 서구 국가에서 찾아볼 수 있으므로, 서양 문명이 곧 보편 문명이라는 인식이 자리 잡아나가기 시작했다. 부국강병과 자주 독립을 지향하는 바로서 문명화에 대한 과도한 집착은 보편주의를 표방하는 바로서 서양 문명의 수용을 절대 목표로 설정하게 만들었다. 서양 문물의 수용 자체가 곧 문명으로 환치되면서 서양이 아닌 다른 모든 것을 곧 야만으로 보는 인식이 생겨났다.[16] 이제 문명 자체가 그것을 담지하고 있는 인종과 동일시되었으며, 문명론과 인종론의 이러한 결합은 인종을 서열화, 차별화하는 인종주의로 연결되었다.

문명과 인종의 결합과 위계화는 흥미로운 결과를 가져왔다. 첫째, 문명이 결부되면서 이제 인종은 더 이상 객관과 중립의 개념이 아닌, 그 자체로 내재하는 가치를 포괄하는 어떤 것이 되었다. 후쿠 자와 유키치가 중국과 조선을 일컬어 "동방의 악우"로 지칭한 사실 에서 보듯이. 이제 그것은 선과 악이라는 규범의 가치 판단을 내포 하는 것으로 바뀌었다. 문명화된 백인종은 지식과 덕, 문명을 겸비 한 상위 인종으로서 존경의 대상이 되었지만, 흑인종은 무능한 경 멸의 대상이 되었다.[17] 『독립신문』의 논설은 문명과 인종의 이러한 결합을 다음과 같이 분명한 형태로 제시한다. 즉, "어떤 인종은 학 식이 고명하고 재덕이 겸비하여 온 세계에 어느 나라를 가든지 남 에게 대접을 받고, 어떤 인종은 문견이 고루하고 무지 무능하여 가 는 곳마다 남에게 천대를 받는다." "흑인종과 적인종은 인류가 아 닌 것은 아니로되 족히 의논할 것이 없고, 야만국과 미개화국은 나 라가 아닌 것은 아니로되 또한 족히 말할 것이 없다."[18]

둘째, 문명화 정도에 따른 이러한 구분과 차별이 동아시아 내부 의 국가에 적용되었다는 사실이다. 1894년의 청일전쟁에서 중국이 패배하면서 우등한 백인과 열등한 흑인의 비유는 동아시아 내부에 투영되어 우등한 일본과 열등한 청국이라는 구분을 낳았다. 일본 의 문명개화와 일본인의 우수성에 대한 언급과는 반대로, 청국인은 지구상에서 가장 천대받는 제일 약한 인종으로 간주되었다.[19] 조선 의 김윤식이 러일전쟁을 "세계 초유의 의전"으로 표현한 것과 비슷 하게, 후쿠자와 유키치나 우치무라 간조內村鑑三 역시 청일전쟁을 "문명과 야만 간의 의전"으로 일컬었으며, 그리하여 청일전쟁은 문 명 대 야만의 문명 전쟁이며, 러일전쟁은 황인종과 백인종의 인종

전쟁[20]이라는 인식이 정형화되었다.

　마지막으로 문명이라는 절대 기준을 통해 인종에 투영된 가치들은 특별한 시간 맥락과 조건 속에서 형성되었음에도 불구하고, 탈시간화·탈맥락화 과정을 통해 특정 인종의 고유 속성인 듯 내재화·고착화되기 시작했다. 자신이 배태된 맥락을 벗어나 고립 상태에서 추상과 본질로서 고유한 속성을 갖는다고 표상된 것이다. 이는 진보와 발전이라는 근대 계몽주의 사조가 가지는 단계론적 사고로부터의 일탈이자 왜곡이라고도 할 수 있다. 그리고 이렇게 형성된 문명과 인종관은 아시아연대론에 의미 있는 영향을 미쳤다.

　이러한 문제의식 속에서 이 장은 이 시기 대표적인 개화사상가인 유길준과 윤치호의 사례를 비교·검토하면서 인종과 문명이라는 두 변수가 아시아 연대 이론에 미친 영향을 살펴본다. 결론부터 말하자면, 인종보다 문명을 상위에 둔 유길준은 아시아 연대에 대해 적극적인 제안이 없었지만, 문명보다 인종을 상위 개념으로 둔 윤치호는 아시아 연대를 뚜렷하게 사유했다. 이 차이는 단계론과 본질론이라는 문명에 대한 서로 다른 접근을 반영한다. 단계론은 발전과 이행이라는 역사 과정을 통해 문명을 이해하려는 인식을, 본질론은 문명 단계를 고립화시키는 구조 안에서 그 자체를 탈역사화하여 추상화하는 접근 방식을 말한다. 유길준에게서는 단계론이, 윤치호에게서는 본질론의 경향이 두드러진다. 이제 아시아 연대에 대해 서로 상반된 입장이 인종과 문명에 대한 서로 다른 두 접근으로서 각각 단계론과 본질론을 어떻게 반영하고 있는지 구체적으로 살펴보자.

유길준, 문명의 단계론

문명에 대한 유길준(兪吉濬, 1856-1914)의 사유가 돋보이는 자료는 익히 알려진 『서유견문』이다. 1887년 가을 유폐 시절 무렵에 시작해 1889년 봄에 그는 저술을 마친다. 이 책의 제14편 「개화의 등급」에는 그의 문명관이 잘 드러나 있다. "인간의 천사만물千事萬物이 지선극미至善極美한 경역境域에 이르는 것"이 개화라는 언급에서 보듯이,[21] 그는 개화를 문명화에 도달하는 과정으로 이해한다. 그는 이 책에서 개화의 등급을 개화와 반개화 그리고 미개화의 3단계로 구분한다. 여기서 개화란 사물을 연구하고 경영하며 새로움을 기약하려는 진취의 기상, 공손한 언어와 단정한 자세, 지위의 귀천과 형세의 강약으로 인품을 차별하지 않는 태도, 국민의 마음을 합해 개화를 위해 함께 노력하는 것 등을 가리킨다. 반면 미개화란 "야만의 종락種落"으로서 "매사에 규모와 세도가 없을뿐더러 낭초에 경영도 하지 않고, 능한 자나 불능한 자에 대한 분별도 할 수 없어서 거처와 음식에도 일정한 규모가 없고, 또 사람을 대하는 데에서는 기강과 예제禮制가 없는 까닭에 천하에 가장 가긍可矜"한 것이다.

먼저 유길준이 언급한 개화의 내용은 후쿠자와 유키치의 『문명론의 개략』 내용과 상당히 유사하다. 후쿠자와가 문명을 야만과 반개半開 그리고 문명의 3단계로 구분하여, 이 가운데 가장 높은 문명의 정신을 독립 진취의 기상으로 제시하되, 거처와 먹는 것이 일정하지 않고 의존과 우연에 의해 좌우되는 것이 야만 상태라고 언급[22]한 사실을 고려해보면, 각 단계의 내용이 매우 흡사하다. 나아가 유

유길준

길준의 문명론 역시 개화를 궁극의 도달점으로 설정한다는 점에서 발전과 진보로서의 역사 법칙에 대한 후쿠자와의 비전을 공유한다. 이는 상고 시대를 역사의 이상으로 설정하는 유교의 세계관과 정반대되는 것으로, 18세기 서구 근대 진보 사관의 영향을 반영한다.

하지만 두 사람의 문명론 사이에는 의미 있는 차이가 놓여 있다. 문명론에서 나타나는 단계적 사고에도 불구하고 후쿠자와에게 문명과 야만은 좋음과 나쁨, 무거운 것과 가벼운 것의 사례처럼 대립하는 상대 개념으로서의 성격을 갖는다. 선이 악에 대하여 그러하듯이 문명이란 야만에 대한 문명이다. 즉, 후쿠자와의 문명론은 역사주의보다 오히려 구조의 성격이 강하다.[23]

기조F. Guizot의 유럽 문명론[24]에서 동양의 비문명 사회가 서구 문명사의 자기 인식에 수반된 반대 이미지로서 관념적 성격을 갖는 것과 유사하게,[25] 후쿠자와 문명론의 구조적 특질은 자신이 설정한 문명 단계를 사실상 무효화하는 효과를 초래한다. 이로써 야만에 대응하는 문명 상태에 일종의 인식론적 특권이 부여되고, 이에 따라 문명은 사실상 고립된 추상의 실체가 된다. 1875년에 출판된 이 책에서 후쿠자와가 일본을 문명의 제2단계인 반개 상태로 분류했지만, 문명화 전략을 통한 일본 문명화의 달성은 아시아로부터 일본의 이탈과 문명이 지니는 관념적 이미지를 더욱 강화하는 경향으로 나아갔음을 부인할 수 없다.[26]

이렇게 후쿠자와의 문명론이 역사 맥락을 벗어나 특정 범주를 추상화하는 본질론에 가깝다면, 유길준의 경우는 미개화-반개화-개화라는 등급 체계에서 단계론의 사고가 강하게 나타난다. 이는 개화의 각 등급 설명에 이어 "면려勉勵하기를 그치지 아니하면 반개화한 자와 미개화한 자라도 개화한 자의 경역에 도달"한다면서 "반개화한 자를 권하여 이를 행하게 함과 미개화한 자를 가르쳐 이를 깨닫게 함은 개화한 자의 책망責望과 직분"이라고 강조하는 데서도 잘 드러난다.[27] 이와 관련해 1883년에 그가 저술한 『세계대세론』의 「개화수이開化殊異」에서 개화 등급을 4단계로 분류한 사실도 주목된다. 『서유견문』에 등장하는 이 대목의 저본을 이루는 이 책에서 그는 야만에서 미개, 반개를 거쳐 문명으로 나아가는, 4단계에 걸쳐진 보다 복잡한 발전 경로를 제시한다.[28]

이 4단계 기본 구조는 『세계대세론』보다 6년 앞서 나온 모건Lewis H. Morgan의 『고대사회Ancient Society』(1877)에서 제시된 인류 진보의 3단계와 유사하다. 모건이 제시한 야만Savagery, 미개Barbarism, 문명Civilization의 단계에 유길준은 반개半開의 단계를 추가했다. 모건의 틀은 조선을 포함한 아시아나 페르시아, 터키 등 중동 지역처럼 오랜 문명 전통을 갖는 지역을 포괄할 수 없기 때문이었다. 그 기준을 보더라도 유길준은 예컨대 문명 사례로서 농상공업의 발전, 문학·기술의 융성, 구법과 문벌과 허식 타파, 법령이나 형벌, 정치 제도의 정비 등에 따라 각 단계를 구분했다. 이는 그가 『서유견문』에서 심성, 의지, 윤리, 태도 같은 관념을 기준으로 단계를 구분한 것과 다소 결이 다르다. 정신이나 지식 같은 관념 요소를 중시한 후쿠자와나 기조 등의 영향은 미미하지만, 주요 산업과 생활 방식 등 구체적인 항목들에 주목한다는 점에서 중요한 발명이나 발견 혹은 제도의 출현을 중시한 모건의 방식에 더 가까워 보인다.[29]

이처럼 4단계 이론을 제시하면서도 『서유견문』에서와 비슷하게 그는 이러한 단계 구분이 편의를 위한 임의의 구획에 지나지 않는다는 사실을 강조한다. 그 사이에는 "경역境域이 있지 않으며 오늘날 문명화된 나라들도 결단코 개화의 극치"에 있다고 말할 수 없다는 것이다.[30] 자신이 설정한 각 단계가 변할 수 있는 잠정 상태라는 사실을 통해 그는 비록 현시점에서는 조선이 반개 상태에 속하더라도 개화 노력을 통해 문명 영역에 도달할 수 있다고 주장하려 했다. 지식사회학의 시각에서 보자면, 후쿠자와가 이미 일본이 도달한 문명 단계에 인식론적 특권을 부여하고 있다면, 반개 상태에서 벗어날 출로가 여전히 보이지 않던 1880년대 후반 조선의 현실에서 유길준은 발전 단계에 유연하게 접근할 수밖에 없는 존재론적 조건에 놓여 있었다.

그런데 진보와 문명 단계에서 유길준 앞에 놓인 이러한 존재 피구속 상황이 당시 유행하던 인종주의의 늪으로부터 그를 벗어날 수 있게 한 사실은 주목할 만하다. 인종에 대한 유길준의 논의를 보면, 문명-야만의 틀을 인종에 적용하거나 인종을 차별화하는 인종주의의 혐의를 찾아보기 어렵다.[31] 타자화 대상과 정체성의 매개로서 차별적으로 작동한 이 시기의 주류 인종관과 관련 없이, 그의 저작에서 인종은 형질 특성과 거주 지역을 소개하는 등 단순한 인지적 수준을 벗어나지 않는다.[32] 『서유견문』의 다음 구절은 유길준의 이러한 생각을 보다 분명한 형태로 보여준다.

정부의 종류에 차이가 있는 까닭은 시세의 주성湊成과 인심의 추향을 따라 자연히 침윤하는 관습을 이루는 것이요, 사람의 지력을 빙자하여 일조일석에 그 정체政體가 비롯된 것은 아니다. 이에 일단의 큰 기준을 가지고 자세히 탐구할 문제는 구미 양주의 여러 나라가 아주의 여러 나라에 비하여 백배로 부강한 이유이니 누구든 나라의 부강하기를 원하지 않으리오만 정부의 제도와 규모가 다르므로 이러한 차등이 생겨났거늘 만약 사람의 재지才智에 층급層級이 있다 말하면 이는 결단코 그렇지 아니하니 아주의 황색인이 구미 양주의 백색인과 비교함에 그 천질天質이 미치지 않음이 없음은 분명한 것이다.[33]

"아주의 황색인이 구미 양주의 백색인과 비교함에 그 천질天質의 불급함이 없음은 분명"하다는 언급에서 보듯이, 유길준은 인간의 자질과 능력을 인종에 내재한 고유 속성으로 바라보는 인종주의의 사고방식을 부정했다. 환언하자면 서양이 아시아보다 부강한 까닭은 타고난 재주가 아니라 제도 때문이라는 주장이다. 이러한 생각은 후쿠자와에게서 찾아볼 수 없다.[34] "아시아 동방의 악우를 사절한다"라는 그의 탈아론 주장에서 아시아 인종은 문명 기준에 의해 열등하고 사악한 것으로 재단되는 차별받는 존재다.[35]

인종에 대한 유길준의 이러한 인식은 이 시기 인종주의와 긴밀히 연관된다고 지적받는 사회진화론[36]의 수용에도 반영되었다. 흔히 사회진화론은 1880년대 이후 유길준에 의해 일본에서 도입되어 신지식층이 수용하면서 인종주의와 결합했다고 본다.[37] 그러나 정용화는 이에 대해 흥미로운 반론을 제기한다. 유길준의 저작에서 경쟁과 진보라는 용어에만 주목하여 이를 사회진화론의 수용으로 이해하는 주류 의견을 비판하면서, 그는 유길준이 말하는 경쟁이 사회진화론에서 말하는 자연도태와 우승열패를 내포하지 않는다는 점에 주목해야 한다고 말한다. 『서유견문』 제4편 「인세人世의 경려競勵」에서 보듯이, 유길준은 서로 힘써 공동의 세계 이익을 추구하자는 의도에서 '경쟁' 대신 '경려'라는 표현을 선호한다.[38] 이러한 점에서 그의 사상은 경쟁을 발전과 진보의 요인으로 파악하는 전형적인 서구 자유주의의 관점에 가까운 것으로, 동양에 수용된 자연도태 중심의 사회진화론과는 구분되어야 한다는 것이다.[39] 그런가 하면 허동현은 유길준이 우승열패의 사회진화론을 받아들인 사실을 인정하면서도 유교 가치로 포용했다는 점에서, 윤치호처럼 그것이 극단적인 패배의식과 열등감을 촉발시키는 방향으로 기능하지 않았다고 주장한다.[40] 이러한 지적은 유길준의 사회진화론을 당시 인종주의와 결합한 사회진화론과 구분해서 보아야 할 필요를 일깨우고 있다.

인종보다 문명을 개화와 진보의 주요 기준으로 삼은 유길준의 시각에서는 서구나 일본 같은 문명국을 사회 발전의 모델로 설정해야 할 것이다. 그런데 주류 개화파 지식인이 일본의 발전을 선망하고 메이지유신을 모델로 삼아 체제 개혁을 시도한 것과 달리,[41] 유길준은 일본에 그리 호감을 갖지 않았던 듯하다.[42]

반면 그는 유럽이나 미국을 바람직한 문명의 이상으로 높이 평가했다. 후쿠자와와 비슷하게 그에게 사회 발전의 바람직한 모델은 영국이었다. 그는 18세기 이후 영국에서 발달한 자본주의를 인류가 도달할 수 있는 가장 좋은 체제라고 생각했다.[43] 아울러 여행 중에 잠깐 들른 런던과 달리 미국은 그가 2년 내외 유학 생활을 하면서 직접 경험한 나라였다. "미국은 세상에서 가장 활발하고 산업화가 잘된 나라이고, 또한 유명한 국가"라는 언급에서 알 수 있듯이, 그는 미국에 큰 호감을 가지고 있었다.[44] 개화기 조선 지식인 대부분이 그러했지만, 그에게 미국은 문명의 극치에 서 있는 부강과 풍요의 나라였다.[45]

윤치호, 인종과 본질론

윤치호(尹致昊, 1865-1945)는 1883년부터 1943년까지 무려 60년에 이르는 긴 시간 동안 일기를 썼다. 1833년 1월 1일 한문으로 쓰기 시작한 일기는 1887년 11월 24일까지 계속되었고, 이후 한글로 바뀌어 1889년 12월 7일까지 이어졌다. 이후에는 영어로 쓰였다. 특히 1890년부터 1905년에 이르는 15년 정도 시기의 일기에 문명과 인종에 대한 그의 생각이 여기저기 단편으로 서술되어 있다. 유길준이 그랬듯, 그 역시 문명에 관해서는 후쿠자와 유키치의 영향을 받았다. 유길준처럼 비록 체계화한 이론으로 명시하지는 않았지만, 윤치호는 1892년 12월 29일자 일기에서 야만과 반문명 그리고 문명에 대해 언급한다.[46] 주지하듯 이 표현은 후쿠자와 유키치의 문명 단계 구분과 동일하다. 즉, 그는 후쿠자와 마찬가지로 문명 범주

윤치호

를 추상화시키는 본질론적 사고에서 벗어나려 하지 않았다. 이 점에서 그는 유길준과 달랐다.

후쿠자와가 선과 악의 대조를 통해 문명과 야만을 강조한 것처럼, 윤치호는 자연에 대한 주인과 노예의 비유를 들어 문명과 야만을 대비하려 했다.[47] 하지만 그렇다고 해서 야만에서 문명으로의 발전이나 이행 같은 단계론의 '편린'이 없지는 않다. "미국인들은 자신들이 신의 마지막 작품effort이며, 문명이 자신의 대륙에서 종착역에 도달했다고 생각하고 말한다"라면서 그는 그럴 수도 있겠지만 이는 오히려 오만한 생각이라고 덧붙이고 있다. 왜냐하면 "세계는 아직 그 마지막 단계에 도달하지 않았으며, 인종은 그 궁극의 발전에 이르지 않았기 때문"이라는 것이다. 이어서 그리스가 로마에 의해 정복된 사실 등을 사례로 들면서 그는 미국인이 야만이라고 부르는 민족 가운데 하나가 세계 문명의 정상에 오르게 될 날이 올 수도 있을 것이라고 강하게 반문했다.[48] 타운센드Meredith Townsend의 『아시아와 유럽』[49]에 대한 감상을 밝히면서는 "인종으로서의 홍·황인종은 백인들보다 훨씬 이전에 높은 수준의 문명을 발전시켜 왔"다는 점에서 "문제는 시간으로 우리는 다시 백인종을 따라잡을 수 있고, 또 누가 아는가, 그들을 다시 한 번 추월할 수도 있을 것"이라는 희망을 피력하기도 했다.[50]

얼핏 단계나 이행의 과정으로 보일 법한 이러한 언급은 그러나 자세히 보면, 야만과 문명의 기본 틀 안에서 그 실제 대행자나 내용만 전치轉置되거나 순환되고 있다는 사실을 간취할 수 있다. 즉, 문명과 야만의 대립이라는 구조는 그대로 유지되고 있다. 나아가 두 대립 범주의 내용을 이루는 대행자로서 그가 민족이나 인종을 설정한 점도 주목된다. 다가올 문명의 담지자로서 황인종이나 비서구 민족을 설정한 것은 현시점에서 야만 상태에 있는 이들의 현실을 역설적으로 드러내는 것이다. 이러한 점에서 그는 조선을 반개 상태로 본 유길준과 달리, 조선이 아직 야만 상태를 못 벗어났다고 인식했다.[51]

이는 중국에 대해서도 마찬가지였다. 3년 6개월 동안 유학 생활을 경험한 윤치호에게 중국은 악취, 불결, 낙후, 무기력, 완고, 교만 같은 부정적 속성[52]으로 묘사되는 나라였다. 『윤치호일기』에서 조선이나 중국에 대해 혐오에 찬 부정적 표현을 찾는 것은 어렵지 않다. 예를 들면, "중국이나 한국의 거리에서 맡아야 하는 구역질나는 냄새", "혐오스러운 냄새가 나는 중국, 무능한 정부가 지속되는 한국", "그토록 흔한 천한 말씨가 있는 중국말이나 한국말" 등이 그러하다.[53] 문명화 정도에 따른 구분과 차별이 동아시아 내부 국가에 적용되면서 청일전쟁이 문명 대 야만의 문명 전쟁으로 일컬어지기 시작했다는 점은 앞서 언급한 바와 같다. 이에 관해 윤치호는 다음과 같이 서술한다.

현재의 전쟁[청일전쟁─필재]은 갱생하는 서구 문명과 동양의 퇴락하는 야만 사이의 갈등 이상의 것이다. 일본의 성공은 한국의 구원과 중국의 개혁을 의미할 것이다. 그 반대는 반도의 왕국을 중국의 타락이라는 끝없는 나락으로 빠트리게 될 것이며, 중국의 천자는 제국이 아무런 개혁을 필요로 하지 않는다는 믿음을 확신

윤치호가 영어로 쓴 첫 번째 일기
(1889년 12월 7일자)

1889. A. D. 4 9 8 Cor. D.

Dec. 7th Up at 5 A.M. Cloudy. My
1th Mon. 15th Diary has hitherto been
Kept in Cor. But its vocabulary is
not as yet rich enough to express
all what I want to say. Have
therefore determined to Keep it
Diary in English. After dinner, went
down town with Jordan, looking at
Christmas tricks. Came back at 5.

8th Cloudy. Am very sorry that I
at Sund.
15th can not go to Church on ac-
ount of a sore foot. Jacob—th Armen-
ian—called on me. He is one of my most
sympathetic friends here. His earnestness
in religion, simplicity in manner and
Kindness of heart endears himself to
every one who knows him. He is poor,—
poorer than I — but so much resigned
to God's will and so firmly confident
in His providence, that he seems more
contented than rich men. He said that
the Southerner looks down on a negro with
as much contempt as on a brute, that
the Southerner wishes to Keep the negro in
ignorance; and that the Yankees are more
catholic in their spirit and practice.

하게 될 것이다. 모든 동양의 선을 위하여 일본이 승리하기를!⁵⁴

문명 전쟁으로서 청일전쟁이라는 통념에서 훨씬 더 나아가 윤치호는 오히려 그것은 "갱생하는 서구 문명과 동양의 퇴락하는 야만 사이의 갈등 이상의 것"이라고 주장한다. 여기서 그가 문명보다 인종이라는 변수를 더 중요하게 고려하고 있다는 사실을 읽어낼 수 있다. 동양의 선을 위해 청일전쟁에서 일본의 승리를 기원하는 위 일기에서 보듯이, 그는 일관되게 일본에 동경과 찬사를 보냈으며, 이는 자연스럽게 식민지 시기 그의 친일 경력으로 이어졌다. 일기 뒷부분에서 그는 일본의 문명개화가 외력에 의해 초래되었다는 일반적 통념에 도전한다.

어떤 사람은 일본이 오늘날의 일본이 된 것은 외국인들의 덕분이라고 생각하는 듯이 보인다. 가르치는 자로서 어디를 가더라도 가장 양심적인 성실함으로써 자신의 신성한 의무를 실행한다는 것이 서구인들의 영원한 영예라고 말하게 한다 하더라도 선생의 성공은 대체로 가르침을 받는 자의 능력과 야망에 의존한다. 자신에게 가르침을 베풀었던 자가 아무리 성실했다 하더라도 만일 일본이 국민들의 애국심의 집약과 기사도적인 명예감, 순발력 있는 지력, 높은 열망과 과감한 용기가 없었다면 채 30년이 되지 않는 기간에 그토록 놀라운 변화를 결코 성취할 수는 없었을 것이다. 이러한 품성들은 주문한다고 해서 만들어지는 것이 아니다. 그것들은 봉건주의의 오랜 세기 동안 배태되어 소중

히 길러지고 성숙한 것이다.[55]

그가 보기에 일본의 근대화에서 서구와의 접촉을 통한 근대 문물의 도입에 주목하는 이론은 설득력이 없었다. 애덤 스미스의 비교 방법을 차용해, 일본처럼 서구의 영향을 똑같이 받았으되 근대화에 실패한 사례를 제시했더라면 좋았겠지만, 어쨌든 윤치호는 일본의 문명개화에서 외부 자극보다는 오랫동안 봉건주의 태내에서 배태되어온 애국심, 명예, 지력, 열망, 용기 등과 같은 내재적 미덕들이 더 큰 역할을 했다고 강조한다. 일본에 대한 그의 찬사는 여기서 멈추지 않았다. 윤치호는 문명의 효과가 적나라하게 표현되는 미시적인 일상생활 영역에서도 일본에 대한 호감을 주저 없이 드러낸다.

아사쿠사 공원에서 놀라운 묘기를 펼쳐 보이는 다양한 쇼들을 놀랠 만큼 싼값에 보면서 아침 한나절을 보낼 수 있다. 단돈 한 푼에 끝없이 펼쳐지는 박진감 넘치는 다양한 퍼포먼스들을 보면서 하루 종일을 한 장소에서 보낼 수도 있다. 이토록 적은 돈으로 그토록 많은 삶의 즐거움을 얻을 수 있는 곳이 일본 말고는 세계 어디에도 없다! 시장에서 나는 아름다운 작은 물건들을 항상 저렴하게 살 수 있다는 사실에 기쁘고 놀라워한다. 일본은 작은 물건들에 위대한 나라이다. 만일 내가 내키는 대로 나의 집을 고를 수 있다면 일본이야말로 바로 그러한 나라가 될 것이다. 나는 혐오스러운 냄새가 나는 중국이나 혹은 인종 편견과 차별에 시

달려야 하는 미국에서 살고 싶지 않고, 무능한 정부가 지속되는
한 한국에서도 살고 싶지 않다. 오, 축복받은 일본이여! 동방의
낙원이여! 세계의 정원이여![56]

곧이어 그는 왜 자신이 조선을 포함한 다른 어느 나라보다 일본
을 더 선호하는지 그 이유를 9개 항목에 걸쳐 나열하고 있다. 이를
테면 미국 남부와 달리 "집에 와 있는 듯한 편안함"을 일본에서 느
낄 수 있다든지, "일본말에는 중국말이나 한국말에는 그토록 흔한
천한 말씨가 없다"라는 식이다. 또 다른 일기에서 그는 "일본인들과
함께 있을 때 느끼는 일종의 동질감을 미국의 친구들과 함께 있을
때는 느낄 수 없다"라고 적었다. "백인과 황인끼리는 서로의 관계에
서 느끼는 '무언가'가 있다"라는 것이다. 그는 이 '무엇something'을
신체와 경제(혹은 생활양식), 사회, 개인의 느낌 등으로 나눠 자세히 설
명한다.[57]

이렇게 윤치호의 사상은 같은 인종으로서 일본에 대한 선호가
생래적이고 본능적인 차원으로 귀착하는 경향을 보여준다. 물론 이
를 혈연이나 지연 같은 1차적 요인들로 설명하는 것은 합당한 접근
방식이 아니다. 그렇다면 일본에 대한 윤치호의 선호는 언제부터
형성되었을까. 1888년 상하이 중서서원(中西書院, Anglo-Chinese College)
을 마친 그는 처음에는 일본에 가서 공부를 계속하고 싶었지만, 여
러 사정으로 포기하고 같은 해 11월에 미국으로 가게 된다.

미국 유학 중이던 1890년 5월 18일자 일기에[58] 그는 조선의 현
실에서 가능한 5가지 대안을 제시한다. 첫 번째와 두 번째는 평화

적인 내부 개혁이나 혁명으로, 이 두 가지는 현시점에서는 최선이지만 실현될 가능성은 없다고 보았다. 세 번째와 네 번째로는 현상 유지와 중국에 속박되는 길이 있는데, 어느 것도 감내하기 힘든 것이다. 결국 그는 마지막으로 영국이나 러시아의 지배를 거론하면서 현상 유지나 중국의 지배보다 훨씬 나은 방도라고 평가한다. 그러면서 자신은 단연코 러시아보다는 영국의 지배를 선호한다고 부언한다. 유길준과 비슷하게 윤치호도 영국을 동경하고 러시아를 피하려 했다.

여기서 주목할 것은 여러 대안 가운데 일본 지배는 빠져 있다는 사실이다. 일본을 좋아하는 것과 일본의 지배를 받는 것은 차원이 다르지만, 적어도 1890년 시점의 조선 현실에서 그가 일본의 존재를 언급하지 않은 사실은 자못 흥미롭다. 1893년 10월 미국 유학 생활을 마치고 일본과 중국을 거쳐 귀국하던 당시 그가 일기에 남긴 도쿄 아사쿠사의 인상은 이미 언급한바, 일본에 대한 그의 호감은 청일전쟁에서 일본이 승리한 후 더욱 강화되어갔다.

그의 일본 선호에 문명개화국으로서 일본에 대한 동경과 선망이 어려 있다는 사실은 두말할 나위가 없다. 그러나 문명 기준에서는 미국이 당대 최고 수준에 이르렀다고 본 점에서,[59] 그 또한 당대 개화파 지식인들과 인식을 함께했다. 1887년 4월 상하이 미션스쿨에서 세례를 받고 기독교 신자가 된 것이나 이후 미국 유학을 결심한 것도 그의 문명에 대한 동경을 빼놓고 설명하기 어렵다. 하지만 5년에 걸친 미국 유학 생활을 통해 그는 표방되는 바로서의 문명과 실제로서의 문명 사이의 괴리와 모순을 강하게 인식했다. 1890년

2월 14일자 일기에서 그는 미국인이 말하는 천부인권이나 자유 같은 이상이 실제로는 단지 허울 좋은 명목에 지나지 않는다고 비판한다. 이 "자유의 나라"에서 이른바 천부의 인권을 누리고자 한다면, 백인이어야만 한다며 그는 야유한다.[60]

이처럼 그는 문명의 이상으로 표방되는 인권, 자유 등의 개념과 아시아인, 흑인, 인디언 같은 유색 인종에 대한 차별이라는 괴리 속에서 심한 모순과 갈등을 느꼈다. 일상생활에선 직접 차별을 겪으며 절망하고 좌절했다. 여기에 마약과 범죄 같은 사회에 만연한 도덕의 타락상[61]은 미국 문명에 대한 그의 의구심을 더욱 증폭시켰다. 이렇게 "고귀한 이상의 배후에서 작동하는 추악한 현실"의 역설을 설명하기 위해 그가 주목한 것이 바로 힘의 논리였다. 일기 곳곳에서 그는 "힘이 곧 정의Might is Right"라고 적었다. 예컨대 1890년 2월 14일자 일기 후반부에서 그는 "세계를 실제로 지배하는 것은 정의가 아니라 힘"이라면서 "힘이 곧 정의라는 것이 세계의 신"이 되었다고 주장했다.[62]

힘이 곧 정의라는 그의 생각은 적자생존이라는 사회진화론의 교리를 원론 그대로 받아들인 것이다. 그리고 이 점에서 그는 선택과 제한적 방식으로 사회진화론을 수용한 유길준과 달랐다. 1892년 11월 일기에서 그는 자신이 "늘 국가 사이 혹은 인종 사이의 관계에서 힘이 정의라고 생각해왔으며, 정의에 대한 힘의 승리처럼 보이는 것도 사실은 상대적 불의에 대한 상대적 정의의 승리일 따름"이라고 언급한다.[63] 우승열패의 사회진화론의 사고방식을 전형적으로 드러내는 것이다.

1902년 5월 7일, 윤치호는 블라디보스토크로 일하러 갔던 이강호라는 인물의 방문을 통해 한국인에 대한 러시아의 야만 행위를 전해 듣는다. 그는 이강호의 설명이 "한국에서 일본인들의 저열함과 때때로의 부정의로 인해 내가 보지 못하고 있었던 한 가지 사실에 눈뜨게 했다"라고 적고 있다.

그것은 아무리 흠이 많다 하더라도 일본은 러시아보다는 좋은 친구라는 것이다. 한국에 일본인의 절반 정도만큼의 러시아인이 있었다 하더라도 이들 러시아인은 곧 이들의 야만성과 야수성에 의해 스스로 인내하기 힘들게 만들어버리고 말 것이다. 아무리 저열한 일본인이라 하더라도 보드카에 절은 정통 러시아인과 비교해보면 신사이고 학자일 것이다. 일본인과 한국인 사이에는 인종과 종교와 문자의 동일성에 기반을 둔 감성과 이해의 공동체가 있다. 일본과 중국과 한국은 극동 지역을 황인종의 영원한 안식처로 보존하고 자연이 그러하고자 했듯이 이곳을 아름답고 행복하게 만들고자 하는 공동 목표와 공동 정책과 공동의 이상을 가져야만 한다. 백인종 오스트레일리아! 백인 필리핀! 백인 미국! 이 말에는 얼마나 많은 오만, 불공정과 노골화된 부정의가 있는가! 백인종은 스스로를 다른 인종의 땅에 밀고 들어와서 이들을 노예로 만들거나 혹은 이들을 절멸시키거나 혹은 이들로부터 안식처를 빼앗아버렸다. 그리고서는 돌아서서 말한다. "이 땅은 백인의 나라가 될 것이다. 모든 다른 인종들은 손대지 마라!"[64]

이 구절에 뒤이어 그는 "그러나 분개나 흥분은 도움이 되지 않는 다. 먼저 힘을 갖춰라. 그러면 권리나 정의나 재산(다른 사람의)과 같은 다른 것들이 따라올 것이다"라고 적었다. 위 일기는 백인종의 "오만과 불공정과 부정의"에 대항해 "인종과 종교와 문자의 동일성에 기반을 둔 감성과 이해의 공동체"로서 동아시아라는 "황인종의 영원한 안식처"를 건설할 것을 제안한다. 무엇보다 이러한 "공동 목표와 공동 정책과 공동의 이상"을 실현하기 위해서는 힘을 갖춰야 했다. 우승열패, 적자생존이란 전형적인 사회진화론의 논리가 다시 드러나는 대목이다. 이는 러일전쟁에 대해 적은 일기에서도 비슷한 방식으로 재현된다.

5월 27, 28일에 발틱 함대는 일본의 제독들에 의해 철저하게 파괴되었다. 이 얼마나 일본에게 영광스러운 전투인가! 한국인으로서의 내가 이 일본의 간단없는 성공에 대하여 기뻐할 아무런 이유가 없다. 모든 승리는 한국의 독립이라는 관에 박는 못이다. 한국을 일본의 지배라는 바퀴에 단단하고 바짝 조이기 위하여 일본인들이 사용하는 수단들은 참으로 저열하다. 그럼에도 황인종의 일원으로서 한국 혹은 차라리 나는 일본의 영광스러운 승리에 대하여 자부를 느낀다. 일본은 우리 인종의 명예를 드높였다. 허풍선이 미국인이나 오만한 영국인 어리석게도 우쭐대는 프랑스인들도 앞으로는 황인종은 큰일을 할 수 없다고 결코 말할 수는 없을 것이다. 중국인들이 산업이나 상업에서 아무도 따라오는 자가 없음을 입증했듯이, 일본인들은 자만에 찬 서구인

WOUNDED RUSSIANS IN THE RED CROSS HOSPITAL AT CHEMULPO. 1 仁川赤十字病院內露國傷兵

러일전쟁 시기 인천적십자병원의 러시아군 부상병 사진엽서

이 극동의 군사와 해군의 뛰어난 역량을 인정하지 않을 수 없게 만들었다.[65]

윤치호에게 러일전쟁은 무엇보다 막강한 전력을 가진 것으로 알려져 온 러시아 발틱 함대를 "철저하게 파괴"할 수 있는 강력한 힘을 가진 "일본의 영광스러운 전투"였다. 그리하여 일본의 승리가 "한국의 독립이라는 관에 박는 못"이라는 사실을 충분히 인식하면서도 그는 한국의 자주 독립보다 오히려 황인종의 일원으로서 인종의 영예와 일본의 영광스러운 승리에 대해 강한 자부심을 표명한다. 러일전쟁을 인종 전쟁으로 보는 일본의 '신화'가 그대로 체현되고 있는 것이다.

문명개화론자이자 미개한 후진 사회의 일원으로서 윤치호는 근대화된 문명국 일본과 미국에서 생활했다. 이 과정에서 그는 오늘날 우리가 오리엔탈리즘이라고 부르는 현상에 직면했다. 즉, 단선적인 진보의 도상 위에서 앞서 있는 서구와 주변부의 특수하고 열등한 이미지로 재현되는 비서구 타자와의 대조를 통해 서구식 자아의 중심성과 보편성 그리고 우월성 등을 확인하는[66] 서구 중심의 논리에 빠져든 것이다. 적자생존의 사회진화론은 도태될 수밖에 없는 민족의 일원으로서 자신에 대한 열등감과 패배의식을 더욱 강화시켰다. 열등자의 아이덴티티와 자기혐오의 감정이 문명개화론의 논리에 내재한다는 지적은[67] 이러한 맥락에서 이해된다.

그러나 문명의 최고 단계를 대표하는 미국은 그가 보기에 인종 차별과 오만과 불공정과 부정의에 의해 지배되는 나라였다. 그리고 미국에서 차별과 부정의가 도드라지는 것만큼이나 동양에서 유일하게 적자로 생존한 일본에 대한 동경과 선망은 강해져갔다.[68] 그리하여 일본에 대한 선호와 미국에 대한 비판은 서로 길항 관계를 이루면서 같은 인종에 대한 집착을 강화해갔다. 이를 통해 윤치호는 하등 민족으로서 자신에 대한 열등의식과 차별의식을 보상받고자 했다. 이 열등의식은 동일한 황인종이라는 이유로 문명한 일본의 식민 지배를 기꺼이 받아들일 정도로 강렬했다.

전체와 개체, 국가주의와 개인주의[69]

근대 이행기 문명개화의 점진적 도입을 지지한 대표 지식인 유길준과 윤치호. 아시아 연대를 두고 나뉘는 두 인물의 상반된 입장을 설명하기 위해 지금까지 문명과 인종에 대해 각각 대립되는 견해들을 검토했다. 유길준은 문명을 인종에 앞서는 실체로 파악하고 그의 점진적 이행을 주장했거니와, 윤치호는 문명보다 인종을 우위에 두는 인식 하에 고립되고 추상화된 문명을 본질화하는 방식으로 이해하려 했다. 그렇다면 이렇게 상반되는 두 접근 방식은 어디에서 기인했을까. 엄밀한 인과 관계를 찾아내기는 어렵겠지만, 이제 이를 설명하는 한 변수로서 두 사람에게서 나타나는 개인주의 문제를 검토해보려 한다.[70]

　흔히 자유주의의 중심 교리로 중세 공동체에서 개인이 분리되면서 갖게 된 개체에 대한 자기 인식으로서 개인주의의 문제를 꼽는다. 자유주의에 관한 논의 자체가 드물었던 학문 풍토, 자유주의가 들어설 여지조차 용납하지 않았던 현실 풍토에서 자유주의 논의는 다소 새삼스러울 수 있다. 하지만 일정한 기준에서 고려해본다면, 흥미롭게도 이 자유주의의 요소가 이 장의 주인공인 두 인물 모두에게서 나타난다. 진보 및 발전에 대한 유길준의 믿음이나 개인의 천부적 인권과 자유에 대한 윤치호의 선호가 바로 그것이다.

물론 서구와 다른 배경과 조건에서 성장한 우리에게서 서구의 자유주의에 상응하는 개인주의 요소를 찾아내는 게 합당한지는 의문이다. 하지만 비록 관념적 차원에 머무를 수밖에 없었다 해도, 서구의 서적들이나 신식 교육을 통해 취득된 개인주의 사상의 영향은 오랜 역사 속에서 실제로든 혹은 비유나 상상으로든 공동체와 개인, 전체와 개체 등의 대비를 통해 늘 살아 움직이는 힘으로 작용해왔다.[71] 이리한 시각으로 접근해보면, 유길준은 공동체와 국가 그리고 전체에 대한 헌신자로서, 반면 윤치호는 개인과 자의식 그리고 자기 욕망에 충실한 사례의 전형으로서 유형화해볼 수 있다.

이러한 대비를 설명하기 위해서는 먼저 두 인물 각자의 생애 과정에 유사성이 존재한다는 사실을 지적해야 한다. 대략 10년 정도의 나이차에도 불구하고, 유길준(1856-1914)과 윤치호(1865-1945)는 매우 비슷한 지적 배경과 경력을 가지고 있다. 공히 문명개화론의 옹호자이면서도 김옥균이나 박영효와 달리 점진 개혁에 바탕을 둔 온건한 방식의 개화를 지지했다. 젊은 나이에 일본과 미국에서 유학

할 기회를 얻은 것도 동일하다. 1881년 봄 신사유람단의 일원으로 일본에 파견된 두 사람은 곧장 현지에서 유학의 길을 밟았다. 유길준은 후쿠자와 유키치가 경영하는 게이오기주쿠慶應義塾에, 윤치호는 나카무라 마사나오中村正直가 경영하는 도진샤同人社에 입학함으로써 두 사람은 최초의 일본 유학생이 되었다.

유길준은 후쿠자와 유키치의 영향을 받으면서 스펜서나 몽테스키외, 토크빌 같은 서양 사상가의 저작을 접했고, 일본에 처음으로 다윈의 진화론을 소개한 미국의 생물학자 모스Edward S. Morse의 지도를 받으며 서양 학문을 습득했다. 윤치호의 경우도 이와 크게 다르지 않았던 것으로 보인다. 유길준이 정치경제학에 흥미를 가졌던 것과 달리, 도진샤에 입학한 그는 어학, 즉 일본어나 영어의 학습 더 치중했다.[72] 하지만 그 역시 후쿠자와 유키치를 비롯한 문명개화 사상과 자유 민권 사상으로부터 많은 영향을 받았다.[73]

이들의 일본 유학은 1882년 발발한 임오군란 탓에 1883년 1월 귀국으로 일단락되었지만, 유길준은 같은 해 7월 미국 친선 사절단 일행으로 도미해 한국 최초의 미국 유학생이 된다. 미국에서 그는 모스의 지도로 영어를 공부했고, 그의 주선으로 대입 예비학교인 덤머학교Dummer Academy에 입학해 공부했다. 1756년 설립되어 하버드 같은 일류대 진학 준비를 위한 명문교로 알려진 이 학교에서 그는 6년 과정 중 3학년에 편입해 라틴어, 대수, 지질학 등을 배우고, 학교제도, 농업, 공업, 군비, 법률, 조세 등을 포괄하는 미국 사회제도의 대강을 이해하게 되었다.[74] 그러나 하버드대학 진학을 위해 학업을 이어가던 그는 1884년 12월에 발발한 갑신정변 소식을

조선의 첫 미국 보빙사절단(뒷줄 중앙이 유길준)

듣고 귀국을 결심해 1885년 12월 중순 고국으로 돌아왔다.[75]

한편 윤치호는 1884년 갑신정변에 직접 가담하지는 않았지만 개화당의 일원으로서 김옥균 등과 각별한 관계에 있었고, 이에 신변의 위험을 느낀 나머지 1885년 1월 상하이로 망명 유학했다.[76] 미국 총영사의 알선으로 현지 미션스쿨인 중서서원(中西書院, Anglo-Chinese College)에 입학한 그는 여기서 3년 6개월 동안 영어, 중국어, 역사, 성경 등의 공부에 몰두했다. 그는 일기에 이 시절 읽은 56권의 책 이름을 밝히고 있는데, 주로 역사, 문학, 종교 등에 관한 내용이 주종을 이룬다.[77] 이 학교를 수료할 무렵 그는 일본 도지샤同志社에 유학을 교섭했으나 뜻대로 되지 않아 포기하고, 중서서원의 선교사들과 감리교의 후원으로 미국 벤더빌트대학으로 유학을 가게 되었다. 1888년 11월부터 이 대학에서 신학과 영어를 주로 공부한 그는 1891년 6월에 졸업하고, 같은 해 9월에 에모리대학에 입학해 법제사와 정치경제학 등을 수강하면서 1893년 9월까지 공부했다. 이렇게 5년 정도에 걸친 미국 유학 생활을 마치고, 같은 해 10월 미국을 떠나 캐나다, 일본, 중국을 거쳐 12월에 조선으로 돌아왔다.

두 사람이 문명국 유학 생활을 통해 무엇에 주목했고, 어디에 중점을 두고 배웠으며, 또 무엇을 지향했는가를 정확히 파악하기란 힘들다. 여하튼 두 사람은 이 시기 경험을 통해 이후의 생을 걸어갈 충분한 자원을 확보한 것만은 분명하다.

먼저 유길준은 국가의 자주 독립과 국권의 공고화라는 문제에 매달렸다. 서로 모순되는 주장이 편의상 사용되는 경향이 있다고는 해도 유길준에게 개인(인민)의 기본 권리에 대한 옹호나 자유에 대한 관심은 궁극적으로는 부국강병이라는 정치 프로그램으로 수렴되었다. 특히 유길준의 개인과 국가에 관한 생각은 인민의 자유 증진을 우선 과제로 설정한 자유민권론으로부터 국가의 독립이 곧 문명이라는 국권론 혹은 국체론으로 옮아간 후쿠자와 유키치의 후기 입장과 친연성이 있다. 국민이 애국하는 충성은 빈부나 귀천의 구별 없이 그 나라 모든 국민이 다 같이 짊어진 책임이자 국민의 본분이라는 주장에서 보듯이,[78] 그의 생각은 근대 국민국가를 형성하고 국가의 독립을 유지하는 데 절대적 가치를 부여하는 국가주의의 입장을 벗어나지 않는다.[79]

그러나 윤치호는 국가와 인민을 서로 분리할 수 있는 실체로 인식했다. 후쿠자와 유키치나 유길준과 달리, 윤치호는 국가의 독립과 인민의 자유를 불가분의 것으로 볼 수만은 없다고 생각했다. 이러한 점에서 그는 근대 자유주의에 내포된 개인주의의 세례를 받았다. 그의 압도적 영향에 의한 것인지, 아니면 그에 상응하는 생래적 본능과의 선택적 친화에 의한 것인지는 제쳐두고라도 이러한 개인주의 지향이 당대 지식 풍토에서는 매우 드문 사례라는 점을 지적해야 한다. 그에게서 이 시기 다른 문명개화론자들의 국가주의 의식은 찾아볼 수 없었다. 또한 국가에 우선하는 개인의 자유와 권리 자체에 주목했다는 점에서, 그는 "자유주의의 개인주의적 성격을 완전히 내면화시킨 조선 최초의 인물"[80]이기도 했다. 이렇게 다수의 개화론자가 민에 대한 집합 개념에서 여전히 벗어나지 못하고 있던 시대 상황에서 그의 자유주의·개인주의 지향은 단연 돋보인다.

두 인물의 이러한 대비는 각자 상이한 출생 배경과 성장 과정으로까지 거슬러 올라갈 수 있다. 양반 가문에서 태어난 유길준은 과거시험 위주의 철저한 한학 교육을 받았으며, 뛰어난 글재주로 일찍부터 세인의 주목을 받았다. 그러다가 실학의 대가 박규수를 만나 그의 문하에서 김옥균, 박영효, 서광범 등과 사귀면서 해외 정세에 대한 견문을 넓히고, 근대 신학문을 수용하게 되었다. 명문가 자제로서 과거에 급제할 수 있는 능력이 있었으면서도 출세의 지름길을 포기하고, 1881년 조선 최초의 국비유학생으로 선발된 이른바 선진 엘리트였다고 할 수 있다.

윤치호 역시 유길준과 마찬가지로 1881년 국비유학생으로 선발될 만큼 뛰어난 수재였지만, 서얼 출신 무관의 아들이라는 신분적 한계로 조선 사회에서 관직에 나가 출세하는 데 제약이 있었다. 과거를 볼 수 있는데도 포기하는 것과 출신 성분 제약으로 응시 기회가 원천에서 막혀 있는 것은 자아의 인격과 열등감 차원에서 큰 차이가 있었다. 신분의 주변성으로 인한 제약을 염두에 두고 볼 때, 그는 기존 체제로부터 얻을 것도, 반대로 그것의 부재로부터 잃을 것도 없었다. 더구나 무능, 부패, 무기력에 의해 유지되는 체제에서 미래를 찾기는 현실적으로 무망해 보였다.[81] 국가를 벗어나 개인으로서 자유와 권리라는 문명의 혜택을 누리는 것이 더 나은 선택일 수 있었다.

이렇게 교육 수준이나 지식 역량과는 대조되었던 그의 신분적 주변성은 일본과 미국 유학을 통한 문명개화의 관심과 노력을 설명하는 주요 요인으로 꼽을 수 있다. 미국 체류 기간이 그리 길지 않왔던 유길준과 달리, 윤치호는 5년간 미국에서 유학하면서 경제적 빈곤과 신체상의 병고는 물론, 정신적 고뇌까지 겪었다. 망명 당시 지참금을 상하이 유학 시절에 거의 다 써버리고, 미국에선 학자금을 마련하기 위해 풀 뽑기, 건물 청소, 서적 외판 등의 아르바이트를 해야 했고, 방학에는 모금 전도 여행을 다니며 생활비를 충당했지만, 늘 경제적 어려움에 시달렸다. 유학 기간 내내 고질적인 병마에 시달리면서 그는 조국의 "수치스런 과거의 역사와 수모 받는 비참한 현실과 기대할 수 없는 절망적인 미래"로 고통스러워했고, 불안정한 생활과 불확실한 진로로 정신적 불안을 느꼈으며, 부모와 고국에 대한 짙은 향수와 고독감으로 괴로워했다.[82] 또 인종 차별과 편견으로 천대와 멸시를 경험하면서 받은 충격과 자존심 손상은 치유하기 어려운 열등감의 상흔을 자아에 남겼다.

보통 종교에 대한 관심은 내면의 자아 문제와 연결된다는 점에서 개인주의 문제와 밀접한 관련이 있다. 이를 염두에 두면, 두 인물이 서로 다른 종교적 배경에서 성장했다는 사실도 주목할 만하다. 결론부터 말하면, 유길준은 전통적인 지식으로서 유교에 친숙했지만, 윤치호는 유교보다는 기독교에 경도되었다.[83] 유길준은 18세 나이에 박규수를 만나 신학문을 수용하기 전까지 대략 10년간 전통 교육을 통해 유교적 교양을 체득했고, 이는 이후 그의 사상이 형성되는 데 지속해서 영향력을 미쳤다.[84] 일본은 말할 것도 없고 서구 근대 사조를 본격적으로 접한 미국 유학 기간도 그가 체득한 유교적 세계관을 충분히 불식시키기에는 충분치 않았다. 1880년대 말까지 기독교 개종을 거부했던 그는 만년에 기독교로 귀의한 이후에도 친유교의 입장을 견지했으며, 도덕으로서 유교의 가치를 평생 포기하지 않았다.[85] 이러한 점에서 서구 자유주의와 개인주의 사조를 접하면서도 그는 개인 차원의 수양과 교양을 정치와 국가를 위한 집합적 대의로 자연스럽게 수렴시킬 수 있었다.

윤치호 역시 5세부터 16세까지 대략 12년간 전통 유학으로 초기 교육을 받았다. 그러나 그의 신분적 주변성은 전통 유학사상에서 개화사상으로의 이행을 쉽게 했다.[86] 그는 조선에서 불가능한 개혁과 만연한 미개 상태가 유교라는 요인으로 설명될 수 있다고 생각했다. 갑오개혁과 청일전쟁이 진행되고 있던 1894년 9월 27일자 일기에서 그는 조선과 중국에서는 "통치자와 피통치자의 사이에서 적절한 의미에서 애국심의 완전한 결여가 개혁의 걸림돌이 되고 있다"라고 하면서, "그 도덕체계에 어떠한 신God도 없으며, 그 정치체제는 시민의 소리를 결코 허락하지 않고, 유교는 어떠한 인종이라도 기만이고 이기이며 노예로 만들기에 충분한 엄청난 폐해를 끼쳤다"라고 비난했다.[87]

조선(나아가서는 동양)의 미개 상태가 유교에 의해 초래되었다고 본 것과 비슷하게, 그는 서양인들이 누리고 있는 문명의 핵심에 기독교를 설정했다. 결국 서양 문명에 대한 추구는 곧 기독교에 대한 동경과 궤를 함께하는 것이었다. 그가 기독교를 처음 접한 것은 상하이 유학 시절인 1885년 2월 미국인 선교사를 따라 교회에 나가게 되면서부터였다. 1886년 초부터 그는 설교와 성경 공부, 종교 서적과 종교 강연을 통해 기독교 신앙에 눈을 떴고, 1887년 4월 세례를 받아 조선인 최초의 남감리교 신자가 되었다.[88] 그에게 기독교는 국가나 민족의 집합적 대의 차원이라기보다 개인 차원의 것이었지만,[89] 기독교가 문명화로 나아가는 길처럼 보인 것은 의심의 여지 없는 신념이 되었다.[90]

두 개의 길

근대 이행기 유길준과 윤치호는 문명개화의 점진적 도입을 지지한 대표 지식인이었다. 이들은 개항 이후 서구 열강과 일본, 중국, 러시아 등 주변 강대국들 간 대립이 첨예해진 19세기 후반의 격동기를 20-40대의 청년 상태에서 맞았다. 무엇보다 일본과 미국 유학을 통해 서구의 선진 문물과 제도 및 이념의 강력한 영향을 받으며 자기 사상을 형성해갔다. 선진 열강의 모든 측면에서 작동하는 효율성과 합리성의 원리를 찾고자 했으며, 계몽주의와 자유민권론, 사회진화론과 정치경제학 같은 새로운 사조를 통해 자신이 처한 상황을 설명하려 했다. 문명개화론을 옹호하면서도 김옥균이나 박영효와 달리 점진적 개혁에 바탕을 둔 온건한 방식의 근대화를 선호했다.

하지만 이들에게 서구 문물이나 사상이 압도적인 영향력을 발휘하거나 일방적으로 작용하지는 않았다. 이들의 성장과 교육 환경은 물론, 현실 인식과 판단, 미래 전망까지, 이 모든 것들이 근대화/서구화가 가져온 충격 및 효과와 계속해서 상호 작용했다. 한 사람은 손꼽히는 양반 가문에서 태어나 그에 걸맞은 재능을 갖춘 촉망

받는 젊은이였고, 또 다른 이는 뛰어난 지능과 자질을 지녔지만 서얼 출신 무관의 아들이라는 신분의 주변성으로 인해 기성 체제에 자신을 맡길 수 없었다. 전통적인 지식 체계로서 유교와 새로 받아들인 기독교에 이들이 각기 다른 선택과 선호를 보인 이유가 여기에 있다. 이는 궁극적으로 각각 전체와 개체, 국가주의와 개인주의로 요약되는 두 사람의 이념 차이로 수렴해갔다.

존재론과 인식론 차원에서 이러한 조건의 격차는 당면한 현실 인식에서도 서로 다른 결과를 초래했다. 결국 두 사람은 다른 길을 걸었다. 한 사람은 엘리트의 선도와 집단의 노력을 통한 계몽의 효과로써 문명의 단계적 이행이 가능하다는 이상과 낙관의 길을 걸었다. 전통적 자산이 지니는 가치에 충분히 주목하면서 자신의 국가가 문명 발전 단계의 중간쯤에 속해 있다고 보았다. 이웃한 중국과 함께 가장 앞선 단계에 있는 미국이나 그 뒤 어디쯤 위치하는 일본과 마찬가지로 언젠가 진보와 발전을 쟁취할 수 있다고 생각했다.

반면 다른 한 사람은 서구 선진 문명의 위용에 압도되면서, 서구가 표방하는 자유나 인권 같은 이상은 그 배후에서 작용하는 실제 힘의 논리에 의해 설명될 수 있다고 생각했다. 자신이 속한 문명 전통에 대한 불신과 비판을 바탕으로, 그는 자신의 사회가 중국과 마찬가지로 야만 상태에 있다고 보았다. 낙후와 무능, 완고가 지배하는 사회 현실에서 그는 절망과 비관이 지배하는 암울한 미래를 읽었다. 그는 같은 인종으로서 문명의 영역에 도달한 일본과 자신을 동일시함으로써 이러한 절망과 좌절을 해소하려 했다. 인종이라는 매개를 통해 자신이 지닌 열등감과 패배의식을 동양에서 유일하게 '적자'로 생존한 일본에 대한 동경과 선망으로 전치해버리는 길을 걸은 것이다.

제 2 장

열린 민족주의와 동양평화론: 보편주의로의 지평

기억과 이해

한국에서 민족주의를 떠올릴 때, 안중근(安重根, 1879-1910)은 빼놓고 얘기해선 안 되는 아우라aura와 인상을 갖는 인물이다. 국가 영웅으로 성화聖化된 충무공 이순신이나 민족주의의 화신으로 자리 잡은 백범 김구와 다른 어떤 것이 그에게는 있다. 근대 국가체제가 민족 정체성 창출의 일환으로 국가를 성화하고, 국가 신념체계를 만들어내며, 국가력을 제정한다거나 민족 의례, 성인, 성소聖所 등을 지정하는 양상은 한국에서도 예외가 아니었다. 그 규모나 정도 차는 있을지언정 곳곳에서 이순신, 김구, 안중근의 기념관이나 기념 동상을 찾아볼 수 있는 이유가 여기에 있다.

안중근을 통해 우리는 국가에 의한 하향식 민족 정체성의 창출뿐 아니라, 특히 젊은 세대를 중심으로 대중문화 영역에서 상향식

만주 의병 활동 중의 안중근(1908)

의 민족 정체성을 창출하고, 그를 '소비'하는 양상까지 살펴볼 수 있다. 예컨대 '대한국인 안중근'이라는 글씨와 함께 그려진 약지 없는 손바닥 낙관, '견리사의 견위수명見利思義 見危授命' 혹은 '일일부 독서 구중생형극—日不讀書 口中生荊棘'이라는 글귀가 새겨진 티셔츠나 캐릭터 용품들은 일상에서 발견된다. 마치 체 게바라가 새겨진 티셔츠의 활용이 연상되는 이러한 대중 소비는 1909년 하얼빈 역에서 이토 히로부미를 처단한 그의 '의거'와 나아가 민족주의와 연관되는 어떤 장중하고 비장한 분위기를 이른바 포스트모던하게, 가볍게 반전시켜버린다. 결국 월드컵을 위시한 여러—특히 한일 간—스포츠 대결 현장에서처럼, 민족주의는 유희화하면서도 은밀하게 잠재적 형태로 재생되고 '소비'된다.

그러나 무엇보다 그 안중근 아이콘의 핵심은 100여 년 전 한 기차역에서 그가 주도한 사건이었다. 이와 관련해 북한과 러시아에서 출간된 책들—『안중근, 이등박문을 쏘다』, 『하얼빈 역의 보복』—의 표제에서 보듯이, 그가 하얼빈 의거를 중심으로 기억되고 회상되는 것은 한국에서도 예외가 아니다. "장엄한 민족 교향시"[1] 혹은 "한민족의 독립 의지와 기상을 천하에 떨쳤다"[2]라는 표현은 이러한 사정을 잘 설명해준다. 김삼웅은 "흔히 이 부분만을 기억"하는 한국의 현실을 지적하면서, 안중근에 대한 기억은 "국채보상운동, 교육 사업, 의병 전쟁, 단지동맹, 공판 투쟁, 『동양평화론』 저술" 등과 같이 "만대를 두고 기려야 할 겨레의 표상"으로 확장되어야 한다고 주장한다.[3]

안중근에 대한 이러한 기억의 확장은 한국에서 진행되고 있는

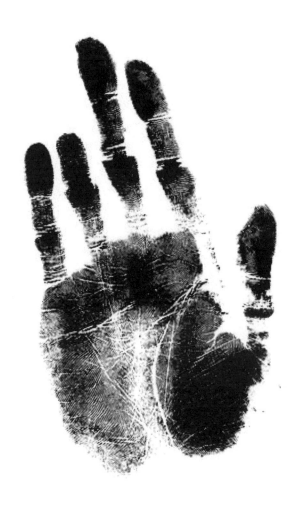

안중근 의사의 손바닥 낙관

그에 관한 최근의 연구 성과들을 반영한다. 돌이켜보면 안중근의 명성이나 비중에 어울리지 않게 그에 관한 학계의 연구가 시작한 것은 1980년대에 들어오면서부터였다. 그가 옥중에서 작성했다는 「안응칠역사」와 「동양평화론」 자체가 전해지지 않다가 1978년 「안응칠역사」에 이어 1979년 「동양평화론」이 발굴됨으로써 그의 서거 70년을 전후해 연구를 위한 기본 자료가 비로소 갖춰지고, 학계의 연구가 본격화되었다.[4] 특히 1990년대 이후 국가보훈처나 독립기념관 한국독립운동사연구소 같은 국가 기관에서 자료집과 전집이 간행되고, 단행본과 연구 논문이 나오고 있다.

이와 함께 해외의 연구들도 번역, 소개되었다. 안중근연구회가 조직되어 활동하는 등 안중근에 관한 연구가 한국 다음으로 활발한 일본에서는 일찍이 1984년에 나카노 토무中野泰雄가 쓴 『일한관계의 원상日韓關係の原像』이 『동양평화의 사도 안중근』이라는 제목으로 번역되었으며,[5] 1994년에는 뤼순형무소의 간수 치바 도히치千葉十七가 묻혀 있는 다이린지大林寺의 주지인 사이토 타이켄齊藤泰彦이 소설 형식의 단행본을 발표했다. 2003년에는 사키 류조佐木隆三가 쓴 『이등박문과 안중근伊藤博文と安重根』이 번역, 소개되었다.

1999년 러시아에서 박 보리스Pak, B. D가 발표한 『하얼빈 역의 보복: 이토 히로부미에 대한 안중근의 총성』을 2009년 한국의 안중근의사기념사업회가 편집, 소개했다. 이 책 서문에 수록된 「소개의 글」에서 유리 바닌은 안중근이 러시아에서 간행된 한국 역사책에서 단편적으로 언급되어오긴 했지만, 러시아의 한국학 학자들은 "안중근의 영웅다운 행적과 한국인의 민족해방투쟁사 속의 그의 위치에 관심을 두지 않아 왔"다고 지적하면서, 이 책이 "특별히 이 주제에만 국한되어 집필"된 것임을 밝히고 있다.[6] 그리하여 마치 한국에서 안중근에 대한 주류 서술과 비슷하게 안중근이 "조국의 자유와 독립, 더 나은 미래를 위해서 자신의 목숨을 희생"했다는 점에서 "애국심을 고양시키고 자신의 조국과 민족에 대한 훌륭한 헌신의 본보기"를 제공했다고 평가하고 있다.[7]

이처럼 안중근에 관한 최근 연구의 동향을 짚어보면, 국내에서 그에 대한 관심이 높아지고, 해외에서의 연구가 소개되면서 연구의 폭이 확대되었으며, 새로운 자료들이 발굴되고, 국제적 시각에서의 연구도 나오고 있다. 하지만 이들 연구는 대부분 어떠한 형태로든 일본에 대한 항쟁이라는 시각에서 안중근을 이해하려는 경향을 반영하고 있으며, 이는 안중근 이해에서 의미 있는 편향을 초래했다.

그중에서 중요한 것으로, 이 장에서는 민족주의와 동아시아라는 두 개념에 주목하고자 한다. 일국사 관점에서 항일에 초점을 맞춘 안중근 이해는 그의 민족주의 개념에 편향과 왜곡을 초래했으며, 이는 다시 그의 동양평화론에 대한 우리의 인식에 영향을 미쳤다. 예를 들면, 일본 국왕에 대한 그의 언급은 무시되거나 거론되지 않으며, 이는 일본의 대륙 침략을 뒷받침한 이데올로기로서 아시아주의나 인종주의로 확장된다. 그런가 하면 동양 평화를 실현하기 위한 실천 방안은 그 자신이 고안해낸 유일무이한 것으로 찬양되기도 한다.

이렇게 그의 동양평화론은 가장된 무관심, 없는 것으로 여기기, 과장과 배타를 통한 전유 그리고 때때로 전도顚倒를 통한 재해석 과정을 통해 윤색되고 왜곡된 형태로 우리에게 전해져왔다. 이러한 문제의식 속에서 이 장은 안중근의 민족주의와 동양평화론을 일국사의 틀에서 이해해온 학계의 편향이 여전히 해소되지 않은 채 영향을 미치고 있다는 현실을 염두에 두고서, 그가 쓴 텍스트와 선행연구들을 재검토함으로써 기존의 인식을 해체하고, 안중근 민족주의의 원래 모습과 비전을 재정립해보려 한다.

안중근 민족주의의 성격과 의의

안중근의 의거는 한국에서 주로 민족주의 동기에 의해 이해되고 조명되어왔다. 그는 한국 내에서 일본과 강제 병합을 추진한 주동자를 처단한 민족 영웅으로서 추앙받아왔지만, 국외에서는 편협한 인종 민족주의ethnic nationalism의 징표로서, 혹은 몰락해가는 무능한 국가의 국민이 절망적 상황에서 최후 수단을 선택한 테러리스트로 폄하되기도 했다. 긍정적이었건 부정적이었건 간에 이는 한국 민족주의를 저항과 공격적 성향을 지니는 것으로 인식하는 데 일정한 역할을 했다. 바로 여기서 비록 명시적인 형태는 아니라고 해도 자연스럽게 한국에 대한 폐쇄적 민족주의의 이미지가 형성되었다.

　그렇다면 근대 한국 민족주의의 프리즘을 통해 구축되어왔으며, 그에 따라 오늘날 우리가 알고 있는 안중근의 민족주의가 아닌, 안중근 자신의 민족주의는 어떤 것이었을까. 홉스봄E. J. Hobsbawm이 말한 대로 근대 민족국가의 성립 과정에서 민족 개념이 인위적으로 '만들어진invented' 것이라 하더라도 종족ethnic과 민족이 일치하는 한국의 경우 민족 공동체에 대한 애정과 헌신은 자연스러운 감정의 발로일 수 있다. 후진국 민족주의의 일반적 특성으로 흔히 지적되어온바 외부 충격이나 침략에 대항해 형성된 저항 민족주의의 속성을 안중근에게서 찾는 것도 어렵지 않다.[8] 어쩌면 절망이나 '폭력' 혹은 '테러'와 연관되는 공격 성향의 극단적 민족주의의 요소를 찾아볼 수 있을지도 모르겠다.

하지만 이렇게 원초적인 민족주의의 원형을 안중근에게서 찾아낼 개연성이 충분히 인정된다 해도, 그의 사후에 형성되어 오늘날 우리에게 전해 내려온 바로서 폐쇄적 민족주의의 상은 정작 안중근과는 거리가 먼 것이었다. 거슬러 올라가보면 안중근의 이미지와 민족주의의 결합에는 타자로서 일본의 그림자가 있었다. 안중근의 재판에 대한 일본의 태도는 이러한 사실을 잘 보여주고 있다. 예컨대 하얼빈 역에서 발생한 '사건'이 강제 병합에 대해 한국민이 저항한다는 표시로 읽히지 않도록 일본이 고심한 흔적은 여러 곳에서 발견된다. 러시아 자료에 근거를 두고 박 보리스는 예심이 시작되기 직전 일본 법정은 한국어를 아는 몇몇 일본인을 감옥에 보내 안중근에게 이토를 죽인 까닭이 그를 "한국의 적으로 여겼기 때문이 아니라" 개인 차원에서 잘못된 판단 때문이었음을 인정한다면 즉시 석방할 것이라고 회유했다는 일화를 전하고 있다.[9]

안중근 자신도 사사로운 의도와 동기를 부각하려는 검찰 심문에 대해 "나는 한국을 위해, 나아가서는 세계를 위해 이토를 죽인 것이지, 명예를 위해 행한 것은 아니다"라는 사실을 강조했다.[10] 이러한 양상은 공판 과정에서도 되풀이되었다. 1910년 2월 10일 오전 9시 반에 시작된 제4회 공판에서 검찰관이 행한 구형의 논고는 안중근이 정치사상을 가지고 있다고 하면서도 석탄업 등의 사업 실패에 따르는 개인적 원한으로 사건 동기를 제시하면서 심문과 공판 과정에서 안중근이 강조한 정치적 주장을 모두 무시해버렸다. 이에 대해 안중근은 "나는 원래 이토라는 인물을 모른다. 만일 내가 이토에게 사적인 원한을 가지고 있었다고 한다면, 검찰관도 나에게 사적인 원한으로 이런 구형을 내리고 있단 말인가. 만일 검찰관의 말대로라면 이 세상에서 공법도 공적인 일도 있을 수가 없지 않은가. 모든 일은 사적인 감정과 사적인 원한에서 비롯되는 것이라 해야 할 것"이라고 응수했다.[11] 이어진 변호사의 변론 이후 최후 진술에서도 안중근은 심문 자체가 불충분했음을 지적하면서, 개인 차원이 아닌 한국과 일본의 관계라는 공공의 동기를 강조했다.[12]

이처럼 하얼빈 역 사건과 이후의 재판 과정은 사사로운 원한이나 공명심처럼 개인적 동기를 강조하려는 일본의 태도와 이에 맞서 한국 독립과 동양 평화로 요약되는 공공의 대의를 강조하는 안중근의 입장이 극명한 대조를 이루고 있다. 안중근의 인격에 감화 받은 몇몇 일본인의 이야기와 그의 동양평화론에 공감하는 분위기가 있다지만, 전자는 일본의 교과서나 주류 언론에서 안중근에 대한 이미지로 전승되며 굳어졌고, 후자 역시 민족주의 동원이라는 전후 남한 사회의 필요에 의해 일면화되고 경직되어가는 과정을 밟았다. 만일 우리가 그의 민족주의에 부착된 이러한 역사의 흔적을 제거하고 원래의 모습을 찾아본다면 "한국을 위해, 나아가서는 세계를 위해" 열림을 지향하는 그의 민족주의를 분명하게 인식할 수 있을 것이다.

이러한 사실을 잘 보이는 또 다른 일화가 있다. 사형을 선고받은 직후 안중근은 매우 분노한 것으로 전해진다. 공공의 대의라는 주장의 정당성이 인정되지 않은 것에 대한 실망과 배신감이 매우 컸을 것이다. 흥미로운 것은 여기서 안중근이 15년 전인 1895년 재한 일본 공사 미우라 고로三浦梧樓가 군대를 지휘해 궁중을 습격하고 명성황후를 살해한 사건을 자신의 행위와 비교해 생각했다는 사실이다. 당연히 그는 미우라 등의 행위가 자신의 그것보다 더했으면 더했지 결코 가볍지 않다고 생각했다. 그런데도 일본 정부는 아무런 처벌도 없이 미우라를 석방해버린 반면, 자신에게는 사형 선고를 내린 것이었다. 안중근은 납득할 수 없었다. "내가 살해한 것과 비교하여 미우라의 죄와 나의 죄 중 어느 것이 무거운지 생각해보면 머리가 터지고 속이 터질 것만 같은 생각이 든"다고 그는 말한다. "나의 죄가 무언가. 내가 과연 무엇을 범했다는 말인가"를 반문하던 그는 "이런저런 생각을 하다가 갑자기 큰 깨달음을 얻고 손뼉을 치면서 웃"었다. "나는 과연 대죄인이다. 나의 죄는 다른 것이 아니다. 나의 인仁이 부족한 것은 한국 국민 된 죄"라고 생각하여, 의혹을 버리고 마음을 안정시킬 수 있었다는 것이다.[13] 한 인간의 다른 인간에 대한 살해라는 보편의 지평에서 두 가지를 견주어보던 그는 어느 시점에선가 문득 약소국(한국)과 강대국(일본)이라는 냉혹한 현실의 장벽을 깨달았다.

민족과 국가의 벽에 대해 새삼스러운 깨달음을 얻었다고 해서 오늘날 우리가 알고 있는 바로서 경직되고 폐쇄된 민족주의를 그가 받아들인 것은 결코 아니었다. 국가와 민족의 벽을 초월하는 열린 민족주의의 자세를 그는 죽을 때까지 잃지 않았다. 1910년 2월 14일 사형 판결을 받고 다음 달인 3월 26일 사형이 집행되기까지 40여 일 동안 안중근은 "비단과 종이를 들고 휘호를 의뢰"하는 많은 사람들의 방문을 받았다. 뤼순 옥중에서 쓴 그의 유묵은 200여 폭에 달하는 것으로 전해지는데, 실물 또는 사진본 등을 합해 한중일 삼국에 60여 편이 산재해 있는 것으로 확인된다.[14]

　　오늘날 한국에서 잘 알려진 "국가안위노심초사國家安危勞心焦思"나 "위국헌신군인본분爲國獻身軍人本分"같은 휘호는 이러한 연유로 작성된 것이다. 전자는 관동도독부의 야스오카 세이시로安岡靜四郎 검찰관이 서양에 다녀오면서 양말 두 켤레를 안중근에게 선물로 넣어준 데 대한 보답으로 적은 것이고,[15] 후자는 사형 당일 형장으로 떠나기 직전 간수였던 일본 육군 상등병 치바 도히치에게 적어준 것으로 그의 마지막 유품이다.[16] 이들을 포함한 안중근의 25폭 유묵은 문화재위원회의 심의를 거쳐 국가 보물로 지정되어 있다.[17]

　　이렇게 "높은 기개와 도덕 그리고 애국적 사상"을 잘 표현한 작품이자 국가 보물로 지정된 이 두 유품이 실제로는 안중근이 일본인 검찰관과 간수에게 준 선물이었다는 사실은 오늘날 한국에서 잘 언급되지 않는다. 혹은 이 사실을 명시할 때도 안중근의 나라 사랑에만 초점을 맞추거니와 그 배경과 맥락에 대한 성찰은 요원해진다. 대체로 휘호는 받는 상대에게 교훈이나 격려의 의미를 가진

贈安岡檢察官

國家安危勞心焦思

庚戌三月 於旅順獄中 大韓國人 安重根 謹拜

爲國獻身軍人本分

庚戌三月 於旅順獄中 大韓國人 安重根 謹拜

유묵(보물 제569-22, 23호)

다는 사실을 고려하면, 안중근이 일본인에게 일본을 위해 노심초사하고 국가를 위해 본분을 다하라고 격려하는 차원은 민족주의의 화신으로서 안중근의 이미지에 치명적인 손상을 가할 수 있기 때문이다.

이와 관련해 한국과 일본에서 안중근의 휘호 작성 동기를 설명하는 데 미묘한 차이를 보이는 부분이 흥미롭다. 한국의 최서면은 그것을 "자기가 의거한 이유를 두고두고 되새겨줄 계기가 될 것을 기대"하고 일본인에게 써주었다고 해석한다.[18] 반면 일본에서는 안중근이 "당사자에게 잘 맞는 어구를 골라 멋진 필체로" 써주었다고 설명한다.[19] 치바 도히치에게 헌정한 '위국헌신'에 대해서는 비록 '적국'의 간수임에도 안중근은 "서로의 입장이 달라 어쩔 수 없는 일이니 자신의 임무에 마지막까지 충실한 것이 중요합니다. 유사시에 나라를 위해 몸 바치는 것이 군인의 본분"이라고 격려했다는 또 다른 설명이 있기도 하다.[20]

최서면의 설명처럼 한국에서는 안중근이 자신의 의거 이유를 해명하고 이를 오랫동안 남겨두려는 동기에서 휘호를 작성했다고 이해한다. 물론 일종의 중의법을 통해 자기 심사를 새기고 후세에 전달하려 했을 가능성을 전혀 배제할 수는 없다. 그러나 아무래도 이러한 설명은 그에게 투영된 민족주의의 영향을 받은 사후 해석이라는 혐의에서 벗어나기 어렵다. 당시 상황이나 안중근의 인격으로 미루어보아 이 유묵들은 당사자에게 잘 어울리면서 또 그에게 절실한 내용을 적어주고 싶은 안중근의 마음을 드러내는 선물이었다는 게 보다 사실에 부합해 보이기 때문이다. 이렇게 안중근의 유묵을 둘러싼 의미의 탈맥락화와 그에 대한 성찰은 그가 생명을 놓는 시점에도 민족과 국가에 대해 열린 자세를 잃지 않았다는 사실을 우리에게 일깨워준다. 국가와 민족의 벽을 실감하면서도 안중근 자신은 그 벽을 간단히 뛰어넘어버렸다.

동아시아와 아시아주의

하얼빈 거사 후 안중근은 법정에서 이토 처단의 이유를 밝힌다. 그중 눈에 띄는 건 "동아시아의 평화를 파괴한 죄" 혹은 "한국의 독립과 동아시아의 평화 유지를 위해 전쟁을 한다고 밝힌 후 모든 열강들을 기만한 죄"처럼 동아시아 평화와 연관되는 대목이다.[21] 일본이 동양 평화를 위해 한국을 '보호'한다고 세계 각국에 선언한 마당에 한국을 강제 병합하는 것이 가능하겠느냐는 검찰관의 심문에 대해서도 안중근은 한마을에 사는 삼형제에 한중일 삼국을 빗대 언급하면서 "이 세 가족은 형제라는 것은 분명하므로 현재 동양 각국이 모두 손잡고 힘을 같이하면 인구가 오억은 되니 어떤 나라도 당해낼 수 있다"라고 진술한다.[22]

동양 평화는 한국 독립과 함께 안중근 사상체계의 중심을 이루는 한 요소다. 그의 동양평화론 역시 앞서 살펴본 그의 민족주의에 대한 왜곡된 상이 배경인 한국의 민족주의라는 협소한 시각에서 해석되어왔다. 최근 연구에서 이러한 경향이 극복되어가고 있지만,

동양평화론의 대상 자체가 동아시아 지역[23]임에도 불구하고 국가의 틀에서 그것을 이해해온 것은 일종의 아이러니다. 따라서 동아시아 시각에서의 동양평화론 이해가 절실하다.[24] 이제 안중근의 열린 민족주의가 그의 동아시아 상과 밀접하게 연관된다는 전제 하에, 동양평화론의 성격과 지향을 검토해보려 한다.

안중근의 동양평화론을 이해하기 위해서는 이 시기 아시아주의와 동양 평화 일반에 관한 논의들을 검토하는 것이 필요하다. 지식사회학의 시각에서 보면, 그의 동양평화론은 동아시아와 관련된 당시 지식 자원의 영향 아래서 형성되었을 것이기 때문이다.

먼저 이 시기 동양 평화 개념과 밀접한 연관이 있는 유사 개념으로 동양주의(아시아주의), 아시아연대론, 삼국공영론 등이 있다. "구미 열강의 아시아 침략에 대항하여 아시아의 단결을 도모하려고 하는 주장"으로 정의되는 아시아주의의 기원에 대해서는 일본에서도 근대 이전 도요토미 히데요시의 조선 침략에서부터 1910년대 무렵까지 다양한 의견이 나오고 있다.[25] 그러나 타자로서 서양의 존재를 의식하면서 아시아적 동일성에 관한 아시아 상을 바탕으로 삼은 아시아주의는 1870년대 중반 이후부터 성립되었다는 것이 통설이다.[26] 아시아연대론은 조선침략론을 집대성한 요시다 쇼인吉田松陰의 동문인 가츠 가이슈勝海舟가 1863년에 아시아연대론이란 명분 아래 조선을 비롯한 아시아 침략주의를 거론한 이후 1873년의 정한론으로 이어지는데, 1881년 농촌에 기반을 둔 자유당 결성을 계기로 그와는 다른 아시아연대론이 출현했다는 설명이 있다.[27]

삼국공영론은 연구자에 따라 삼국동맹론,[28] 삼국제휴론[29] 등으로 불리는데, 김민환은 삼국공영론이 계몽주의 시대 민족지가 내세운 가장 핵심적인 대외 정책으로 평가하면서, 그 밑바탕에는 막부 말기부터 일본에서 꾸준히 제기된 정한론이 깊이 뿌리내려 있다고 파악했다. 그것은 한국의 김옥균, 중국의 캉유웨이康有爲, 쑨원孫文, 인도의 수바스 찬드라 보스Subhas Chandra Bose, 필리핀의 에밀리오 아기날도Emilio Aguinaldo 등을 통해 각국으로 수출되는데, 한국에서는 김옥균 등을 통해 국내에 수입되거나 중국을 거쳐 간접 수입되어 주로 신지식계층에 의해 비판 없이 수용되었다.[30] 김민환은 이 이론에 대해 계몽주의 시대 한국 지식인이 자체 생산했다기보다[31] 동양 지배의 당위성을 합리화하기 위해 일본이 동양 각국에 수출했다는 사실을 되풀이해서 강조한다.[32]

김민환은 한국이 일본과 '보호조약'을 체결한 후 일본의 침탈이 본격화하면서 친일 인사나 단체에 의해 삼국공영론이 동양주의로 발전했다고 본다. 그에 따르면, 이전의 동양(삼국)공영론이 각국의 자주권을 바탕으로 하되 일본의 주도 아래 일종의 동맹 관계를 형성해 서세에 대응하자는 주장이었는데, 새로 대두된 동양주의는 자주권 확립의 중요성을 간과한 채 일본의 지배 아래 서세를 막아 공영권을 구축해야 한다는 것이다. 그야말로 일본의 아시아 침략에 동조하는 매판 이데올로기 성격이 노골화한 것이다.[33] 이렇게 김민환이 언급하는 1905년 무렵 삼국공영론의 변질된 형태로서의 동양주의는 내용상 신운용이 언급하고 있는 삼국동맹론과도 비슷하다.[34]

신운용은 삼국동맹론에서 일제의 침략성이 드러나자 일제의 침략 논리에 대항하는 이론이 출현해 동양평화론으로 발전했다고 주장한다.[35] 즉, 삼국동맹론이 발전한 형태로서의 동양평화론은 일진회 등 일부 부일 세력이 내세운 동양평화론과는 성격이 달랐고, 일제 침략을 무력화하기 위한 자주 논리로 정착되었다고 본다.[36] 그의 이러한 입장은 안중근의 동양평화론을 적극적으로 평가하기 위한 일환으로서, 안중근의 동양평화론에 대해 일본 중심의 아시아연대주의와 구조상 동일하지만 반침략주의라는 대립되는 특징이 있다는 윤경로의 입장과 일맥상통한다.[37] 이와 달리 이광린은 이 시기 한국인들이 내세우는 동양평화론이란 아시아연대론과 맥을 같이한다고 지적하면서, 동양평화론에 대한 비판적 의견을 소개하고 있다.[38]

현광호는 삼국제휴론은 한국이 청일전쟁 이후 청의 내정 간섭으로부터 탈피하고 을미사변으로 악화한 한일 관계가 개선되면서 현실 외교 방안의 하나로 검토된 것으로, 서구 열강의 침략, 특히 러시아의 침략을 저지하려는 외교 방안이 기본이라고 보았다. 삼국제휴론은 중국을 폄하하고 일본의 지도적 역할을 인정하면서 백인종에 대한 저항을 표방했지만, 실제로는 러시아의 침략을 방어하는 데 초점을 두었다는 것이다.[39] 이렇게 인종주의와 일본맹주론에 호소한다는 점에서 삼국제휴론이 아시아주의와 유사하다면서도 그는 삼국제휴론이 아시아연대론과는 분명히 다르다고 보았다. 삼국이 대등한 관계에서 동맹을 맺어 서양의 침략에 맞서는 것을 목표로 한 삼국제휴론과 달리, 아시아연대론은 일본의 조선 병탄과 중국 침략을 추구한 대륙 침략론이라는 것이다.[40] 삼국제휴론에 대한 그의 이러한 평가는 그것을 부정하는 맥락에서 해석한 김민환이나 신운용의 평가와 대조된다.

이처럼 1870-1910년대에 출현한 아시아 연대 제안들에서 나타나는 혼란은 그 기원과 명칭부터 그것을 구성하는 실제 내용과 성격 그리고 그에 대한 평가에 이르기까지 다양한 차원에 걸쳐 있다. 이 주제에 관한 최근 연구는 아시아주의나 동양 평화에 관해 보다 주체적인 평가를 적극 시도해왔다. 환언하면 그것은 단순히 일본이 수출하고 동아시아 각 지역 지식인들에 의해 일방적으로 전파되었다는 지점보다 특정 국가나 지역 맥락에서 적용되고 해석되는 과정에 주목하고자 한다. 이러한 접근은 지역 내 지식인을 통한 수용 과정과 그 실천 양상들에서 능동성을 강조하는 효과를 낳는다.

거시적 맥락에서 보면 안중근의 동양평화론에 관한 최근 연구들 역시 이러한 흐름 안에서 진행되어온 것으로 보인다. 그러나 주체성과 능동성에 대한 강조는 대가를 수반한다. 가장 큰 손실은 초기 연구에서 지적해온 일본으로부터의 규정성이 거의 잊혀버리게 되었다는 점이다. 특히 유학이나 공무 등을 통해 일본과 교류가 잦았던 지식인들이 그러했듯이, 보통 이 시기 지식인 전반은 이른바 일본발 아시아주의[41]의 영향에서 벗어나기 어려웠다. 이에 따라 한국의 많은 지식인들이 어떠한 형태로든지 그에 반응하고 화답했다.

일찍이 아시아 연대에 공감한 김옥균은 한중일 삼국의 상호 제휴를 의미하는 '삼화三和'를 자신의 호로 삼았으며, 상하이의 여관에 투숙할 때 자신의 이름을 이와다 미와岩田三和로 서명할 정도로 그의 실현에 몰두했다. 그의 삼화주의는 일제 말기 대동아공영권이 제창된 시기에 동양주의와 대아시아주의의 선구로 추앙되었다.[42] 이인직은 『만세보』 1906년 7월 20일자에 발표한 「삼진연방」이라는 논설을 통해 일본과 간도, 만주를 포함하는 "동양의 일대 연방을 만들어 경제상 대진보를 연구"해야 한다고 주장했다.[43] 그런가 하면 안창호 역시 이토와의 회견에서 3국의 정립 친선이 동양평화의 기초라는 의견에 공감하면서 서양 세력의 아시아 침입을 막기 위해 조선과 일본, 중국이 협력해야 한다고 주장했다.[44] 박은식은 인종론과 문명론에 근거하여 동아시아 3국 연대를 주장한 오가키 다케오大垣丈夫가 1908년에 저술한 『청년입지편青年立志篇』으로부터 지대한 영향을 받았다.[45] 그러나 러일전쟁 후 일본에 의한 조선의 '보호'국화가 추진된 것을 계기로 국내에서 아시아연대론에 대한 회의가 대두되면서 아시아를 단위로 한 지역 연대 구상이 외면받고, 민족과 국가에 대한 추구가 일정한 세력을 형성했던 점을 고려해볼 때,[46] 민족주의 사학의 주창자로 잘 알려진 신채호조차 1909년에 이르러서야 동양주의에 대한 비판을 발표[47]한 것은 뒤늦은 감이 있었다.

동양평화론

이러한 시대 상황 속에서 일본의 의도가 짙게 드리워진 아시아주의와 동양평화론의 영향으로부터 안중근만 홀로 자유로울 수 있었다고 기대하거나 그렇게 해석하는 것은 납득하기 어렵다. 안중근의 동아시아 인식은 이러한 아시아주의의 일반적 영향이 초래한 시대 한계와 그것을 넘어서려는 극복 의지가 동시에 작용한 복합성이 있었다는 사실을 환기하고 싶다.

먼저 안중근의 동양평화론에 대해서는 아시아주의의 침략 속성에 대한 인식이 부족했고, 시기에 따라 그 성격이 변화해간 양상을 제대로 포착하지 못했던 점을 한계로 지적해야 할 것이다. 물론 1870-1910년대 동아시아 삼국의 지식인들이 그 지향과 성격에서 때에 따라 복합적인 내용으로 다양하게 변화해온 아시아주의를 제대로 인식하지 못했거나 이를 뒤늦게 자각하던 판국에 안중근에게서만 엄밀한 한계를 짚어내는 게 부당할지 모른다. 여하튼 이러한 맥락에서 일본에서 제기되는 안중근 비판은 국내에서 거의 언급되지 않는다.

안중근은 자기 행위의 정당성을 주장하면서 러일전쟁 시기 일본 국왕이 「선전조칙」에서 일본은 동양 평화를 유지하고 한국의 독립을 공고히 함을 명시하고 있다고 지적한다.[48] 이에 대해 나카노는 청일전쟁에 대한 일본의 「선전조칙」은 '한국의 독립'을 개전 목적으로 하고 있지만, 러시아에 대한 「선전조칙」은 한국의 독립이라는 용어를 사용하지 않고 '한국의 보전' 및 '한국의 존망'이라는 용어

안중근 의사 동상 제막식
(1959)

를 대신 사용했다고 지적한다. 따라서 이 시기에 이르면 한국의 독립을 보장한다는 생각이 이미 일본 정계 상층부에는 존재하지 않았음에도 불구하고, 이를 알지 못한 안중근이 조칙의 용어를 선의로 해석했다는 것이다.[49]

그다음 안중근의 동양평화론을 포함해 이 시기 아시아주의의 중심에는 인종주의와 일본맹주론이라는 두 기둥이 있었다. 전자는 황인종이라는 인종 동질성에 기반을 두고 아시아인의 연대를 주장한 것이고, 후자는 동양의 나라들 가운데 근대화에 성공한 일본이 아시아를 이끄는 맹주가 되어야 한다는 주장으로, 메이지 이후 일본 아시아주의의 핵심을 이루는 내용이었다.

거시적으로 보아 안중근도 어떠한 형태로든 이러한 아시아주의의 영향을 받았다. 그리고 이 두 요소를 그의 『동양평화론』에서 어렵지 않게 찾아볼 수 있다.[50] 『동양평화론』 서문에서 그는 러일전쟁에서 "동해 가운데 조그만 섬나라인 일본"이 "강대국 러시아를 만주 대륙에서 한주먹으로 때려 눕"힌 일을 찬양한다. 그러나 이러한 일본이 한·청 양국의 우의와 양국인의 소망을 저버린다면, "차라리 다른 인종에게 망할지언정 차마 같은 인종에게 욕을 당하지는 않을 것이니, 한·청 양국인의 폐부에서 의론이 용솟음쳐서 상하 일체가 되어 스스로 백인의 앞잡이가 될 것"이라고 경고한다.[51]

필자는 아시아주의와 인종주의의 이러한 요소에도 불구하고, 『동양평화론』이라는 동일한 텍스트가 그것을 비판하거나 넘어서는 생각을 동시에 담고 있다는 사실에 주목하려 한다. 예를 들면, 그는 1898년 중국에서 무술개변戊戌改變과 의화단의 반란 그리고

8개국 연합국의 톈진 함락으로 이어지는 일련의 참화에 대해 "세계 역사상 드문 일이고 동양의 일대 수치일 뿐만 아니라 장래 황인종과 백인종 사이의 분열 경쟁이 그치지 않을 징조를 나타낸 것"으로 깊은 우려와 탄식을 표명한다.[52] 앞서 언급한 한·청 양국이 백인의 앞잡이가 된다는 구절에서 "같은 인종에게 욕을 당하지는 않는다"라는 대목은 강한 인종주의 사고를 엿보이지만, 다른 한편으로 현광호는 이어지는 후반부에 주목해 일본이 한·중에 대한 침략을 계속한다면 두 나라는 서양과 맹약을 체결할 것이라고 경고했다는 점에서 안중근이 서구 열강을 협력 가능한 대상으로 인식했다고 평가한다. 즉, 안중근은 배타적인 인종주의 관점이 아니라 국제법과 국제기구 등에 대한 신뢰 차원에서 서구 열강을 인식했다는 것이다. 그에 따르면, 동서양의 평화 공존을 지향했다는 점에서 안중근은 다른 인종의 예속과 배제를 추구한 서구식 인종주의자도 아니었고, 반대로 인종 간의 대립 관계만을 사고하는 삼국제휴론 방식의 인종주의자도 아니었다.[53] 비슷한 맥락에서 신운용은 안중근이 서양(러시아)의 침략 세력에 대해 적대적 자세를 보인 근본 원인은 인종 문제라기보다는 동양 침략이라는 도덕성의 결여에 있었다는 점에서 당시 시대 인식의 한계인 인종론을 극복하고 있다고 언급했다.[54]

이처럼 텍스트로서 안중근의 『동양평화론』은 아시아주의와 인종주의의 편린을 담고 있는 동시에 그것을 부정하고 넘어서려는 이중성을 가지고 있다. 이를 고려치 않고 어느 한쪽만 강조하거나 무시하는 것은 적절한 텍스트 독해가 아니다. 강동국 또한 이러한 이

중성에 주목한다. 그는 서구의 충격을 배경으로 민족주의, 지역주의, 제국주의가 대두한 국제 정치의 맥락에서 동아시아 지역주의의 역사를 바라보면서 안중근의 동양평화론에 높은 의미를 부여한다. 민족주의가 제국주의와 결합해 지역주의를 침략 도구로 사용한 일본이나, 민족주의가 제국주의와 지역주의에 대항하거나 민족주의가 지역주의와 결합한 제국주의에 투항한 한국과 중국의 경우와 달리, 안중근은 민족주의와 지역주의를 결합해 제국주의에 대항하는 사상을 발전시켰다는 것이다. 신채호 류의 민족주의는 중국 등지에서 비슷한 논조의 사상을 찾아볼 수 있는 것과 달리, 안중근의 동양평화론은 동아시아 전체에서 유일하다는 의미에서 그 역사적 의의를 설정할 수 있다고 그는 주장한다.[55]

그러나 이러한 의의에도 불구하고 강동국은 안중근의 동양평화론이 가진 한계를 지적한다. 다른 지역·세계와의 관계 설정에서 보이는 닫힌 지역주의의 측면이나 인종론에 기반을 둔 다른 인종에 대한 무시와 대립의 가능성 등이 그것이다.[56] 하지만 그는 이러한 한계를 안중근 자신의 철학 문제라기보다 당시 지적 세계에서 그가 제공받은 지식과 정보의 문헌학적 문제로 설명하고자 한다.[57] 나아가 이러한 한계를 극복하는 두 계기로서 기독교라는 보편 종교의 존재와 민중 시각에서의 사고를 제시한다.[58]

동양평화론 원론 차원의 논의들과 함께 안중근이 제시했던 그 실천 방안들도 주목받아왔다. 1910년 2월 14일 히라이시 우지히토 平石氏人 관동도독부 고등법원장과의 면담 기록인 「청취서」 후반부에 소개된 이 구상에 관해서는 지금까지 많은 연구가 진행되었다.[59] 뤼순 중립화론, 평화회의 기구 구성, 세계정부와 국제평화군 창설, 동아시아 공동개발은행 설립과 공동 화폐의 발행 등이 골자인 이 구상에 대해 많은 연구자들이 그 의의와 현재적 의미를 적극 평가하고 조명했다.[60] 물론 강동국은 동양평화론의 세부 정책이 오늘날 현실에 맞아야 한다는 강박관념에서 연구 방향이 설정된 탓에 안중근의 사상을 자의적으로 꿰맞추는 결과를 초래해버릴 가능성에 대해 우려하기도 한다. 안중근이 살았던 제국주의 시대와 오늘날 국제 정치 현실은 다르기 때문이다. 이러한 문제의식에서 그는 안중근 구상의 현재성은 비록 크지 않으나 나름대로 의미가 있다고 평가한다.[61]

필자는 동양 평화에 대한 안중근의 방책을 적극 평가하는 일이 그 자체로 충분히 의미 있다고는 해도, 마치 그것을 안중근의 고유한 제안으로 부각하려는 시도는 결국 의도치 않은 결과를 초래할 수 있음을 지적하고자 한다. 그것은 자칫 동양 평화에 관한 일련의 실천적 제안들을 안중근에게 독점 귀속시킴으로써 그를 '민족의 영웅'으로 숭배하려는 의도로 이끈다. 나아가 안중근의 민족주의에 대한 왜곡과 연동되어 오늘날 한국 사회에 폐쇄와 고립의 민족주의 이데올로기 신화를 창출하는 데 기여하는 결과를 낳는다.

먼저 동양 평화를 위한 안중근의 실천 방안들은 그 자신의 독창적 고안이라기보다[62] 당시 많은 지식인과 언론 매체를 통해 논의되어 온 제안이라는 사실을 상기할 필요가 있다. 즉, 그것은 동아시아 지식 공간을 떠돌아다니면서 안중근을 포함한 동아시아 지식인들에 의해 비평받고 보완되며 전유되는 역사 과정을 통해 형성된, 동

아시아 공동의 지식 자산이자 제안으로 이해하는 것이 적절하다.[63]

최근의 몇몇 연구들도 이와 관련한 사실을 지적한다.[64] 국제평화회의 조직과 국제평화군 창설에 대해서는 일찍이 『한성순보』가 1883년 12월 20일자 「소병의銷兵議」에서 세계정부와 국제평화군의 창설을 언급한 바 있다. 6년 후인 1899년에는 네덜란드 헤이그 만국평화회의 개최에 즈음하여 7월 22일자 『독립신문』이 「평화론」이라는 논설에서 세계평화 유지를 위해 국제군대를 창설하고 베이징에서 만국평화회의를 개최할 것을 주장했다.[65] 공동개발은행의 설립과 공동 화폐의 발행에 대해서는 1900년에 안경수가 발표한 「일청한동맹론」에서 비슷한 내용을 찾아볼 수 있다.[66] 안중근은 동아시아 삼국 사이 무역이 증대되고 있는 상황에서 경제 협력을 통해 공동의 상업 이익을 증대시키기 위한 구상으로서 삼국 공영을 실현할 수 있는 실질적인 경제 기반 조성을 제안했다.[67]

이처럼 여러 실천 방안들이 비록 안중근만의 독자적 구상은 아니었지만, 그는 이를 바탕으로 재해석과 보완의 과정을 거쳐 자신만의 고유한 평화 이론을 발전시켰다.[68] 로마 교황을 통한 세계 민중의 지지에 대해서는 이미 언급한 바 있거니와 삼국 연합군 구상을 통해 동양 삼국의 청년으로 군단을 편성하고 이들이 상대 국가의 언어를 배움으로써 우방이나 형제의 관념을 갖는 진정한 연대의 장을 모색한 것도 좋은 예시가 될 것이다.[69] 이러한 점에서 그의 실천 방안은 국수주의 지향에 편승한 안경수의 논의나 1920년대 일본의 국수주의 단체인 대아세아협회의 제안과는 근본에서 달랐다. 죽음을 한 달 남짓 남기고 별다른 자료도 구할 수 없었을 옥중 생활의 와중에 그가 히라이시 법원장과 면담을 통해 이처럼 체계를 갖춘 논리를 펼칠 수 있었던 것은 이 문제에 대한 그의 관심과 열정을 그대로 보여준다. 이러한 점에서 한국의 독립과 동아시아의 평화를 평생의 과업으로 생각하고 이를 체계화하려 한 그의 노력과 시도는 아무리 높이 평가해도 지나치지 않는다.

열린 민족주의와 보편주의를 향하여

주지하듯이 안중근의 하얼빈 역 의거 자체는 한국인 안중근이 "중국 영토 내의 러시아 행정력이 미치는 철도 구역 내에서 일본 국민을 상대"로 한 것이었다.[70] 하얼빈은 중국 영토지만 당시 러시아는 청국과의 조약을 통해 이른바 동청철도의 부설권을 양도받았기 때문에, 하얼빈 역 구내는 러시아 관할이었다.[71] 이렇게 러시아가 관할권을 갖는 중국 영토에서 일본인을 대상으로 한 한국인의 행위라는 점에서 안중근의 의거는 필연적으로 동아시아라는 맥락에 얽혀 있을 수밖에 없었다.

이러한 연유로 안중근 사건 공판에서는 재판의 '권한 문제', 즉 관할권 문제가 제기되었다. 일본인 관선 변호인 가마타 세이지鎌田正治는 1910년 2월 12일 오전 9시 반에 열린 제5회 공판에서 이 사건이 중국 영토에서 일어난 한국인의 '범죄'라는 점에서 한청조약이나 한일협약이 있다고 하더라도 한국의 외교권이 소멸한 것이 아니

라 일본이 대행할 뿐이므로 피고인은 한국의 법령에 의해 보호받아야 하며, 일본 제국의 헌법을 적용할 수 없다고 주장했다. 따라서 이 경우에 한국 형법을 적용해야 하는데, 한국 형법에는 이국에서 범한 죄에 대해 아무런 벌칙 조항도 없으므로 피고인을 처벌할 수 없다고 보았다.[72]

흥미로운 것은 이 변론에 대한 안중근의 반응이다. 자신을 옹호하는 이 변론에 대해 그는 의외로 자신은 "이것을 부당하고 어리석은 논리라고 생각한다"라고 진술했다. "오늘날 모든 인간은 법에 따라 생활"하는 점에서 "사람을 죽이고 처벌을 받지 않고 살아간다는 것은 언어도단"이라는 이유에서였다. 즉, 동기야 어찌되었든 자신은 사람을 죽였으니, 그에 따른 처벌을 받아야 한다는 것이었다. 그렇다면 남는 문제는 어떤 법에 따라 처벌을 받아야 하는가다. 이에 대해 안중근은 "그것은 간단하다. 나는 한국의 의병으로서 적국에 포로가 되어 있기 때문에 만국공법에 따라"야 한다고 답변한다.[73]

여기서 안중근이 동아시아 특정 국가가 아닌 만국공법의 관할권을 주장한 것은 보편적 세계주의에 대한 신뢰를 보여준다. 보편에 대한 이러한 헌신은 그의 열린 민족주의와 짝을 이루는 것으로, 이러한 인식은 그의 동아시아 상과 밀접하게 연관된다. 이 시기 동아시아 지식인에 의한 동아시아 구상 대부분이 입으로는 동아시아의 연대와 단결을 외치면서도 따져 들어가면 자기 민족과 국가에 한정된 폐쇄적 성격을 지니고 있던 것과 달리, 그의 동양평화론은 보편 세계를 지향하는 열린 민족주의에 근거를 두고 있었다. 이러한 점에서 안중근은 이 시기 회자되던 아시아주의와 동양평화론의 일부 부정적 속성이 반영된 시대적 한계에 구속된 면모를 드러내면서도 동시에 그것을 비판하고 극복하는 동아시아 구상을 발전시킬 수 있었다.

한상룡을 말한다∷1

친일 예속 자본가의 전형

친일파 문제의 현재성

해방된 지 곧 80년을 바라보는 지금도 살아 있는 역사의 과제들 가운데 하나로 친일파 문제를 꼽을 수 있다. 친일파에 대한 문제 제기를 저지하고 사실을 왜곡하려는 흐름에 맞서 끊임없이 그 역사적 의미의 현재성을 환기해왔음에도 불구하고, 긴 세월이 지나면서 문제의 내용과 의미는 불가피하게 변질되어버리곤 했다. 사실 해방 직후 이승만 정권 아래서 친일파들이 행정, 사법, 치안, 군사 등 주요 국가 기구의 요직을 독점하고 경제 및 이데올로기 기구에서도 주요 정책을 수립·집행해나가던 당시, 사회 각 부문에서 친일 잔재를 조속히 청산해 진정한 자주 독립 국가를 건설해야 한다는 민족의 염원이 비등했을 때, 바로 이 친일파 청산 문제는 실제적 동기를 가진 현실 문제가 아닐 수 없었다.

그러나 그로부터 80년. 당대를 주도하던 대다수 사람들이 역사의 저편으로 사라져버린 지금, 그 자리를 물려받은 세대가 사회의 재생산을 담당하고 있는 현 상황에서, 이 문제는 현실의 절박성을 상실하고 어느새 세인의 인식에서조차 잊혀가는 듯 보인다. 이 문제의 역사적 현재성은 여전히 유효하건만, 한편으로는 문제 제기 자체의 당위성은 인정하면서도 다른 한편으로는 이를 진부하고 현실 감각 없는 시도로 치부해버리는 분위기마저 조성되었다.

결과는 자명하다. 청산되지 못한 과거 역사는 강자와 지배자의 논리가 현실이라는 패권주의를 쉽게 발휘하게 만들고, 그로부터 배제될 수밖에 없는 다수 민중에겐 패배주의를 심어놓는다. 현상을 옹호하고 지배자를 미화하는 '승리자의 역사'가 그들의 모든 행위를 역사의 이름으로 합리화할 때, 인간의 삶과 역사에 대한 광범위한 회의가 확산한다. 그럼에도 불구하고 잃는 것이 있으면 얻는 것이 있듯, 속절없는 시간의 흐름 속에 친일파 청산 문제의 절박성이 느슨해져버린 지금, 이 문제는 다시 거리를 두고 객관화하여 살펴볼 수 있는 '연구' 대상이 되기도 했다.[2]

한상룡(韓相龍, 1880-?)은 구한말에서 일제 치하에 걸쳐 재계와 실업계, 특히 금융계에서 '근대' 자본주의 제도와 질서를 도입하는 역할을 맡았던 자본가 계급을 대표하는 인물이다. 주권은 상실되고 근대화가 식민지화에서 시작되어버린 현실 속에 자본가로서 그의 삶과 경력은 일제에 예속된 채 성장, 발전할 수 있었다. 당시 민족 부르주아지 계급의 성장은 미미했고 당연히 정치 세력화도 어려웠기에, 이들은 일정 수준에서 좌절할 수밖에 없는 한계를 가지고 있었다. 식민지 자본가로서 한상룡의 삶은 이러한 역사 맥락을 극명하게 드러내주는 본보기다.

일제 하 친일파 개인들에 관한 연구는 여전히 완결되지 않았고, 이 시기 자본가에 관한 전기적 연구조차 드문 상황이다. 민족개량주의 문제와 관련해선 민족과 예속 부르주아지 이론의 개념 규정 정도에만 연구가 머물러 있다. 한상룡 연구의 현재성은 바로 이러한 지점에서 찾아낼 수 있다.

한상룡

출생과 성장

한상룡은 1880년 11월 14일 경성부 수표동에서 규장각 부제학(副提學, 사후에 제학으로 추증됨) 한관수韓觀洙의 3남 4녀 중 3남으로 태어났다. 이완용(李完用, 후작)과 이윤용(李允用, 남작)의 생질로서 '명문대가'의 집안에서 태어났지만, 가세는 빈한하여 외가 후원으로 근근이 생계를 꾸릴 정도였다. 그 탓에 경기도 광주와 진위 등지를 전전하며 생활하다가 서울로 온 것이 17세 되던 1896년이었다. 이 해에 학무국장인 집안 친척 한창수韓昌洙[3]의 후원으로 관립 외국어학교에 입학했고,[4] 여기서 영어를 배우면서 비로소 서구 문명을 접했다.

1898년 11월 미국 유학을 꿈꾸며 일본으로 밀항했는데, 군부대신이던 외숙 이윤용의 주선으로 미국행을 단념하고, 이듬해 7월 사립 성성成城학교 3학년에 입학했다. 육군 예비학교로 일컬어지는 이곳에 군인을 지망해 특별 입학한 것이었다. 1900년 4월 4학년으로 진급하면서 한국 정부 관비 유학생으로 선발되었는데, 건강을 이유로 학업을 중단하고, 1901년 1월 스물둘 나이에 귀국하고 만다.

귀국 후 그는 법부法部 사리司理국장 김석규金錫圭의 권유로 중교의숙中橋義塾 영어 교사로 일하는 한편, 내부內部 협판(協辦, 차관) 겸 시종원侍從院 첨사僉事 민경식閔景植의 추천으로 일종의 명예직인 장릉章陵 참봉參奉이 되었다. 그가 온전한 의미에서 사회생활을 시작한 건 고종의 종형인 완순군完順君 이재완李載完이 경부철도 기공식에 참가하면서 영어 통역을 위해 한상룡을 대동하면서부터다. 1902년 8월 도량형 제작을 관장하는 관청인 평식원平式院이 설립되면서 이재완이 총재로 가자, 한상룡은 총무과장으로 발탁되었다. 귀국 후 처음 얻은 공식 관직이었다.[5]

관립 영어학교와 일본 생활을 통해 그는 서구 근대 문물을 일찍 접할 수 있었고, 영어에 대한 기본 소양을 갖출 수 있었으며, 일본어를 유창하게 구사할 줄 알았다. 이러한 능력은 후일 그의 출세를 뒷받침하는 데 유용한 자산이 되었다. 특히 2년 남짓한 일본 생활은 그의 일생에 중요한 영향을 미쳤다. 그의 외숙인 이윤용, 이완용이 군부대신, 외무대신 등 고위 관직에 있었기에, 일본 체류 시 일본의 명사들과 교제할 기회가 많았고, 귀국 후에도 일본 공사관을 드나들며 많은 일본인과 두터운 친분을 유지했다. 그의 후견인인

이완용, 이재완, 한창수 등이 유명한 친일파였던 이유도 있겠지만, 이 시기 그는 주한일본공사 하야시 곤스케林權助, 제일은행 경성지점 지배인으로 미국에서 문학박사 학위를 받은 다카키 마사요시高木正義, 일본군 수비대장 노즈 진부野津鎭武 등과 밀접한 친교를 유지할 수 있었다. 한창수가 거문도 땅을 매입한 사례가 잘 보이듯, 이들은 왕실 인사와 고위 관료들 중에서 가장 친일적인 인물을 대표했다. 젊은 축에 속했던 한상룡은 일본의 식민지 침탈 과정에서 실질 업무를 전담함으로써 자신의 입지를 넓혀갔다. 그의 삶에서 가장 중요한 비중을 차지한 한성은행 설립도 이러한 맥락에서 이해될 수 있다.

한성은행과 식민지 경제기구의 설립

1900년 초반 러시아는 일단 청일전쟁 승리로 본격화하려던 일본의 조선 진출을 이른바 3국 간섭을 통해 좌절시키는 데 성공했다. 그리고 고종에게 경제 차관 500만 원을 자국으로부터 빌릴 것을 강요했다. 철도를 부설하거나 산업 개발에 필요한 자금을 차관 형식으로 제공하되 운용의 실권을 장악함으로써 한국에 대한 군사, 경제 지배를 강화하려는 속셈이었다. 이 정보를 입수한 일본은 외무성을 중심으로 대책을 강구했다. 그리고 한국인이 경영하는 은행을 앞세워 그곳에서 경제 차관을 융통한다는 구실로 러시아 차관을 거절하는 묘책을 찾아냈다. 주한일본공사와 제일은행 경성출장소장 등은 이를 실행에 옮기기에 적당한 조선 쪽 인물을 물색했으며, 그 결과 선택된 인물이 이재완이었다.

극비리의 교섭 끝에 이들은 새로 은행을 인가받는 것은 러시아 의 시선을 끌 우려가 있다고 판단했고, 관료이자 "서울 재계의 거 족"인 김종한金宗漢[6]이 1, 2년간 경영하다가 유명무실 상태에 있던 한성은행을 인수하기로 했다.[7] 이에 따라 1903년 2월 사립 한성은 행을 공립으로 재편한 합자회사 한성은행이 발기되었다. 20만 원元 이던 자본금은 10배 늘려 200만 원으로 하고, 일본 제일은행에서 무 담보로 35,000원을 차입해 불입했다. 같은 해 12월 설립 인가를 받 았고, 이재완은 은행장, 한상룡은 우총무에 취임했다. 그러나 곧이 어 러일전쟁이 발발하면서 차관 문제는 다시 대두되지 않았고, 한 성은행으로부터 정부에 차관을 제공할 이유도 사라져버렸다.

그러자 일본 측은 1904년 봄 제일은행 경성출장소장을 통해 "소 기의 목적을 달성했으므로 한성은행은 해산하는 것이 좋겠다"라는 뜻을 전달했다. 아직 조선에는 은행이 시기상조이고 또 자금도 없 는데 은행업을 하는 것은 무리라는 의미였다. 한상룡은 이 조치에 수긍하지 않았던 것 같다. 훗날 그는 "혈기 왕성한 때여서 크게 격 분"하여 가마 안에서 "대성을 지르고 울면서" 집으로 돌아갔다고 회상했다. 이 일이 있고 나서 일주일쯤 뒤 출장소장은 그를 불러 전 과는 다른 의견을 제시했다. 즉, 조선인 친구나 친척으로부터 자본 금을 1, 2만 원 정도 더 모집하여 은행을 주식회사 체제로 개편하면 좋겠다는 의견을 전달한 것이다.

한성은행(1930년대)

용도 폐기된 한성은행을 처음에는 해산시키려 했다가 친일 민간 은행을 하나쯤 놔두는 것도 무용하지는 않을 것이란 판단에서였다. "이것을 듣고 감격의 눈물을 흘린" 한상룡은 일본 제일은행을 본떠 한성은행의 정관을 만들고 주식 모집에 착수했으며, 이어 1905년 9월에는 이를 정식 주식회사로 개편해 자신은 취체역(取締役, 이사직)으로 총무부장에 취임했다. 이 시기를 전후해 끊임없이 부침을 거듭하던 사설 은행과 달리 한성은행은 신식 부기를 채택하고, 출납·예금·장부 기입 등에서 근대적 외양을 갖추었다. 근대성이 흔히 식민성을 수반하는 사실에 비추어볼 때, 이는 일제에 대한 예속의 단초를 배태하고 있었다.

한성은행의 성장과 발전도 이러한 예속성을 떠나 이해할 수 없다. 이 시기 한성은행의 운영 자금은 일본 제일은행에서 주로 조달했다. 한성은행은 제일은행으로부터 100원 당 일보日步 2전錢 7리厘의 이자로 자금을 빌려 일보 6전의 이자로 대부를 했다. 당시 일반 시중 이자가 월 4분分 내지 5분이었던 것에 비하면, 일보 6전의 이자는 파격적으로 싼 금리였다. 예컨대 대한천일은행大韓天一銀行의 경우를 보면, 400원 이상의 대금에 대해서는 100원에 일보 13전 3리 4호毫였고 400원 이하면 16전 6리 4호였으니,[8] 이에 비하더라도 한성은행의 금리는 저리였다.[9] 이러한 자금 운용이 가능했던 건 한성은행이 제일은행의 자금을 빌려 쓸 수 있었기 때문이다. 결국 경영에는 성공할 수 있었지만, 제일은행의 간섭이란 대가가 따랐다. 제일은행은 한성은행의 업무 감독뿐 아니라 인사 문제까지 간섭했으며, 이 과정에서 한상룡은 여러 혜택을 받으면서 한성은행의 실권을 장악했다.

1905년 9월 한성은행은 자본금을 15만 원圓으로 하는 주식회사 공립 한성은행으로 개편했으며, 10월 주주총회에서 "일본 유학에서 돌아와 신문물에 대한 식견과 재능이 뛰어난"[10] 한상룡이 좌우 총무(총무부장)로 선임되었다. 1906년 3월 은행조례가 발표됨에 따라 그해 5월에 주식회사 한성은행으로 정관을 변경했다. 일제에 의한 화폐 및 재정 정리가 강행된 것을 배경으로 민심은 흉흉해지고, 한강·용산·마포·현호玄湖·서강 지역의 5강江 상인들이 점포 철시를 하는 등 모든 경제 활동이 침체되고 격심한 금융 공황이 초래되어 은행들의 휴폐업이 속출하는 가운데, 한성은행은 1906년 5월 정부로부터 10만 원의 지원 자금을 10년간 무이자로 대부받음으로써 '난국을 타개'할 수 있었다. 1907년 1월에는 종전의 배액인 30만 원으로 자본금을 증자했다. 1909년 3월에 한상룡은 총무에서 감독부장으로 승진했다.

이후 1928년 경영 일선에서 물러날 때까지 20여 년 동안 한상룡은 이 은행에 자신의 모든 관심과 열정을 쏟았다.[11] 상업이나 실업 활동을 천시하는 사회 통념이 지배하던 분위기 속에서 신분 배경이나 친일 경력을 통해 사회적 지위를 상승시킬 기회를 가진 사람들 대부분이 경제보다 정치를 택했던 시기에, 그는 주저 없이 경제를 택했다. 이러한 선택에는 일찍 신문물에 접한 그의 식견이 작용했을 것이다.[12]

그가 가장 존경했고, 또 그렇게 되고자 했던 인물이 시부사와 에이이치澁澤榮一였다. 1905년 경부철도 개통식에 참석하기 위해 서울

시부사와 에이이치

에 온 시부사와를 그는 처음 만났고, 이후 가장 존경하는 일본인 가운데 한 사람으로 삼았다.[13] "메이지, 다이쇼, 쇼와 3대에 걸쳐 일본 재계 최대 지도자이자 통솔자"로 평가받는 시부사와는 일본의 조선·중국 침략 과정에서 '재계의 첨병' 역할을 했다. 3년 남짓한 대장성 관료 생활을 청산하고 1873년에 제일국립은행을 설립한 뒤 일찌감치 이 은행을 조선에 진출시켰다.[14] 청일전쟁 후 철도 건설과 광산 개발에 주력하면서 일본의 대외 침략을 적극 조장한 제국주의자의 전형이었다.[15]

이러한 그를 한상룡은 "일본은 물론 동양에서 공전절후空前絶後의 위인"으로 존경했으며, 시부사와가 40여 년간 일본 제일은행의 최고 책임자로서 재계에서 영향력을 행사했듯이, 한성은행을 기반으로 자신도 조선에서 그처럼 되려 했다. 시부사와의 '일생일업一生一業'의 교훈은 그의 평생 좌우명이었다. 1905년 무렵 그는 탁지부 협판 유정수柳正秀로부터 이재국장理財局長으로 취임해 달라는 제의를 받았으나 거절했으며, 1907년 5월 학부대신 외숙 이완용으로부터 학부 협판의 자리를 제의받았지만, 마찬가지로 고사했다. 자신은 어디까지나 실업가로 성장하고 싶다는 이유에서였다.

식민지에서 실업가로 성장하기 위해서는 일본과 밀접한 관계를 맺어야 했다. 동경의 대상이자 다른 한편으로는 아마 열등감의 근원이었을 일본을 오가면서 그는 점차 예속 친일 자본가로 성장했다. 1905년 11월 을사보호조약이 체결되자 이듬해 한국 정부는 일본에 답례하기 위해 보빙사절단報聘使節團을 파견했는데, 이때 한상룡은 함께 수행하여 회계와 통역을 담당했다. 일본 정부는 대사 이하 사절단 전원에게 훈장을 하사했고, 그는 훈4등 서보장勳四等 瑞寶章을 '배수拜受'했다.

1907년 4월에는 조진태趙鎭泰, 백완혁白完赫, 이홍모李鴻謨, 백인기白寅基, 김시현金時鉉, 이현주李顯周 등과 함께 조선인 실업가 일본시찰단 일원으로 일본을 방문했다. 재정 고문 메가타 다네타로目賀田種太郎가 주선하고 탁지부에서 여행 경비를 지급한 것으로, 한국 정부 돈으로 일본은 '근대 문물'의 실상을 보여줌으로써 이 조선의 엘리트들로부터 존경과 복종을 이끌어냈고, 한상룡 일행은 재·관계의 일본인들과 친교를 맺음으로써 출세의 기반을 다졌다. 식민지 기구 설립이 진행되면서 그의 공식 일본 출장 기회도 잦아졌다. 그는 1908년 9월에는 동양척식주식회사 설립위원으로 설립준비회에 출석하기 위해, 이듬해 7월에는 한국중앙은행 설립위원으로 동경을 방문했다. 그런가 하면 1908년 11월 메가타가 재정 고문을 사임하자, 조진태, 백인기 등과 함께 실업계를 대표하여 고베神戶까지 환송 나간 일본행도 있었다.

이러한 과정을 거치며 그는 식민지 경제 제도와 기구들의 설립을 주도했다. 한성은행 경력을 바탕으로 재계와 실업계를 식민지로 재편성하는 데 중심 역할을 한 것이다. 1905년 12월에는 조진태, 백완혁과 함께 한성수형(手形, 어음)조합 평의원으로, 1906년 5월에는 한호漢湖농공은행의 설립위원으로 선임되어 중심 역할을 했다. 이러한 경력을 바탕으로 1907년 6월에는 경성상업회의소 (조선인 측) 정의원에 선임되었다가 직후에 회두會頭로까지 추대되었다. 약관 28세 나이에 회장으로 추대된 것인데, 며칠 후 그는 연장자인 백형수白瀅洙에게 자리를 물려주고 사임했다.[16] 이어 1908년 9월 동양척식주식회사가 설립되면서 33인 조선인 설립위원 중 한 사람으로 선임되었다.

조선인 설립위원 대부분은 "일본어를 모르는 완고한 노인들"이 많았기 때문에, 사실상 한상룡이 실무를 전담하다시피 했다. 앞서 언급했듯이 이 일로 일본으로 출장 갔을 때 가츠桂太郎 수상이 주관한 설립위원 초대연에서 이토伊藤博文 통감이 그를 답사자로 지정한 것만 보더라도 그 사정을 잘 이해할 수 있다. 같은 해 12월에는 동척 이사로 선임되면서 동시에 조사부장을 겸임했다.[17] 전술했듯이 1909년 7월 한국중앙은행 설립과 관련해 한일 간 협정이 이뤄지면서 한국 측 설립위원으로 그와 백완혁 2인이 임명되었다. 1910년 5월에는 한국은행 총재, 제일은행 경성지점 지배인과 함께 은행 집회소 및 수형手形 교환소 규칙을 제정했다. 이러한 활동으로 그는 강제 병합 직전 실업계에서 '공로'를 인정받아 한국 정부로부터 훈3등 팔괘장八卦章을 수여받았으며, 병합 후인 1913년 5월에는 일본 정부로부터 한국 '병합' 기념장을 받았다.

예속 자본가로의 성장과 좌절

1910년 9월 한상룡은 한성은행 전무취체역 전임으로 취임했다. 취임과 동시에 그는 한성은행 증자를 계획했다. 1911년 1월 '합방유공자'에게 일본 정부가 준 이른바 은사공채恩賜公債를 바탕으로 자본금을 300만 원으로 무려 10배나 증자한 것이다. 이와 동시에 정관 일부를 개정해 "조선인이 아니면 한성은행의 주식을 소유할 수 없다"라는 조문을 설정했다. 일본인 자본을 배척하거나 조선인 토착 자본을 보호하려는 취지는 아니었다. 오히려 '합방'이라는 정치 사건에 공훈을 세운 조선인에게 일시로 주어진 자본을 흡수하려는 임시방편의 의도가 더 강했다. 당시 한성은행은 일본 제일은행의 횡포가 심하다는 세평이 있어서 '은사공채'를 받은 조선인 귀족들이 투자를 꺼렸기 때문에 한상룡은 총독부의 허가를 받아 이 조항을 끼워 넣은 것이었다.[18] 결국 그는 '은사공채'를 인수하는 데 성공했고, 한성은행이 '조선 귀족들의 은행'[19]이라는 세간의 인식이 여기서 싹튼다.

한상룡은 일제 도움으로 주권을 양도받은 대가로 막대한 '정치자금'을 한성은행에 예치하는 데 성공했다. 이후 한성은행은 비약적인 발전을 거듭해 당시 국내 최대 규모의 은행으로 성장한다. 은행 업무가 많아진 한상룡은 1916년 11월 동척 이사직을 사임하고 은행 일에 온전히 몰두하기로 했다. 서울에는 남대문과 종로 등에 출장소를 개설했고, 수원을 비롯해 평양, 대전, 개성, 부산 등지에 지점을 신설했으며, 1918년 12월에는 한성은행 도쿄지점을 설치했다. 특히 1918-1919년 두 해 동안 한성은행은 가장 두드러진 성장세를 기록했다. 전년 대비 예금 증가율이 각각 100%와 67%를 기록했고, 대출 역시 70%와 97%의 증가율을 보였다.[20]

그러다 1919년 3·1운동이 일어나고 항일운동이 광범위하게 확산되면서 한성은행은 주요 배척 대상으로 떠올랐다. 당시 정서에 비추어볼 때 이완용의 형인 이윤용이 은행장을 하고, 그 조카인 한상룡이 전무로 있으며, 주식은 강제 병합 '은사' 공채로 충당된 조선인 은행이 첫 번째 배척 대상이 된 건 놀라운 일이 아니었다. 은행 거래가 급격히 줄어 한성은행은 대략 2주에 걸친 지불유예(모라토리움)을 감수해야 했다. 하지만 3·1운동의 여파와 1920년 대흉작을 맞으면서도 한성은행은 1920년 2월 자본금을 600만 원으로 증자했다.[21] 1922년 4월에는 오사카지점까지 설립되었다.

이러한 과정을 통해 일제 의존성은 더욱 심화되었고, 한성은행의 친일 예속성 또한 강화되었다. 한상룡은 일본 왕실 재정을 관장하는 궁내성에 적극 로비해 "한성은행은 조선 귀족의 은행"이므로 예외를 두고 예치금을 기탁한다는 결정을 받아냈다. 궁내성 자금의 예치는 액수가 문제가 아니었다. 왕실 재정의 일부를 예치한다는 상징적인 파급 효과가 컸기 때문이다. 또 1913년 11월 주주총회에서 주주는 한국인에 한정한다고 개정한 정관을 1922년 7월에 재개정해 일본인 취체역과 감사역을 한 명씩 받아들였다.[22] 이를 계기로 조선은행을 비롯한 동척 등의 금융기관은 물론이고 미쓰이三井, 미쓰비시三菱 등이 한성은행 대주주로 군림함으로써 한성은행에 대한 일본 자본의 지배는 더욱 강화된다.

1923년 1월 이윤용이 한성은행 두취頭取를 사임한바 후임으로 '실질적 경영자'인 한상룡이 새로 취임했다.[23] 그러나 같은 해 3월 관동대지진으로 도쿄지점이 소실되고 막대한 대부금을 회수할 수 없게 된 탓에 경영상의 어려움이 더욱 가중되었다. 한상룡은 급히 일본으로 건너가 사태를 수습하려 했지만 역부족이었다. 1926년 2월 조선총독부는 조선은행 부산지점장 츠츠미 에이이치堤永市를 한성은행 전무취체역으로 앉히고 직접 수습에 나섰다. 이로써 한성은행을 직접 장악하려 한 일제의 의도는 한층 노골화되었으며, 이 계획은 이른바 한성은행의 '정리 문제'를 통해 완성되었다.

한성은행 정리 문제는 1924년 8월 이래 영업 부진과 경영 악화[24]가 거듭되던 시기에 대두되었다. 한상룡은 조선 총독과 정무총감은 말할 것도 없고 도쿄로 건너가 가토 다카아키加藤高明 수상과 와카스키 레이지로若槻禮次郎 내상 등을 방문해 대책을 호소하는 등 교섭을 이어갔다. 이에 따라 1926년 일본인 전무가 취임하고, 1927년 5월 일본은행으로부터 특별 융자를 받아 위기를 모면하는 듯했지만, 1년을 버티지 못하고 1928년 3월 임시주주총회에서 조선총독부의 지휘 아래 일본은행, 조선은행, 조선식산은행 등의 원조를 받아 한성은행을 정리하기로 결의했다.

1) 자본금 600만 원을 300만 원으로 반감할 것, 2) 경영책임을 지고 중역의 사재 5만 원을 손실 보전에 충당할 것, 3) 도쿄, 오사카 양 지점을 철폐할 것, 4) 업무와 경영을 조선식산은행에 위탁할 것[25] 등을 골자로 하는 총독의 명령에 따라 한상룡은 부득이 이들 조건을 수락할 수밖에 없었다. 그러나 2항의 중역 사재를 제공하는 문

제는 다른 중역들에게 부담시킬 수 없다고 하여 한상룡은 스스로 전담하겠다고 나섰다. "약관의 나이에 한성은행을 맡아 26년간 오로지 한성은행에만 전심하여 왔으므로 한성은행을 제외하면 나에게는 아무것도 없다고 해도 과언이 아니"라는 심경을 토로하면서 자신은 원래 자산이 없으므로 상속 토지와 집, 주식 등을 통해 충당하겠다는 의사를 밝힌 것이다.

정무총감이 원조의 언질을 하자 "지옥에서 부처님을 만난 것처럼 기"뻐하기도 하고, "사재 제공은 형식적이므로 별로 신경 쓸 것 없다"라는 식산은행 두취의 말에 고무되기도 한 한상룡은 정리안에 조인하고 1928년 4월 한성은행 취체역을 정식 사임한 후 고문으로 위촉되었다.[26] 그러나 약속과 달리 곧이어 식산은행 이사, 한성은행 도쿄지점장 등으로부터 사재 5만 원을 제공할 것을 추궁 받고 자기 집과 주식을 팔아 갚아야 했다. 한성은행 두취에는 1926년부터 전무취체역을 맡은 츠츠미가 대표취체역의 형식을 겸해 취임했다.[27] 일제가 한성은행을 빼앗기 위해 얼마나 치밀하고 교활한 전략을 구사했는가를 잘 알 수 있다.

이처럼 한성은행은 일제가 강제 병합의 대가로 친일파들에게 준 공채금으로 발전의 단초를 마련했으며, 일제에 대한 예속성을 강화함으로써 치열한 자본 경쟁의 복판에서 일정 기간 생존할 수 있었지만, 결국 일제 자본에 의해 강탈당하고 말았다. 따라서 이 시기 한성은행의 역사는 곧 토착 예속 자본의 성장 및 그 한계와 좌절의 역사라고 할 수 있다.

개인적으로 한상룡은 이 시기 자신의 생애에서 가장 전성기를 구가했다. 무엇보다 한성은행에서의 지위를 바탕으로 실업계 중심 역할을 누렸다. 회사나 공장을 설립하려는 조선인들은 정계, 관계, 재계 등에서 영향력 있는 사람들과 폭넓게 교류하고 있던 한상룡을 통할 필요가 있었다. 또 일본인들은 민족 차별이 심한 식민지 현실을 호도하는 정책적 필요나 조선 진출을 위해 식민지 실정을 안내받는 실제적 동기에서 한상룡을 추천했다. 이러저러한 연고나 필요에 의해 그는 1910년대 수많은 기업과 공장들이 설립되는 데 직간접으로 관여했다.

예컨대 1912년 1월 조선우선郵船회사, 1913년 6월에는 나중에 평양 대일본제당공장이 된 조선제당주식회사의 발기인으로 참여했다. 1914년 4월에는 조선방직주식회사의 찬성인으로 창립에 관여하고, 창립 이후에는 상담역으로 추천되었다. 1914년 7월에는 대구에서 경주까지의 협궤철도를 운영하는 조선경편輕便철도회사(훗날의 조선중앙철도회사) 설립 발기인, 설립 이후에는 감사역이 되었다. 1916년 3월에는 대창무역회사(훗날의 대창직물회사) 설립을 알선했으며, 1917년 5월에는 조선방적주식회사 발기인이 되었고, 이듬해 5월에는 상담역으로 활동했다. 1918년에는 경성제사회사 창립 안내를 의뢰받아 이에 관여했으며, 같은 해 6월에는 조선식산은행 창립위원으로 활동하면서 이 은행의 발행주를 조선인 자본가에게 인수시키는 데 전력을 기울였다.

1919년 6월에는 조선농사개량주식회사 설립을 위한 발기인으로 조선인 측 총대를 맡았다. 같은 해 9월에는 조선식산철도회사 찬성인, 경남철도회사 찬성인, 금강산전기철도회사 발기인이 되었다. 이어 10월에는 조선흥업철도주식회사, 11월에는 조선산림철도회사 찬성인과 조선산업철도회사 발기인으로 추천되었다. 이듬해 1월에는 북선철도회사 발기인과 자동차공업철도회사 찬성인으로 추천되었다. 또 2월에는 중앙철도주식회사와 조선산림철도주식회사 감사역을 맡았다. 6월에는 중부조선철도회사 발기인으로 추천되었다. 당시는 제1차 세계대전 이후 찾아온 호경기 여파로 철도회사 기획이 속출했고, 한상룡도 다수의 철도회사 설립에 참여했다.[28] 그러나 다수의 회사들은 설립 이후 불황을 겪으면서 정리, 해산 또는 매각되었다. 1920년 2월에는 '은사'수산授産 경성제사장 평의원을 맡았으며, 3월에는 조선척식주식회사 발기인, 5월에는 조선농림주식회사 상담역으로 추천되었다. 12월에는 조선제일생명보험회사 발기인으로 활동하다가 설립 이후 부사장으로 취임했다. 원래 이 회사는 조선 최초의 생명보험회사 설립을 추진하며 야심차게 출발했지만, 일제 개입으로 주도권을 빼앗기고 말았다.[29]

　1921년 1월에는 조선삼림공업주식회사, 8월에는 조선천연빙天然氷창고회사 발기인으로 추천되었다. 1921년 12월에는 조선화재해상보험회사 발기인 및 창립위원으로, 창립 이후에는 취체역으로 재임했다.[30] 1923년 1월에는 조선서적인쇄주식회사 설립 발기인, 1925년 5월에는 한성은행 자회사인 경성흥업주식회사 발기인을 맡았으며, 창립 이후에는 고문으로 취임했다. 1926년 4월에는 조선토지개량주식회사 발기인으로 추천되었다. 이처럼 이 시기 그가 직간접으로 설립에 관여한 회사나 공장은 무려 30여 개에 달한다. "조선에 신설된 사업 회사로서 그가 발기인으로 참여하지 않은 것이 거의 없다"라는 평가[31]는 이러한 맥락에서 나온다.

실업계 활동을 기반으로 그는 경제와 산업에 관련된 식민지 정치기구에 적극 참여했다. 1915년에는 조선인과 일본인으로 이분화되어 있던 상업회의소의 통폐합을 주도했다. 한상룡은 일제를 대신해 조선인 상공인의 반발을 무마하는 역할을 했는데, 통합된 경성상업회의소의 평의원 겸 상의원常議員으로 재직하다 1924년 1월에 운수부장, 1925년 12월에는 부회두까지 역임했다. 1915년에는 조선중앙농회가 창립되면서 평의원으로 선임되었다. 1921년 9월에 조선농회가 설립되자 이사가 되었으며, 곧이어 부회장으로 추천되었다가 1928년 4월 특별회원이 되었다. 1924년 2월에는 금융계에 공로가 있다고 하여 일본 정부로부터 훈3등 서보장勳三等 瑞寶章을 받았다.

이러한 활동들로 그는 전보다 더 빈번히 도쿄에 드나들었다. 1916년 4월 조선인으로서는 처음으로 도쿄은행집회소에서 열린 전국수형교환소대회에 참석했다.[32] 10월에는 데라우치 마사다케寺內正毅 내각이 성립하고 하세가와 요시미치長谷川好道가 조선 총독으로 부임함에 따라 귀족 대표로 이완용 등 2인, 실업가 대표로 한상룡과 조진태가 내각 출범을 축하하기 위해 도쿄로 갔다. 1917년 3-4월에는 다시 전국수형교환대회에 출석하기 위해 도쿄로 건너가 데라우치 수상을 비롯해 '각계 명사'와 친분을 다졌다.

1919년 이후에는 특히 구체적인 사안을 가지고 협상이나 청탁을 하기 위해 도쿄로 가는 일이 더 많아졌다. 1919년 5월에는 한성은행 도쿄지점에 예금 유치를 부탁하기 위해 수상 관저를 찾아가

하라 다카시原敬 수상을 만나고, 궁내성의 대장상을 방문해 협조를 의뢰했다. 이어 11월에는 한성은행 증자를 논의하기 위해 행정 시찰 명목으로 도쿄에 가서 시부사와, 미즈노 렌타로水野鍊太郎 정무총감, 체신대신, 척식국장을 초대해 향응을 베푸는 등 로비 활동을 벌였다. 그 결과 전술했듯이 종전의 배액인 600만 원으로 자본금을 늘리는 성과를 거두었다.

1920년 10월에 다시 행정 시찰 명목으로 도쿄로 가서 제일생명보험회사 사장 야노矢野恒太를 방문해 조선생명보험회사 설립안을 제출하고 상담했다. 생명보험회사 설립 인가를 받기 위한 로비는 이후에도 계속되었다. 한 달 후인 11월에는 일본 시찰 명목으로 중추원 참의 일행을 대동해 도쿄로 가서 체신대신의 관저에서 베푼 만찬에 참석하는 기회를 틈타 적극 교섭에 나섰다. 한상룡은 여기서 '크나큰 수확'을 얻었다고 자평했다. 이듬해 1921년 3월에는 제일생명보험회사 사장, 식산국장, 하라 수상을 관저로 방문해 생명보험회사 설립을 허가해줄 것을 간청했으며, 이 사안으로 도쿄에서 사이토 마코토齋藤實 총독과 만찬을 나누면서 교섭 결과와 방법에 관한 자문을 구했다. 이러한 로비 끝에 같은 해 7월 "장차 조선에서 생명보험을 관영으로 하는 경우에는 총독부의 명령에 따라 무조건 일임한다"라는 조건부의 총독부 인가를 받아 11월에 조선생명보험회사 업무를 시작했다. 업무 개시 직후인 11월에 하라 수상의 조문 및 행정 시찰 명목으로 다시 도쿄로 가서 감사 인사와 사례를 한 것은 물론이다.

정치에는 절대 관여하지 않는다는 것이 그의 신조였음에도 불구하고, 그는 금융계와 실업계 활동을 바탕으로 이 시기 교육, 문화, 사회사업 등 다양한 사회단체 활동에 나섰다. 정치 자체에 대한 직접 참여한 건 아니지만, 이 활동들은 공히 넓은 의미에서 정치적 의미를 지니는 것이었다. 특히 주목하고 싶은 것은 그가 총독부의 허울 좋은 '지방자치제도' 활동을 통해 지역 정치에 적극 참여했다는 사실이다. 1914년 4월 경성부청에 협의제도가 시행되면서 한상룡은 경성부협의원으로 임명되었다. 1919년 7월에는 경성교풍회矯風會 부회장으로 추천되었으며, 1920년 12월에는 경기도 관선 평의원으로 임명되었다.

또 1926년 10월 경성부협의회원 선임이 투표 선출 방식으로 바뀌자 "후보자가 난립하는 폐해를 방지하고 지식 계급을 선출함으로써 부정府政 쇄신을 도모"한다는 명목으로 한성은행에서 부내 유력자 수십 명을 모아 경성부협의회 예비 간담회를 개최하기도 했다. 1927년 6월에는 중추원 참의(參議, 칙임관(勅任官) 대우)로 임명되었다.[33] 그러나 이러한 참여에도 불구하고 친일 예속 부르주아지를 대표하는 그조차 종전 직전의 귀족원 의원을 제외하고는 협의나 자문 등에 그치는 명목상의 경력을 차지하는 데 만족해야 했으며, 그 효력이나 권능 또한 일정 지역의 한정된 범위에 그쳤다. 단지 명목상의 권한만을 부여함으로써 식민지 권력에서 조선인을 철저히 배제한다는 일제의 식민 통치 방침이 여기에도 그대로 반영된 것이다.

전시 체제 아래서

"나의 한성은행인가, 한성은행의 나인가를 알 수 없을 정도로 밀접한 관계"에 있었으며, "한성은행에서 나고 자라고 그로써 거기에서 죽는다고 해도" 좋을 정도로 일생의 애착을 품었던 한성은행에 대한 경영권을 양도해버린 한상룡은 이 문제가 일단락을 지으면서 병상에 몸져눕고 만다. 1928년 11월 복막염으로 거의 의식을 잃고 한때는 사망했다는 소식이 퍼져 송진우宋鎭禹, 김성수金性洙 등이 방문해 병실까지 들어와 직접 생사를 확인했을 정도다.

한성은행을 경영하면서 그는 일찍이 금융계 유관 분야의 사업들을 새로 개척하려 여러 가지 시도에 착수했다. 생명보험회사가 그러했는데, 앞서 보았듯이 도쿄와 경성을 오가면서 여러 해에 걸친 교섭을 통해 1921년 인가를 받기는 했지만, 곧 총독부에 의해 실권을 빼앗겨버렸다.

그가 조선에서 새로 착안한 사업 분야로 신탁회사 설립도 있다. 그는 1920년 이래로 이 구상을 염두에 두고 있었지만 한성은행 업무에 밀려 실행에 옮기지 못했었다. 한성은행에서의 좌절 이후 그는 1930년 1월부터 각 방면에서 관계자를 접촉하기 시작했다. 사이토 총독, 고다마 히데오兒玉秀雄 정무총감은 물론이고, 도쿄로 건너가 일본신탁협회장, 조선은행 총재 등을 만났다. 같은 해 10월 한상룡은 다시 도쿄로 건너갔다. 한성은행 정리를 '배려'해 준 내지 관계자에게 인사하는 명목이었지만, 속셈은 조선신탁회사의 설립을 교섭하는 데 있었다. 이듬해 10월엔 다시 도쿄로 가서 시부사와를 비롯해 각계 인사들과 접촉했다.

　이처럼 한상룡은 재계 및 정계의 유력 인사들과 대신, 차관, 국장 등 관료들에게 무수한 로비를 벌였다. 그의 회고록에 이름이 나열된 인사만 하더라도 최소 110여 명이 넘는다. 그 결과 1932년 1월에 신탁회사에 대한 보조금 10만 원이 총독부 신년 예산에 편입됨으로써 회사 설립을 눈앞에 두게 되었다. 그러나 조선은행 총재 등의 반대와 기존 회사들의 '중상 운동, 저지 운동' 등으로 원만한 진척을 보진 못했다. 실의에 빠진 그는 "신탁회사 설립을 그만두고 조선을 떠나 내지에 이주하여 신생활을 영위하면서 유유자적하게 여생을 보내는 것이 가장 좋은 방법이라고 생각"하고, 한때 "모든 공사직을 버리고 내지 이주를 결심"하기도 했다. 한 일본인 후견인에게 보낸 편지에서 그는 "이번 일이 성사되지 않으면 나는 조선에 있지 않고 내지에 이주하여 여생을 보내겠다"라고 썼다.

　1932년 10월 도쿄 재벌인 마코시 쿄헤이馬越恭平가 조선맥주회사를 창설하기 위해 조선으로 왔다. 그는 한상룡에게 "반드시 신탁회사의 사장이 아니더라도 상관없지 않겠느냐, 회사도 대주주의 의사는 존중하므로 취체역 회장이 되면 어떻겠느냐"라는 제의를 해왔다. 10여 년에 걸쳐 추진해온 신탁회사를 실질 운영할 수 있는 사장직을 당연히 바랐건만, 아무런 권한도 없는 명예직인 취체역 회장을 제의해온 것이었다. 한상룡은 이에 가족회의를 열어 숙의를 거듭했고, 마코시에게 모든 것을 일임한다고 통보했다. 이 사실을 보고받은 우가키 가즈시게宇垣一成 총독은 "원만하게 해결된 것에 매우 기쁘다"라는 견해를 피력했다. 이후 신탁회사의 창립은 순조롭게 진행되어 1932년 12월에 창립총회를 개최했다. 예정대로 한상룡은 취체역 회장에 선임되었으나 이는 이름뿐이었고 실권은 일본인 사장인 다나多喜喜磨가 장악했다.[34] 신탁회사 설립을 두고 그는 "조선을 위하여 진실로 경하할 일"이라고 말했지만, 그 과정에서 쓰라린 패배를 되뇌어야 했던 그의 심정을 수이 헤아리긴 어렵다. 그렇다고 해서 그가 일본에 대한 헌신을 거둬들이지는 않았다. 한성은행, 생명보험회사 및 신탁회사 등의 설립과 운영에서 그에게 좌절을 강제했음에도 일본에 대한 그의 헌신에는 변함이 없었다.

이 시기 그는 많은 기업과 회사의 설립과 운영에 관여했지만, 이는 어디까지나 실권 없는 명목상 지위에 불과했다. 예컨대 1932년 7월에 금강산전철회사, 1933년 8월에 조선맥주회사 감사역으로 각각 취임했다. 1934년 11월에는 조선제련회사 발기인이 되었다. 강제 병합 직후 회사령에서 보듯이 식민지에서 회사나 기업의 설립에 관의 간섭과 통제는 매우 심했다. 특히 1930년대 중후반 이후 전시체제로 이행하고 군수공업이 산업의 중심으로 부상하면서 이러한 경향은 더욱 가속화되었다.

이러한 상황에서 그는 총독부나 관청, 군부 등에 자신의 연줄을 이용해 기업 설립을 주선하는 일종의 브로커 역할을 했다. 1935년 1월에는 북선제지화학공업주식회사를 발기하기 위해 조선에 온 일본인 실업가 타다 에이키치多田榮吉와 함께 정무총감을 방문하고 북선제지의 설립을 주선했다. 이 대가로 그는 4월에 회사가 설립되자 감사역을 맡았다. 1938년 10월에는 경남 출신 실업가 하준석河駿錫이 군수공업 분야 조선공작회사를 설립하는 데 관여해 군 경리부장

과 관계 장교 및 총독부 관계 과장 등을 초대해 회사 설립을 교섭했다. 이듬해 1939년 2월 회사가 창립하면서 그는 명예직인 취체역 회장으로 추천되었다. 하준석과의 교분은 이후에도 지속되어 1940년 4월 하준석이 설립한 동화東華산업주식회사[35]의 취체역 회장을 맡기도 했다. 1938년 11월에는 조선운송회사 취체역으로 취임했으며, 1939년 2월에는 화신무역주식회사 발기인이 되었다. 같은 해 9월에는 전시 주택경영 회사인 조선공영주식회사 취체역으로 취임했으며, 11월에는 김연수가 발기, 창립한 남만방적주식회사의 창립 발기인 및 상담역이 되었다. 1940년 7월에는 경인기업주식회사 상담역을 맡았다. 이렇게 금융계 독자 기반이 사라져버린 상태에서 이 시기 그의 실업계 활동은 상대적으로 미미해졌고, 감사역이나 상담역, 취체역 회장 등 실권 없는 명예직을 맡는 데 그쳤다.

금융계에서 한평생 외길을 가고 싶다던 그의 포부는 한성은행 경영권을 양도하고 신탁회사 운영에서 배제됨으로써 좌절되고 말았다. 이후 그는 살아 있어도 사실상 죽은 몸이었고, 죽는다 해도 이미 껍데기뿐인 인생이었다. 그럴수록 그는 이 공백을 메우기 위해서라는 듯 식민 권력과 연계된 부문에서 적극 활동했다. 환언하자면 친일 행각이 노골화되었다. 1930년대에 들어와 전시 체제로 이행한 이유도 있었지만, 금융계 기반 자체가 취약했기 때문에, 이를 보상하기 위해 그는 일제에 더욱 예속될 수밖에 없었다.

이러한 점에서 이 시기 조선과 인연 있는 주요 일본인 동상이나 기념비를 건립하거나 기념사업 등을 그가 주도한 것은 시사하는 바가 있다. 메가타 다네타로 동상 건립을 적극 추진해 1929년 10월 파고다공원에서 제막식을 거행했으며, 1935년 6월에는 메가타의 전기 편찬회 발기인이 되었다. 1929년 12월에는 이토 히로부미 기념회 조선 측 발기인 총대를 맡았다. 1933년 2월에는 자신이 가장 존경한다는 시부사와 에이이치 기념비 건립을 추진했다. "도쿄에도 동상이 건립되었는데 조선에도 영구 기념으로 무언가 존치하고 싶다는 희망을 피력"하고, 도쿄로 가서 그의 송덕비 건립을 협의한 다음 서울로 돌아와 경무국장과 내무국장 등을 만나 기념비 건립안을 상의했다. 이렇게 건립회를 조직해 같은 해 12월 장충단에서 기념비 제막식을 거행했다. 온전히 그의 발의와 주도하에 진행된 일이었다.

1935년 5월에는 "조선 개화의 은인이자 일한 합병의 공로자"인 데라우치 마사다케 동상 건설회 발기인 및 실행위원으로 위촉되어 총독부 청사 홀 오른쪽에 그의 동상을 건립했다. 1936년 2월에는 이른바 2·26사건으로 사이토가 사망하자 부민관에서 추도회를 개최하고 그 발기인이 되었으며, 1937년 5월에는 그를 위한 기념사업회 발기인이 되었다. 1939년 3월에는 이 기념사업회 이사로 선임되어 활동했고, 한 달 후인 4월에 총독부 청사 홀 왼쪽에 그의 동상을 건립했다. 1936년 7월에는 도고 시게노리東鄕茂德 원수 기념회 회원으로 가입하여 활동했다. 같은 해 12월에는 러일전쟁 당시 한국 주재 일본공사인 하야시 동상 제막식이 왜성대倭城臺 구 총독 관저에서 있었다. 일본으로부터 유력자의 성금에 의해 동상이 건립된 것인데, "조선인 측에 대해 아무런 통지가 없었던 것을 유감"으로 생각한 그는 나중에 약간의 성금을 내서 명부에 자신의 이름을 올렸다. 1939년 6월에는 시모오카 주지下岡忠治 전 정무총감의 동상 건립위원회 부위원장으로 선임되었다. 이렇게 그는 제국주의자 및 식민주의자들의 '업적'을 영구히 보존하고 찬미하려 했다.

또한 그는 식민지 권력과 밀착해 전시 체제에서 일제의 정책 수립과 집행에 깊숙이 관여함으로써, 예속 부르주아지로서의 면모를 유감없이 과시했다. 1933년 조선소작령을 제정하는 데 적극 참여했으며, 중일전쟁 이후에는 전시 하 물가, 임금, 산업 조사, 경제 통계 정책의 수립과 집행을 주도했다. 1935년 한 방송에서 그는 농촌진흥운동이 "진실로 조선을 구할 수 있는 생명의 복음"이라고 선전하고, 농민의 궁핍과 농촌 피폐의 현실을 호도하면서 이 운동을 적극 옹호했다.

일본의 만주 침략 후 군부 관련 분야에서 두드러진 활동이 나타난 것도 이 시기 그의 특징이다. 예컨대 "관민의 간친을 도모"하는 것을 목적으로 총독부 각 국장을 비롯해 헌병대 사령관, 군 참모장, 기타 유력자에 의해 1931년 10월 토요회가 조직되자 한상룡은 박영철朴榮喆과 함께 간사로 활동했다. 1933년 4월에는 경성국방의회 발기인으로 참여했으며, 1934년 4월에는 조선국방의회 연합회 설립 준비위원 및 감사로 위촉되었다. 그런가 하면 1934년 3월 조선미米 옹호를 위한 진정 위원으로 도쿄를 방문했을 때, 참모본부를 방문해 신임 관동군 사령관 참모장 니시오 도시조西尾壽造 중장을 면회하고 재만 조선인 문제를 논의하거나 같은 해 8월에 가와시마 요시유키川島義之 조선군 사령관의 퇴임에 따라 용산에서 고별연을 여는 등의 활동을 하기도 했다. 1934년 12월에는 조선국방비행기 헌납회 고문으로 추대되었고, 1935년 4월에는 해군협회 조선본부 창립위원을 맡았다.

중일전쟁이 일어난 1937년 7월에 그는 관동군사령부 사무 촉탁(칙임관 대우)으로 임명되어, 군사령부를 방문하고, 조선실업구락부 및 자신의 명의로 국방헌금을 냈다. 이 시기 그는 경기도 군사후원연맹 부회장이자 경성군사후원연맹 고문으로도 활동했다. 1937년 8월에는 애국금차회 발기인회 좌장을 맡아 창립을 주도했고, 이어 8월부터 9월에 걸쳐 조선신궁참집소에서 국위선양 무운장구 기원제를 개최했다. 동시에 시국연구회의 발기인 및 간사의 책임을 맡았다.

1938년 1월 15일 일본 육군성은 "조선 2천만 민중의 열성에 응하여" 조선에 육군특별지원병제도를 설정한다고 발표했다. 침략전쟁에 조선인 청년을 강제 동원하는 첫걸음이었다. 이듬해 10월 조선육군지원병훈련소[36] 출신 전사자 2명에 대한 장례식에서 한상룡은 "전사자 유족에게는 통석痛惜의 아픔이지만 반도인으로 출정, 전사한 것은 최초이고 그 명예는 길이 찬양될 것"이라고 뇌까렸다. 1938년 6월에는 국민정신총동원 조선연맹준비회의 연맹이사, 7월에는 국민정신총동원 경기도연맹 참여로 위촉되었다. 1939년 4월에는 국민정신총동원 조선연맹의 규약에 따라 이사 및 평의원, 1940년 10월에는 국민정신총동원 조선연맹이 국민총력조선연맹으로 개칭되면서 이사로 활동했다.

이밖에도 그는 1938년 3월 경기도 방공위원회 위원, 같은 해 9월에는 조선방공협회 경기도 연맹지부 평의원 및 이사로 추천되었으며, 4월에는 조선호국신사봉찬회 발기인 및 조선중앙방공위원회 임시위원이 되었다. 1939년 8월에는 조선방공협회 고문으로 선임되었으며, 1940년 5월에는 군사후원회 조선본부 평의원으로 위촉되었다. 1940년 7월에는 재단법인 기계화 국방협회 조선본부 창립위원 및 고문이 되었으며, 종전 막바지인 1945년 1월에는 반도무운현창회 위원이었다.

1931년 만주사변 이후 각지를 순례하면서 일제의 침략 전쟁을 적극 옹호하고, '시국'에 관한 선전을 한 것도 이 시기 그의 주요 활동이었다. 만주사변 발발 1년 후인 1932년 9월 만주사변 1주년 기념 강연회에서 「시국과 만주」라는 제목으로 강연하면서 그는 "일본과 지나 충돌의 날은 결국은 동양 영구의 평화 기념일"이 될 것이라며 일제의 만주 침략을 호도했다. 1937년 7월 중일전쟁이 발발하자 『경성일보』주최로 부민관에서 열린 시국 강연회에서는 「시국 하 반도인의 임무」라는 연제로 강연했으며, 며칠 후 중추원 파견 형식으로 경성공회당과 인천공회당에서 각각 시국 강연을 했다. 같은해 9월에는 이승우李升雨, 이돈화李敦化와 함께 함흥제2보통학교 강당, 흥남보통학교, 신흥군의 보통학교 등지를 순회하면서 공개 시국 강연을 했다. 1938년 10월에는 인천과 안양 등지에서 국민정신총동원 강화를 주제로 강연했으며, 이어 같은 달 농산어촌 시찰을 명목으로 남도로 내려가 김해, 통영, 안동, 상주, 진주 등지를 순회하면서 시국 강연을 했다. 1939년 6월에는 총독부 도서관에서 「시국잡감時局雜感」이라는 제목으로 강연하고, 중추원 참의들과 함께 육군지원병훈련소로 가서 지원병들을 격려하는 강연을 했다. 임전보국단 결성 이전인 1941년 10월에는 각 도를 순회하면서 「광영의 징병제를 앞두고」라는 제목으로 강연했고, 1942년 5월에는 징병제 실시를 앞두고 기념 강연을 했다.

이렇게 그는 조선에서 징병제를 실시하려는 일제의 사전 여론 조성 작업에 민간인 차원에서 적극 참여했다. 1943년에 징병제가 실시되자 그는 「훌륭한 군인이 되자」라는 글에서 "반도에 불타는 애국심과 적성赤誠으로 말미암아 드디어 약진 반도의 통치사 상에 획기적인 징병제도가 실시되었다. 금일 반도 청년이 모두 폐하의 고굉股肱이 되고 국가의 간성干城이 될 수 있는 날을 맞이하게 된 것은 무상의 영예로서 참으로 홍은鴻恩에 대하여 공구恐懼 감격할 뿐"이라고 하여, 조선인 청년을 전쟁에 강제 동원하는 데 앞장섰다. 1945년 4월에는 「황은의 만일萬—에 봉답奉答」이라는 제목으로 담화를 발표했는데, 여기서 그는 "조선 동포가 일약 제국 국정의 추기樞機에 참획參畫하는 중책을 부하負荷하게 된 것은 참으로 홍대무변鴻大無邊하옵신 황은의 혜택"이라고 썼다.[37] 종전 막바지인 1945년 5월에 그는 「천년의 운명이 판정될 흥망의 결전은 금후」라는 제목으로 담화를 발표했다.

강연이나 담화, 발표뿐만 아니라 이 시기 그는 경성방송국을 통해 방송 매체에도 자주 등장했다. 1934년 11월 국민정신작흥조서환발國民精神作興詔書渙發 기념일을 맞아 경성부 위촉으로 방송 강화講話를 했다. 이듬해 1935년 10월에는 「시정 25주년을 축하한다」라는 방송에서 "조선은 합병 이전의 혼돈 시대를 거쳐 합병으로 여명, 창설기를 맞았으나 3·1운동으로 대표되는 동요기를 지나 20년대 문화정치라는 자각기를 경험했으며, 이제 바야흐로 평온과 안정의 시기를 맞고 있다"라고 떠들었다. 1938년 7월 국민정신총동원 조선연맹의 결성에 즈음하여 방송했으며, 11월에는 조선경제경찰령 발표에 즈음하여 「시국과 경제」라는 제목으로 방송했다. 1940년 3월에는 만주국 건국기념일에 즈음하여 기념방송을 했으며, 6월에는 '국민 5억 저축'을 강조하기 위해 「저축과 시국」이라는 제목으로 방송했다. 1940년 10월에는 일제의 조선총독부에 의한 강점 30주년을 맞아 경성방송국에서 「시정 30주년을 맞으면서」라는 제목으로 방송했다.

1931년 일제의 만주 침략 후 만주 관련 부문에서 활동이 두드러진 것도 이 시기 특징이다. 이전에도 예컨대 1917년 3월부터 4월에 걸쳐 남북 만주 및 중국 중북부 지방을 시찰하고 「남북 중국 및 만주 시찰보고서南北中國及滿洲視察報告書」를 출판한다든지, 1918년 1월 동척 총재 추천으로 만주에서 동척 후원으로 설립 계획된 동삼성東三省실업공사의 발기인으로 참여한다든지, 1925년 5월 조선 로지露支무역연구회의 회원으로 활동한 사례 등이 있기는 했다. 이러한 활동들은 드문드문 이루어졌지만, 1931년 일제의 만주 침략 이후 사정이 달라졌다.

즉, 그의 활동은 적극성을 띠면서 특정 의도를 내포하는 양상으로 변했다. 만주 관련 활동은 크게 두 가지로 구분되는데, 첫째는 경제 측면에서 조선인의 만주 진출을 보장받는 것이었고, 둘째는 군사 측면에서 일제의 만주 침략을 보다 확고히 하기 위한 것이었다. 전자의 활동으로는 1932년 3월 만주국이 설립되면서 중추원의 박승봉朴勝鳳, 장직상張稷相 등과 함께 만주국을 시찰하고, 「남북 만

주를 시찰하고南北滿洲を視察して」라는 보고서를 펴낸 것을 들 수 있다. 이 글에서 그는 다음과 같이 주장했다.

> 만주국은 문호 개방, 기회 균등의 주의로 건설된 국가이므로 우리 조선인도 평등의 권리가 있는 동시에 평등의 의무도 있다. 만주국의 일시동인一視同仁의 방침에서 조선인도 그 땅에서의 권익을 균점할 수 있는 입장에 놓여진 것은 기뻐해야 할 현상이지만, 여기에 우리 동포는 권리만을 주장하지 말고 동시에 의무까지도 다해야 할 것이다. 개개인으로서도 근로제일주의를 취하여 재력, 학력, 기타 방면에서 내용 충실을 도모할 것을 희망한다. 이로써 또 금후 반드시 우리 동포는 충분한 활동을 할 수 있는 여지가 생기는 것이므로, 각자가 주어진 자기 직업에서 확고한 결심으로 나아갈 필요가 있다고 생각한다.

이는 일제가 주입한 일본인 = 1등 국민, 조선인 = 2등 국민, 만주인 = 3등 국민의 이데올로기에 터한 것으로, 실제로 조선인 예속 자본가들에 의한 아제국주의(亞帝國主義, sub-imperialism) 지배와 착취의 논리를 반영한다. 이에 따라 그는 "만주에서의 권익을 균점"하기 위해 일제의 후광을 등에 업고 만주 진출에 적극 나섰다. 1932년 11월 그는 일만日滿중앙협회 부회장으로 추천되었으며, 1935년 10월부터 11월 사이에는 만주 시찰을 마치고 돌아와 11월 20일 중추원 오찬회에서 「중국 폐제 개혁에 관하여支那幣制改革に就て」라는 장문의 시찰담을 발표했다. 1936년 8월에는 선만척식회사 설립위원이

되었으며, 1937년 4월에는 선만산업무역간담회 위원으로 위촉되었다. 1937년 12월에는 동만주산업주식회사 발기인이 되었다가 이듬해인 1938년 3월 회사 설립과 함께 감사역으로 취임했다. 1938년 4월에는 일만실업협회 조선지부 평의원으로 선임되었고, 1939년 4월에는 북경 신민보사新民報社 고문으로 추대되었다.[38] 1939년 5월에는 도문圖們에 본점을 둔 동흥東興은행의 고문으로, 1940년 3월에는 일만실업협회 경성지부 이사로 추천되었다.

후자의 활동은 일제의 만주 침략을 배경으로 입지가 강화된 군과 관련된 활동들이다. 예컨대 1937년 10월에는 관동군사령부 촉탁으로 임명되면서 인사를 겸해 만주를 시찰했으며, 두 달 후인 12월에는 경기도를 대표해 북중국 황군위문사皇軍慰問使로 촉탁되어 북중국으로 출장했다. 1940년 4월부터 5월에 걸쳐 북중국 일대를 시찰하고 군사령과 참모장, 헌병대 사령관 등을 방문했는데, 돌아와서 6월에 「북중국을 보고北支に視て」라는 시찰담을 발표했다.

근대성과 식민성, 식민의 길

한상룡은 20세기 초반 일본 제국주의 침략기에서 시작해 식민지 자본주의가 확립되기까지 약 40여 년간 재계와 실업계를 대표해온 인물이다. 이 시기 자본가 계급이 초기에는 '귀족'과 관료층에서 주로 충원되다가 1920년대에 들어서면서 현기봉, 김연수 등 대지주 출신이 등장하고, 이어 1930년대에는 박흥식, 하준호, 방의석方義錫 등 새로운 서민 출신이 출현하는 부침의 양상을 보였음에도 불구하고,[39] 한상룡이 자본가 계급 내에서 일관된 지위를 유지할 수 있었던 까닭은 초기 식민지 자본주의가 지니는 특성을 떠나서는 이해할 수 없다.

완전 식민지 아래서 근대화는 식민지 모국을 통해 이루어질 수밖에 없었으므로, 이 시기 근대성은 불가피하게 식민지성을 내포한다. 근대성이 식민지성을 수반하고, 식민지성은 근대성을 가장한다고 할 수 있겠다. 이 경우 문제는 민족 주체 입장에서 근대화를 달성하면서 동시에 그에 내포된 식민성을 극복하는 일이다. 그러나 토착 민족 자본의 성장이 미약했고, 따라서 이들에 의한 정치와 결사의 경험을 거의 갖지 못했으며, 여기에 역사상 유례없이 가혹한 식민 지배가 가해진 배경 속에, 전통적인 중앙집권 국가체제가 효율과 합리를 앞세우는 식민 통치체제로 대체된 상황에서 식민성의 극복은 사실상 불가능했다.

바깥에서 위로부터 부과된 근대화 과정에 토착민의 참여나 개입은 불가능하거나 일정한 한계를 내포한다. 따라서 근대로 표상되는 어떤 것에 접근하거나 그것을 획득하는 일은 식민지 모국과의 불평등한 관계망에 편입되지 않고서는 불가능했다. 파농Frantz Fanon 식으로 말하자면, 흔히 이 관계는 자기 열등감이나 막연한 동경 혹은 비주체의 모방에서 시작해 자기 비하의 굴종이나 비인격적 예속 혹은 맹신에 가까운 복종으로 끝나는 경향이 있다. 한상룡도 예외가 아니었다. 자본가로 성장하기 위해 그는 친일 예속성이라는 대가를 치러야 했다. 자주나 진보로 불리는 다른 발전의 길이 애초부터 그와 무연했다고 한다면, 이 시기 그가 택한 삶은 식민성을 수반하는 근대성의 길 이외에 다른 대안을 보지 못하게 했다.

한상룡의 삶과 사상에서 민족이나 국가에 대한 인식을 전혀 찾아볼 수 없는 것은, 근대성이 불가피하게 식민성을 수반한 현실의 당연한 결과다. 탁지부 중간 관리로 공식 경력을 시작했지만, 이 시기 그는 별다른 자취를 남기지 못했다. 관료로서 자기 포부를 펼치지도, 도량형 제작 등과 관련한 '근대' 개혁의 열망도 품지 않았다. 시부사와가 대장성에서 관료로 지내면서 조세제도와 폐제의 개혁, 국립은행 조례 제정 등 근대 개혁을 꾀한 배후에 상공업을 통한 국가의 부국강병이라는 동기가 잠재해 있었다면, 한상룡의 관료 경력에서는 이러한 열망이 없었다.

이는 그의 주 무대였던 금융계 활동에서도 마찬가지다. 1910년 일제에 의해 강제 병합이 이루어지기 전까지 그는 한성은행을 중심으로 한국중앙은행(조선은행), 한호농공은행 등의 설립을 주도하고, 은행집회소 및 수형교환소 규칙을 제정했으며, 한성수형조합을 설립하는 데 중심 역할을 했다. 1910-20년대에는 조선식산은행 설립에 관여하고, 조선생명보험회사나 조선화재해상보험회사의 설립을 주도하거나 이에 참여했다. 1930년대에는 조선신탁회사 설립을 적극 추진하는 한편, 금융조합연합회나 중앙무진회사 운영 등에 참여했으며, 1940년대에는 생명보험회사 조선협회 이사장을 역임하기도 했다.

그러나 당시 금융제도와 기관의 설립 및 운영 주도권은 일본인이 쥐고 있었다. 그의 역할은 조선인 대표로 형식상 이에 참여하여 의견을 개진하는 데 그쳤다. 그는 식민지 민족 문제를 호도하려는 일제의 정책에 보여주기 식으로 끼워졌을 뿐이다. 물론 1900년 한성은행 설립 동기는 일제가 마련했지만 그 설립과 운영은 그가 주도했으며, 1920년대 생명보험회사와 1930년대 신탁회사 등은 그 자신이 직접 기획하고 설립을 추진한 것은 사실이다. 그러나 한성은행 운영권은 부실 경영을 이유로 일제에 빼앗겼으며, 보험회사나 신탁회사도 설립 과정에서 그 주도권을 빼앗기고 실제로 업무에서도 배제되고 말았다.

이러한 측면에서 흔히 일제와의 완전 유착으로 친일파를 바라보는 관성적 시각에서 멀어져, 양자 대립의 관계를 상정해볼 수도 있을 것이다. 그러나 한상룡은 분명 일제와의 대립과 갈등을 현재화하기보다 예속성 강화라는 길을 선택했다. 1930년대 이후 그의 주요 활동이 경제 영역을 벗어나 조선소작령 제정, 농촌진흥운동에의 적극 참여, 전시 하 물가·임금·경제 통제 등으로 옮아간 것은 이러한 맥락에서 이해된다. 또 국방의회, 조선국방비행기헌납회, 군사후원연맹, 관동군사령부 촉탁 등 군사 부문에서 활동하고, 침략 전쟁을 적극 옹호하면서 '시국'을 위한 선전과 강연, 방송 등에도 자주 동원되었다. 결국 그가 평생의 신조로 내세웠던 '일생일업一生一業'의 교조는 무너질 수밖에 없었다.

나아가 그는 자진해서 일본 제국주의들의 동상이나 기념비를 건립하고 기념사업을 주도함으로써 일제에 억눌리고 수탈당하는 식민지 민중에게 친일 예속성의 극치를 보여주었다. 이 점이 한상룡의 삶과 사상의 모순이었고, 이 시기 친일파들이 공동으로 맞닥뜨린 비극이었다. 일제와 갈등이 있었음에도 그는 그것을 갈등으로 인식하려 하지 않았다. 그와 대면하거나 협상하려는 의지조차 없었다는 점에서 그것은 이미 갈등이 아니었다.

많은 기업과 회사의 설립을 주도하고 그 경영에 참여했던 건 그의 또 다른 활동 영역에 속한다. 1910-20년대에 그는 철도, 해운, 무역 등과 아울러 제사, 방직, 직물, 삼림, 제당 같은 농업 원료 가공 부문을 망라해 무려 30여 개의 회사 설립에 관여했다. 1930년대에는 조선제련회사나 북선제지, 조선공작회사, 동화산업 등 만주 침략을 위한 군수공업 부문에서 다수의 기업 설립에 관여했다. 이렇게 그는 이 시기 자본가 계급을 대변하는 인물이 되어갔지만, 그의 역할은 자기 자본 경영의 형태보다 조선에 진출한 일본인의 자본에 의한 회사나 공장 설립을 안내하는 데 그쳤다. 또 이보다 비중은 낮지만 총독부 권력이나 일본 본토에 조선인의 기업 설립을 주선하기도 했다. "한상룡의 경력은 반도 재계사의 축도"라는 말에서 보이듯,[40] 그는 제국주의 권력과 식민지 예속 경제 사이에서 일종의 브로커 역할을 한 정상배政商輩였다. 그러니 자신이 직접 자본 축적 기능을 수행했다기보다 그 원활한 기능을 보조하고 조장했던 일종의 기능 자본가로 분류되는 편이 합당하다.

요컨대 한상룡의 친일 예속성은 두 가지 차원에서 정리될 수 있다. 첫째, 그가 이렇게 기능 자본가로 존재할 수 있는 기반 자체가 오로지 일제에 의존하고 있었다는 점이다. 시부사와를 비롯한 일본 재계의 실력자들은 식민 침략의 필요에서 일종의 한상룡 후견인 역할을 했으며, 그 역시 조선총독부의 총독이나 고위 관료, 조선군 사령관 등의 신임을 바탕으로 서울과 도쿄를 오가며 40여 년간 권력과 밀착한 정상배로서 독보적 입지를 구축해나갔다. 둘째, 그는 한성은행을 맡아 경영했으며, 조선에 수많은 기업과 회사, 공장을 설립하는 데 관여했다. 만일 친일이라는 '오명'을 그에게서 잠깐 거두어들인다면, 그는 이 시기 가장 활발하게 근대화를 추진한 대표적 인물로 우리에게 기억될 수도 있을 것이다.

그러나 문제는 그의 활동과 생애에 내재했던 동기다. 한평생 외길을 걷겠다던 자기 신조에 어울리지 않게 그가 한성은행을 경영하고 수많은 기업과 회사의 설립에 관여한 근본 동기는 과연 무엇이었겠는가. 또 식민지 자본가 계급의 의사를 집약하고 안내하던 역할이 가지는 대의와 공공의 명분은 과연 무엇이었겠는가. 혹시라도 여기서 민족 지향의 경제 발전 전망이나 민족 경제의 자립적 구상에 대한 단초를 발견할 수 있으리라고 기대한다면, 그것은 크나큰 오산이다. 그는 식민 지배 체제를 강화함으로써 동족인 조선 민중을 수탈하고 일제 자본의 지속적 이익을 보장함으로써 제국주의 침략 전쟁을 용인하는 데 자신의 모든 열정을 쏟아 부었다.

1930년대 이후 일제의 대륙 침략에 편승해 "만주에서 조선인의 권익 균점"을 주장한 것 정도를 제외하고, 거의 모든 활동에서 민족과 국가에 대한 그의 인식은 찾아볼 수 없다. 그에게 민족과 국가가 있다면, 그것은 조선이 아니라 일본 민족이고 일본 제국이었다. 그의 식으로 표현하자면, 근대화 달성은 일본에 대한 철저한 예속과 굴종을 통해 가능한 것이었으며, 이는 민족성의 완전한 배제와 말살을 의미하는 것이었다. 이러한 점에서 그의 사고와 행동은 1960년대 이후 경제 발전 과정에서 나타난 맹목적 근대화 지상주의의 원류를 이룬다고도 할 수 있다.

제 4 장

여운형의 사상 노선:
노동 인식과 마르크스주의

여운형의 이념과 사상

근대 서구 사회사상사에서 노동·노동자 문제를 가장 비중 있게 다룬 사상가로 마르크스Karl Marx를 꼽을 수 있다. 이 장은 여운형의 노동·노동자 인식에 큰 영향을 미친 이념 가운데 하나가 바로 이 마르크스주의[1]라는 전제 아래서 출발한다. 즉, 여운형이 이 이념을 어떠한 방식으로 이해하고 수용, 비판했는지 분석하는 게 이 장의 골자다. 역사 속에서 전개되고 구현된 여운형의 정치 노선은 그 나름의 방식으로 마르크스주의를 토착화하여 한국 현실에 적용했던 과정이고, 이른바 '여운형주의'로 일컬을 수 있는 사상·이념화의 과정이라고 할 수 있다.

여운형의 사상과 이념의 모호성과 불명확함에 대해서는 많은 논자들이 지적해왔다. 일제 강점기와 해방 이후 당대를 함께 살아갔

던 인물들도 이에 대해 지적했고, 불의의 흉탄에 그가 쓰러져 인민장을 치른 직후에도 그의 지향 노선에 대해 논쟁이 일었다. 이러한 맥락에서 주운성은 여운형의 "투철한 철학을 알기는 좀 곤란"하다고 서술했으며,[2] 강영수는 "사상의 정체가 구름 같아서 제대로 파악하지 못"해 "그 윤곽은 잡힐 듯하면서도 사실은 종잡기 힘들다"라고 언급했다.[3] 후일에 강문구는 그의 "변혁 사상은 기존의 이데올로기나 사상의 틀을 통해서는 제대로 이해하기 힘들다"라고 토로했으며,[4] 최근 연구에서 김삼웅은 "특정한 이념의 따옴표로 분류하기에는 활동 영역과 무대가 너무 넓고 그릇이 너무 커서 쉽게 묶이지가 않는다"라고 지적한다.[5]

여운형 사상의 논의에는 민족주의, 사회주의, 자유주의, 민주주의, 공산주의 등 다섯 가지 이념이 등장한다. 이 가운데 민주주의는 근대 이전부터 오랫동안 광범위한 의미를 포괄해온 이념으로, 엄밀하게는 근대 이념과 구분된다. 근대 주요 사조로는 흔히 자유주의, 사회주의, 공산주의를 드는 경향이 있는데, 여기서 사회주의는 공산주의를 포괄하는 광의의 의미로 이해되기도 한다. 민족주의 역시 근대 사조지만 서구 맥락에서는 종종 부차적인 이데올로기로 간주해왔다.[6]

이 이념들을 전용해 다차원의 복합 이념으로 여운형의 사상과 노선을 제시하려는 시도들은 그것을 정의하는 데 어려움을 보인다. 이동화는 여운형에 대해 "훌륭한 민족주의자, 민주주의자 그리고 동시에 사회주의자"라면서, 한마디로 요약해 "민족적 민주적 사회주의자"라고 일컫는다.[7] 자유주의, 민족주의, 사회주의의 세 요소를 지적하는 강원룡이나 민족주의, 사회주의, 자유주의를 거론하는 최상룡도 이러한 점에서는 마찬가지다.[8] 한태수 역시 "민족적 민주사회주의자"로서 여운형을 이해하려 하며,[9] 최장집도 자유주의, 민족주의와 아울러 민주주의를 거론한다.[10]

이렇게 다양한 양상으로 나타나는 복합과 절충의 시도들은 결국 그의 사상과 노선 이해의 어려움을 역설적으로 반증한다. 설령 하나의 사상을 설정한다 해도 또 다른 사상을 부가해 이해하려는 시도 역시 정의의 어려움을 반영한다. 여운형의 사상을 정의하는 데 가장 높은 빈도를 보이는 이념이 민족주의다. 논자 대부분이 이를 사회주의와 관련해 제시하는 경향성을 보인다.[11] 그다음 빈도의 이념은 자유주의인데, 민족주의가 자주 함께 언급된다.[12] 여운형의 사상으로 자유주의만 언급하는 경우는 그다지 많지 않다. 이는 주로 주변 인물들과의 일화나 정황 등 인상기에 근거를 둔 것으로, 엄밀한 이론 논증을 거쳤다고 보기 어렵다.[13] 또 민주주의 이념을 언급하는 논자들은 사회주의 혹은 민족주의를 함께 거론한다.[14]

그런데 여운형의 사상을 공산주의 이념으로 정의하는 시도는 생각보다 많지 않다. 정백이나 이두백처럼 그와 당대를 함께한 경우를 제외하고는 거의 찾아볼 수 없다.[15] 특히 눈에 띄는 건 여운형에게서 공산주의 자체를 부정하는 서술이 적지 않다는 점이다.[16] 하지만 이는 여운형의 노선을 공산주의 이념으로 규정하려는 시도가 오히려 적지 않았음을 역설적으로 반증한다. 일제 강점기 반공주의 정서와 냉전체제의 서막을 알린 해방 정국에서 시작해 군사 독재 시기 절정에 달한 반공 이데올로기의 에토스가 그렇게 드

러나는 셈이다.[17]

사실 민족주의나 자유주의도 그러하지만,[18] 공산주의 이념도 다채로운 색깔과 스펙트럼을 가지고 있다. 그것은 발생하고 자라난 토양, 시기 변화에 따르는 다양한 맥락들은 물론, 심지어는 특정인의 삶의 궤적 속에서도 각기 다른 양상으로 나타나기도 한다.[19] 여운형의 경우도 마찬가지다. 식민지보다는 사상 논의가 활발했던 중국에서 활동한 1920년대, 일제의 직접 식민관할지에서 활동한 1930년대 초중반, 전시 동원 체제 하의 1930년대 말과 1940년대 전반, 그리고 해방 정국이던 1945년 이후까지, 각 시기와 정세에 따라 그의 공산주의에 대한 인식과 태도는 달랐으리라 유추해볼 수 있다.

이러한 문제의식 속에서 이 장은 먼저 여운형의 삶에 나타난 노동·노동자 인식의 양면성을 검토한다. 그 바탕 위에서 그의 사상과 이념에 미친 마르크스주의의 영향을 살피고, 이에 대한 여운형의 해석과 비판 그리고 그 현실 적용 양상을 분석한다. 물론 마르크스주의에 초점을 맞추고는 있지만, 이와 밀접하게 관련되는 민족주의, 사회주의, 자유주의, 민주주의 등 그의 사상체계 전반으로 논의를 확대해나간다. 이로써 여운형의 사상, 이념, 정치 노선을 이해하는 또 다른 시각을 제시해볼 것이다.

노동·노동자 인식

노동이나 노동자와 관련해 여운형이 직접 경험하거나 언급한 글은 생각보다 많지 않다. 이러한 사실은 '평민주의자' 혹은 인민 대중에게 헌신해온 이로 평가받은 그의 삶에 비추어볼 때 의외라고 할 수 있다.[20] 사실 여운형의 실제 삶은 중앙 정치와 지도자나 엘리트 위주의 사회 상층부에 집중된 양상을 보인다.[21] 지향은 평민과 인민 대중이었을지언정 교유 관계나 사회생활에서 상호 작용이 주로 이들에게 쏠려 있던 점은 부인할 수 없다. 지향과 실제 사이 이러한 불일치에도 불구하고 그가 인민 대중에 헌신하는 삶을 산 것은 틀림없지만, 그의 노동·노동자 관련 서술과 자료가 적다는 건 이러한 사정의 반영일 수 있다.

많지 않은 자료에서나마 그의 궤적에 나타난 몇몇 사례들을 찾아보기로 하자. 1922년 1월 모스크바에서 열린 동방피압박민족대회에 그는 김규식과 함께 신한청년당 대표로 참석했다. 1929년 7월 상하이에서 체포되어 조선으로 압송된 후, 그는 검사의 신문조서에서 다른 조선 대표로 애국부인회나 고려공산청년회와 아울러 조선 내 노동 대표가 10명 정도 함께 참석했다고 진술한다.[22] 1922년 1월 7일 모스크바에 도착해 대회가 시작된 1월 21일부터 상하이로 돌아간 4월까지 두어 달간 그가 조선 국내에서 활동하던 10여 명의 노동운동가들과 함께 생활했다는 사실을 확인할 수 있다.

노동과 관련한 또 다른 경험은 1929년 봄[23] 여운형이 근무하던 푸단復旦대학 축구팀을 인솔해 싱가포르, 말레이시아, 필리핀 등 동남아 원정 경기에 나선 때에도 있었다. 이 원정 여행은 학생의 고향 방문 친선 경기가 목적이었지만, 실제로는 국민당 왕징웨이汪精衛와 의논하여 남양 각지를 차례로 방문하면서 해당 지역 유력자들과 접촉 후 극동피압박민족회의를 개최한다는 복안을 가진 것이었다. 이 여행의 경유지였던 필리핀에서 그는 노동운동 지도자인 에벤 리스타Eveng Lista를 만나는가 하면, 필리핀 노동총회(레보아 콩그레스)가 주최한 환영회에서 연설하기도 했다. 전자의 만남은 남방 국가들의 민족 지도자들을 아울러 혁명가대회를 개최하려는 구상의 일환이었고, 필리핀의 신문기자와 종교단체, 노동단체 등에서 30여 명이 참석한[24] 후자의 연설회에서는 구미 제국주의에 반대하고 아시아 피압박민족의 해방을 위한 공동 투쟁을 주창했다.

필리핀 체류와 관련해서[25] 여운형은 재미있는 일화를 하나 소개한다. 그는 필리핀이 미국의 지배에서 벗어나 독립하고 남방 각 민족이 단결해야 한다는 연설 내용 탓에 필리핀 당국에 억류되어 감시를 받았는데, 감시를 맡은 감시원이 덥기도 하고 귀찮기도 해서 소년을 고용했다. 빈한한 가정에서 학교도 그만두고 놀던 아이에게 돈이 생기게 된 연유를 물어 사정을 알게 된 그의 누이는 사죄 겸해서 여운형을 집으로 초대했다. 중국인 아버지와 필리핀 어머니 사이에서 태어나 미국인 은행에 근무하다가 면직된 상태였던 그녀는 신문 지상을 통해 여운형에 대해 읽은 바가 있었다. "현 사회제도며 국가 형태며 정치에 관한 이야기"와 더불어[26] 여운형은 "현금 지배계급이 노동계급에 대한 무리한 일과 그 면직에 대해 그들의 심리"를 말했고, 이에 대해 그녀는 "선생의 이야기는 예수의 말 이상이라고 감탄"했다.[27] 이 일화에서 눈에 띄는 점은 노동계급에 대한 지배계급의 '무리한 일'에 대한 여운형의 언급이다. 즉, 마르크스주의 계급론에 근거해 사회 현상을 설명하는 동시에 은행원으로 대표되는 사무직 종사자를 노동자로 인식하는 지점이다.

여운형은 노동 그 자체의 경험도 언급한 바 있다. 앞서 말한 1922년 원동피압박민족대표대회에 참석한 이야기는 여운형 자신이 "나의 회상기"라는 부제로 각각에 제목을 붙여 1936년 3월부터 7월까지 5회에 걸쳐 『중앙』에 연재했다. 「모스크바의 인상」이라는 네 번째 연재 글에서 그는 타고 가던 시베리아 횡단 열차가 쉬는 시간에 연료로 땔 장작을 "심심풀이로 기관차에 싣는 데 같이 모여들어 조력"한 일을 언급한다. "노동의 상쾌한 흥분이 우리 여행에 시달린 파리한 뺨에 보기 좋은 홍조를 주었다"라는 회상에서 보듯이,[28] 그에겐 더불어 땀 흘려 일하는 노동의 기쁨과 보람이 오랜 기억으로 남아 있었다.

1929년 7월 중국 상하이에서 경찰에 체포되어 조선으로 압송되어 재판받으면서 그는 형을 받아 복역하게 되면 감옥 내 공장에 들어가 평소에 배우지 못한 "노동 기술을 좀 배워 장래 나의 새로운 계책을 얻고자" 하는 뜻을 언론에 밝히기도 했다.[29] 1930년 6월 징역 3년의 판결을 받아 복역하면서 그는 자신이 말한 '노동 기술'로 그물뜨기와 종이 세공 두 가지를 익혔다. 출옥 후 그는 이 기술을 배운 일에 대해 "졸업을 다"해서 "아주 익숙하게 잘"한다고 자랑스럽게 말했다.[30]

일은 그물 뜨는 일과 종이 꼬아서 차롱茶籠 만드는 일 두 가지를 배웠다. 그물도 남에게 빠지지 않게 잘 떴거니와 종이 꼬기에는 대전형무소 중 가장 잘하는 3인 중 일인에 낄 만큼 빨리 만들고 곱게 만들었다. 종이를 꼬아가지고는 그것으로 활촉을 담아두는 광주리며 아이들 책꾸럭 같은 것을 만들었다. 일을 잘한다고 그 상으로 목욕도 남보다 좀 자주 얻어 할 수 있게 되었다.[31]

여운형이 자기 삶에서 직접 노동을 통해 성취감과 기쁨을 느낀 건 이렇게 두 사례에 불과하다. 하나는 "영원의 표랑객"으로 묘사한[32] 시베리아 횡단 열차 여행 중, 다른 하나는 투옥 생활을 하면서다. 두 경우 모두 일종의 유예된 시간에 해당한다. 자유로운 상태에서 선택이 가능할 때 그는 노동보다 차라리 상업이나 행상을 선호했다.

현실이 그랬다. 그의 20대 후반에서 40대 초반, 1915년부터 1929년에 이르는 14년간 그의 상하이 생활은 "이사람 저사람 객식구가 많아서 20여 인이 먹고" 살아야 하는 어려운 시간이기도 했다. "일정한 수입이 없어서 고생"하던 이 시기 그는 어떨 땐 "'칼라, 넥타이' 등 양품을 가지고 서양인 집을 돌아다니며 방물장사 노릇"을 하기도 했다.[33] 그런가 하면 1940년대 전시 총동원체제에서 일제의 압박과 감시가 가중되던 상황에서 그는 "정신적으로 불규정적 생활을 하니 답답하고 괴롭기가 짝이 없"는 심경을 토로한다. 수많은 사회운동가가 현장을 떠나고 급진 진보주의자들의 전향이 이어지던 어려운 시대였다. 이 시기 그는 자신에게 가능한 사업의 선택지로 채금採金, 교육과 아울러 상업을 꼽는다. 사람들에게 "가장 기쁘고 행복한 때는 일하는 순간이요, 가장 슬프고 괴로운 때는 할 일이 없어 노는 때"라고 하면서도[34] 그가 가리켰던 일이란 땀 흘려 수고하는 노동이라기보다 상업이나 금광 사업 같은 것들이었다.[35]

객관화된 대상으로서의 노동

여운형의 노동·노동자 인식은 지금까지 언급된 노동 경험, 일화, 활동 외에도 그가 행한 연설, 성명서, 담화문 등을 통해서도 살펴볼 수 있다. 그 노동 담론은 쓰여 있는 문의의 맥락과 해석은 물론이고, 그것이 지칭하는 구체적인 현실까지 포괄한다. 농민에 대해서 그러하듯, 그는 노동·노동자·노동운동에 대해서도 전반적으로 외부자로서 자기 절제된 중립적 태도를 보인다. 즉, 그것들을 관찰자의 객관적 시각 속에서 대상화된 실체로 인식한다. 이러한 인식은 노동을 타율적이고 무능력한 것으로 이해하는 경향이 있었다. 일제 강점기와 해방 이후 한국의 현실에서 여운형이 관찰한 노동의 실제는 무기력과 수동성, 침체로 점철된 어떤 것이었다. 이러한 시각은 그가 도쿄 여행에서 관찰한 현지 조선인에 관한 서술에 잘 드러나 있다.

거부할 수도 없고 피할 수도 없는 생활의 철편鐵鞭에 몰려 현해탄을 건너기는 했으면서도 이곳의 노동 시장에 흘러가 있는 조선인 노동자는 그 생활에 대한 태도, 그 가지고 있는 인생관 세계관에 있어서 아직도 아세아적 농민이었다. 오랜 세기를 통하여 그들에게 그렇게 견디기 어려운 고난과 굴욕의 멍에를 씌워오던 온갖 풍습과 그들의 황당한 미신, 몽매한 무지가 보장하여오던 가지가지의 무의미한 습관과 의식의 전 계열의 어느 하나이나마 그들은 버리려고 하지 않는 것 같았다. (…) 사모관대를 한 신랑과 족두리를 머리 위에 얹은 신부를 중심으로 한, 순 조선식 결혼 행렬의 일대一隊가 그들의 ×[日─필재人의 호기심과 조롱의 대상이 된다 하더라도 그것은 그들에게 아무 상관도 없는 일이었다.[36]

이렇게 여운형의 눈에 비친 조선인 노동자는 오랜 세월 지배계급으로부터 고난과 굴욕을 인내하면서 전통과 인습에 지배당해온 침체와 운명, 수동과 타율의 존재다. 그가 명시하지는 않았지만 이러한 '아세아적 농민'이란 당대를 풍미했던 비트포겔Karl Wittfogel의 이른바 아시아적 생산양식asiatic mode of production에서 묘사된 아시아에 대한 정체와 불변의 이미지가 투영된 것이다.[37]

나아가 여운형은 제국의 수도 한 모퉁이에 특이하게 존재하는 조선인 거리에서 볼 수 있는 "이러한 전대前代 생활양식의 강렬한 잔존은 결코 특수한 현상"이라기보다 "오늘의 왜곡된 문명의 오히려 가장 일반적인 특질"이라고 주장한다. 미국 뉴욕의 한 모퉁이를 형성하는 중유럽 각국 농민 출신 노동자의 생활양식과 비슷하다는 점에서 재일 조선인 노동자들을 "'센진마치鮮人街'의 미국형"으로 일컬을 수도 있다는 것이다. 정체와 타율, 수동의 관점에서 조선인 노동자들을 인식하면서 여운형은 그것을 한국에 고착된 특수 현상으로 이해하지 않고, 유사한 조건의 다른 사례와 비교해보는 시각을 갖췄다는 점이 흥미롭다.

여운형의 재일 조선인에 대한 침체와 부정의 노동자상은 청년 논의에서도 재현된다. 그는 조선 청년을 농촌 청년, 도회의 노력 청년, 학원 청년, 종교 청년 등으로 분류해 각 현상을 논하며 당부의 말을 전한다. 노력 청년은 숫자로는 농촌 청년에게 뒤지지만 "질적으로 큰 촉망을 갖기 때문에 노력 청년에 대한 기대가 조금도 적지 않다." 생활 장소는 도시지만 "그대들의 이즘의 동태는 노력자의 긴장이 없고 타락된 룸펜의 기상이 보이는 것은 섭섭하다."[38] 이 시기를 대표하는 노동운동가 이재유처럼[39] 여운형은 1930년대 식민지 도시의 노동 청년에게서 "타락된 룸펜의 기상"이라는 징후를 읽어내려 한다. 그것은 흔히 정통 마르크스주의에서 제시하는 활력과 역동 그리고 투쟁이 정형화된 노동자상이라기보다 침체, 무기력, 절망에서 타락과 퇴폐로 인도되는 어떤 것이다.

해방 후에도 이러한 그의 노동 인식은 지속된다. 1946년 2월 서울 YMCA에서 열린 전국문학자대회 축하 연설에서 그는 "조선 사람의 대부분은 즉 농민이나 노동자들은 하도 고생하고 시달리며 살아왔기 때문에 자기의 감정을 표현할 줄 모"른다고 언급한다. "기뻐도 웃을 줄 모르고 슬퍼도 울 줄 모"른다는 것이다. "민족 문학의 수립이 급선무"라고 지적하면서 그는 "노동자나 농민이 읽을 수 있고 알 수 있는 평민 문학"은 "모든 계급적 언어를 떠나서 대중적으로 되어야" 한다고 주장했다. 이를 통해 "조선 문학이 진실로 조선 인민 대중의 문학"이 될 수 있다는 것이다.[40] 계급 언어를 부정하고 노동자·농민이 누릴 수 있는 평민 문학을 지향하지만, 일상의 감정을 박탈당하고 억압과 수탈에 시달려온 노동자, 농민상에서 예컨대 주체로서의 노동자나 계급의식의 고양이 들어설 자리는 없는 것으로 보인다.

노동에 대한 두 번째 부정적 인식은 그것을 주로 생산력의 관점에서 이해하는 것이다. 노동에 대한 생산력 중심주의는 필자가 한국의 근대 노동 개념의 특성으로 지적한 근면주의와 이상주의 두 범주에서 전자에 상응한다. 근면주의 요소는 전통적 노동 개념과 서구의 영향으로 형성된 것으로, 생산 노동에 대한 사회적 강조가 두드러진다. 한국에서 근면주의는 자유주의·민족주의와 마르크스주의 두 사조에 의해 공동으로 지지되었는데, 이데올로기상의 대립에도 불구하고 이들 모두 이성과 진보에 대한 공통의 믿음을 바탕으로 사회적 삶의 근원으로서 생산 노동을 찬미하고자 했다.[41]

생산력 관점에서 본 여운형의 노동 개념은 노동이 위치한 사회 관계나 생산관계를 흔히 간과하거나 무시하는 경향이 있다는 점에서 마르크스주의보다 자유주의·민족주의 사조에 가까운 것으로 평가된다. 생산 노동과 근면에 대한 강조, 국가·민족의 발전에서 노동의 기여를 주제로 하는 이 범주의 특성에 접근하는 몇몇 사례들이 있다. 그것은 일찍이 1922년 상하이에서 김구 등이 주도한 한국 노병회에서 여운형이 교육부 위원으로 교육부장을 맡았던 조직으로 거슬러 올라간다. 노병회 명칭의 유래를 묻는 예심 판사에게 그는 '노병勞兵'이란 "독립 생계를 영위할 수 있는 노농 기술을 겸비한 병사"라는 의미라고 설명한다. 즉, 일하면서(농사지으면서) 싸운다는 의미로 다가올 독립 국가 건설을 염두에 둔 중견 시민층의 양성을 전망한 것으로 이해된다.[42] 노병회가 별다른 결실을 보지 못한 데에는 김구와 여운형의 의견 대립이라는 원인이 있었지만, 그것은 설립 시기의 문제였지 노병의 정의나 역할 문제는 아니었다. 즉, 민족주의자인 김구와 마찬가지로 여운형 역시 생산력주의의 관점에서 노동에 대한 인식을 함께했다는 점이 흥미롭다.

해방 직후인 1945년 8월 하순 건국준비위원회 집행위원들 앞에서 행한 연설에서 여운형은 지방의 농민을 주축으로 하는 근로 대중이 "조금도 동요함이 없이 식량 증산의 중요한 임무에 진력"하고 있다면서 "농촌의 농부나 노동 대중은 오로지 자기의 그 직책을 이행해가면서 그 임무를 수행함으로써 우리 조선 건설에 기여"하고 있다고 말한다.[43] 노동자나 농민의 주요 역할을 식량 증산이나 생산 경제에 설정하고, 그것을 통해 독립 국가의 건설에 기여하고 있다고 보는 것이다. 여기에 노동자, 농민 의식의 고양이나 현실 모순에 대한 자각과 비판, 나아가 투쟁 등이 들어설 여지는 없는 듯 보인다. 1946년 9월 하순 북한을 방문하고 돌아온 후 다음 달 초 인민당 본부에서 열린 출입 기자단 회견에서 소감을 묻는 기자들의 질문에 여운형이 "청년들이 고용으로 일하지 않고 의무제로 일하는 것"에 "무엇보다도 (제일) 좋은 인상"을 받았으며, "요즘 북조선에서 요구하는 사람은 기술을 가진 사람"이라고 언급한 것도[44] 비슷한 맥락에서 이해될 수 있다.

이러한 인식은 1945년 11월 12일 인민당 결당식에서 여운형이 연설한 내용에서도 찾아볼 수 있다. "조선인을 가르쳐 말하되 게으른 사람이라고 말하"는 것은 "일제의 악선전과 아울러 일을 하려 해도 일터가 없"는 데서 연유한 '악평'으로 "그 근본은 절대로 그렇지 않"다고 그는 힘주어 말한다. '온 국민의 노동을 통해 공동의 번영을 추구(皆勞共榮)'해야 하는 이유다. 이러한 점에서 그는 "앞으로 건설할 조선 사회 오륜(五倫)"의 첫 번째로 '국민개로'를 꼽는다.[45] 이 '국민개로'에는 "우리는 노는 것도 보기 싫고 또 그렇다 하여 혼자서 일하는 것도 역시 보기 싫다"라는 일종의 주석이 붙어 있다.[46] 국가 번영을 위해 전 국민의 일치된 노동을 강조하는 이 대목에서 생산 노동과 근면을 강조하는 생산력주의의 혐의가 농후하게 배어난다. 참고로 일찍이 유길준은 국가와 사회의 근본으로서 노동이 국가의 부강과 문명화를 위해 필요하다고 주장한 바 있는데,[47] 이러한 인식은 꽤 오랜 시간 지속되면서 그 생명을 이어갔다. 계보를 따져보면, 노병회가 그 1920년대 버전이라면, 조선인민당의 오륜은 1940년대 판이라고 할 수 있다. 이는 "일하면서 싸우고 싸우면서 건설하자"라는 1960년대 박정희 시대의 구호로도 이어진다.

그의 이러한 생산력 관점의 노동 이해는 당연한 귀결로서 노동, 노동운동에서 파업이나 시위 등을 통한 계급투쟁의 의미를 충분히 음미하지 않는다. 파업을 예로 들어보면, 1929년 상하이에서 체포되어 조선 송환 이후 열린 공판에서 검사가 "1927년 11월 7일 상하이 노농혁명기념일의 소요 원인을 알고 있는가"라고 묻자, 여운형은 알고는 있지만 자신은 그것과 "아무 관계가 없다"라고 답변한다. 이어지는 신문에서 검사가 이튿날 발발한 상하이 공장 노동자 총파업에 관여했는지 묻자, 여운형은 "아무것도 관계하지 않았"으며, "학생, 노동자의 사태에는 관계하지 않았다"라고 말한다.[48]

이는 일제 법정에서 처벌을 피하기 위한 진술로도 여겨지지만, 중국의 총파업에 관여한 사실 자체는 식민지 법정에서 직접적인 '범죄' 구성 요건이 되는 것도 아닌데다가 이 사건 재판에서 여운형이 진솔한 자세를 유지하고 있는 사실 등을 고려해볼 때, 그는 이 시기 중국 노동자의 총파업에 대해 일정한 거리를 두고 있었다고 보는 것이 합리적이다. 파업에 대한 여운형의 이러한 입장은 해방 후인 1946년 대구 10월 항쟁으로 이어진 9월 총파업에서도 비슷한 양상을 보인다.

여운형은 이 파업이 일어나게 된 원인으로 "당국의 식량 정책과 물가 정책의 파탄에서 기원된 것임을 솔직히 승인"해야 한다고 촉구하면서, 근본적 해결책으로 "노동 대중의 생활 안정을 도모"하는 것을 제시했다.[49] 나아가 기아 군중의 생존권 주장에서 이 파업이 비롯된 만큼 파업의 지도자를 검거하는 해결 방식을 경계한다. 즉, "기아 군중이 생존권을 주장하는 것은 당연한 일"이라고 하면서, "일부 파업 지도자에게 책임을 전가할 것이 아니며, 당국은 사후에 탄압 등 방법으로 문제를 야기하려 하지 말고 미연에 적절한 근본 시책을 세워야 옳을 것"이라는 것이다.[50]

비록 노동 대중의 생존권 주장의 정당성을 옹호하고 미군정의

식량·물가 정책의 파탄을 지적하고 있지만, 9월 총파업에 대한 여운형의 의견은 다분히 제삼자의 중립적 위치에 서 있다. 이듬해인 1947년 1월에 그는 자신이 이 "투쟁 대열에 참가하여 인민과 더불어 싸우지 못했음에 책임을 느끼고 인민 앞에 사과"한다는 담화를 발표하고는 있지만,[51] 파업 자체에 대한 개입, 조정, 나아가 참여 혹은 지도와 같은 행위는 전혀 찾아볼 수 없다. 외부자로서 거리를 두고 객관적 시선을 그래로 유지한 것이다. 이러한 태도는 일찍이 그가 시베리아 횡단 열차를 타고 1922년 1월 모스크바에 도착해 "이 땅의 새로운 민중 정신의 감화력"을 언급한 데서도[52] 드러난 바 있었다. 러시아혁명이 표방했던 노동자나 노동계급이 아니라 민중으로 읽어내는 것에서 보이듯, 그는 러시아혁명에서 노동이나 노동자의 역할보다 '민중'으로 일컬어지는 실체에[53] 더 큰 의미를 부여했다.

주체와 능동으로서의 노동

물론 여운형의 노동 인식이 수동과 침체, 생산중심주의에만 머물지는 않는다. 정반대로 긍정의 시각에서 노동과 노동자의 주체성과 자율성에 주목하기도 한다. 정통 마르크스주의나 좌파 일반에서처럼 그는 노동 대중의 계급 지위에 대한 자각, 계급의식의 고양, 역사적 사명에 대한 감수성 등을 언급한다. 이러한 인식은 앞서 인용한 도쿄의 재일 조선인에 관한 글에 잘 드러나 있다. 여운형은 같은 글 후반부에서 전반부에서 관찰한 것과 반대되는 현실을 언급한다.

그러나 만일 이 '조선인가[鮮人街]'에 다만 이러한 뒤떨어진 전대 前代적 생활양식의 기묘한 지배만을 보았다면, 나의 관찰은 확실히 불완전한 것이었으며 왜곡된 것이었을 것이다. 그리하여 이곳에 이미 수십 년의 광휘 있는 역사를 가진 진보적 노동운동과 그 운동의 성장과 발전을 위하여 헌신과 희생을 주저하지 않았던 선구자들에게 조소의 대상이 되더라도 나는 일언반구의 항의를 할 권리도 가지지 못할 것이다. 낡은 생활 관습에의 집요한 그들의 애착에도 불구하고, 이곳 재류의 조선 민중은 확실히 진보적 운동의 광범한 저수지였다. 최근의 이곳 좌익운동에 있어서 조선의 노동 대중이 표시한 한두 가지 아닌 히로이슴은 그들의 강렬한 정치적 의욕과 자체의 역사적 사명에 대한 예민한 감수성의 좋은 예증이었으며, 또 조선의 사회운동사상에 남긴 재류 조선노동운동의 ××한 ××[찬란한 투쟁-필자]과 역사적 역할은 그들의 이곳 노동 시장에의 유입이 다만 이곳의 자본가에게 염가하고 저항력 없는 노동력만을 제공할 것이 아님을 웅변으로 말하고 있는 것이다.[54]

그는 "악취가 코를 찌르고 위생 시설이 도무지 없고 기묘한 전대적 생활 습관이 완강히 잔존하고 있는" 조선인 거리의 이곳저곳에서 이러한 "진보적 정신의 맥박"을 느낄 수 있었다고 말한다. 전시

동원을 위한 일제의 "파쇼적 ××[억압—필자]과 모든 진보적 운동의 완전한 지하적 잠복의 정세" 아래서 "다만 생명 있는 전체의 편린적 표현에 불과"하지만 "참담한 생활을 꾀고[꿰고] 흐르는" 가느다란 진보의 '광선'을 그는 결코 놓치지 않았다. 실명을 거론하지는 않았지만, 그는 재일 조선인 노동계의 친일 어용 지도자로서 악명 높은 박춘금朴春琴 일당을 비판하면서,[55] "그러나 나날이 그 자신의 계급적 지위와 역사적 사명에 눈뜨기 시작한 대중은 더욱더욱 이들의 가증한 무리에게서 자신을 방어할 현명과 헌지獻智를 배우고 있는 것도 나는 그다지 곤란 없이 인정할 수 있었다"라고 적었다.[56]

이처럼 그는 노동 대중이 대부분을 차지하는 재일 조선인가[鮮人街]에서 한편으로는 전통, 운명, 무기력, 체념이 지배하는 부정적 현실을 포착함과 동시에, 다른 한편으로는 그에 내재하면서 역사의 일정 국면에서 발현해온 진보 운동의 광범한 저수지로서 잠재력을 읽어내려 했다. 계급의식과 역사에 대한 사명감, 사회 진보에 대한 헌신과 희생, 지배계급에 대한 비판과 저항에서 보듯, 노동·노동자의 적극성과 자율성, 변혁에 대한 역량을 강조한 것이다, 이러한 점에서 그의 노동 인식은 상충하는 두 요소가 공존하는 모순을 드러낸다. 하지만 그의 노동 주체성 인식은 역사의 일정 국면에서 그것이 발현할 가능성까지 배제하지는 않는다 하더라도 어디까지나 이론과 원리 차원에 머무르는 경향이 있다는 점을 지적해두고 싶다.

노동의 능동성과 주체성에 대한 그의 인식은 노동 대중과 그 잠재력에 대한 스스로의 믿음을 보이는 것이기도 하다. 여운형 사상의 평민주의 속성에 대해서는 이 장의 서두에서 이미 지적한 바 있지만, 이러한 점에서 그는 인민이나 노동 대중의 역량을 신뢰하는 만큼, 사회 지도층이나 엘리트에 대해 불신과 의구심의 눈길을 거두지 않았다. 1936년 1월의 한 연설에서 그가 각 분야의 실무 경험이 없는 사람이 진정한 지도자가 될 수 없다고 강조한 것도 이러한 맥락에서다. "학생계의 지도자는 학생에서 나고 공장의 지도자는 공장에서 나고 농촌의 지도자는 농사하는 사람"이어야 한다고 그는 주장한다. "양복이나 입고 글이나 쓰는 사람이 어떻게 농부의 실생활을 체험할 수 있느냐"라고 반문하면서 그는 "실지 체험 없이(는) 진정한 지도자"가 될 수 없다고 단언한다.[57]

그의 이러한 언급은 앞서 지적한바 노동에 대한 관찰자의 객관적 시각을 보인다고 할 수도 있지만, 다른 한편으로는 지식인으로서 자신의 계급 지위를 분명하게 인식하고 선을 그음으로써 노동자, 농민, 학생을 주요 구성 분자로 하는 인민 대중의 주도성과 자발성의 함양을 촉구하고 있다고 볼 수도 있다. 물론 그 이유에 대해서는 또 다른 논의가 필요하겠지만, 여운형이 대중과 지도자를 구분해 전자에 신뢰와 기대의 눈길을 보내는 만큼, 후자에 대해서는 불신, 회의, 비판, 때로는 조소의 시각까지 지니고 인식했던 경향이 있어 보인다.

여운형은 근로 대중의 자발성과 능동성을 한국에서만 찾아볼 수 있다거나 고유한 특수성에 귀속시켜 생각하지 않았다. 그는 이 문제를 보편주의의 지평에서 인식했거니와 바로 여기서 그의 사상의 독자성을 찾아볼 수 있다. 1930년대 후반의 세계정세와 관련해 그는 "미국은 이탈리아를 꾸짖는 듯 에티오피아에 동정하는 듯하면서 군기軍器를 비밀히 팔아먹고 장사라도 하여가는 중이니 대체로 세계대전은 일 것 같기도" 하다고 전망한다.[58] 국가 차원의 이해관계에서 일어난 이 전쟁에서 그는 "노동자, 농민의 의사가 따로 있"다고 말한다. 노동자, 농민의 의사는 국가(와 지배계급)와는 구분되는 다른 차원의 문제라는 것이다. 그 사례로 그는 이탈리아 전국에는 벌써 "내 남편을 내놓으라 하고 정부에 대하여 출정 군인을 도로 반환시켜달라는 부녀의 소리가 높다"라는 사실을 지적한다.[59] 이 일화는 국가와 개인을 분리해 국가의 이해와 무관하게 작동하는 인민 대중의 의지에 주목하고, 이러한 사례가 조선에만 국한되지 않고 어디서나 찾아볼 수 있는 보편적 문제라는 여운형의 인식을 보여준다.

지도층의 군림하는 행태를 비판하고 인민 대중을 옹호하는 여운형의 입장은 해방 후 보다 분명한 형태로 드러난다. 앞서 언급했듯이, 해방 직후인 1945년 8월 하순 건국준비위원회 집행위원들 앞에서 행한 연설에서 그는 이른바 해방 정국에서 "헛되이 질서를 문란케 하거나 또는 비판을 일삼는 사람이 있다면 500년 동안 우리 민족의 혼을 마비시킨 소위 글자나 안다는 지식층 인테리"라고 단언한다. "때로 많은 제갈량보다도 한 사람의 충실한 병졸이 필요"하다면서 그는 "지식계급에 득죄할지언정 결단코 노농 대중에게는 득죄하고 싶지 않"다고 말한다.[60]

1946년 2월 15일 열린 민주주의민족전선 결성대회에 의장으로 참석해 행한 연설에서도 여운형은 비슷한 주장을 되풀이한다. "새

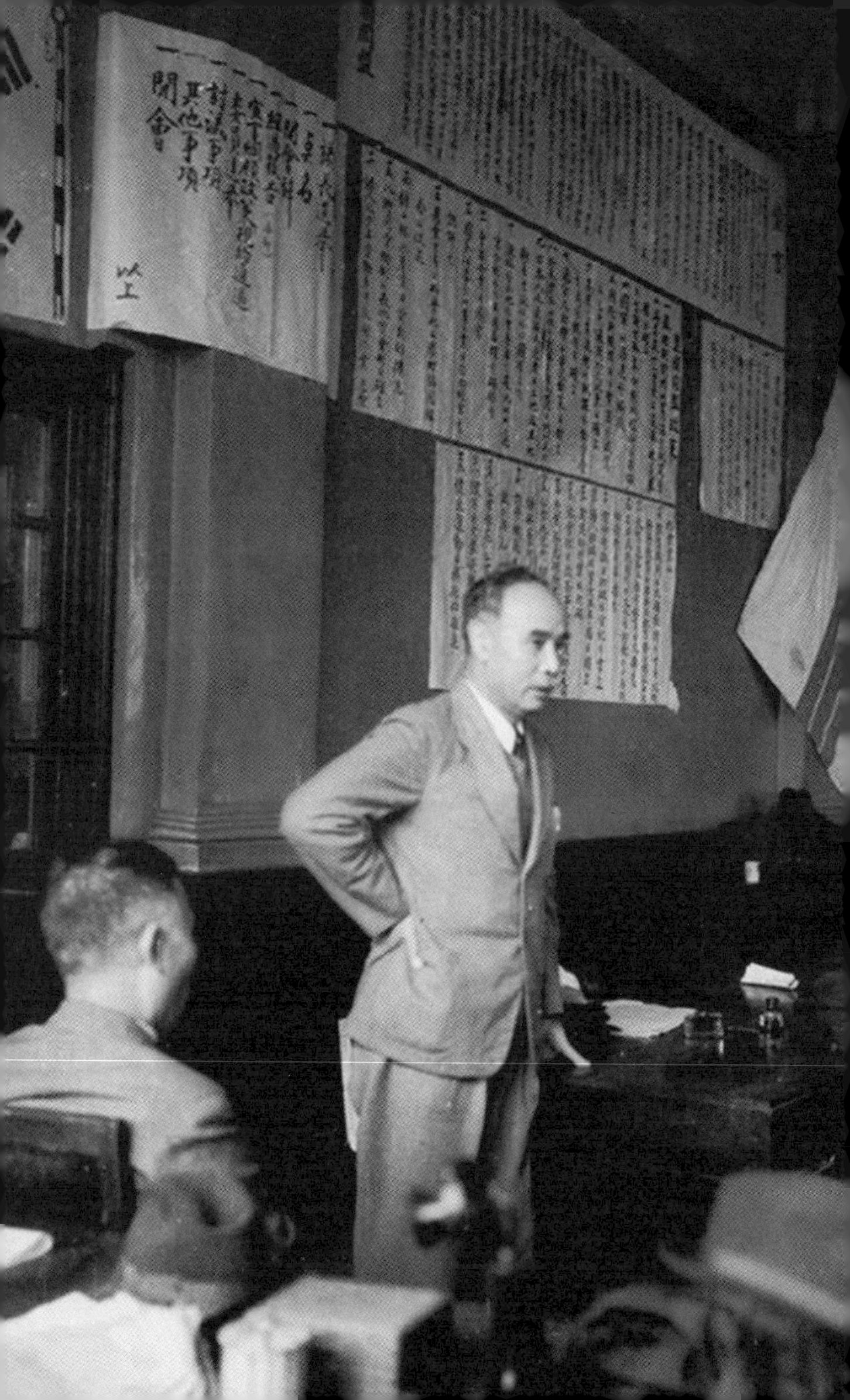
點名
開會辭
經過報告
討議事項
其他事項
閉會

로운 민주주의 국가를 위하여 싸우는 이 전선의 대편대大編隊를 조직하는 여기에 한 병졸로 싸우려고 참가"했다고 그는 말한다. "노동자, 농민, 즉 노동 대중과 혁명 청년들이 행진하는 그 자리에 일개 노졸이 창을 끌고 뒤를 따르는 풍경도 보기 싫지는 않을 것"이라는 것이다. "우리가 노동 대중의 이익을 위하여 싸"운다는 것이 혹시 "정치욕에 날뛰"어 그러는 것은 아닌지 그는 되묻는다. 김구와 이승만을 다분히 염두에 두고서 그는 "민주주의 국가에는 국부國父도 없고 영수도 없습니다. 국부가 있다면 전 인민의 행복을 위하여 투쟁하는 노동 대중만일 것"이라고 힘주어 말한다.[61]

민주주의민족전선이 결성된 직후 기고문에서 여운형은 "전 민중의 항일 통일전선이 결성됨에 이르러 노동자 농민 등 근로 대중이 민주주의 혁명의 추진력"이 되었다고 말한다. "지난한 건국공사建國工事에는 충실한 일꾼과 용감한 지도자를 필요로 하는 동시에 대중의 정치의식이 급속하게 고양"되는 것이 필수 조건이라면서도, 그는 "조선 혁명의 주력은 해외에서 들어오거나 또는 신사복 혹은 지식에 있지 않고 전원에서 공장에서 근로하는 대중에 있다고 믿는다"라고 단언한다.[62] 이처럼 여운형의 사상에서 노동 대중에 대한 신뢰와 애정은 지식인, 지도자에 대한 회의, 불신과 상호 길항하며 대조된다. 그리고 노동 대중의 의지와 역량에 대한 그의 믿음은 노동 대중의 자발성과 주체성에 대한 강조로 이어진다.

마르크스주의의 수용과 영향

여운형의 노동 개념은 과연 어떠한 경로로 형성되었을까. 이제 여운형의 노동 인식 기저에서 작용해온 역사·사회 요인들 가운데 특히 마르크스주의와 공산주의에 초점을 맞춰 이를 해명해본다. 앞서 그의 노동 개념의 이중성을 지적했듯이, 수동과 객관으로서 노동의 이미지는 예컨대 지속되어온 전통 유교 규범의 영향으로 이해할 수 있으며, 반대로 주체와 역량으로서 노동 개념은 그의 생애에서 이 이념으로부터 받은 영감에서 유래했다고 볼 수 있다.

여운형 사상에서 이 급진 이념이 끼친 영향은 숙고되지 못했다. 지식사회학의 시각에서 보면, 1910-20년대는 그가 중국에서 활동하면서[63] 마르크스주의의 집중적 세례를 받은 시기임에도 국내에는 그 내용이 잘 알려지지 않은 탓에 충분히 고려되지 못한 사정이 있었다. 1929년 7월 일제 경찰의 신문에서 "너의 주의는 무엇인가"라는 질문에 여운형은 "나 개인으로서의 주의는 마르크스주의자"이며, 동시에 "조선독립운동에 대해서는 민족주의적 행동을 한 것"이라고 답하고 있다. 이어 그는 "러시아에 레닌주의가 있듯이, 중국에는 삼민주의가 있고, 조선에는 여운형주의로써 하는 것이 조선 해방의 첩경이라고 생각"한다고 말한다.[64]

그러나 출옥 이후 해방에 이르는 시기에 그가 마르크스주의자로 활동한 흔적은 거의 보이지 않는다. 『조선중앙일보』 사장이라는 직책 때문이기도 했지만, 우선은 일제의 사상 통제와 전시 동원 체제라는 배경 하에 합법의 공공 영역에서조차 마르크스주의는 물론이고 나중에는 민족주의나 기독교까지 탄압받고 금지 당했던 현실을 고려해야 할 것이다. 어둡고 암울한 이 시기 그에게 허용된 운신의 폭은 극도로 제한되었으며, 그에게만 한정된 건 아니었지만, 자유로운 사상과 이념의 표출 역시 불가능했다.

이러한 점에서 해방은 조선의 해방만이 아니라 사상의 해방이기도 했다. 1945년 10월 1일 인민공화국에 대한 회견에서 "인공을 붉다고 보는데?"라는 기자의 질문에 그는 "일본으로부터 해방된 오늘날 민주주의 새 조선을 새 건설하는 데 있어서 조선에 적색이 어디 있느냐?"라고 반문한다. "노동자, 농민과 일반 대중을 위하는 것이 공산주의"라고 한다면 자신은 기꺼이 공산주의자가 되겠다는 응대였다. "우익이 만일 반동적 탄압을 한다면, 오히려 공산주의 혁명을 촉진시킬 뿐"이라고 단언하면서 그는 "공산주의자를 겁내지 않"지만 "급진적 좌익이론은 정당하다고 보지 않는다"라고도 대답한다.[65] 1946년 2월 15일 열린 민주주의민족전선 결성대회에 의장으로 참석해 행한 연설에서도 이와 비슷한 주장을 되풀이한다.[66]

두 에피소드를 함께 보면, 전자의 경찰 신문에서 그는 스스로 마르크스주의자임을 명백히 밝히고 있고, 후자의 인민공화국 관련 회견에서는 자신을 스스로 공산주의자로 명시하지는 않으면서도 이 이념에 대한 헌신을 거리낌 없이 표출하고 있다. 여기서 중요한 건 그의 공산주의자 여부가 아니라 그가 이 이념을 어떻게 인식해 어떠한 방식으로 수용하고 현실에 적용했는가다. 1920년 5월 고려공산당에 가입한 후 1929년 7월 상하이에서 일본 경찰에 체포되어 서울로 압송되기까지 10년에 가까운 시기를 그는 공산주의, 마르크스-레닌주의라는 이념과 더불어 살았다. 젊고 의식 활동이 왕성한 30대 중반에서 40대 중반에 걸친 나이였다. 당대를 풍미했던 이 이념은 다른 식민지 청년들과 마찬가지로 그의 사상에도 깊은 영향을 남겼다. 하지만 무엇보다 그가 이 사상을 무조건 추종하지는 않았다는 사실 또한 중요하다.

주지하듯이 여기서 우리가 논의하는 마르크스주의나 공산주의는 서구로부터 수입된 이념 내지 교조다. 여운형은 이 이념의 특정 주장에 끌리기도 했지만, 어떤 요소는 수긍하지 않고 일정 거리를 두거나 비판을 통해 대안을 제시하려 했다. 앞서 인용처럼 레닌주의, 삼민주의와 함께 여운형주의를 거론한다거나, 급진 좌익 이론은 정당하지 않다는 언급들이 이를 잘 보여준다. 공산주의에 대한 견해를 묻는 검사의 질문에 "마르크스 이론에는 찬성하지만 실행은 불가능하다고 생각"한다고 그는 답한다. 마르크스주의가 러시아에서는 레닌주의, 중국에서는 삼민주의로 정착한 사실을 환기하면서 "조선에서는 러시아, 중국과 사정을 달리하고 있다"라고[67] 주장하기도 한다. 마르크스주의나 공산주의 이념을 그 자체로 수용했다기보다 한국의 현실에 비추어 재해석해 적용하려 한 것이다.

이는 이 이념의 일정 요소를 선택 수용하는 과정을 수반했다. 이정식은 "해방 전에 공산주의 운동에 참여했던 이른바 공산주의자들이 품고 있던 공산주의 사상은 로맨티시즘의 범주를 넘지 못했다"라고 지적한 바 있다.[68] 하지만 비록 그 한계는 인정하더라도 그것이 이 시기 지식인 사회와 실천 운동에서 차지한 비중과 무게는 절대 가볍지 않았다. 따라서 한편으로 이 사상은 당대 진보 지향의 젊은이들이 그랬듯 그의 사상체계에 지속적인 영향을 남겼거니와, 다른 한편으로 그는 이 이념의 일부 요소들이 당면 현실에 적합하지 않다는 판단 하에 비판하면서 그 대안을 모색해나갔다. 이러한 선택과 비판, 재해석의 과정이야말로 조선 해방의 첩경으로 그가 제시한 여운형주의의 실체라 할 수 있다.

그렇다면 마르크스주의, 공산주의는 여운형의 사상에 어떠한 영향을 미쳤을까. 환언해서 여운형은 이들 이념의 어떠한 요소들을 받아들였을까. 무엇보다 재일 조선인에 대한 언급에서 강조했던 노동자들의 역량과 잠재성에 대한 그의 믿음을 떠올려야 한다. 그리고 그의 그러한 신념을 이해하기 위해 당시 일본의 "좌익운동에서 조선의 노동 대중이 표시한" 투쟁 전통과 식민지 조선에서 혁명적 노동·농민운동과 민족해방운동의 고양을 염두에 두어야 한다. 여운형은 이를 다분히 의식하면서 재일 조선인의 "강렬한 정치적 의욕과 자체의 역사적 사명에 대한 예민한 감수성"을 환기하려 했다.

그의 평등주의 역시 마르크스주의의 세례를 일부 받았다. 여운형에 대한 가장 폭넓고 깊이 있는 평전 가운데 하나인 저작에서 이정식은 여운형의 평등주의에 주목하고, 그 몇몇 요인들을 제시한 바 있다. 먼저 동학사상이 여운형에게 미친 영향이 적지 않았다고 그는 말한다. 여운형 사상의 밑바닥에 동학사상이 깔려 있다는 것이다. 아울러 여운형이 부친의 신분 관념에 반발한 것을 지적한 부분도 눈여겨봐진다. 어린 여운형에게 농담 건 상민을 잡아다 때린 아버지의 행태를 거론하면서, 필자는 바로 이 장면을 두고 여운형

이 계급제도에 불만을 품게 된 원인 중 하나라고 지적한다.[69]

여운형의 생애사에서 인상 깊은 사건 가운데 하나는 부친상을 치른 그가 노비 문서를 불사르고 가노家奴를 모두 해방했다는 일화다. 이 사건을 두고 이정식은 "오랫동안 쌓여왔던 계급제도에 대한 죄책감, 아내와 부모와 나라를 잃어버린 허무감의 표출, 동학의 가르침과 기독교 사상"의 영향을 거론한다. 즉, 그의 노비 해방에는 기독교 사상과 동학의 가르침이 복합적으로 작용했다는 것이다.[70] 여운형의 평등사상과 관련해 이만규의 『여운형 투쟁사』 역시 흥미로운 일상사들을 제공한다. "20세부터 동리의 상사가 나면 노예 상민의 일일수록 더 보살피며 양반과 동등으로 경야經夜도 하여주고 수시收屍도 해주며 어떤 때는 상민 소년의 관을 자수自手로 들어다가 임장"했다는 대목이 그것이다.[71]

이에 대해 이정식은 그러한 행동의 사상 근원을 명확하게 분석할 수는 없다고 지적한다. 그러면서도 "부친의 부당한 행태에 대한 반응인지 또는 동학의 교훈을 따른 것인지 단언할 수 없"지만, "여운형의 타고난 다정다감한 성품과 환경에서 받은 각종의 자극"이 그를 평등사상으로 이끌었다고 본다. 즉, "부친의 부당한 행태가 계급제도와 폭력에 대한 본능적인 반항심을 불러일으켰다면, 동학의 가르침은 이론적인 평등사상을 싹트게 했다고 할 수 있을 것인데, 이후에 그가 접촉하게 되는 기독교 사상은 그의 평등사상을 더욱 강화"했다는 것이다.[72]

이정식이 거론하는 부친의 영향, 동학사상, 기독교 등의 요소에 더해, 이 글에서는 마르크스주의와 공산주의가 그의 평등사상에 영향을 끼쳤다는 점을 강조하려 한다. 적어도 그것은 그의 평등 지향을 보완하거나 강화하여 사상체계로 발전하는 데 기여했다. 1929년 8월 열린 공판에서 여운형은 "공산주의라고 칭하는 것은 어떠한 것인가?"라는 검사의 질문에 "일체의 생산물 및 기관은 사회의 소유로 하는 것으로, 즉 인류의 일상생활에 필요한 물건은 모두 개인의 사유를 허락하지 않고 사회의 공유로 하여 사회가 생활에 따라 각 구성원에게 그 물건을 평등하게 분배하는 제도의 주의"라고 대답한다.[73] 공동 소유를 통한 평등 사회 실현을 공산주의 핵심 이념으로 파악하는 것은 특히 그가 해방 이후 강조한 인민 대중의 복리와 평등을 이해하는 데 중요한 실마리를 제공한다.

나아가 여운형은 이 이념이 상정하는 궁극의 유토피아로서 평등 사회의 이상에 몰입했다. 이 이상의 원초 형태는 일찍이 그가 1929년 법정에서 진술한 내용에서 찾아볼 수 있다. 한편으로는 "불쌍한 수많은 동포가 생각나서 적어도 그들 동포의 이익이 되는 일이 있다면 그 일을 위해 일생을 바치고 싶다고 생각"하지만, 만약 그것이 이루어질 수 없다면 "마을로 돌아가서 밤에는 독서하고 낮에는 논밭을 가는 것이 가장 행복하다고 생각"한다고 그는 말한다.[74] 현실은 그의 이러한 바람을 허용할 만큼 녹록치 않았지만, 여하튼 그는 주경야독하는 전원생활의 고향에서 자신이 바라는 이상 사회의 단초를 찾고자 했다.[75]

해방 이후 그는 무계급 사회에 대한 이상을 여러 차례 피력한다. 1945년 10월 학병동맹의 청년들을 대상으로 한 강연회에서 그는 "높고 낮고 부하고 강함이 없는 완전한 무계급 상태"의 사회가 되기 전에는 조선 민족의 혁명이 끝나지 않을 것이라고 말한다. 해방을 "연합국의 승전 선물만이라고 생각하는 것은 착오"며, 우리의 해방은 "정치적·경제적·문화적으로 무계급 상태의 국가 조직이 출현"함으로써 완성된다고 말한다. "우리들이 다 같이 잘살 수 있는 낙원은 노동자, 자본가, 민주당, 공산당 등 각계각파가 모"인 "인민의 총의에 의하여 처음으로 될 것"이며, "여기서 무계급 사회까지 끌고 나가는 것이 우리의 진로"라는 것이 그의 주장이다.[76]

곧이어 1945년 11월 12일에 열린 조선인민당 창당식에서 그는 조선인민당의 최고 이념은 민족의 완전 해방에 있다면서, 이 최고 이념이 의미하는 바는 "사람이 사람을 부리고 사람이 사람을 속이며 착취하는 비인도적인 모든 기구가 없어"지는 것이라고 말한다. 그러므로 "이러한 차별과 이러한 모든 불순한 점을 타파하기 위하여 싸워야" 한다는 것이다.[77] 1947년 9월 17일 여운형 피격 이후 노동인민당 중앙위원회 정치위원회는 여운형의 집필 원고 중에서 그의 「8대 유훈」을 선정 발표한 바 있다. 그리고 그 제1항은 "인류의 종국적 목적인 평화와 행복은 인간에 의한 인간의 압박과 착취가 완전 철폐되는 데서만 비로소 실현되는 것이다. 인류는 역사의 발전에 따라 점차로 완전한 평등과 자유를 보장할 수 있는 무계급 사회의 실현을 지향하고 매진한다"라고 선언한다.[78] 이렇게 그의 마지막 유훈도 인간의, 인간에 대한 압박과 착취를 철폐해 인류의 완전한 평등과 자유를 보장하는 무계급 사회의 실현을 강조하고 있다.

여기서 여운형이 무계급의 이상 사회를 인류의 역사 발전에서 '최고 이념'이나 '종국의 목적'으로 설정하고 있다는 점에 주목해

보자. 이는 그가 일찍이 마르크스가 언급한 인류 발전 단계설을 수용하고 있음을 시사한다. 주지하듯이 마르크스는 원시 공산제 사회에서 시작해, 노예제, 봉건제, 자본주의를 거쳐 사회주의에 이르는 인류 보편의 발전 단계를 제시한 바 있다. 이에 근거를 두고 여운형은 자본주의에서 사회주의로의 이행을 위한 현 단계로서 당대 현실을 이해하려 했다.

여운형에게 이러한 발전 단계 이론의 단초는 일찍이 1922년 모스크바에서 레닌을 만난 일화를 통해 드러난다. 1929년 8월 레닌의 민족 해방에 대한 견해를 묻는 검사의 신문에, 여운형은 "그때까지는 러시아가 조선에 공산주의를 그대로 선전하는 것이 아닌가 하고 걱정"했는데, "조선은 이전에는 문화가 발달했지만 현재는 민도가 낮기 때문에, 지금 당장 공산주의를 실행하는 것은 잘못이고, 지금은 민족주의를 실행하는 편이 낫다"라는 레닌의 말에 공감했다고 대답한다. 자신의 "이전부터의 주장과 일치"했기 때문이다. "이상으로서는 공산주의에 찬성하지만, 실행에서는 조선에 그대로 갖고 올 수 없다"라면서 여운형은 "현재의 조선은 봉건주의 시대라고 생각"한다고 말한다. "조선을 우선 자본주의로 발달시키고, 그 후 공산주의를 실행해야 한다"라는 그의 입장은 이러한 맥락에서 나온다.[79] 이어서 열린 재판에서도 그는 담당 판사에게 "보통 공산주의를 실시하려면 조선과 같은 곳이 아니라 산업, 기타 모든 게 발달한 자본주의 일본에서 하는 편이 좋을 것"이라고 진술한다.[80]

이처럼 여운형은 공산주의 모국인 러시아나 자본주의가 발달한 일본과 발전 단계가 다른 조선은 그에 걸맞은 발전 전략이 모색되어야 한다고 생각했다. 이러한 생각은 해방 이후로 이어진다. 마르크스의 발전 단계설을 배경으로 하는, 자본주의에서 공산주의로의 이행 이론은 해방 이후 여운형의 정치 활동에 그대로 반영되었다. 해방 직전인 1944년 8월 여운형이 주도해 조직한 건국동맹을 "개방적인 대중 정당"으로 발전시켜 1945년 11월 출범한 조선인민당은 그 「선언」에서 다음과 같이 밝히고 있다.

> 조선인민당은 근로 대중을 중심으로 한 전 인민의 완전한 해방을 그 기본 이념으로 하며, 조선의 완전 독립과 민주주의 국가의 실현을 그 현실적인 과제로 한다. 기본 이념을 등한시하고 현실적 요청에만 얽매어 있는 것이 역사의 진전을 지연시키는 행위라면, 기본 이념에만 급급하여 그 현실적 과제를 무시하는 것도 역사의 발전을 지체시키는 동일한 결과를 가져오는 것이다. 그러므로 우리는 조선의 현실적 과제인 완전 독립과 민주주의 국가의 급속한 실현을 그 당면 임무로 자임하는 동시에 우리의 기본 이념인 전 근로 대중의 완전한 해방에까지 혁명적 추진을 결의하는 자이다.

'현실 과제'와 '기본 이념'을 대립시키면서 이 선언은 조선의 독립과 민주주의 국가 실현을 전자에, 전 근로 대중의 완전한 해방을 후자에 귀속시킨다. 즉, 자본주의에서 공산주의로의 이행이라는 역사 발전의 실현으로서 다가올 혁명에 대한 비전을 전망하는 것이다. 이에 따라 "우리 조선인민당은 먼저 현 단계의 역사적 사명인

민주주의 혁명에 혼성渾誠을 다하고자 하며, 이것이 달성됨으로써 일보 전진하여 전 민족의 완전 해방을 실현코저 용약 매진"하려 한다는 내용이다.[81]

곧이어 같은 해 12월 기자 회견에서 여운형은 각 단계에 조응하는 정당으로 조선인민당과 조선공산당을 대비시킨다. 일제 강점기에는 조선인 전체가 일제의 압박 아래 있었기 때문에, 민족 전체가 일종의 계급을 이루었다는 점에서 이 시기 공산주의 운동은 "계급 대립을 중심으로 한 투쟁은 비교적 적었고, 일제 자체에 대한 투쟁이 강렬"했다는 점에 조선의 특수성이 있다고 보았다. 따라서 노동자, 농민의 프롤레타리아 정치의식이 박약하며, 전 농민의 3/4을 차지하는 빈농의 대부분은 "공산당의 전략과는 거리가 있다"라는 현실 인식 하에 그는 "이러한 층을 계몽하여 다음에 오는 정치 조직화에 대한 전 단계의 훈련을 하는 것"에 인민당의 역할이 있다고 주장한다. 나아가 인민당은 "대중 획득에서도 공산당과 결코 마찰되는 것이 아니"라고 생각한다. 지식인, 선진 노동자 등이 결집한 공산당과 조직 대상이 다르기 때문이다. "정치의식 수준이 높은 층은 공산당 산하로 집결될 것이고, 그 이외의 층은 우리 산하로 모이게 될 것"이라고 그는 말한다. 이러한 이유에서 여운형은 "인민당의 정치 이념은 공산당과 일치하고 있으나 현 단계에서 전략상 차이가 있을 뿐"이라고 단언한다.[82]

이정식은 정치 이념은 공산당과 일치하지만 전략상 차이가 있을 뿐이라는 선언은 너무나 중요하기 때문에 "강조할 뿐만 아니라 중점적으로 선전했어야 할 대목"인데도, 여운형이 인민당의 선언, 강령, 정책에 이를 언급조차하지 않은 걸 이해할 수 없다고 말한다. 하지만 이러한 오해는 마르크스의 역사 발전 단계에 기초한 여운형의 사상 노선을 그가 인정하지 않은 데서 비롯된다. "민주주의 국가 실현이 궁극의 목표가 아니라 하나의 단계라는 해석이 가능"하다거나 "부르주아 단계를 통과해 다음 단계인 사회주의 내지는 공산주의 단계를 향한다는 함의가 있"다는 사실을 지적하면서, 그는 "과연 여운형이 선언문을 읽을 틈이 있었는지 모른다"라고 지적한다.[83] 여운형이 민주주의 국가의 실현을 궁극의 목표로 설정했다는 가정에 사로잡힌 나머지, 다음 단계인 사회주의/공산주의로의 이행에 대한 여운형의 전망에 강한 의구심을 갖는 것이다.

하지만 여운형은 발전 단계에 대한 자신의 이러한 생각을 정치의 중요한 고비마다 되풀이해서 피력한다. 1946년 8월 이른바 삼당(인민당, 공산당, 신민당) 합당 제안이 진행되던 시기에 여운형은 「민주정당 활동의 노선」이라는 글에서 일제 말기 건국동맹이 결성되던 시기를 회상한다. 그에 따르면, 당시 참여 "동지 중에는 20년 내의 공산주의자도 있었지마는, 현 단계의 민주주의적 과업의 수행을 위하여 투쟁할 진보적 민주주의자를 널리 포섭할 수 있는 성격의 건국동맹 체제와 계급적 정강이 아닌 광범한 인민적 민주주의 건국을 위한 현 단계적 정강을 가지고 나가는 데에 동지들은 완전 합의하여 그 노선을 실천"해왔다고 말한다.[84] 여기서 그는 현 단계의 민주주의 과업, 광범한 인민적 민주주의 건국 대對 공산주의자, 계급적 정강을 대립시킨다. 전자를 거쳐 후자로 가는 역사 발전 단계를 전제하는 것이다.

두 달 후인 같은 해 10월에 그는 「건국 과업에 대한 사견」을 발표한다. 이 글에서 그는 "산업의 특수한 부문이나 기관을 국영 공영으로 하는 이외에는 광범한 사영私營을 용인하여 이윤의 자극과 개인의 창의에 의한 자본주의적 발전의 상당한 기간을 허여하는 것은 현하 조선 사회의 발전 계단으로 보아서 필요한 정책"이라고 역설한다.[85] "조선 사회의 발전 단계"에 비추어 "자본주의 발전의 상당한 기간을 허여"해야 한다고 그가 되풀이해서 강조하는 것은 비슷한 시기인 10월 16일 인민당, 공산당, 신민당의 합당에 반대하는 그룹에 의해 사회노동당(사로당)이 결성된 배경을 염두에 두고 이해해야 한다.

이어서 한 달 후인 1946년 11월 30일자로 김일성, 김두봉에게 보낸 사신私信에서 여운형은 남조선노동당(남로당)은 남한의 근로 대중 laboring people이 환영하는 정당이 되어야 하는데 근로 대중이 이러한 생각을 받아들이기까지는 오랜 시간이 소요될 것이라면서, 근로 대중은 공산당을 두려워하고 혐오한다는 사실을 그 근거로 제시한다.[86] 이 편지의 배경을 이루는 양당(사회노동당과 북조선노동당) 합동 논의는 이 글의 주제가 아니라는 점에서 언급하지 않지만,[87] 여기서는 완전한 평등 사회를 지향하는 공산당이나 남로당 노선이 대중에게 받아들여지기 위해 오랜 시간이 필요하다는 그의 언급에 주목하기로 하자. 이는 자본주의에서 사회주의/공산주의 사회로의 발전 단계를 가정하는 것이다.

끝으로 이듬해인 1947년 5월 하순 그의 주도로 근로인민당이 결성되고, 6월 하순 그는 방송을 통해 「근로인민당의 탄생과 금후의 사업」을 발표하면서도 비슷한 주장을 반복한다. 즉, "근로인민당에 집결된 우리나라의 근로 인민은 민주 혁명에서 결합되고 일치될 뿐 아니라, 이 제1과업이 끝난 그다음에 보담 더 높은 과업을 향하야 전진하게 될 것"이라면서, "우리나라의 사회 발전은 민주 혁명의 완성 과정에서 이 3개의 근로 인민들[노동자, 농민, 소시민 인텔리―필자] 의 공동 이익이 더 앞선 사회 단계에서 뚜렷하게 발견될 기초를 닦" 을 것이라는 내용이다.[88] 민주 혁명의 제1과업에 이어지는 "더 높고, 더 앞선" 다음 과업의 사회 단계로 발전을 전망한 것이다.

　이로부터 한 달이 다 되어가던 7월 19일 그는 불의의 피격을 당하고 말았지만, 역사 발전 단계에 대한 그의 믿음은 「8대 유훈」에도 자취를 남겼다. 「유훈」 제4항은 "노동자, 농민, 소시민, 인테리 각계 각층 중 어느 하나만으로는 우리나라의 민주 혁명이 결코 성공"할 수 없다는 점에서 이들은 "민주 혁명을 통하여 한 깃발 아래 모두 결집 통일되어야 한다"라고 강조한다. 이어서 "노동인민당[89]은 이들을 굳게 단결시켜 각층 노동 인민의 공동 이익이 목전에 새로운 사회계급에서 뚜렷하게 전취될 확실한 기초를 닦아줌으로써 우리 사회의 역사와 함께 성숙하고 민족의 이상과 함께 완성한다"라는 대목이 나온다.[90] 여기서도 '민주 혁명'과 '새로운 사회계급'이 대비를 이루면서 "사회의 역사와 함께 성숙"하는 민주 혁명을 거쳐 새로운 사회계급의 주도 아래 "민족의 이상과 함께 완성"되는 다음 단계의 사회에 대한 비전이 제시되고 있다.

민족의 령도자 '근로인'

勤勞人民黨 선두에서 세우시든

呂運亨先生은 반역자의 총알에 쓰러지셨다 우리들을 압박하고 녓금을 갈가먹는 그눈들은 우리들의 指導者를 빼아서갔다 노동자여! 그대가 돌리는 機械

우에 피나는 눈물을 퍼부라 농민이여! 그대가 가는 논밭우에 피나는 눈물을 퍼부라 모-든 근로인민이여 압박바든 그대들의 가슴속에 매쳐진 설음에서 터져나오는 피나는 눈물을

그러나 보라! 最大의 指導者를 祖國과 人民을 爲하야 바친 人民의벗 勤勞人民

黨은 指導者의 시체를 넘어 처드러 가고있다

여운형 암살 애도 전단(1947)

마르크스주의 비판과 적용

이처럼 노동의 주체성과 자발성, 평등주의, 무계급의 이상 사회 그리고 발전 단계 이론 등에서 여운형이 마르크스주의의 영향을 받았다고 해서 그가 이를 맹목적으로 수용한 것은 아니었다. 당대 현실에 비추어 그것을 재해석해 비판적으로 조선 사회에 적용하려 했다. 무엇보다 그는 마르크스가 제창한 유물론에 의구심을 품고 있었다. 일상생활에서 경제 문제의 중요성을 인식하면서도 경제가 모든 것을 결정한다고 보지 않았으며, 또 물질이 전부라는 생각에도 거부감이 있었다.

1929년 8월 재판에서 "공산주의에 공감하는가?"라고 묻는 검사에게 그는 기독교 신자지만 "공산주의의 경제 방면의 문제에는 공감"한다고 대답한다. 이어서 "단지 그 주의가 유물론으로 전부를 해결하고자 하는 것에는 반대"한다고 말한다.[91] 현재의 조선을 봉건주의로 인식하는 그의 사상(전술)이 마르크스의 유물사관에서 나온 것인지 묻는 검사의 신문에는 "유물론을 읽은 관계인지도 모른다"라고 일단 인정하지만, 이어서 "그러나 나는 한편 기독교를 믿고, 신이라는 관념이 사라지지 않기 때문에 망설이고 있"으며, "유물론이 유일하다고 생각하지 않는다"라고 답한다.[92] 신문 막바지엔 조선 독립을 도모하는 목적 중 하나로 "유물사관으로부터 독립할 필요"를 들고 있다.[93]

유물사관에 대한 여운형의 인식을 살피는 데는 주의가 필요하다. 앞서 보았듯 그는 유물사관을 완전히 부정하거나 거부하지 않왔다. 유물사관이 지니는 타당성을 일부 인정하면서도 그것만으로 전체를 설명하려는 경향에 비판적이었다. 전부가 아니면 전무라는 식의 사고는 그에게 적절치 않았다. 같은 맥락에서 기독교와 유물론을 상호 배제의 방식으로 대비시켜 전자이기 때문에 후자가 성립하지 않는다는 양분법의 판단도 바람직하지 않다.[94] 위의 재판 기록에서 보듯이 그는 자신의 사상에 미친 유물론의 영향을 어느 정도 인정하면서도 끊임없이 그에 대해 회의하고 있었다.

다음은 계급의식과 교양의 문제다. 재일 조선인에 대한 여운형의 긍정과 부정의 인식은 앞서 살펴본 바 있다. 그런데 따지고 보면 동일한 대상을 놓고 한편으로는 수동성과 운명을 읽어내면서 다른 한편으로는 주체성과 자율성을 인정하는 것은 자기모순이자 자가당착이다. 그러나 이러한 딜레마는 혁명과 진보 운동에서 일반적으로 부딪히는 문제이지 여운형에게 고유한 모순이라고는 할 수 없다. 흔히 마르크스-레닌주의는 계급의식 고양과 계급투쟁이라는 실천을 통해 이러한 이율배반을 지양하려 한다. 마르크스와 레닌으로부터 루카치György Lukács 그리고 알튀세르Louis Althusser에 이르기까지 긴 시간 이에 관한 논쟁이 전개되어왔지만, 흔히 계급의식은 계몽주의의 계승자로서 지식인이나 소수 엘리트에 의해 외부로부터의 매개를 거치는 식으로 통속화되는 과정을 밟아왔다.

이와 달리 여운형은 의식 변화는 외부가 아니라 인간 의식 내부로부터 자각 과정을 수반한다고 생각한다. 그것은 혁명 같은 급격한 변화보다 긴 시간을 필요로 하는 지난한 과정에 어울리는 어떤 것이다. 이러한 점에서 그는 교육과 계몽 그리고 교양을 되풀이해서 강조하면서도, 계급의식을 구현하는 전형태로서 당대에 실행된 사상 학습이나 의식 교육과는 거리를 유지하려 한다. 조금 더 이 생각을 밀고 나가보면 그에게 의식은 외부로부터 주입을 통해 획득되는 어떤 것이라기보다 인간 개체의 노력과 소양을 통한 자발과 능동의 영역에 존재한다.

1929년 8월의 법정에서 "어떠한 방법으로 독립 달성을 도모할 생각인가?"를 묻는 검사에게 여운형은 "조선 민족의 자각을 촉진하고 조선민의 질이 높아졌을 때 일본 제국의 이해를 얻어 독립하는 외에 다른 방법은 없다고 생각"한다고 답한다.[95] 독립을 달성하는 데 민족 구성원의 자각이 가장 중요하다고 생각하는 것이다. 해방 이후인 1946년 8월에 그는 "민주주의 진영 동지에 대한 요망"에서 "우리 민족이 불행하게 내포하고 있는 모든 반민주주의적 요소는 "일거에 구축하거나 타도함으로써만 극복 해소될 것이 아니고, 장구한 세월에 걸쳐 그들을 교화하고 순화시킴으로써만 가능"하다고 주장한다.[96] 민족의 반민주 혹은비민주를 극복하기 위해서는 장구한 세월에 걸친 의식의 변화 과정이 요구된다는 것이다.

이러한 점에서 여운형은 계급투쟁이나 폭력도 회의와 부정의 태도를 가지고 대했다. 앞서 공산주의에 대한 견해를 묻는 검사의 질문에 마르크스주의 이론에는 찬성하지만, 그 실행은 불가능하다고 생각한다는 그의 진술을 언급했듯이, 그는 "조선에서는 특히 폭력으로써 실행할 것은 아니"라고 강조한다.[97] 계급투쟁에 대해서도 마찬가지다. 그는 계급투쟁을 통한 국가 권력의 장악이라는 마르크스-레닌주의의 주장에 의구심을 품고 있었다.

1929년 8월의 재판에서 그가 조선 민족의 자각이 높아졌을 때 일본 제국의 이해를 얻어 독립을 도모하겠다고 한 언급은 이미 지적한 바 있다. 이어지는 신문에서 "장래 어떠한 태도로 조선에 임하려 하는가?"라는 검사의 질문에 그가 "합법적으로 민족해방운동에 정진할 생각"이라면서 '합법'을 강조하는 것도[98] 같은 맥락에서 이해된다. 물론 여기서 "일본 제국의 이해를 얻"거나 "합법적으로 민족해방운동에 정진"한다는 등의 표현은 여러 의미로 해석될 수 있다. 일제 법정에서 죄를 경감시키려는 전술 차원일 수도 있고, 실제로 폭력이 배제된 합법적 방식을 활용한다는 의미로 해석할 수도 있기 때문이다. 당시 독립운동 진영에서는 꺼리던 일본을 방문해 정계와 각료, 군부 등의 주요 인사들을 만난 사실도 폭력과 투쟁보다는 대화와 타협에 무게를 둔 그의 접근 방식을 반영한다.[99]

이어지는 공판 신문에서 검사가 "조선 독립의 날에는 의회주의를 실행할 심산"인가를 묻자, 여운형은 "그렇다. 민중 전체의 의사에 맡길 것"이라고 대답한다.[100] 아울러 다수의 참여로 이뤄지는 의사 결정 방식을 중시하는 그의 태도는 "중국공산당이 세력을 얻어 중국혁명이 완성되더라도, 민중의 참여에 의해 다수가 되지 않으면 공산주의 실행은 불가능하다는 언급"[101]에도 잘 드러나 있다. 이처럼 폭력을 배제하고 대화에 중점을 두며 민중 전체의 의사를 존중하고 민중 다수의 참여를 주장한다는 점에서 그는 민주주의의 신봉자이자 의회주의자로서 참모습을 보인다. 즉, 그는 민중을 지향하고 민중으로 수렴되는 민주주의를 지향했다.

그의 이러한 지향은 의회주의에 대해서도 마찬가지였다. 그의 의회주의는 경제 부문에서 대중 지향의 민주주의 실현을 전제로 했다. 해방 이후 온갖 종류의 민주주의가 난무하던 시절, 진정한 민주주의의 의의를 설파한 한 연설에서 그는 "경제 민주주의를 전제로" 대중에 뿌리박고 그로부터 조직되어 올라오는 "정치 형태의 형식과정"을 언급한다.[102] "원래 좌익은 혁명적이고 우익은 반동적"이라는 점에서 "혁명적 좌익을 무시한다면 비민주주의적이고 파쇼적"이라는 주장[103] 역시 그가 민주주의의 요건으로 경제적 평등의 기조를 강조한 데서 비롯된 것이다. 그가 "계급투쟁과 프롤레타리아독재를 거부하면서도 우파의 반공주의와는 노선을 달리"하고, 그가 "주장하는 민주주의는 평등을 중심 가치로 보는 사회주의적 요소와 자유를 기본 내용으로 하는 의회민주주의적 요소가 혼재"해 있다고 본 최상룡의 진단도[104] 이러한 맥락에서 나온다.[105]

그러나 폭력과 계급투쟁 문제와 관련해서는 반대의 해석도 가능하다. 1921년 5월 상하이에서 여운형이 고려공산당에 입당해 번역위원으로 있으면서 번역한 저작들 중에는 『공산당선언』이 포함되어 있다.[106] 알다시피 "지금까지 모든 사회의 역사는 계급투쟁의 역사"라거나 "모든 계급투쟁은 정치투쟁"이라는 등의 대목이 선연한 책이다. 이 책의 최초 한국어 번역자로서 그 역시 이러한 구절들에 주목했을 것이다.

그는 몸소 읽은 마르크스주의 문헌으로 카우츠키Karl Johann Kautsky의 『계급투쟁』과 직접 번역한 『직접 행동Direct Action』을 언급하고 있다.[107] 후자의 자세한 내용은 알 수 없지만, 두 저작 모두 폭력과 계급투쟁을 고취하거나 옹호한 것으로 보인다는 점에서 전술한

바 그의 반反폭력·반계급투쟁의 태도에 대한 반박의 근거를 제공한다. 특히『직접 행동』은 그가 직접 번역했다는 점에서 주목된다.

일단 '직접 행동' 그 자체를 짚어보자. 이것은 역사적으로 세계산업노동자동맹Industrial Workers of the World 중심의 노동자 전투조직의 행동 강령이자 기관지명이다. "허울 좋은 의회주의 이론"을 배격하고 철저한 직접 행동의 원리를 대변하면서 민족주의·인종주의·제국주의의 호전 애국주의jingoism를 비판하는 한편, 자본주의 반대 투쟁에서 노동계급의 국제 연대를 옹호한다.[108] 사전적으로는 참여자들이 목적 달성을 위해 경제적·물리적 힘을 동원하는 경제·정치 행위로 정의되며, 이러한 점에서 의회 정치나 외교, 협상, 중재 같은 활동은 직접 행동이라고 할 수 없다. 철학자 오르테가 이 가세트José Ortega y Gasset에 따르면 이 용어는 세기말 프랑스에서 기원한 것이라고 하는데, 1910년 미국 시카고 파업에서 세계산업노동자동맹이 이 말을 처음으로 공식화했다. 유형은 폭력과 비폭력 둘로 나뉘며, 간디Mahatma Gandhi나 톨스토이Lev Tolstoy 등의 무정부평화주의Anarcho-pacifism가 대표하는 후자의 조류는 전쟁과 폭력 사용을 거부하는 기독교 무정부주의와 연관되기도 한다.[109]

여운형은『직접 행동』이 "영국 노동당의 노동운동에 관한 기사, 즉 생디칼리즘적인 기사"였다고 진술한다.[110] 그런데 역사 맥락에서 세계산업노동자동맹 시기의 직접 행동은 영국 노동당을 "프티부르주아지의 개혁주의"로 비판하고 있었다는 점에서,[111] 영국 노동운동에 관한 기사를 곧 생디칼리즘으로 연결하는 여운형의 말에는 오해의 소지가 있다. 다만 생디칼리즘에만 주목한다면, 이는 무정부주의와 뗄 수 없는 관계라는 점에서 비폭력적 직접 행동에 관한 기사일 가능성을 배제할 수 없다.

폭력과 계급투쟁에 관한 여운형의 입장을 반증하는 또 다른 사례도 있다. 해방 후인 1946년 8월 이른바 삼당 합당이 논의되던 시기에 그는 「민주 정당 활동의 노선」이라는 글에서 "민족 내부의 계급투쟁"을 결코 부정하지 않는다고 말한다. "계급적 이해 대립이 엄존한 사회에서 각양 형태의 계급적 투쟁이 없을 수 없"다는 것이다.[112] 다른 조건을 고려해야 하겠지만,[113] 원론적 차원에서 그는 계급투쟁의 의의를 부정하지는 않는다. 그런데 이처럼 이론 수준에서 계급투쟁을 인정한다고 해서 그것이 실제로 폭력을 고취한다거나 투쟁을 지향한다고 단정할 수는 없다. 이어지는 같은 글에서 "생활 보장을 위한 직장 투쟁"을 거론하는 것을 보면, 그가 합법적인 투쟁 방식을 선호했다고 추론해볼 수 있기 때문이다.

마르크스주의의 재해석에 관한 또 다른 사례로 농민·농촌 문제도 들 수 있다. 여운형은 상대적으로 노동·노동자 문제보다 농민·농촌 문제에 더 많은 관심을 기울이고 강조점을 두었다. 1929년 7월 신문 조서를 보면, "장래 조선 독립운동에 대한 의견"을 묻는 경찰의 질문에 그는 "전 민중에 기초를" 둔다는 차원에서 "조선 민중의 대다수를 차지하는 농민의 고양에 역점을 두"는 것이 '최급선무'라고 강조한다.[114] 사실 그의 이러한 생각은 1920년대 초반 무렵까지 거슬러 올라간다. 1922년 1월 모스크바에서 개최된 동방피압박민족대회에 그는 김규식과 함께 신한청년당 대표 자격으로 참석했다. 여기서 그는 조선 문제에 관한 결의 사항의 요지를 "현재의 조선은 농업국으로 상공업이 발달하지 않고 유치하여 계급운동은 시기상조이며, 일반 민중은 민족운동에 공감"하고 있다고 정리한다.[115] 즉, 민족운동과 계급운동을 대비시키면서 노동자가 이끄는 계급운동이 아니라 농민이 주력을 이루는 민족운동에 역량을 집중해야 한다는 것이다.[116]

농민·농촌 문제에 대한 그의 이러한 신념은 이후에도 지속되었다. 1936년 2월에 발표한 「조선 농촌 문제의 특질―탐구된 규정의 집약적 재현」에 그는 이에 관한 관심을 집약해놓는다. 그에 따르면, "조선 문제는 본질적으로 농업 문제"다. 조선 농촌의 '반봉건적 성질'에 지배당한 생산관계에 있는 농민을 그는 "오늘의 참을 수 없는 고난과 굴욕에도 불구하고 오직 명일의 희망에서만 생의 무거운 짐을 꾸준히 등지어 나가는 민중"으로 묘사했다.[117]

이러한 생각에서 그는 해방 직전 은거하던 양평 지역 중심의 농민 조직 활동에 직접 관여하기도 했으며, 1944년 10월 8일 양평 용문산에서 농민동맹의 조직으로 결실을 맺었다. 여운형을 중심으로 양주, 양평, 여주, 고양, 홍천 등지의 13명이 주도하여 "노동자·농민의 권익 투쟁은 물론이고 조국 해방을 위한 여러 가지 형태의 투쟁"을 전개하고자 한 것인데, 조직의 활동 기간이 짧아서 실제로는 양평, 여주, 이천, 광주, 홍천, 양양 등 몇몇 지역에 국한되었다.[118] 어쨌든 이 조직이 주목받는 이유는 그가 직접 조직 활동에 나선 드문 사례이기 때문이다.[119]

해방 직후 건국준비위원회 집행위원을 대상으로 한 연설에서도 그는 농민이 주력을 이루는 근로 대중이 "식량 증산의 중요한 임무

농부의 점심식사(1930)

에 진력"한다고 하면서(전술) 자신은 "임무를 마치면 곧 농촌으로 가겠"다고 언급한다. 그 "자신이 농촌 출생이고 또 농부들과도 귀농을 약속"했기 때문이라면서 그는 "지식계급에 득죄할지언정 결단코 노농 대중에게는 득죄하고 싶지 않"다고 말한다.[120] 이듬해인 1946년 1월에 발표한 「농군이 되라」라는 글에서는 "과거 일본 제국주의의 압박 밑에서 가장 착취와 고통을 당한 이가 농민이었기 때문에 조선의 해방은 농민의 해방이어야 한다"라고 주장한다. 8·15는 정치 해방을 가져왔지만 "농민의 해방이 없다면 그 해방은 가치가 없"기 때문이다. 농민은 전투력이 약하다지만, "이 땅에 사는 농민의 전투력은 역사적으로 보아 강하다는 것을 인식하고 또 크게 평가"해야 한다면서, 그는 "이 해방은 농민 자신의 손으로 수행"해야 한다는 사실을 강조한다. "조선에서는 혁명운동의 주력 분자가 농민이 되어야" 한다는 그의 믿음은[121] 여기서 나온 것이다.

이렇게 그는 마르크스주의 전통과 다르게 농민의 자발성과 투쟁성에 대한 믿음을 바탕으로 혁명운동의 주체를 농민으로 설정했다. 바로 이들이 일제의 착취와 억압을 가장 많이 받았기 때문인데, 이 주장은 자본주의 체제의 변혁 주체로 노동자를 설정한 마르크스의 논거와 같은 맥락이었다. 여운형이 보기에 조선은 아직 농민이 주류를 이루는 (반半)봉건 사회였고, 이러한 점에서 당면 혁명의 주체는 노동자가 아닌 농민이 되어야 했다. 1929년 8월의 공판에서 "조선은 아직 봉건주의 시대이기 때문에 우선 자본주의화하고 그런 후에 공산주의를 실행해야 한다고 생각"하느냐는 검사의 물음에 여운형은 "그렇다. 현재의 조선은 봉건주의 시대라고 생각

한다"라고 답했다.[122]

농촌은 그에게 돌아가야 할 고향과 같은 향수를 지니는 어떤 곳이고, 농민은 착취와 억압으로 생존의 가장자리에 놓인 존재였다. 「농군이 되라」라는 글에서 그는 "먹어야 한다. 먹기 위해서는 토지 문제를 해결"해야 한다고 절규하면서, "농민과 더불어 살 것을 맹서盟誓"한다는 말로 글을 맺는다.[123] 나아가 농민에 대한 이러한 연민과 애정은 민중 일반으로 확대된다. 1929년 공판정에서 그는 "거리에서 피폐한 민중을 보면 이미 빈부의 문제가 아니라, 어떻게 먹어야 하는가의 문제로 바뀌어 감개무량에 참을 수 없다"라며 심경을 토로한다. 농민이 다수를 차지하는 민중의 비참에 대한 분노와 애절함이 절절히 묻어나는 소회다.

나아가 그는 민중 생존이 위협받는 비참의 상태를 초래한 주범으로 일본 제국주의를 지목하면서 조선이 독립해야 할 필요를 정당화한다. "일본은 조선 민족을 착취하기 위해 정치를 하고 있"기 때문에 "조선 민족은 살기 위해 어쩔 수 없이 독립해야 한다"라는 것이다.[124] 이때 그의 조선 독립의 신념을 오직 민족에만 귀속시키는 것은 편협한 이해를 조장할 뿐이다.[125] 여운형에게 독립은 민족의 생존권과 밀접한 연관을 갖는다는 점에서 곧 민중의 문제로 연결되며, 그가 말하는 민족의 배후에는 늘 민중의 그림자가 어려 있다는 사실을 염두에 두어야 한다.

대체로 노동보다 농민을 강조한 만큼, 그는 또한 계급보다는 민족에 주목하고자 했다. 노동·계급과 대조를 이루는 농민·민족에 대한 강조는 앞서 논의한 마르크스의 사회 발전 단계와 관련이 있다. 주지하듯이 마르크스의 발전 단계 이론에서 봉건제가 농민이 중요한 의미와 비중을 가지는 사회라면, 자본주의 사회에서 변화는 노동자 계급을 원동력 삼아 추진된다. 이러한 점에서 여운형은 이론적으로 노동·계급의 우위를 인정하면서도, 실제 조선의 현실은 농민·민족에 의해 지배되고 있다고 보았다.[126]

같은 맥락에서 여운형은 농민에 대한 관심 표명만큼 민족과 독립의 문제를 되풀이해 강조하면서 그에 대한 자신의 신념을 드러냈다. 전술한바 1919년 11월 도쿄 데이코쿠(제국)호텔 연설에서 그는 "독립운동이 내 평생의 사업"이라고 선언한다.[127] 곧이어 열린 일본 정부 주요 인사들과의 회담 중 다나카 기이치田中義一 육군 대신은 "여운형이 지닌 철석같은 조국애의 일편단심과 영원불변의 독립 정신까지를 벨 수야 있겠는가?"라는 말로 그의 기개를 인정했다고 전한다.[128]

1929년 7월 조선으로 압송되어 경찰 신문을 받으면서도 그는 자신이 "계급이라든가 당파 등을 위해 독립운동을 한 것이 아니고, 오로지 조선 민족의 행복을 위해 한 것"이라고 밝히고 있다.[129] 또 이어지는 공판에서도 계속해서 조선 독립에 대한 자기 신념을 피력했다. "국가로서도 인격상으로도 타국의 부속으로 생활하는 것으로는 발전의 전망이 없"다는 점에서 "언제까지나 독립을 희망"한다고 진술하는가 하면, "조선은 국가라는 것이 없었기 때문에 그 당을 이용해서 조선이라는 국가를 얻은 후에 공산 사회라든가 뭐 다른 거라든지 하는 문제가 생긴다고 생각"해서 조선 독립에 '제1차'의 의미를 부여했다고 밝힌다.[130]

한편 이 시기 상당수 사회운동가가 조선 독립의 쟁취 수단을 공산주의로 꼽으면서 그에 공명하곤 했다. 여운형도 그렇게 공산주의를 받아들였다. 그런데 공산주의와 민족 문제 관련 논의는 그리 간단치가 않다. 공산주의와 민족주의가 늘 조화를 이루진 않았기 때문이다. "만국의 노동자여, 단결하라"라는 널리 알려진 구호에서 보듯, 공산주의는 원리상 민족주의를 부정하며, 흔히 편협하고 분열을 초래하는 주장으로 상정하곤 했다. 이러한 인식은 조선 독립에 대한 염원을 품고 공산주의에 공명한 많은 조선인 공산주의자가 들어설 자리를 허용하지 않았다. 1928년 코민테른 제6차 대회 이후 조성된 계급 대對 계급 전술의 좌경화 노선 속에 부상한 일국일당의 원칙에 따라, 만주와 일본에서 활동해온 조선인 공산주의자들이 중국과 일본 공산당에 가입했다. 하지만 이른바 서울상해파(재건설파)로 대표되는 분파는 이에 강하게 반발했고, 흔히 화요파로 일컬어지는 주류 분파 내부에서도 김찬의 사례처럼 쉽게 수긍하지 않는 분위기가 있었다.[131]

1930년대 동아시아 혁명운동에서 이 원칙이 궁극적으로는 관철되었다지만, 이 문제와 관련한 여운형의 태도는 따로 구분해 주목할 만하다. 예컨대 조선의 주류 마르크스-레닌주의자들과 비슷하게 그는 코민테른의 일국일당주의를 수긍한다.[132] 그러나 그는 이 원칙이 조선인의 파벌투쟁에서 나온 것이라는 통속화된 의견에는 동의하지 않는다. 조선인의 파벌투쟁으로 일국일당주의를 이해했던 방식은 당시 일제 관헌뿐만 아니라 심지어는 오늘날까지 일부에서 받아들여지고 있지만, 여운형은 이를 조선의 특수성으로 설명하기보다는 "각 나라가 모두 같"다는 성찰을 보였다.

이러한 통찰과는 별개로 민족 문제에 대한 그의 집착은 만주에서 일국일당 방침의 실행과 관련해 서울상해파가 보인 태도와 친연성을 보인다. 이처럼 한편에서는 마르크스-레닌주의 정통 이론에 수긍하면서도 다른 한편으로는 민족 문제에 대한 헌신을 표방하는 것 사이에 미묘한 긴장이 존재한다. 이 긴장의 간극을 그는 동양 평화라는 개념으로써 메우고자 했다. 동양평화론은 일찍이 안중근에 의해 제창된 것이기도 한데, 그가 몇 차례에 걸쳐 이 개념을 언급하는 게 자못 흥미롭다.

동양 평화에 관한 그의 생각은 1930년 4월 공판에서 진술한 내용에 집약되어 있다. 그는 1910년 '한일합방'에서 일본의 선언이 동양의 평화라고 생각했기에 "적지 않게 그것을 기대하고 있었"다고 말한다. 그러나 "결과는 정치가 무력적이고 압박적이어서 조선의 불행을 생각하게 되고 오히려 동양의 평화를 어지럽"히고 말았다고 평가한다. 그러다 강제 병합 이후 "교육이나 교회의 일을 하면서" 진로를 모색하던 시기에 일어난 세계대전은 그에게 성찰의 기회를 제공했다. 종전과 함께 "새로운 기운이 휘몰아왔기에 그것을 이용하여 동양 평화를 위해 조선이 독립해야 한다는 것을 통절히 느"껴 독립운동 전선에 나서게 되었다는 것이다. 그는 그 시기를 세계대전이 끝난 1918년 겨울 이후부터라고 진술한다. 그리고 이 전쟁 종결의 맥락에서 중국과 러시아가 아니라 "조선, 일본, 중국, 러시아 4국을 위해, 즉 동양의 평화를 위해" 조선의 독립운동을 전개했다고 주장한다.[133]

중국과 러시아를 위해서라면 공산주의 혁명운동에, 조선을 위해서라면 민족독립운동에 헌신하는 것이지만, 조선과 일본을 포함하는 동아시아 차원에서의 평화를 위해서라면 그 의미가 달라진다. 이러한 점에서 여운형이 말하는 동양 평화는 계급과 민족의 매개로서 기능한다고 할 수 있다. 1920년대부터 여운형이 동아시아 문제에 깊은 관심이 있었다는 사실은 널리 알려지지 않았다. 중국에서 쑨원과의 교류는 그의 대아시아주의에 대한 공감이 반영된 것이고,[134] 전술했듯이 1929년에 필리핀을 비롯해 남방 여러 나라를 순회한 것도 동아시아 피압박 민족의 단결이라는 대의를 위해서였다. 비록 의견 차이는 있었지만, 일본의 유명한 아시아주의자인 오카와 슈메이大川周明와 친분을 나누고 교류한 일도 마찬가지였다.[135] 아시아에 대한 여운형의 이러한 인식 지평은 일찍이 동양의 평화를 상상한 안중근의 이상과도 통하는 면이 있다.[136] 그리고 그 배경에는 두 사람 모두 서구에 대항하는 동아시아의 일원으로서 일본에 대한 신뢰 상실이 자리하고 있었다. 그것이 일본 제국주의에 대한 환멸과 각성으로 이어졌다는 점에서도 두 사람은 비슷한 삶의 궤적을 걸었다.

서구 이념과 한국의 현실, 여운형주의

지금까지 살펴본 바와 같이 여운형의 사상은 다양한 이념 체계들로 구성되었다. 그의 노동·노동자 인식만 보더라도 정체와 수동의 이미지 혹은 생산력 중심주의를 주요 내용으로 하는 부정적 관념이 있는가 하면, 반대로 노동·노동자의 주체성과 자발성에 주목하면서 그로부터 계급의식과 역사에 대한 사명감, 사회 진보에 대한 희생과 헌신, 지배계급에 대한 비판과 저항을 읽어내기도 한다. 전자의 생산력 중심주의가 다분히 근면주의를 주조로 하는 자유주의나 민족주의에 가까운 어떤 것에 조응한다면, 후자는 마르크스주의의 영향에서 비롯된 것이었다.

여운형은 30, 40대의 한창나이에 약 10년간 중국 대륙에서 공산주의, 마르크스-레닌주의라는 이념과 더불어 살았다. 당대를 풍미했던 이 이념들은 다른 식민지 청년과 마찬가지로 그의 사상에 깊은 영향을 남겼다. 예컨대 노동의 역량과 잠재성에 대한 믿음, 노동자의 역사적 사명에 대한 감수성과 자발성, 평등주의에 대한 헌신, 궁극의 유토피아로서 무계급 사회의 비전 그리고 발전과 진보의 이념에 대한 신념 등은 그가 마르크스주의로부터 물려받은 지知의 자원이었다.

한편 그는 서구에 기원을 둔 이 이념들을 한국의 현실에 비추어 재해석해 적용해보려 했다. 무엇보다 그는 마르크스주의의 바탕을 이루는 유물론의 세계관에 대해 회의했다. 물론 그것을 완전히 부정하거나 거부한 게 아니라 타당성이 있는 지점들은 일부 인정하면서도, 그것만으로 사물 전체를 설명하는 데에는 한계가 있다고 생각했다. 계급의식과 교양과 차원에서도 그는 인간의 의식은 외부가 아니라 내부로부터의 자각을 통해 변화한다고 생각했다. 혁명 같은 급격한 변화보다 긴 시간 인간 개체의 노력과 소양을 통해 이루어지는 자발적이고 능동적인 변화를 중시하는바, 그는 당대에 실행된 주입식 사상 학습이나 의식 교육보다는 그와 다른 차원에서 진행된 교육과 계몽 및 교양을 중시했다. 비록 논란의 여지가 있지만 계급투쟁이나 폭력에 대해서도 그는 회의와 부정의 태도를 보였으며, 폭력을 배제하고 민중 다수의 참여를 주장함으로써 민주주의와 의회주의의 대의를 표방했다. 그에게 민주주의는 민중을 지향하고 민중으로 수렴되는 것이었으며, 의회주의는 민중 지향의 경제민주주의를 실현하기 위한 것이었다.

나아가 그는 마르크스주의의 전통과 달리 농민의 자발성과 투쟁성에 대한 믿음을 바탕으로 혁명운동의 주력을 농민으로 설정했다. 그에게 조선은 농민이 주류를 이루는 (반半)봉건 사회였고 이러한 점에서 당면 혁명의 주체는 노동자가 아닌 농민이 되어야 했다. 끝으로 그는 노동보다 농민을 강조한 만큼, 계급보다는 민족에 주목하려 했다. 노동과 계급의 우위에 대한 당위성을 인정하면서도 농민이 다수를 이루고 있는 조선의 현실을 타개하기 위해서는 민족의 독립이 우선되어야 한다고 생각했다.

이처럼 여운형의 사상은 노동의 역량과 자발성에 대한 믿음, 평등주의와 유토피아로서 무계급 사회에 대한 이상 그리고 발전과 진보의 이념에 대한 강한 신념을 내포하고 있었다. 개별 이념 차원으로 짚어보면, 우선 그는 다수의 의견이 존중되고 대화와 토론을 통해 의사 결정이 이루어지는 민주주의를 지향했다. 인간의 이성과 존엄성 그리고 개성에 대한 존중과 관용은 자유주의 전통과 맞닿아 있는 것이었으며, 피착취 계급으로서 민중의 역량과 잠재성에 대한 믿음, 평등 사회와 무계급 사회를 향한 비전은 마르크스주의와 공산주의로 이어지는 것이었다. 제국주의의 지배와 억압, 착취로부터의 해방과 자주 독립 국가를 향한 이상은 민족주의에 대한 헌신으로 이어졌다.

요컨대 여운형의 사상은 민주주의, 자유주의, 사회주의, 공산주의, 민족주의 같은 다양한 사조들의 요소와 이념의 편린으로 구성되어 있다. 서두에서 언급했듯이, 그의 사상을 특정 이념이나 노선으로 규정하기 어려운 것도 이 때문이다. 그러나 그의 사상의 중심에는 무엇보다 민중이 있었다. 반복하지만 그의 민주주의에서 민주는 민중을 지향하고 민중으로 수렴되며, 그의 민족주의에서 민족은 생존권을 주장하는 민중이 배후에서 어른거린다는 점에서 결국 민중을 통해 민주와 민족은 하나가 된다. 이렇게 여운형 사상에서 민주, 민족, 민중은 동일한 것의 각기 다른 양상으로서 삼위일체를 이룬다고 할 수 있다. 이것이 그가 조선 해방의 첩경으로 제시한 여운형주의의 실체라고 할 수 있다.

제 5 장

좌절된 중용:
지식 생산에서 보편주의와 특수주의

과학과 지식에서 보편주의와 특수주의

보편주의와 특수주의의 문제는 과학과 지식의 역사 전 시기를 통해 중요한 쟁점 중 하나다. 각 개념은 별다른 정의가 따로 필요치 않을 만큼 자명하게 받아들여졌지만, 실제 두 개념 간 관계는 상대적이고 임의적으로 설정되었다. 특정 시공간에서 보편주의의 기준이 결정됨으로써 특수주의의 고유 내용이 정의되기 때문이었다. 근대 지식은 자연과학이건 사회과학이건 심지어 인문학이건 과학이란 이름으로 보편성을 달성하기 위해 노력해왔거니와 그렇게 보편에 이르는 열망은 19세기와 20세기에 걸쳐 달성된 듯 보인다.

그러나 20세기 중반부터 보편주의에 대한 공격이 점차 거세지기 시작했다. 그 선두에 쿤Thomas Kuhn 류의 과학혁명론자들이 있었고, 신과학론자, 일부 인류학자, 비판이론가, 세계체제론자 그리고 포스트모더니스트들이 뒤를 이었다. 의도가 무엇이었든 이들 모두는 보편주의의 주장을 의심하면서 그 신화에 도전했다. 환언하자면, 이들은 어떠한 형태의 보편주의 이론이든 특정 맥락 안에서 해석되어야 한다고 주장했다. 톰린슨John Tomlinson이 지적했듯이,[1] 보편성에 관한 주장은 거의 언제나 일정한 형태의 지배 프로젝트와 연관되어 있기 때문이다.

이러한 지배 프로젝트는 예컨대 인종, 민족, 국가, 계급, 성, 지역, 세대 등의 다양한 차원에서 행사된다. 특히 식민지에서 학문과 지식의 체계와 구조가 형성되면서 야기되는 보편과 특수의 문제를 검토할 땐, 각별히 민족 차원을 염두에 두어야 한다. 즉, 제국주의가 어떠한 방식을 통해 피식민자들에게 이른바 '보편주의'를 부과하는지, 이에 대한 식민지 민중의 반응과 저항은 어떠한 방식으로 일어나는지, 또 식민지 학문 구조가 형성될 때 이러한 토착적 저항이 지니는 의미는 무엇인지 등을 검토해야 한다는 의미다. 이러한 맥락에서 오리엔탈리즘과 탈식민주의에 관한 활발한 논의들[2]은 적지 않은 시사점을 던져주었다.

이와 관련하여 세계체제론자인 월러스틴Immanuel Wallerstein은 보편주의와 특수주의의 쟁점을 그에 내포된 시간과 공간의 개념과 연결함으로써 양자 사이의 딜레마를 분석하려 했다.[3] 이를 통해 두 극단의 어느 한 방법에 의존해온 근대의 과학체계가 시공간의 변수를 고려하지 않은 서구 중심 체계라는 사실을 해명해냄으로써 근대 사회과학의 보편성과 진리에 관한 주장을 효과적으로 회의할 수 있었다.[4]

보편과 특수의 일반 쟁점 및 그와 연관된 시공간의 개념화 문제를 염두에 두고, 이 장은 일제 강점기 지식과 학문의 토착화 노력에 내포되어 있던 딜레마를 검토해보려 한다. 물론 당시 서구 의미의 사회과학이 제도화되지 않은 식민지에 이 쟁점들을 적용하기 위해서는 식민지 상황의 특수성을 먼저 고려해야 한다. 보편주의와 특수주의의 쟁점 또는 법칙 정립nomothetic과 개성 기술idiographic의 문제는 각 사회마다, 각 시기에 따라 서로 다른 양상과 규정력을 가지고 작동하기 때문이다. 대학을 중심으로 연구와 교육에 종사하는 층이 두텁게 형성되어 있던 서구와 달리, 일제 강점기 조선은 분과 학문이 미성숙하고 그 대중 기반도 취약했던 터라 서구에서 통용되는 의미의 사회과학은 성립되지 않은 상황이었다. 후술하겠지만, 설령 그러한 학문이 있었다고 한들 서구와는 다른 의미에서였다.

이 글은 보편과 특수라는 대립적 쟁점 가운데 어느 한쪽의 정당성을 옹호한다거나 양자를 절충한 중용의 방법을 제시하는 게 목표가 아니다. 다만 1930년대 '조선학' 운동을 주도한 안재홍(安在鴻, 1891-1965)의 이론을 통해, 이러한 모순의 종합 시도가 어떻게 좌절되었으며, 또 어떠한 한계를 지니고 있었는지 추적해보려 한다. 이러한 성찰적 접근이 해방 이후 오늘날까지 동일선상에서 이어지고 있는 여러 문제들에 대한 현실적 대안을 제공할 수 있을것이다.

학문의 토착화와 조선학의 대두

일제 강점기 조선의 학문과 지식은 특성상 기원과 지향이 서로 다른 맥락과 차원들이 중첩되어 있었다. 전근대가 근대와 중복되어 있었으며, 토착, 서구, 일본 그리고 일본화된 서구 등이 혼효해 있었다. 식민지에서 지식과 학문의 헤게모니를 먼저 장악한 쪽은 일본이었고, 곧이어 일본화된 서구의 근대 사회과학이 이를 대체했다. 이들은 자기 학문 체계 안에서 조선이라는 타자를 인식하는 독자의 상을 만들어냈으며, 이는 교과서 등을 통해―일본과 식민지 양자 모두의―대중들에게 널리 보급되었다.

일본의 학문 전통은 흔히 국학에서 기원한 것으로 이야기된다. 이 전통은 도쿠가와 막부德川幕府가 확립되고 안정기에 접어들자 그때까지 지배적이었던 한학 전통을 부정하면서 출발한다. 대체로 1700년 무렵부터 일본 고전에 대한 신앙에 가까운 집착에서 자라나기 시작해, 중국 중심의 세계관을 부정하고 국수적인 자민족중심주의를 고취해나갔다.

이러한 국학 전통에 따르면, 조선은 태곳적 일본 신이나 '천황'이 다스리던 곳으로서, 일본의 조선 지배는 일본 건국의 기원까지 거슬러 올라가는 당위로 인식되었다. 과거 조선과 일본이 같은 민족이었다는 일선동조론日鮮同祖論이 여기서 나왔으며, 이는 결국 20세기에 두 나라가 합쳐지는 것이 당연하다는 주장까지 합리화했다. 일제 식민 정책의 기저인 동화 정책을 뒷받침하는 일선동조론은 식민지 시기 전반에 걸쳐 큰 영향력을 행사했다.[5]

서구 근대 학문은 이보다 뒤늦게 국학과 상호 작용하며 자리 잡았다. 막부 말기 일본의 개국과 메이지유신에 의해 강화되어온 양학의 전통은 제국주의 국가 형성을 위한 동기로 기술 분야에 집중되다가 점차 인문학과 사회과학으로 확장되었다. 미국이나 프랑스의 경우가 그러했듯이, 초기 학문을 주도한 건 국가학이나 법학 같은 정책학을 제외한다면, 단연 역사학(과 뒤를 이은 경제학)이었다.

개국 이래 일본 최초의 근대 학문이 프러시아, 즉 독일의 압도적 영향 아래 형성된 사정을 고려한다면,[6] 일본의 근대 역사학은 무엇보다 랑케Leopold von Ranke의 실증사학의 영향을 받았다. 그렇게 성장한 역사학자들은 국학자들이 과학적 훈련을 받지 못했고, 연구 또한 비과학적이며 오류라고 비판했다. 방법론상으로도 국학자들이 사료로 동원한 일본 고전의 전설이나 기사記事 대신 문헌 고증을 우선시했다. 나아가 이러한 방식의 역사 연구를 통해 일본 민족이 고유하고 독자적인 문화와 언어를 가진 민족임을 주장하려 했다. 이러한 자민족 우수성의 강조는 조선 인식에도 변화를 가져왔는데, 일본 민족의 독자성에 대한 주목은 국학자들의 일선동조론처럼 양국이 한 조상 또는 인종에서 출발했다는 가정과 양립하기 어려웠기 때문이다. 이들은 두 민족의 동질성보다 차이에 주목했으며, 이는 차별로 나아가는 단서를 제공했다.

이후 이들에 의해 조선이 일본보다 발전 단계가 뒤떨어졌거나 아예 발전이란 개념이 적용될 수 없다는 정체성론停滯性論이 대두했고,[7] 결국 독자적인 역사를 가지지 못하기 때문에 외부 충격을 통해서만 발전할 수 있다는 타율사관他律史觀이 성립되었다. 이들은 합방 후 본격적으로 식민지의 역사와 문화를 연구하면서 자신들만의 학문 체계를 구축해나갔으며, 조선사편수회나 경성제국대학[8] 등을 지배했다. 이른바 식민 지배를 정당화하는 식민지 관학은 이렇게 탄생했다.

이처럼 전통이건 근대건 일제의 식민지 학문 체계는 조선에 대한 부정적 인식을 만들어내고, 또 이를 널리 유포시켰다. 자기 역사의 우월성 과시는 식민지 민족의 무능과 대비되어 식민 지배를 정당화하는 효과를 가져왔다. 당시 지성계를 풍미했던 다윈Charles Darwin의 진화론에 근거한 적자생존 법칙도 이러한 인식을 뒷받침했다.

한편 개항 이래 식민지에서도 점차 토착 학문의 형태가 정착되기 시작했다. 다른 나라와 마찬가지로 초기 학문은 역사학이 주도했다. 그것이 거꾸로 식민사학에 적지 않은 영향을 미쳤다지만, 일차적으로 일제의 자극과 이에 대한 반응에서 성립되었다는 사실은 부인하기 어렵다. 이러한 점에서 일제 강점기 조선의 역사학에는 앞서 살펴본바 일본에서의 두 접근 방식에 대응하는 서로 다른 두 흐름이 있었다.

하나는 흔히 민족주의 사학으로 일컬어지는 국학의 흐름이었다. 민족의 시련기에 민족의식을 보존하고 애국심을 고양하기 위해 민족주의 역사학자들은 한편으로는 민족의 자존심과 자신감을 식민지 민중에게 불러일으키고,[9] 다른 한편으로는 그 실현을 가로막고 있는 식민 지배의 야만성과 참혹성을 폭로하려 했다. 하지만 이러한 차원의 역사 서술이 강제 병합 이후 불가능해지면서 민족주의 역사학의 전형은 중국이나 만주 등지의 해외에서 발전했다.

식민지 내에서 역사학은 어떠한 방식으로든 일제 식민사학 이론의 영향을 받았다. 19세기 후반 대한제국 시기에 형성된 초기 역사학은 중국의 영향에서 벗어나야 한다는 절박감과 근대에 대한 선망에서 일본 국학자들이 주장한 일선동조론의 요소를 비판 없이 수용했다. 신채호에 의해 '무정신의 역사'로 비판받은 이 흐름은 합방 이후 민속학, 종교학, 예술, 철학 등으로 점차 분화되면서 영향을 미치기 시작했다.

식민 권력의 탄압 아래서 역사학을 비롯한 토착 학문이 존립을 위해 채택한 전략은 두 가지였다. 첫째 학문과 지식, 나아가 포괄적인 의미에서 문화를 정치와 엄격하게 분리하고, 둘째 현재의 현실을 벗어난 다른 시간대를 연구 대상으로 삼는 것이었다. 현실 정치에 구속받지 않는 문화와 비非현재(특히 고대) 영역에서[10] 이들은 민족의 특수성과 고유성을 강조하면서 민족정신과 애국주의를 고취하려 했다. 이 시기 연구자들은 『한국독립운동지혈사』를 통해 일제 강점 초기를 다룬 박은식의 경우를 제외하고는 거의 모두가 고대나 중세 한국 혹은 조선 시기를 분석 대상으로 선택했다.[11]

신채호, 최남선, 백남운 등은 고대를 연구의 본령으로 삼았으며, 이능화, 정인보는 조선 시대에 주된 관심을 경주했다. 안확은 『조선문명사』를 저술하면서 "광무, 융희 연간의 변천된 정치는 흑막이 많고 비밀이 극하여 한 가지로 능히 논시할 수 없다"라는 이유에서 광무 연간(1897) 이전으로 연구의 하한을 설정했다.[12] 그러나 이들이 택한 전략은 한계를 내포하고 있었다. 그것은 일본의 국가주의

에 맞서 조선의 민족주의를 대치시킨 것으로, 일본 예외주의의 이론 구조에 조선의 특수주의를 그대로 대입한 식이었다. 양자 모두 애국주의 가치들에 짙게 오염되어 있었다. 1930년대 이후 전시 체제 아래서 군국주의와 파시즘이 고양되어감에 따라 최남선이나 이능화 등의 연구가 일본인의 연구와 사실상 별다른 차별성을 보이지 않은 것은 이러한 맥락에서 이해된다.

일본 사례로부터 배우면서 1930년대 이후 또 다른 흐름으로 등장한 실증주의 역사학자들은 이러한 가치들이 결코 '과학'과 양립할 수 없다고 생각했다. 과학이란 가치나 선입견에서 벗어나 개별적이고 구체적인 사실史實을 있는 그대로 해명한다는 점에서,[13] 이들은 랑케 류의 개별 기술 방식을 그저 단순한 방법론으로만 보지 않고 이론 차원으로까지 고양시켰다. 비슷한 시기 사회과학 영역에서 미국 신역사학자들의 보편주의 지향이나[14] 프랑스 아날학파의 사회과학 종합이론에 대한 열망[15] 대신, 이들은 시간과 공간에 제약된 특수성을 추구했다.

따라서 서구 지성사의 맥락에서 이들을 바라보면, 전통 역사학의 창시자라고 할 수 있다. 보편 역사나 역사의 법칙성을 거부하고 개별 사실에 관한 실증 연구를 지향했기 때문이다. 그런데 여기엔 '과학'의 이름으로 문헌 고증의 방법을 내세운 전통 역사학의 함정이 있었다. 무엇보다 의도적이었든 무의식적이었든 간에 이들은 과학이라는 명목으로 한국다운 것, 즉 한국의 고유한 전통을 깎아내리는 결과를 가져왔다. 해방 이후 한 좌담회에서 조지훈이 "일본 학자나 우리나라의 과학적인 사관을 가진다는 사람들의 거개가 우리 자체의 것을 깎아내리는 것을 하나의 자부 또는 과학적 방법이라고 착각한 때가 있었다"라고 언급한 것은 이러한 맥락에서였다.[16]

또 다른 중요한 쟁점으로는 가치의 개입이라는 미묘하고도 복잡한 문제가 있었다. 위 좌담회에서 조지훈의 말을 받은 최문환은 "일본인에게 대항한다는 데서 공공연한 민족정신 일관의 정신사관에 치우쳐가고 결과적으로는 외래적인 것을 그대로 적용하는 넌센스에 이르게" 되었다고 주장한다.[17] 즉, 실증적 방법에 입각한 외래의 무분별한 적용에는 일제와의 대항 의식에 근거를 둔 정신사관도 책임이 있다고 지적한 것이다. 그러나 최문환은 자신이 비판한 정신사관이 과학을 표방한 실증 역사학을 비판하는 중요한 무기로서 가치와 사관을 제공하는 데 기여했다는 사실을 그냥 보아 넘기고 말았다.

실증주의 역사학이 가치 개입을 부정하고 개별 사실 추구를 객관성의 근거로 삼는 한, 그것은 자신들의 주관적 의도와는 무관하게 일제 관학파의 논지를 강화하는 결과로 이끌렸다. 식민주의 역사학이 체계화한 이론 체계 내에서 개별 사실에 대한 방법적 추구를 '과학'으로 자족한 상태에서는 타율성과 정체성을 특징으로 하는 식민주의 역사의 '가치'를 극복할 수 없었기 때문이다. 비록 이들 대부분이 보편 법칙에 따라 역사를 이해하기 위해서는 무엇보다 구체적 사실에 관한 연구가 우선되어야 한다고 믿었다고 하더라도,[18] 결국 이들은 역사학 이론 구성에서 사관과 해석이 중요한 역할을 한다는 사실을 애써 외면해버렸다. 한국에서 근대적 의미의 역사학으로 이들이 공인될 수 없었던 주요한 이유 가운데 하나가—

물론 한국 역사학이 자라나온 강력한 실천 지향에서 기인하는 것이기도 하지만—여기에 있었다.

그러면 식민지에서 흔히 사회과학으로 일컬어지는 학문의 실태는 어떠했는가. 미국과 프랑스 등의 경우처럼 대개 이 시기 사회과학이 자연과학의 영향을 강하게 받았다는 점에서, 자연과학 또는 과학 현상 그 자체에 대해 먼저 논의해야 할 필요가 있다. 이 시기 전 세계적으로 자연과학적 사고와 지향의 영향은 지대했고, 조선도 사정은 마찬가지였다. 다만 그 실행이 일부 기초 자연과학과 기술 부문에만 극도로 제한된 식민지 상황이었기에, 과학은 물신 추구의 대상으로 신비화되는 경향까지 있었다.[19] 결국 식민지 조선에서 자연과학은 서구처럼 제도화된 학문 체계 안에서 영향력을 행사할 수 없었다. 자연히 사회과학으로 일컬어질 수 있는 영역이 출현하려면, 아직 더 많은 시간을 기다려야 했다.

사회학은 1930년대에 들어와 전공자들에 의해 몇몇 개설서들이 나왔고, 대학(전문학교)에서 사회학 강의가 이루어지기는 했지만,[20] 하나의 분과로서는 여전히 정립되지 않은 상태였다. 정치 논의 자체를 금기시했던 식민 정책의 여파로, 정치학은 진단학회가 기반이 된 역사학계에서의 활동을 제외하면, 아예 그 성립조차 불가능했다.

여기에 한 가지 예외가 있다면, 그건 바로 경제학이었다. 1933년 조선경제학회가 설립될 정도로 경제학은 학계에서 기반을 갖추고 있었다. 대학(전문학교)의 교수와 언론사의 경제평론가 등이 참여해 창립된 조선경제학회는 상대적으로 방대한 학술단체의 면모를 갖취 1930년대 학술운동을 주도했다.[21] 비록 학회는 마르크스주의 연구단체가 아니었지만, 그 대중적 기반은 이 시기 마르크스주의가 사회과학을 주도하고 있던 사실과 밀접하게 관련되어 있었다. 일본에서도 그랬듯, 이 시기 사회과학이란 명칭은 곧 마르크스주의를 의미했으며,[22] 이러한 의미가 통용되는 데 마르크스주의 경제학이 중요한 역할을 했다.

이렇게 마르크스주의의 사회과학 독점은 이데올로기 비판으로서의 과학 정신을 대표한다는 점에서 설득력이 있는 것이었고, 그 타당성은 이론 측면에서도 찾아볼 수 있었다. 엄격한 자연과학 모델을 추구한 미국 사회과학과 비슷하게 마르크스주의 역시 시공간을 초월한 보편 법칙을 지향한다고 여겨졌기 때문이다. 그 주관적 지향이 무엇이었든 이 시기 마르크스주의는 일종의 과학주의에 사로잡혀 있었으며, 같은 맥락에서 사회과학이 추구하는 보편주의의 대의를 표방했다.

서구적 의미의 사회과학 전반의 부진과 마르크스주의에 의한 사회과학 대체 현상은 당시의 식민지 현실에서 당연한 결과이기도 했다. 토착 학문은 일본에서 기원한 식민주의 지식과 상호 작용을 통해 형성되고 제도화되었다. 민족 학문 대부분은 일본 지식의 영향을 받거나 그렇지 않으면 그것과의 대결을 통해 그를 비판하고 극복해야 했기 때문이다.

1930년대 이후 조선에 대한 인식과 운동이 광범위하게 일어난 것은 이러한 맥락에서 이해된다. '조선학'이라는 용어는 1916년 최남선이 처음 사용했다고 보고되고 있다. 그러나 일정한 의미와 목

최남선

적에서 이 말을 사용한 것은 1922년 부터라는 것이 정설이다. 1927년 최남선은 조선학 건설을 선언했으며,[23] 그 직후에 『동아일보』는 사설을 통해 이를 적극 지지했다.[24] 그러나 이러한 선언이 이루어졌다고 해서 이 시기에 조선학의 여건이 성숙했다고 보기는 힘들다. 조선학 선언에 앞서 단군론을 "조선심의 원두源頭요 조선학의 상주上柱"로 설파해온 최남선은 선언 직후 "조선학이 보잘 것없음"을 하소연하고 있다.[25] 이 시기 조선학은 아직 주장과 당위의 차원에 그치고 있었다.

이러한 점에서 일종의 학술 운동으로서 조선학은 1930년대 이후에 출현한다. "조선인의 입장에서 조선을 위해서의 조선학의 연구 및 건설"과 아울러 "조선 연구에 대한 자주적 풍조"를 강조하는 조선학 운동이 전개된 것이다. 이 시기에 들어와 신문화 운동의 하나로 조선 연구에 관한 관심이 증폭된 배경에는 몇 가지 이유가 있다. 무엇보다 민족 정체성을 부정하고 민족의식 고취를 방해하려는 일제의 식민 정책에 맞서 민족주의를 강화한다는 의도가 있었다.

따라서 이는 1920년대 전반기에 전개되었던 문화 운동의 연장선에 있었다. 민족주의 운동은 1920년대 물산장려운동과 자치 운동 그리고 1931년 협동전선 조직인 신간회 해체에서 보듯 경제와 정치 운동에서 연이은 좌절을 경험했다. 또한 1930년대 식민지가 전시 체제로 이행하면서 민족운동 전반에 대한 일제의 탄압은 더욱 가혹해졌다. 결국 1920년 문화정치 영역에서 가능했던 시도들이 설 자리를 잃어버린 탓에, 이 시기 문화 운동은 문화, 특히 지식 영역에서 가능한 차선을 찾아보려 했다.

물론 이 운동이 경제나 정치에 대한 고려를 완전히 배제한 건 아니었다. 당시 민족 부르주아지들의 경우에서 보듯이, 여기엔 한편으로는 일본의 만주 침략과 연관해 만주로의 경제 진출을 모색하고, 다른 한편으로는 어떤 형태로나마 정치적 자치를 확보해보려는 의도가 개입하고 있었다. 즉, 경제와 정치 영역에서 민족운동 헤게모니의 보완을 목적으로 문화 운동이 출발했지만, 정치 운동이 좌절된 이후에는 그것을 대체하는 운동으로 전개되었다.

이 시기 조선 연구에 관심이 고조된 또 다른 이유가 있었다. 바로 전통에 대한 인식 변화였다. 1920년대 문화 운동에는 열렬한 근대화 추구만큼이나 전통을 부정하고 혐오하는 분위기가 있었다. 전통이 사회 전반의 개조를 방해하고 근대화를 달성하는 데 장애로 여겨졌기 때문이다. 민족 부르주아지의 일부를 구성하며 근대성 자체를 열렬히 추구했던 이들에게 근대성은 극복 대상이 아니라 경쟁을 통해 따라잡아야 할 목표였다. 이들은 식민지 현실에서 근대화 쟁취를 위한 자신들의 전략이 비록 궁극의 목표는 다르다고 하더라도 상당 부분 식민 권력의 그것과 중복된다는 사실을 깨달았다. 이러한 딜레마는 식민지에서 근대성이 식민지성과 밀접하게 결부되어 있다는 사실에서 야기된다. 따라서 이들은 스스로를 근대 민족국가 수립을 위한 경쟁자로서 식민 권력과 구분할 필요가 있었다. 그리고 만일 근대화를 통해 식민 권력과 차별을 기할 수 없다면, 전통이 그 역할을 맡을 수 있다고 생각했다. 이러한 맥락에서 1920년대에 무시해버린 고유한 민족 전통과 자아가 이 시기에 재조명되기에 이른다.

그런데 전통의 강조는 예기치 않은 결과를 가져올 수 있었다. 일본에서도 초기 사회과학이 성립되던 시기 철저하게 소외되었던 일본적인 것, 민족적인 것을 학문의 틀 안에 포섭하려는 노력이 대두되기 시작했다.[26] 그러나 이러한 자기반성은 고유의 민족 정체성을 강조함으로써 궁극에는 군국주의와 파시즘을 고양시키는 효과를 가져왔다. 서구와 구별되는 고유한 일본식 근대를 확립해 일종의 일본 예외주의를 부각시킴으로써 결국 동아시아에 일본 침략주의를 촉진하는 대동아공영권의 출현을 조장한 것이다.

이러한 맥락에서 반서구를 지향하는 일본식 특수주의의 강조는 식민지에서 특수주의의 고양에 반영되었으며, 그것은 식민지에서 일본식 예외주의를 보완하는 효과를 가져올 수 있었다. 예컨대 종교에서 '조선 교회'의 수립[27]이나 역사학에서 진단학회의 사례에서 보듯이, 일제의 근대를 강화하는 데 이용되는 결과를 초래했다. 이는 이 시기 문화 운동이 의도치 않았던 잠재적 기능이었다.[28]

마지막으로 이 시기 조선에 대한 전문 학술 연구를 수행할 수 있는 객관적 여건이 마련되기 시작했다. 1920년대에 설립된 대학과 전문학교를 마친 세대가 신진 연구자로 등장해 학계나 언론계를 중심으로 활동하기 시작했으며, 이를 기반으로 1930년대 다수의 전문

학술단체가 설립되었다. 1921년에 설립된 조선어연구회가 1931년에 조선어학회로 개칭된 것을 시작으로, 조선민속학회(1932), 조선경제학회(1933), 진단학회(1934), 조선음성학회(1935)가 연이어 조직되었다. 동시에『한글』,『정음正音』,『조선민속』,『진단학보』등 학술 연구지의 발간도 이어졌다. 이러한 학술 기반과 자원에 의해 조선 연구라는 공동의 주제를 중심으로 한국의 지성사에서 처음으로 조선학이라는 이름의 지식 공동체가 형성될 수 있었다. 조선 연구가 아무리 절실하더라도 이러한 대중적 기반이 갖춰지지 않았다면, 조선학의 출현과 운동으로서의 전개는 불가능했을 것이다.

조선 연구와 조선학을 중심으로 형성된 지식 공동체 내부에는 다양한 흐름과 지향이 있었다. 이 운동은 마르크스주의자나 사회주의자보다는 민족주의자가 주도했다. 그러나 같은 민족주의 내부에서도 성격을 달리하는 두 범주가 있었다. 그것은 타협 민족주의와 비타협 민족주의 또는 민족주의 우파와 좌파로서, 최남선이나 이광수 또는『동아일보』계열이 각각의 전자에 속한다면, 안재홍과 정인보, 문일평 등이 그 후자의 입장을 지지했다.

마르크스주의자 내부에서도 비판적 조선학의 진흥을 주장한 인물이 있었다. 경제학에서 백남운, 철학의 신남철, 또는 문학의 홍명희나 김태준 등이 그러했다. 정통 마르크스주의자 일부는 조선 연구 자체를 비판하면서 대안을 추구했으나 표방하는 주장과는 달리 체계화한 형태의 결실을 보지는 못했다. 이들 비판의 대부분은 관념과 교조에 치우쳤으며, 이러한 점에서 그것은 비판을 위한 비판으로 평가될 수도 있었다. 나머지 마르크스주의자들은 이를 전혀

『한글』과 『조선민속』

무시하는 태도를 보였다. 그들의 무대는 제도화된 언론, 학회, 대학이 아니라 공장, 광산, 가두, 농촌 그리고 때로는 감옥이었다.

이처럼 이 시기 조선 연구에는 민족주의자와 일부 마르크스주의자가 집단으로 참여하고 있었다. 따라서 넓은 의미에서 조선 연구, 조선학은 이들을 모두 포괄하는 의미로 이해된다. 그러나 이 장에서는 조선학 개념을 좁은 의미로 한정해 사용하려 한다. 특히 비타협 민족주의자 안재홍이 주창한 조선 연구로 제한한다. 자기 연구의 기원을 어디에 두었든, 또 1930년대 후반으로 갈수록 타협 민족주의자의 입장으로 매몰되어가는 경향을 보였든, 그는 지속적으로 조선학의 이론화를 위해 노력한 대표적 인물이다. 학문과 과학에 대한 그의 주장은 조선 연구에 참여한 다른 어떤 범주의 학자와도 구분되는 독자성을 지니고 있었으며, 그 역시 자기 견해를 조선학이라는 용어로 개념화하고자 했다. 그가 제시한 조선학의 성격은 앞서 논의된 보편주의와 특수주의 및 이와 연관된 시간과 공간의 쟁점에 비추어볼 때 더욱 분명하게 드러난다.

보편주의와 특수주의

이 시기 보편주의의 규준은 마르크스주의 진영에서 제시한 보편 역사 발전 법칙이 대표한다. 그 개념은 '공세적'이라고 할 수 있는데, 왜냐하면 그것은 역사 유물론을 제외한 다른 모든 이론을 특수주의로 규정하면서 자신만이 유일한 보편주의 원리를 구현한다고 자임했기 때문이다. 이데올로기로 보면 보편주의 신봉자들은 사회주의나 공산주의 신조를 고수했으며, 이에 따라 특수주의는 민족주의 또는 민족개량주의 진영에 특유한 인식 방법으로 이해되었다. 후자의 특수주의 입장은 민족이 가지는 고유한 전통이나 역사, 문화의 특유성과 독자성에 과도하게 집착했으며,[29] 전자의 보편주의 입장은 이와 달리 인류 사회 발전 법칙의 공통성에 우선 주목하려 했다. 이에 따라 한쪽에 대한 다른 한쪽의 다음과 같은 비판이 있었다.

> 최근의 국제적·국내적인 일련의 사정은 필연적으로 '조선의 과거와 현실'을 이해하려고 하는 기운을 고조시켰다. 그런데 유교훈화적인, 정책적인, 반봉건적 '조선학'은 조선의 역사적 과정을 세계사와는 전연 별개의 독립적인 고유의 신성불가침한 '5천 년간의 얼'을 탐구하는 데 열심이어서, 그 공식公式의 천재는 '단군'으로 분식粉飾하고 그 전체적 영웅은 '이순신'의 옷을 빌려 입고 그 재간才幹 있는 사람들은 '정다산'의 가면을 쓰고 역사를 왜곡하고 있다. 그리하여 '얼'에 의하여 된 신비적인 역사가 출현한 것이다.[30]

식민지 현실을 이해할 때 보편주의와 특수주의의 첨예한 대립과 모순의 양상은 1930년대라는 세계사 맥락에서 이해되어야 한다. 일찍이 홉스봄이 고백했듯이, "자본주의가 마지막 운명을 재촉하고 있는 것은 너무나도 분명한 사실로 보였던" 상황에 고양되었던 지식인 대부분은 "공산주의나 혁명적 마르크스주의 이외에 다른 선택이란 존재하지 않는다"라고 생각했다.[31] 식민지 조선의 지식인들도 예외가 아니었다. 대부분 마르크스주의 역사 발전에 확신을 가지고, 집요하게 보편주의를 추구했다. 하지만 이러한 분위기는 민족주의 진영의 경직된 반응을 초래했다. 민족해방운동의 목표와 전략 및 전술을 두고 양 진영은 근본부터 서로 다른 견해를 품게 되었다. 그 결과 보편주의와 특수주의에 대한 인식은 서로 분리되었고, 각 진영은 자기 길을 고수하는 심각한 화해 불능의 상태로 빠져들었다.

특수주의 옹호자로 비판받은 범주로는 이들 이외에 일본 제국주의자들도 있었다. 식민 지배와 직접 연관된 식민지 관학은 말할 것도 없고, 자국의 피지배 민중에 대한 헌신을 자임한 일본 마르크스주의의 유력한 조류 역시 특수주의 편향을 보인 것은 주목할 만하다. 선후 관계를 따지자면, 알다시피 식민지 관학에서 식민지 현실을 특수주의 관점으로 규정한 사실이 민족주의자의 특수주의 시각을 촉발한 측면이 있었다. 식민 정책 담당자가 식민지 역사의 정체성停滯性과 타율성을 강조한 것과 달리 민족주의자들은 민족의 우월성과 고유성에 주목했다는 점에서 내용상 서로 정반대라 하더라도, 그 속성을 식민지 민족의 역사에 내재하는 것으로 고착화시킨다는 점에서 양자는 공통성을 지니고 있었다. 이 시기 특수주의를 두 범주로 유형화한 백남운은 전자와 아울러[32] 식민지 지배 권력에 의한 특수주의에 대해 다음과 같이 서술했다.

백남운

이 종류의 특수성 이외에 이와는 외관적으로 다른 관제官製의 특수성이라는 것이 따로 규정·유포되고 있다. 역인 제공役人 諸公의 '조선 특수 사정'이라는 이데올로기가 곧 그것이다. 이 두 형태의 특수성의 차이를 구하면, 전자가 신비적·감상적인 것에 대하여 후자는 독점적·정치적이라는 것을 지적할 수 있는데, 본질적으로는 인류 사회 발전의 역사적 법칙의 공통성을 거부하는 점에서 전혀 동질적이고 따라서 반동적이다. 이 두 형태—실은 상사형相似型의—의 특수성은 조선 사학의 영역을 개척하기 위하여는 정력적으로 배격해야 할 현실적 대상이다.[33]

백남운이 지적하고 있는 '조선 특수 사정'의 이데올로기란 무엇일까. 일제 식민주의자들은 식민지 조선은 본질상 정체된 사회거나 기껏해야 뒤쳐진 발전 단계에 있다는 점에서 일본과는 다른 원리와 수단에 의해 지배되어야 한다고 인식했다. 강제 병합 이후 일제가 공식 표방한 동화주의나 일시동인一視同仁과 상반되는 이러한 "조선 특수 사정"의 이데올로기는 당시의 신문에서 완곡하게 지적하듯이 "적극적 의미가 아니라 소극적 의미" 차원에서였고, "조장적 의미가 아니라 제한적 의미"라는 함축이 있었다. 즉, 식민 통치자에게 그것은 식민지 "독자의 속성 및 그 상대적 차이성으로써 차별적 정책의 필연성 내지 불가피성을 설명"하기 위한 '핑계거리'로 인식된 것이다.[34]

전통 시대의 유물이거나 구한말에 제정되어 비난이 높았던 태형, 보안법, 출판법, 신문지법 등이 강제 병합 이후 일정 기간 또는 식민지 시기 내내 그대로 온존된 것도 조선의 특수 사정을 빙자해서였으며, 교육, 의료, 조세, 도시 기반 시설, 심지어는 여행의 자유 같은 시설과 제도 등에서의 차별과 구속 또한 이를 통해 정당화되었다. 1925년의 치안유지법이나 1934년의 조선농지령 또는 1938년의 국가총동원법의 적용 등에서 보듯, 일본 본국의 법령이나 규정 등을 식민지에 적용할 때는 늘 일정한 단서나 유보 또는 예외 조항이 따라붙었다. 조선은 일본과는 다른 특수한 사정이 있다는 점에서 배제나 유보 또는 예외 같은 제한이 불가피하다는 것이다. 그것이 잠정적 조치에 지나지 않는다는 일제의 선전은 식민지 지식인의 의혹에 찬 시선에 직면했다. 백남운이 문제로 삼은 것은 바로 이렇게 식민 정책 배후에서 작동했던 식민지에 대한 차별과 배제의 특수주의 인식이었다.

식민 모국과 식민지에 대한 차별적 인식은 마르크스주의 진영 내부에서도 나타났다. 특히 1930년대 이후 마르크스주의자 내부에서 아시아적 생산양식 논쟁이 가열되면서 이른바 강좌파는 일본의 특수성을 보편주의로, 이와 대조되는 다른 아시아 국가의 '정체성'을 특수주의로 파악하는 독자적인 유형론 인식을 발전시켰다.[35] 식민 지배 권력의 그것과 사실상 차별성을 상실하면서 이러한 사고가 궁극에서는 일본 파시즘을 뒷받침하는 이론의 한 부분으로 편입되어간 것은 전혀 놀랍지 않다.

식민지 현실의 인식에서 이처럼 보편주의와 특수주의가 서로 수렴될 수 없는 평행선을 달리고 있었을 때, 나름의 입장에서 양자를 조화시키려 한 이가 바로 안재홍이었다. 무엇보다 그는 먼저 일본의 특수주의가 식민지 현실에서 일종의 보편주의 억압으로 가해지는 상황에 주목했다. 식민 통치자의 피식민 문화에 대한 무시와 멸시는 흔한 일이었지만, 1930년대 후반 이후 일제는 만주와 중국에 대한 본격적인 침략전의 일환으로 '황국皇國' 문화의 일방적 선전에 비례해 조선다운 것에 대한 말살 정책을 때로는 은밀한 방식으로, 대개는 노골화된 체계로 시행하려 했다. 일제의 검열을 의식하면서 안재홍은 이에 대해 이렇게 항의했다. "아무리 국제주의를 제일같이 준봉遵奉하는 특정한 사회에서일지라도, 각 민족이나 혹은 각 소국가의 특성이 용인되어, 즉 그들 각자의 언어, 풍속, 습관, 문화의 특수성은 존중되는 것이 현하現下 세계의 엄중한 현실"[36]이라는 것이다.

물론 그가 일본의 문화와 사상만 문제 삼은 건 아니었다. 그가 정당하게 파악했듯이, 1930년대는 파시즘의 고양과 블록 경제의 형성 그리고 사회주의의 국제주의 주창으로 상징되는 바로서 국제주의와 세계주의가 처음으로 지구 곳곳에서 느껴지던 시기였다. 세계 언론은 국제화의 몇몇 특성을 집중하여 부각함으로써 그 추세를 선도했으며, 지식인들은 그것이 초래하는 파장과 영향력을 분석하는 데 몰두했다. 당대 시각에서 보자면, 국제주의는 바야흐로 절정에 다다른 것으로 인식되었다.

이 시기의 다른 지식인들과 마찬가지로 안재홍은 국제화, 세계화의 이러한 추세를 무엇보다 서구 기독교 문명이 주도하고 있다고 보았다. "최대의 속도로써 신문화와 신생활에의 단일화의 양식으로 청산 귀착"될 수밖에 없었던 '구주歐洲적인 현대 문화',[37] 달리 말하면 일본을 넘어서는 서구 보편주의의 실체와 위력을 그는 어렴풋하게나마 인식하고 있었다. 그런가 하면 이 시기 서구의 진보 지식인들처럼 그 역시 때로는 자본주의의 몰락과 사회주의로의 이행이 임박했다고 판단하기도 했다. 즉, 인류 발전의 단계설을 주장한 마르크스주의 이론의 보편주의에 사로잡히기도 했던 것이다. 1930년대 시점에서 그가 고민해야 했던 것은 바로 이렇게 복합적 성격을 지닌 보편주의와 이에 대응하는 특수주의의 문제였다.

역사상 전무후무한 식민지 경험이라는 '엄숙한 현상' 앞에서 피식민지인의 각성을 촉구하면서 그는 1927년 3월 한 신문 사설에 "조선에서는 외국 것으로 번역되지 아니할 조선적인 방안을 안출하는 것이 선구자의 엄정한 책임"이라고 썼다.[38] 그렇다고 그가 특수주의에 일방적으로 매몰되어 서구식 보편주의를 배제한 것은 아니다. 일 년 뒤 같은 신문에서 그는 "근자 조선인 생활에 상당히 성풍成風하고 있는 구화주의歐化主義"를 언급하면서 조선의 특수성을 고려하지 않는 "천박한 피상 모방의 구화주의"를 경계했지만, 구화 그 자체를 반대하지는 않았다.[39] 다시 일 년 후 신간회 내에서 민족주의자와 사회주의자가 분열하려는 국면에 그는 "모든 선진 사회의 이론이 조선에 와서는 특수화함을 요"[40]한다고 하면서, 마르크스주의자의 '맹성猛省'을 촉구했다. 그에게는 마르크스주의 역시 추종의 대상이 아니라 선진 사회 이론의 하나에 지나지 않았다.

1930년대로 접어들면서 그는 이렇게 다양한 보편주의의 장이 된 식민지 현실의 '문화적 중층성'을 강조하는 한편, 보편주의와 특수주의의 상호 결합을 모색했다. 먼저 그는 당시 세계가 피할 수 없는 국제화 추세에 있다고 보았다. 그에 따르면, 국제화 경향은 "자동 필연적인 역사적 경향"으로서 "하나의 강고한 국가적 기구로도, 그에 대한 영구한 인위적 후퇴는 필경 불가능"했다.[41] 그러나 필연의 국제화 추세에 대한 이러한 강조에도 불구하고, 그는 국제화가 무엇을 의미하는지 분명하게 제시하지는 않았다.

무엇이 국제성이냐는 물음에 그는 "현대의 사회 변천, 그의 발전이 국제적 관련성의 유기적 작용에 의존"하는 것, 또는 "현대 문명의 비약적 발전이 세계를 축소하고 계선界線을 해소하는 단일 평준화"[42]라는 다소 원론에 그친 답변을 제시한다. 즉, "인류 발달의 역사는 반드시 동일한 문화적 배종胚種과 동일한 사회적 단계를 밟아 사회 경제적 기구가 일정한 단계에 이르면, 어김없이 일정 유형의 사회 문화적 단계를 나타내"는 것이 "인류 문화의 보편성이요, 역사 발달의 국제성"[43]이라는 것이다.

국제화에 관한 위 논의는 아이러니하게도 어떤 형태로든지 그가 강하게 비판한 마르크스주의-레닌주의의 영향을 드러낸다. '반드시', '어김없이'와 같은 수사를 동원해 그 필연성과 '자동성'을 강조하는 대목은 당대를 풍미한 마르크스주의의 기계론과 결정론의 편린이다. 그러나 마르크스주의자들과 달리 그는 이렇게 필연적으로 진행될 국제화의 내용은 모호한 채로 남겨두었다.

실체가 모호하고, 그 지향 또한 달랐지만, 그는 이렇게 당시 마르크스주의자들처럼 국제주의와 보편주의가 지니는 의미를 충분히 인식하고 있었다. 그러나 민족과 전통의 특수성을 역사 발전의 장애물로 생각하고 무시해버린 대다수 마르크스주의자와 달리, 그는 국제성에 관한 관심만큼이나 조선의 특수성을 강조하고자 했다. 그의 이러한 인식은 후진 식민지 상황에서는 반드시 "정치와 문화의 중층성과 병존성"이라는 "일정한 역사적 특수 형태가 발생, 생장"한다는 견해에 잘 드러나 있다.

> 구원한 인류 생존의 역사의 전 도정全道程에서는 토막토막의 당면적 단계성이 되풀이되는 듯, 그러나 유일인 일도성一度性을 차례차례로 전개시키는 것이요, 전 국제적全國際的 유기적 관련성이 그 대지적응적對地適應的인 일원다양一元多樣의 특수성을 각개의 지역과 및 그 역사적 정치적의 사회 현실성을 달리한 각 민족에 부여하는 것이다. 이러한 견지에서 조선의 조선민은 시방 남들에게서 통달이적·몰비판적 모조模造를 가져옴을 허치 않는, 유일인 일도성一度性의 그리고 또 국제적 연관성에서 귀납된 일원적 다양성의 지역적 적응 형태로서의 독자의 특수성을 가지게 되는 것이다.[44]

그는 이렇게 전통, 제도, 사상이 아무리 시대에 뒤지고 모멸할 지위에 있다고 하더라도 그 완전한 생장과 발양發揚의 여지는 여전히 남아 있다고 보았다. 계급지상주의 시각에 빠져 있던 상당수 사회주의자를 비판하면서 그는 "최전위적인 사상 감정의 경지에까지 약진하는 채로 오히려 모든 전통적인, 또 민족적인 색채 하의 가능한 최대한의 정치 문화적 요소의 생장, 발전"을 도모해야 한다고 주장했다.[45] 국제화의 경향을 필연과 자동으로 본 것만큼이나 그는 민족의 특수성을 고양하는 작업 역시 준엄한 역사의 철칙을 따른다고 생각했다. "국제화의 도정이 가속, 촉급하리라고 인식하면 할수록 조선적인, 또 민족적인 것의 탐구, 조성, 선양, 순화"를 위한 노력은 그만큼 절박할 수밖에 없다는 것이다. 이처럼 그는 국제성은 '천하일률天下一律'이 아니고 특수성은 '고립유아孤立唯我'가 아니기 때문에, 양자가 각기 상호 작용하면서 발전해가는 과정이야말로 진정한 의미에서 세계화[46]라고 생각했다.[47]

이처럼 식민지 상황에서 그가 부딪혀야 했던 보편주의의 얼굴은 다양했지만, 식민지 약소민족의 지식인이 그에 대한 대의를 표명하고 헌신할 수 있는 보편주의는 실제로는 막연한 상태였다. "좋거나 싫거나 조만早晩에 합류할 필연의 도정"으로서 서구식 보편은 요원했으며,[48] 서구 문명으로부터 "의식적인 후퇴를 고조"한[49] 일본식 보편을 받아들이는 것은 부러워할 수는 있을지언정 자신의 정체성에 대한 혼돈과 상실을 의미했다. 관념으로는 부정할 수 없지만 감정에서는 거부감을 느낀 마르크스주의[50]에서 말하는 보편주의 역시 그의 이념 지향으로 미루어볼 때 선뜻 받아들이기 어려웠다.

이러한 상황에서 그가 주장할 수 있는 것은 무엇이었겠는가. 국제화와 특수화의 교호 작용에 대한 강조에도 불구하고 결과적으로 그는 민족과 전통에 대한 특수성에 집착할 수밖에 없었다. 최남선에 대한 비판에도 불구하고,[51] 1930년대 후반 은둔 생활로 접어들면서 저술한 역사서들은 민족의 독자성과 문화 특수성을 일방적으로 강조하고 있다는 점에서[52] 최남선 류의 역사 서술과 별다른 차별성을 보이지 않는다. 이들 저작의 의도와 성격을 고려한다 해도 이러한 인식은 그 자신이 1930년대 중반에 신문 사설 등을 통해 주장한 국제성과 특수성의 교호 작용과는 거리가 있었다.

결국 현실 정치에서와 마찬가지로 역사 연구에서 그는 자신이 비판한 민족주의 우파와의 차별성을 확보하지 못하고 실제로는 그에 포섭되고 말았다. 전쟁으로 더욱 악화된 가혹하고 음울한 식민지 상황은 식민지 권력 구조를 양극화시켰으며, 이 와중에 정치 중간층의 입지는 갈수록 좁아져갔다. 보편주의와 특수주의의 화해를 꾀하고자 한 그의 시도는 이러한 점에서 이미 좌절이 예정된 것이었다. 국제화와 세계화가 소리 높이 외쳐진 현실에서 보편주의에 대한 전망, 나아가 다가올 근대에 대한 비전을 설정하지 못하고 전통에 매달릴 수밖에 없었던 것이 양자의 종합을 시도한 그의 비극이었다.

시간과 공간

보편주의와 특수주의의 쟁점은 각각의 입장이 제시한 시간과 공간에 대한 인식을 통해 특정화될 수 있었다. 먼저 특수주의 입장에서 시간과 공간 개념이 어떻게 파악되고 있는지를 검토해보자. 일제 통치자들이나 민족주의 우파가 식민지 현실을 특수주의의 관점에서 인식한 사실은 앞서 살펴보았다. 이른바 정체성停滯性 이론에서 보듯이, 일제 식민주의자들은 식민지의 시간을 정체되고 정지된 것으로 인식했다. 비슷한 맥락에서 식민지의 공간 역시 고립되고 특정화된 방식으로 이해되었다. 아무런 역사 발전도 없이 수천 년을 원생의 모습 그대로 이어져 내려왔다고 보기 때문이다.

식민주의자들과 마찬가지로 민족주의 우파의 시각에서도 시간과 공간은 고착된 것으로 파악되었다. 역사에서 일정한 발전 단계를 인식하는 대신, 이들은 예컨대 민족혼이나 조선 정신 같이 민족이나 문화를 이루는 본질 요소로서 특정한 개념을 추출한다. 그리고 유구한 역사 속에서 이러한 것들이 면면히 내려온다고 생각되는 전통에 주목한다. 이로써 역사는 신비화되며, 시간은 정지된 것으로 여겨진다. 정체의 관점에서 시간이 파악되는 것과 비슷한 방식으로, 공간 역시 민족 전통이 이어져 내려온 특수한 하나의 장으로 인식된다. 따라서 특정한 의미를 부여받은 민족의 생활과 생존의 장으로서 공간은 여타의 공간과 분리되어 고립된다. 결국 그 내용과 의도는 다르다 할지라도 시간과 공간에 대한 이들의 인식은 식민주의자들의 그것과 마찬가지로 특수주의라는 한 극에 머물러 있다.

반면 마르크스주의자들의 현실 인식에서 시간과 공간은 이와는 정반대의 보편주의적 극단을 지지했다. 흔히 '공식주의'—마르크스주의자들 가운데 그 누구도 자신이 여기에 속한다고 생각하지 않았으며, 반대 파벌을 비판하기 위해 흔히 동원된 상용구—로 일컬어지는 진영에서 전형적으로 보이는 이러한 인식에서는 세계사의 발전 법칙—예컨대 유명한 인류 발전 5단계설—이 어떠한 시간과 공간에도 적용될 수 있는 보편 법칙으로 상정되었고, 따라서 식민지라고 해서 예외가 될 수 없었다. 모든 시간과 공간에 적용될 수 있는 보편 법칙을 추구한다는 점에서 이들의 인식은 보편주의와 법칙 정립이라는 전형적인 경향을 보인다.

1930년대 중반 동아시아 마르크스주의자들을 중심으로 전개된 이른바 아시아적 생산양식 논쟁은 아시아를 정체된 사회로 인식하는 이러한 보편주의 원리에 대한 자기반성에서 출발했다. 동시에 그것은 환언하자면, 어떠한 시간과 공간을 통해서도 관철되는 보편주의 법칙이 아시아 사회에도 마찬가지로 적용될 수 있다는 사실을 검증하려는 의도를 지니고 있었다.[53]

아시아적 생산양식은 '아시아적'이라는 특수주의 원리와 '생산양식'이라는 보편주의 법칙이 결합한 이중 개념이다. 이 개념을 둘러싸고는 열띤 논쟁이 이어졌다. 중국 마르크스주의자들은 '아시아적'이라는 수사적 표현에 주목해 궁극에는 그것을 폐기했다. 하지만 일본의 주류 마르크스주의자들은 그 명사인 '생산양식'이라는 규정에 주목해 일본과 다른 아시아를 분리하고, 이 두 지역에 서로 다른 원리를 적용하려 했다.

아시아적 생산양식을 노예제의 특수 형태로 해석한 이들은 그러한 단계를 설정할 수 있는 일본에는 보편주의 역사법칙이 적용될 수 있지만, 다른 아시아 국가에는 그러한 단계가 결여되었거나 그 징후가 미미하다고 본다. 따라서 아시아적 유형에는 보편주의 역사법칙이 적용될 수 없다는 것이다. 환언하자면, 일본의 경우는 역사 발전이라는 시간적 보편성을 통해 아시아라는 공간 제약이 타파될 수 있다고 본 것과는 달리, 다른 아시아 국가는 아시아라는 공간의 규정성이 시간의 보편성을 극복하지 못한 것으로 개념화되었다.

결국 일본에서 아시아적 생산양식 논쟁은 아시아의 정체성을 극복하는 과제를 자국에 대해서만 배타적으로 적용하면서, 다른 아시아 국가를 '아시아적 정체성이라는 주문呪文'[54]에 속박시켜버리고 말았다.

한국은 중국이 아닌 일본 마르크스주의의 영향을 받았다. 그리고 이는 한국의 마르크스주의자들이 역동하는 중국혁명의 영향에서 벗어나 추상과 관념으로 얼룩진 일본의 학문 풍토에 더 귀를 기울였다는 사실을 의미한다. 세부적인 시각차가 있긴 하지만, 이들은 공통적으로 식민지 아시아, 조선의 특수성을 강조했으며, 이를 합법칙의 역사 발전을 저해하는 정체성의 원천이라고 생각했다.[55] 공간에 대한 특수한 규정을 고착화함으로써 시간의 보편주의 법칙까지 부정해버린 이러한 입장은 모든 시공간에 적용되는 보편 법칙을 추구한 정통 마르크스주의보다도 더욱 심각한 정체된 아시아 인식을 반영했다.

마르크스주의자들 가운데 아시아적 생산양식에 이렇게 왜곡·함축되어 있는 의미를 간파한 이는 극히 드물었다. 아마 백남운 정도가 예외였을 것이다. 이른바 사회경제사학의 창시자로서 이 시기 대표적인 마르크스주의 경제사가였던 그는 이러한 정체성의 함정에 빠지지 않으면서 식민지 현실을 마르크스주의의 보편 역사 발전에 근거를 두고 설명하려 했다. 만족스러운 형태는 아니지만 그는 계기로서 연관되는 역사 발전 단계의 특수성을 해명함으로써,[56] 시간 측면에서 보편과 특수의 화해를 시도했다. 그러나 공간 인식 차원에서는 민족이나 지리, 문화의 특수성을 무시함으로써[57] 마르크스주의 신념에 충실하고자 했다.

시간과 공간의 개념화에서 안재홍의 시도가 주목되는 것은 바로 이러한 맥락에서다. 시공간에 대한 그의 인식은 1920년대 전반기 식민지 민중에 대해 "현대를 떠나서 있을 수 없는 조선인이요, 조선을 떠나서 있을 수 없는 세계인"[58]이 되자는 호소에 집약되어 있다. 이 말에서 드러나듯이 그는 현대와 세계라는 시공간과 불가피하게 연관된 조선인의 현존재를 강조했다. 여기서 그에게 중심이 되는 것은 조선인이라는 실체를 규정하고 있는 공간으로서, 이 점에서 그는 백남운을 비롯한 대다수의 마르크스주의자들과 달랐다. 즉, "인류의 문화가 교통·통신의 급속한 발전에 따라 멀지 않은 미래에 국가와 민족의 계선界線을 철폐하는 시기가 있음이 미래의 형상이라고 치더라도" 그에게 중요한 것은 우선 세계의 한 구성 부분으로서 문화 순화와 향상의 길을 걸어야 하는 민족이었다.

그가 지금·여기로서 시공간의 현재성을 강조한 것은 식민지 현실이 바람직스럽다거나 그것이 지속되어야 한다는 의미는 아니었다. '고루한 구조선'과 '악착스러운 무위 평범한 금일'이라는 시공간이 교차해 만들어낸 식민 지배의 암담한 현실에서 그는 '지금이 아닌 미래'와 '조선이 아닌 세계'를 통해 위안 받을 수 있었다. 그런데도 이러한 희망의 기반을 이루는 것은 지금·여기에 존재하는 현존으로서의 자신이었으며, 따라서 미래와 세계는 금일과 조선으로 수렴될 수밖에 없었다. "세계로부터 조선에", "미래를 거쳐 금일에"[59]라는 표현은 이러한 그의 생각을 적나라하게 드러낸다.

공간 개념으로 포괄된 민족 생활과 전통의 특수성을 강조한 점에서 그는 앞서 언급한 민족주의 우파와 입장을 같이했다. 그러나 시간 인식에서는 달랐다. 1930년대 전반기 조선학 운동을 제창한 글들에서 그는 자본주의의 몰락과 사회주의로의 이행이라는 마르크스주의 역사 발전 법칙을 인정하는 듯한 언급을 여러 차례 하고 있다.[60] 앞서 살펴보았듯 1930년대는 자본주의의 몰락과 사회주의로의 이행에 대한 신념이 진보 지식인을 중심으로 세계 차원에서 널리 퍼져 있던 시기였다. 감정이나 정서상 사회주의는 자신에게 낯선 것이었음에도 그는 마르크스주의에서 말하는 역사 발전 단계에 수긍했다. 그리고 이러한 한도 내에서 그에게 시간은 고립되거나 정지되지 않고 발전과 계기를 지니는 의미 차원에서 이해되었다.

1930년대 후반에 들어서면서 그는 시간과 공간의 요소로써 민족과 국민의 개념을 정의해보려 했다. 그에 따르면, 민족은 (1) 생활의 항구 지속으로서 종합적 역사와 (2) 향토나 조국의 자연인 풍토를 토대로 발전한다. 요컨대 민족은 "자연인 조국의 향토와 그 생성의 유래인 역사"[61]에 의해 구성된다는 것이다. 다른 곳에서 그는 이를 "문화적인 세계인으로서만 잘 산다는 것보다는 문화적인 **조선인**으로서 **향토**인 자연을 즐기면서 생성의 **역사**에 걸맞은 조선적인 정취에 기뻐하"는 것[62]이라고 설명한다.

그는 이렇게 민족 구성에서 시간과 공간의 요소를 강조했지만, 그것은 어디까지나 민족이라는 범주 내에서 이해된다는 사실을 염두에 두어야 한다. 이를 위해 그는 1930년대 후반 이후 역사 연구의 구체화를 통해 시공간 개념을 더욱 정교화하려 했다. 1940년에 집필한 『조선상고사』의 한 부분에서 그는 "전 인류 문화에서 매우 주요한 두 개의 주축이면서 조선 문화의 출발"이 된 두 개념으로 '씨種'와 '뷔[虛空]'라는 개념을 제안한다. 1930년대 중반의 향토와 역사개념을 발전시킨 두 개념은 각각 시간과 공간에 해당하는 것으로서, 이를 통해 그는 이른바 불함철학不咸哲學의 원리를 발견하고 조선사를 해명하는 중요한 단서로 삼고자 했다.[63]

이처럼 시공간에 대한 개념화에서 안재홍은 조선이라는 공간의 특수성을 전제로 둔 상태에서 시간의 보편적 계기를 수용하려 했다고 볼 수 있다. 이는 시간의 특수한 계기를 인정하고 공간의 보편성을 설정한 백남운의 시도와 대조된다. 그런데도 특정 공간에 대한 안재홍의 지나친 집착은 시간의 보편성을 빼앗아 버리고, 공간에 그것을 종속시켜버리는 결과로 이어졌다. 비록 시공간 개념은 세련되어졌다 하더라도, 민족이라는 특정한 장에 고착된 채로 그것을 인식했다는 점에서 그에게 역사란 어떠한 단계나 발전의 계기가 없는 정체된 상태에 머문다. 결국 분리되고 특정화된 공간은 시간 자체를 그 안에 가두어버리고 마는 셈이다. 그리고 이는 국제성과 특수성의 조화를 꾀한 그의 노력이 일제 후기로 갈수록 후자 쪽으로 기울기 시작한 것과 맥락을 같이한다.

좌절된 중용

보편주의와 특수주의 그리고 시간과 공간의 문제에 관한 이론에서 시작해 이 장은 식민지기 역사학과 사회과학이—만일 그러한 것이 있다면—어떠한 방식으로 성립했는지, 식민지에서 지식이 형성되는 데 일본 학문이 어떠한 영향을 끼쳤는지, 후자 극복을 위해 전자는 어떻게 노력했는지, 조선학 토착화를 위한 광범한 운동이 특히 1930년대 이후 어떻게 일어나게 되었는지 등등에 관한 쟁점들을 사전적으로 검토했다. 그리고 본론에서는 안재홍의 조선학 운동을 중심으로 보편주의와 특수주의를 종합하려 한 그의 시도가 식민지 상황에서 어떻게 좌절에 이르게 되었으며, 그 시도의 딜레마가 시간과 공간 개념에 어떠한 영향을 미쳤는지 검토했다. 보편주의와 특수주의, 시간과 공간 개념에 근거해 안재홍의 이론화를 검토하는 작업은 기존 접근에서는 드러나지 않았던 이론화의 성격과 한계를 더욱 분명히 드러낼 수 있었다.

당시 안재홍은 드물게도 보편주의와 특수주의 중 어느 한 극단으로의 편향이 지니는 문제점을 잘 알고 있었고, 그리하여 양 극단의 종합과 조화를 모색했다. 마르크스주의에서 말하는 보편 역사 발전의 법칙을 그는 거부했지만, 그렇다고 민족 고유의 전통과 문화가 지니는 특유성에 과도하게 집착하는 민족주의 우파의 입장을 수용하지도 않았다. 세계 차원에서 서구 자본주의 문명의 영향력 확장, 소비에트 체제의 공고화 그리고 특히 1930년대 이후 자국 전통을 보편화하기 위한 일본의 시도 등을 배경으로, 그는 민족의 특

안재홍 친필 약력

수성과 독자성에 대한 식민지인의 각성을 촉구했다. 일본과 소연방 및 서구의 보편주의 공세 앞에서 식민지 약소민족이 자신의 민족 정체성을 상실하게 될 것을 우려했기 때문이다.

그럼에도 불구하고 이러한 그의 시도는 보편주의의 규정에서 벗어나지 못했다. 마르크스주의자들이 자본주의로부터 사회주의로의 이행을 역사의 철칙으로 여겼던 만큼, 그는 민족의 특수성을 고양하는 작업에 지난한 노력을 경주했다. 만일 그가 이론 측면에서 마르크스주의의 영향을 은연중에 받았다고 한다면, 감성 측면에서는 민족의 고유성과 우월성을 강조한 민족주의 우파의 입장에 더 끌렸다. 특정 민족의 역사를 고립된 범주로 고착해 이해하는 사고의 위험성을 충분히 깨닫고 있었지만, 점차 그는 민족의 독자성 추구에 집착할 수밖에 없었다. 대의를 표명하고 헌신할 수 있는 보편주의의 이상을 찾을 수 없었기 때문이다.

보편주의와 특수주의의 쟁점은 시간과 공간 개념을 통해 보다 명료하게 분석될 수 있었다. 일제 식민주의자들과 마찬가지로 특수주의에 대한 민족주의 우파의 집착은 시간과 공간을 고착된 방식으로 개념화했다. 오랜 역사 속에서도 변치 않고 이어져온 전통에 주목함으로써 일제의 정체성 이론과 유사하게 시간은 정지되었으며, 공간 또한 특정 민족의 생활을 위한 장으로서 다른 공간으로부터 고립시켜 인식했기 때문이다. 이와 달리 보편주의 이론을 표방한 마르크스주의자들은 자신의 이론이 어떠한 시간과 공간에도 적용될 수 있다고 생각했다.

안재홍은 시간과 공간에 대한 이 두 극단의 인식에 만족할 수 없었다. 마르크스주의자에 대해 그는 공간 개념으로 포괄되는 민족 생활과 전통의 특수성을 강조했으며, 또한 민족주의 우파와 달리 그에게는 정체와 정지가 아닌 발전과 계기의 차원에서 시간에 대한 인식이 있었다. 그러나 이렇게 시간과 공간의 두 요소를 공히 중시했음에도 그는 어디까지나 민족이라는 범주 내에서 이 두 요소를 개념화하고자 했다. 결국 끝내 다다른 특정 공간에 대한 집착은 시간의 보편성을 빼앗아버리는 결과로 이어졌으며, 따라서 시간 자체를 공간 안에 가두어버리고 말았다.

보편주의와 특수주의를 종합하려 한 그의 이론적 시도는 이렇게 좌절되고 만다. 이는 신간회나 민족협동전선 또는 민족대동단결을 위한 조직 결성을 둘러싼 민족주의 좌파 정치의 패배와 궤를 함께하는 것이기도 하다. 식민지 시기 조선학 건설을 위한 안재홍의 노력과 궁극의 좌절은 학문과 지식의 토착화 과제에서 보편주의와 특수주의로의 두 가지 유혹을 모두 경계해야 하며, 아울러 그 이론화 과정에서 시간과 공간의 문제를 함께 숙려해야 한다는 사실을 우리에게 일깨우고 있다.

제 6 장

신여성의 미국 체험과

자아 정체성

신여성과 미국 유학

1920년대 전반기 식민지 한민족에게 해외 경험은 쉽게 허락되는 일이 아니었다. 공식적인 국제회의나 경기 참석 또는 유학처럼 목적이 뚜렷한 경우를 제외하고 식민지인이 해외로 나가는 경우는 거의 없었다. 개인 차원으로 보면 상류·지도층처럼 신원이 확실한 경우에나 가능했다.[1] 더구나 사회적 지위가 더욱 열악했던 식민지 피지배 여성의 해외 경험은 지극히 드문 사례에 속했다. 그렇다면 그 예외의 선택을 받은 극소수 여성들은 과연 누구였을까. 우선 근대 교육을 받은 신여성 일부가 여기에 속했다.

이 시기 신여성을 대표하는 나혜석이 1927년 6월부터 1929년 3월까지 1년 10개월간 유럽과 미국 등지를 여행할 수 있었던 것은 일본 외무성 관리로서 안동 부영사로 근무한 남편 덕분이었다. 황에스더黃愛施德와 함께 유학한 인물로 거론되는 김마리아와 박인덕은 선교사의 도움을 받아 유학생 신분으로 미국에서 공부했다.[2] 그런가 하면 활발하게 사회운동과 여성운동을 펼친 사회주의자 허정숙이 미국과 유럽 등지에서 1년 남짓 여행할 수 있었던 것도 보성전문학교 교장, 동아일보사 중역, 조선변호사협회 회장 등을 지낸 아버지 허헌許憲이 있었기에 가능했다.

이 장에서는 식민지기 미국 유학생을 대표하는 몇몇 여성들이 남긴 미국 견문록, 여행기 등을 중심으로 이들의 미국 문화 경험을 분석해본다. 사실 당시 미국 유학 경험이 있는 여성 숫자는 남성에 견줘 미미했지만, 적은 수만도 아니었다.[3] 이 장의 주인공은 김마리아, 박인덕, 허정숙 등 3인이다. 모두 신여성을 대표하는 인물들이었으며, 미국 체류와 관련해 자료들도 남아 있다. 이념상 김마리아와 박인덕은 자유주의·민족주의 계열, 허정숙은 사회주의·공산주의 계열로 분류된다. 김마리아와 박인덕은 같은 민족주의 계열이었지만, 1930년대 이후 항일과 친일의 범주에서 각각 다른 길을 걸어갔다. 이들의 서로 다른 삶의 궤적은 해외 경험을 통해 형성된 자아 정체성의 차이와 민족 및 이념에 대한 견해차를 분명하게 드러낸다.

왜, 어떻게 가게 되었는가

김마리아(金마리아, 1892-1944)[4]는 3·1운동 당시 이른바 애국부인회 사
건의 주모자로 잘 알려진 인물이다. 우리나라 최초의 교회(소래교회)
가 세워진 황해도 장연군 대구면 송천리의 유서 깊은 기독교 집안
에서 태어난 그녀는 고향에서 소학교를 마치고 서울의 연동(정신)여
학교에서 공부했다. 1910년 이 학교를 졸업한 뒤, 2년 전 같은 학교
를 졸업하고 광주수피아여학교 교사로 부임한 언니를 따라 광주에
서 교사로서 사회 경력을 시작했다. 1912년 일본 히로시마여학교
에 유학했으며, 1년 뒤 모교인 정신여학교 교장 루이스Margo Lee
Lewis 선교사의 초빙으로 모교에서 가르치다가 1915년 5월 그녀의
주선으로 일본 도쿄조시가쿠인東京女子學院 본과에 입학했다.

그녀는 도쿄에서 도쿄여자유학생친목회, 조선유학생학우회에
서 활동하면서 『여자계』의 발간 등에 참여했으며, 1917년에는 여자
유학생친목회 회장으로 선출되었다.[5] 1919년 1월에는 조선의 자주
독립을 목표로 도쿄에서 조직된 조선청년독립단에 가입하고, 2·8
독립선언대회에 참여했다가가 일본 경찰에 체포되었으며, 곧이어
2월 중순 귀국해 3·1운동에 참여해 3월 6일 경찰에 체포되었고, 8
월 4일 경성지방법원의 예심에서 면소, 방면되었다. 이후 항일 여
성운동 활성화를 모색, 10월에 대한민국애국부인회를 조직해 회장
의 책임을 맡아 활동하다가 11월 경찰에 체포되었다. 1921년 7월
극적으로 상하이로 탈출하는 데 성공한 뒤에는[6] 독립운동에 관여
하면서 난징 금릉대학(성경사범학교)에서 공부했다.

김마리아

　이후 1923년 6월 21일 상하이를 떠나 7월 12일 미국 샌프란시스코에 도착했고, 1932년 7월 귀국할 때까지 9년 남짓 미국에서 망명 생활을 했다.[7] 미국에서 첫 1년은 캘리포니아 일대에서 열린 동포 환영식과 진학 준비로 보냈다. 1924년 9월 미주리주 파크빌시에 있는 파크대학Park College 3학년에 입학했고, 1927년 5월 문학사 졸업장과 함께 평생 교사 자격증을 받았다. 파크대학에서는 1926년 12월까지 과정을 모두 이수하고 이듬해 5월 졸업만 남겨둔 상태였으므로, 1927년 1월부터는 시카고대학교 대학원에서 연구생 자격으로 1년간 사회학을 공부했다.

1927년 말에는 컬럼비아대학교 사범대학원에 입학하기 위해 뉴욕으로 건너갔다. '근화회'를 조직해 현지에서 활동하던 그녀가 컬럼비아대학원에 입학한 것은 이듬해인 1928년 9월이다. 이 대학원에서 그녀는 1929년 6월 교육행정학 전공으로 석사학위를 받았으며, 이어 9월에 뉴욕신학교 종교교육과에 입학해 1932년에 학사학위를 받았다. 같은 해 6월 23일 미국을 떠나 캐나다 토론토를 거쳐 7월 20일 경성역에 도착했다. 귀국 후 그녀는 원산의 마르다윌슨여자신학원Martha Wilson Memorial Women's Theological Training School에 부임해 부원장 겸 교사로 재직했다.[8]

조선청년독립단과 3·1운동에 참여, 애국부인회 조직에서 보듯이, 그녀는 고국을 떠나기 전부터 열렬한 민족 독립운동가였고, 1921년 상하이로 망명한 이후에도 임시정부 등에서 독립운동을 계속했으며,[9] 미국에 머무는 동안에도 재미대한민국애국부인회를 조직해 회장을 맡는 등 활동을 이어갔다.[10] 철저한 민족주의자로 독립운동을 주도했지만, 귀국 후엔 신학원에서 성경 교수조차 금하는 취직 정지 명령을 받을 정도로[11] 일제의 심한 통제를 받았다. 결국 1944년 3월 숨을 거둘 때까지 정치 운동과 거리를 두면서 신학교에서 후진 양성에 전념했다.[12] 비록 상황에 의해 강요된 점이 있지만, 그녀 삶의 후반부는 민족주의자와 기독교 종교인이라는 두 정체성 가운데 후자의 비중이 컸다.

후술하게 될 허정숙이나[13] 일정 부분에선 박인덕과도 달리, 김마리아는 미국에서 생활하면서 심각한 경제고와 인종 차별에 시달렸다.[14] 파크대학 입학원서 직업 경력란에 필사원clerical과 가사 돌보기를 적었고, 현재 직업은 도서관 사서라고 썼다.[15] "남들은 학비를 도와주지만 나는 쫓겨 간 사람이니 다시 못 돌아가리라고 보아서 누구나 희망 없는 사람이라고 본 탓인지 도와주는 이가 없어"서 무척이나 힘든 고학 생활을 했다고 그녀는 회상한다.[16] "아침과 저녁이 문제가 되리만큼 절망한 경제 공황"의 상태에서 "남의 집 종살이부터 여급의 신세며 점원, 행상 등으로 양키 천하에서 갖은 경멸과 천대"를 받았으며, "같은 조선 사람들이 백인 집 종살이할 때 일어나던 델리킷한 심적 고민이란 나만이 알 수 있는 영원한 비밀"이라고 그녀는 고백하고 있다.[17]

박인덕(朴仁德, 1897-1980)[18]은 그녀 당대에도 평가가 단적으로 엇갈렸듯이, 결혼과 이혼 및 친일 경력에 가려 모순에 찬 자아 정체성 전체가 완전하게 평가되지 않은 인물이다. 이화학당을 3회로 졸업한 그녀는 뛰어난 미모와 재주로 대중적 차원에서 신여성을 대표하는 인물로 이름을 떨쳤다. "노래 잘하는 박인덕, 인물 잘난 박인덕, 연설 잘하는 박인덕"이라는 세간의 평가에서 보듯이, 그녀는 아이로부터 어른에 이르기까지 동경의 대상이었다. 그녀의 자태와 말소리와 재주는 "대리석에 조각하여 놓은 부조浮彫 모양으로 아침이슬을 머금은 듯한 한 송이 백합꽃"으로 칭송되었다.[19] 대학을 졸업하고 이화학당에서 교사 생활을 한 그녀가 돈 많은 남자와 결혼한

박인덕

사건은 이러한 동경과 기대를 단박에 저버리는 행위로 받아들여졌다. 하지만 정작 그녀는 여론의 뒷말을 뒤로한 채 하루 14시간 이상 시간강사 및 개인교수로 일하면서 가정을 꾸려나가야 했다. 훗날 이 6년의 결혼 생활에 대해 몸은 몸대로 고단하고, "마음도 또한 그 이상으로 피곤하고 우울하고 괴"로웠던 시기로 회상한다.[20]

이 시기 그녀는 배화학교에서 영어와 음악 과목을 가르쳤다. 일찍이 현대 문명을 이해하고 출세하기 위해서는 영어가 중요하다는 사실을 깨달았으니, 어릴 때부터 그녀가 영어에 특별한 관심을 가진 것은 우연이 아니었다. 미국으로 떠나기 직전 신문 인터뷰에서 그녀는 "영어에 헌신하기 위하여 영어의 조국을 찾아가 취미가 진진한 영어를 근본적으로 연구"하기 위해 미국 유학을 갈 생각이라고 언급한다. "현재 세계어로 화하여 가는 영어"의 중요성을 일찍 깨닫고 성공을 위한 수단으로 영어 공부에 집중, 매진한 덕에 미국 유학 생활에 쉽게 적응했으며,[21] 추후 미국과 유럽 각지 순회 종교 강연에 나설 수 있었을 것이다.

드디어 1926년에 그녀는 "지옥에서 사는 것"과 같은 생활에서 벗어나기 위해 미국 유학이라는 결단을 내린다. 8월 2일 조선을 떠나 10일에 요코하마에서 배를 타고 19일에 하와이를 거쳐 24일에 샌프란시스코에 도착했다. 2년 만인 1928년 여름 조지아주의 웨슬리안Wesleyan여자대학을 졸업하고 1년을 더 공부했다.[22] 미국 대학에서 3년을 공부하는 사이에 "완전히 웃을 줄 아는 사람이 되었다"라는 언급에서 보듯이,[23] 미국 생활은 그녀에게 자신감과 더불어 자아 정체성 형성에 긍정적 영향을 미쳤다. 1928년 가을부터 그녀는 만국기독교청년회의 초청을 받아 학생선교회 순회간사로 미국 전역과 캐나다를 돌며 순회강연을 했고,[24] 1931년 봄에는 영국 주요 대학과 단체의 초청을 받아 순회강연을 했다. 그러다 같은 해 6월 영국 런던을 떠나 유럽과 중동 그리고 중국을 거쳐 10월 6일 여의도 비행장을 통해 귀국했다.[25] 이렇게 그녀는 1926년 8월부터

1931년 10월까지 5년 2개월간 미국 유학과 유럽, 중동, 아시아 등지의 순회 여행을 경험했다.

그녀의 두 번째 해외 체류는 4년 후인 1935년으로 이어졌다. 1935년 12월 28일부터 이듬해 1월 2일까지 미국 인디애나주 인디애나폴리스에서 4년마다 열리는 세계기독교대회에 초청을 받은 것이다.[26] 그녀는 1935년 11월 4일 요코하마를 출발, 미국에 도착해 회의에 참석하고, 뉴욕, 워싱턴, 플로리다 등지로 순회강연을 하면서 여행했다.[27] 이때도 그녀의 인기는 여전했던 것으로 보인다. "조선농촌여자기독교 운동 현상에 대한 강연 행각으로 비등적 인기 가운데 전 미주를 순회"하고 멕시코와 캐나다 등지로 진출하여 명실상부한 세계 일주 여행을 한 것이다.[28]

가난한 집안에서 태어나 자수성가한 박인덕은 조선에선 고학생 생활을 하면서 학교를 다녔다.[29] 이화학당 시절엔 교장의 주선으로 한 미국 후원자의 도움을 받아 학교를 졸업했다.[30] 그러나 이화학당에서 촉망받는 졸업생이면 미국으로 가는 것이 "다시없는 출세요 또한 성공"으로 여겨지던 분위기 속에서 그녀는 결혼을 선택했고, 이후 스캔들에 따라붙는 비난을 감내하며 유학 자금도 스스로 마련해야 했다.[31] 요코하마에서 미국행 배를 탔을 때도 "프로[프롤레타리아—필자]의 덕택으로 3등 선객의 틈에 끼어서" 갔으며, 미국에 도착해서도 백화점 여점원 등의 일을 하면서 고학했다.[32] 이 시기를 그녀는 "그때는 가난하여 고학했고 또 학비를 받아가며 기숙사 생활을 하는 처지"로 회상한다.[33]

마지막으로 허정숙(許貞淑, 1908-1991)[34]은 상하이영어학교와 고베

여자신학교에서 수학했다. 1920년대 여성동우회와 조선청년총동 맹, 경성여자청년동맹, 근우회 등에서 활동한 사회운동가였다.[35] 박인덕처럼 그녀 역시 영어 실력이 상당했던 것으로 보인다. 시인 이자 인도 국민회의 최초 여성 의장 그리고 여성해방운동가로 유 명했던 사로지니 나이두Sarojini Naidu의 "시가詩歌를 성盛히 유려한 필치로 영문에서 번역"했다는 일화만[36] 보더라도 그녀가 익히 영 어에 능통했음을 짐작할 수 있다.

　1926년 5월 30일 그녀는 아버지 허헌의 통역을 겸해 미국 체류 가 포함된 세계 일주 여행을 떠난다. 하지만 그녀는 미국행을 선뜻 내켜하진 않았다. 비록 망명의 연장선상에서였으나 뭔가 배울 것 을 기대하고 도미한 김마리아의 미국행과 성공의 발판을 마련하기 위해 도미를 갈망했던 박인덕의 미국행과는 확실히 다른 미국행이 었다. 그녀는 어렸을 적부터 미국엔 호감이 없었고, 여러 차례 미국 유학 기회가 있었음에도 가지 않았다고 말한다. 그러다가 "우연한 일기회로 위대한 포부나 아름다운 동경도 없이 기계적도 아니요 의 식적도 아닌 먼 길을 떠"나게 되었다는 것이다.

　그녀가 자의반 타의반 "기계적도 의식적도 아닌" 미국행을 떠난 1926년 5월은 조선의 사회운동사에서 사회주의자들의 대립, 대중 운동의 침체, 치안유지법 실시, 이른바 제1차 조선공산당 검거 등 을 배경으로 사회운동에 분열과 침체가 더해가던 시점이었다. 그 녀의 표현을 빌리면, 이 시기 조선 사회는 "내외의 큰 타격으로 동 요 상태에 있었고, 일본에 있는 우리 사회에는 상애회의 무리한 습 격으로 대혼란 상태에 있었"다. 이러한 분위기 속에서 떠나는 자신

허정숙

에겐 "양행洋行의 기쁨이나 외국 유람의 즐거움이라는 것은 없었으며, 그저 돌에 맞은 듯한 무거운 머리와 수습할 수 없는 혼탁한 정신을 가지고 여정에 올랐다"라고 그녀는 적고 있다.[37]

아버지와 함께 미국에 머문 6개월간 그녀는 컬럼비아대학에서 수학했다. 아울러 "국제적 무슨 단체에 미국의 여류 지도자 모씨를 만나 미국 사회운동사를 많이 연구"했다는데,[38] 아버지 허헌이 미국에 체류하는 동안 뉴욕에서 주지사 선거를 참관하고, 워싱턴 백악관에서 쿨리지Calvin Coolidge 대통령과 면담하는 등의 활동을 한 점을 고려해볼 때,[39] 그녀 역시 사회운동계과 정치계의 주요 인사들을 만난 것으로 추정된다. 미국 생활을 마치고 그녀는 아버지와 함께 영국, 아일랜드, 네덜란드, 벨기에, 프랑스, 스위스, 폴란드, 오스트리아, 독일, 러시아, 중국 등지를 여행했다.[40] 귀국은 출국 1년 후인 1927년 5월이었다. 해외 체류 기간은 김마리아가 13년, 박인덕이 두 번에 걸쳐 6년 남짓인 데 비해 훨씬 짧은 편이었다.[41]

무엇을 보았는가,
서양 문명에 대한 인식과 평가

낙후된 식민지를 떠나 미국에 도착한 뒤, 발전한 선진 문명을 목도하면서 이 세 명의 신여성은 모두 일종의 문화 충격에 직면했다. 경이와 찬사도 뒤따랐다. 입장이나 이념 지향은 각자 달랐지만, 공히 미국 생활의 장점과 긍정적인 면을 서술했다. 김마리아는 "맛있는 음식을 대하며 부드러운 의복을 입고, 화려한 자연과 인조적 경개를 구경하며, 폭신폭신한 침석"에서 지내는 생활을 언급했으며,[42] 박인덕은 해수욕, 수영, 궁술을 즐기는 웨슬리안대학에서의 생활을 자랑삼아 소개했다.[43] 미국에 대해 비판적 시선을 거두지 않은 허정숙조차 지면 관계로 생략한다고 했지만, 미국 문명에 "경탄할 것이나 칭송할 것이 있"다고 인정했다.[44]

물론 세 사람의 입장은 조금씩 차이가 있다. 김마리아에겐 민족 정서가 두드러지는 토착 요소도 있었지만, 기독교 가정에서 태어나 교육받은바 서구와의 친화력이 있었다. "오 분 십 분은 시간으로 계산하지 않"던 예전과 달리 미국 대학에선 "반 분도 회계하게" 되는 바쁜 일상을 보내면서 그녀는 고국 친구들에게 미국 학생들은 "일 분도 놀지 않고 부지런히 공부"한다고 편지했다. 특히 그녀는 근로를 중시하는 이들의 생활 태도에 주목했다. "학과만 필하면 공장에 들어가 남자는 남자의 하는 일 여자는 여자의 하는 일, 원망과 시비가 없이 하니 참으로 본받을 만하다"라고 언급하면서 아마 그녀는 이와 대조되는 조선의 상황을 떠올렸을 것이다. 그러면서도 "일하는 시간에는 일꾼 같으나 씻고 나서면 신사 숙녀들"이 되는 이들의 생활 방식을 부러워했다.[45] 오랜 미국 생활에 익숙해진 그녀는 머리 모양도 서양식으로 바뀌어 굽슬굽슬한 짧은 머리에 앞머리는 눈썹 위로 이마를 덮었다. 부르디외Pierre Bourdieu의 아비투스habitus 개념을 빌리지 않더라도 이러한 점에서 미국은 박인덕과 마찬가지로 그녀에게도 "제2의 고향"이었다.[46] 하지만 일종의 망명객 신분으로 어려운 경제 형편 속에서 인종 차별 등에 민감했던 김마리아에게 미국 생활은 동경이나 경이보다 괴로움과 어려움 그리고 아픔으로 표현되는 어떤 것이었다.[47] 이러한 점에서 그녀는 해외 경험에 소극적인 적응형이라 할 수 있다.

반면 박인덕은 적극적인 추구형이었다. 웨슬리안대학교 도서관 한 모퉁이에서 책을 펴놓고 앉아 있으면서도 "어떤 계안計案을 써야 우선 내 몸 담겨 있는 북미주의 역사지, 대도시, 저명한 대학들을 볼까 하고 쉴 새 없이 궁리"했던 그녀였다. 1927년 12월 4년마다 개최되는 전미주학생선교대회 디트로이트회의에 참석하게 됨으로써 기회를 잡은 건[48] 어찌 보면 필연이었을지도 모른다. 이후 두 차례에 걸친 미국과 유럽의 순회강연과 1935년 두 번째 미국 방문은 이 단체와 연계되어 진행된다.

따라서 박인덕은 다른 두 여성보다 적극적이고 긍정적인 방식으로 미국 문명을 인식했다. 상대적으로 김마리아처럼 미국 사회 밑바닥에서 차별과 고통을 겪지 않은 그녀는 미국 문명에 대해 동경과 찬사를 수반한 피상적이고 무비판적인 평가로 일관했다. 그녀가 꼽은 미국 대학생의 다섯 가지 장점이 이에 부합한다. 자기 재능을 충분히 발휘할 수 있다는 점, 건강한 신체와 건전한 정신을 지니고 있다는 점, 노래를 즐기고 느낄 수 있다는 점, 남녀가 맘껏 유쾌히 같이 놀고 배운다는 점, 일을 의무로 생각하지 않고 연극이나 유희로 본다는 점 등이 그것이다.[49] 또 다른 글에서 그녀는 마지막 일에 대한 평가와 관련해 미국인들의 문화생활에서는 어떠한 노동도 "힘드는 줄 모르는 유희적 노동"이 된다면서 감탄까지 터뜨린다.[50]

사실 타자(미국)에 대한 지나친 이상화는 자신(조선)에 대한 부정과 밀접하게 연관된다. 오리엔탈리즘의 문제의식 차원에서 보자면, 자기 부정은 타자의 현존을 통해 극복될 수 있는 것으로, 이 경우 자아는 끊임없는 타자와의 교류를 통해 스스로를 확인받으려는 경향이 있다.[51] 실제로 박인덕은 1931년 귀국 후 1935년에 다시 도미하기까지 식민지 조선에서의 생활을 "너무나 울적하고 쓸쓸하고 낙망되는" 어떤 것으로 묘사한다.[52] 반면 두 번째 미국행은 "정신의 피로"를 "새로이 깨끗하게 씻"고, "새로운 정신적 양식을 얻을" 수 있는 재충전의 기회로서 "가장 큰 희망과 행복의 기쁨을 주는 것"으로 기대했다. 의미 맥락은 달랐지만, 김마리아처럼 박인덕에게도 미국은 "제2의 고향"이었다.[53] 오직 미국 편향으로만 쏠리지는 않았다는 점에서[54] 오늘날의 그것과는 다르지만, 그녀의 미국관은 전형적인 오리엔탈리즘의 사고방식에 가깝다.

두 사람과 달리 허정숙은 미국 문명과 거리를 두면서 비판적 태도를 견지했다. 그녀는 거대함과 그 배후에서 작용하는 물질에 대한 추구로 미국 문명의 특징을 요약했다. "돈의 힘이 아니면 유지할 수 없는 것이 이 나라로서 교육, 정치, 경제, 법률, 종교의 무엇이든지 다 돈을 변해辯解하고 옹호하는 금전만능의 사회에서 우리로서는 능히 상상도 못할 온갖 세상의 죄와 악이 유유히 감행"되고 있다고 그녀는 보았다. 자본주의 문명이 고도로 발달한 대표 국가로서 미국은 자신의 주의를 옹호할 만한 이론과 구실을 철저히 갖추고 있다고 그녀는 주장했다. 어느 것에서나 자본주의 냄새가 나는 이 나라에서 조금이라도 감각이 있다면 "이 문명의 발호에 두통을 앓지 않는 사람이 없을 것"이라고 그녀는 언급한다. 돈에 "눈이 가려 이 사실을 모르지만 돈에 미치지 않은 사람, 정기正氣로 정의로 살아나가려는 사람의 눈에는 이 사실들이 명백히 보일 것"이라는 것이다.[55]

그런데 이 세 신여성은 재미 한인을 어떻게 인식하고 평가했을까. 이에 대해 김마리아는 미국으로 건너간 첫해인 1923년 자신을 환영하는 자리에서 낙관적인 전망을 담아 연설한다. 1919년부터 "분열이 되어서 당파가 갈"린 재미 한인 사회의 실상에도 불구하고, 그녀는 "남은 무엇이라고 전하든지 나는 이것 역시 독립운동을 위해서 그리된 것이라고 인정하고 원망하지 않"는다면서, 이것으로 "대동단결의 절대 필요를 철저하게 깨달았"으므로, "서로 양보하고 자기를 희생해가면서 단합하고 연후에 대내의 혁명 대신에 대외 혁명에만 전 세력을 경주"하고 분발하기를 바랐다. 또 "여러분께서는 원동을 향하여 독립이 언제나 돌아오나 하고 바라시지마는 원동에서는 미주를 향하여 독립은 미주로부터 오려니 하고 고대"한다면서, 그녀는 재미 한인이 분열과 반목을 털어버리고 의식의 단결과 자주 활동에 힘쓸 것을 격려했다.[56]

하지만 9년 남짓한 미국 생활을 마치고 조선으로 돌아오면서 그녀는 현실과 미래에 대해 불안감을 표명한다. 캐나다에서 바쁘게 귀국하다 들른 하와이에서 현지를 대표하는 애국부인단체인 구제회가 둘로 나뉘었다는 사실을 알게 된 그녀는 "미약한 힘이 더군다나 갈려졌다는 것을 슬퍼하지 않을 수 없었다"라며 쓰라린 심정을 피력했다. 귀국 전날 요코하마에서 샌프란시스코의 선배에게 보낸 편지에서 그녀는 동북아 정세가 급박하게 변화하고 있는 와중에 "개인이나 단체가 정신을 가다듬어야 할 것임에도 불구하고 사욕을 만족시키는 분주한 경향"이 있다고 비판하면서, "아무리 생각해도 우리는 대체로 신경마비에 걸리지 않았는가도 싶"어 "장래가 캄캄하"다고 적어 보냈다.[57] 9년에 걸친 미국 경험은 1920년대 초반의 낙관적 정서를 어느덧 회의와 비관의 분위기로 바꿔놓았으며, 이는 귀국 후 그녀의 삶이 걸어갈 방향을 예고하는 것이기도 했다.

반면 재미 한인에 대한 박인덕의 서술은 매우 긍정적이었고, 또 일방적인 긍정이 흔히 그러하듯이 피상적인 차원에 머물렀다. 실업계에 몸담고 있는 조선인의 이름을 나열하면서 그녀는 재미 조선인의 생활이 조선에 있는 "일반 동포의 생활 정도보다 훨씬 낫다"라고 평가했다. 아울러 문화계와 정치계의 인물들을 거론하면서 이들의 활동은 "우리 조선 사람을 위해서 부절의 노력을 보여 주는 것"이라는 점에서 "그들에게 감사를 표하는 동시에 그들의 뜻에 어기지 말고 분투·노력하자"라고 다짐한다.[58]

한편 허정숙의 의견은 박인덕과 달랐고, 차라리 김마리아 쪽에 더 가까웠다. 두 사람에 비해 체류 기간은 훨씬 짧았지만, 그녀는 재미 한인들을 통찰력 있게 관찰하면서 심층적으로 분석했다. 그녀가 보기에 미국은 일자리가 많아서 "아무리 게으른 인간이라도 밥을 굶을 수가 없"다는 점에서 "놀기 좋아하는 사람에게는 더없이 좋은 곳"이었다. 조선과 같이 일자리를 구할 수 없다면 재미 한인도 "경제적 압박의 고통을 맛보았"겠지만, 일을 해서 쉽게 돈을 벌 수 있기 때문에 "다른 사람(즉, 미국인 일반)과 같이 자유스럽게 살 수 있"다고 그녀는 지적했다. 또한 조선과는 노동의 종류와 제도가 달라 심신의 피로나 고통을 느끼지 못하기 때문에, 이들은 노동하면서도 "미국 중산계급의 사람만큼 생활할 수 있"다고 보았다.

물론 그렇다고 해서 재미 한인이 고통이나 고역으로부터 면제되지는 않는다고 그녀는 지적한다. 그저 조선과 환경이 다르다는 점에서 이들은 좀 더 나은 조건에서 일하고 있을 뿐이다. 생활수준이 높은 자본주의 국가에서 생활하는 까닭에 이들의 "사상도 환경화하여 자본주의를 구가"하게 된다고 분석하면서 그녀는 이들 대부분이 자본주의 제도로 고통 받는 조선인과 "배치되는 사상"을 지닌다고 주장한다. 때에 따라 이들에 대해 "한심한 느낌이 드는 때도 있"다고 고백하지만, 그녀는 이들 역시 자본주의 제도의 피해자로 보아야 한다고 강조한다. "경제적 압박으로 이국에 유리流離하며, 또 그 자본가들에게 사역을 당하는 무리들임을 생각할 때에는 동정의 눈물과 함께 이 제도에 대한 증오를 다시금 느끼지" 않을 수 없다는 것이다.

이와 함께 허정숙은 조선 사회처럼 미주 한인 사회 역시 분파를 이루고 있다는 사실을 놓치지 않았다. 자세한 내용은 언급하지 않았지만, 미주 한인 사회가 셋으로 분열되어 있다고 보았다. "표면으로는 갈등이 없는 듯하면서도 역시 분립된 단체가 있고 암암리에 쟁투가 있는 것을 볼 때에는 한심"한 생각이 든다고 그녀는 토로한다. "파쟁은 내외지[內外地, 즉 조선과 미국―필자] 똑같다는 생각이 들 때에는 자못 가슴이 서늘하고 우리의 장래가 허무한 듯하여 창연悵然한 감을 금할 수 없"다는 것이다. 김마리아처럼 그녀는 미국 동포의 사례는 다시금 새삼스럽게 "우리는 어디로나 성심진의誠心眞意로 단합하지 않으면 안 되겠다는 절실한 교훈"을 준다고 언급한다. "앞으로는 이런 교훈의 성과가 불원간에 보이리라는 일루의 희망을 가지고 돌아왔다"라는 언급에서 보듯이,[59] 1927년 5월 귀국 후 그녀는 민족 단일 전선으로서 신간회와 근우회 운동에서 맹렬하게 활동했다.

무엇을 할 것인가, 교육 대 혁명

미국(과 유럽)에서 새로운 문명을 접촉한 세 여성은 선택과 제한의 방식으로 이에 관심을 표명했다. 이들은 미국 문명의 특정 측면에 주목하려 했다. 대체로 자신이 몸담고 있는 식민지 사회의 모순에 대한 반응이자 대응의 성격이었다. 환언하건대, 이들은 미국 문명의 다양한 양상들 가운데 자신이 보려는 부분을 선택해 강조했으며, 이는 귀국 후 직접 관심을 갖고 추진하려던 일과 밀접한 관련이 있었다.

먼저 허정숙은 미국 문명의 핵심을 물질과 금전 추구로 요약했다. 사회주의 이념의 원칙에 충실한 경제적 해석이었다. 명시적이지는 않았지만, 그녀는 그 극복의 대안으로 사회운동과 계급투쟁의 중요성을 강조했다. 그녀는 미국 체험을 통해 자본주의 사회의 현실과 미래에 대한 자신의 신념을 더욱 굳혀나간 셈이었다. 이 신념에 따라 그녀는 귀국 후 근우회 운동과 이후 중국에서 민족 혁명 운동에 헌신했다.

자유주의 성향의 김마리아와 박인덕은 이와 대비되는 행적을 보였다. 물론 두 사람은 지향이 서로 달랐지만, 혁명보다 교육의 길을 선택한 데서 실천이 겹친다. 전형적인 민족주의자였던 김마리아는 먼저 독립을 위해선 교육을 통해 민력을 키우는 노력이 절실하다고 생각했으며, 민족주의 계열의 실력 양성론과 준비론에 철저히 공감했다. 그리고 이러한 맥락에서 민족의 단결과 조직을 강조했다. 그녀의 이러한 생각은 3.1만세시위 과정에서도 표출되었다. 조직적으로 여학생을 시위에 동원하려 한 황에스더, 박인덕, 나혜석 등과 달리, 그녀는 "나가서 한 번 만세를 부른다고 독립이 되는 것이 아니므로 일제히 나가지 않아도 된다"라면서 참여하고 싶은 사람은 "개별로 나가서 만세를 부르는 것이 좋겠"다고 주장했다.[60]

상하이 망명 후 그녀가 임시정부 활동보다 난징 금릉대학에서 공부에 더 열중하면서 미국 유학을 준비한 것도 기존 정치 운동의 한계를 자각하고 대안을 모색하기 위함이었다. 그녀는 "동포를 살리는 길이 정치 운동에만 있지 않은 것을 실제 경험으로 깨닫는 동시에, 우리 사람은 누구보다도 더 알아야겠다"라고 생각했다.[61] 미국에서도 그녀는 이 신념을 잃지 않았다. 도미 직후인 1923년 8월 5일 다뉴바 대한여자애국단이 주최한 환영 연설에서 그녀는 임시정부가 주최한 국민대표회의가 5개월 난상 토론 끝에 결렬되어버렸다는 소식에 깊은 환멸을 느꼈다고 토로했다. 하지만 그로부터 "단합하기를 공부할 것"이라는 통절한 교훈을 얻었다면서 민족 단결과 함께 인재와 경제력의 충실을 강조했다. 그에 대한 자각이 없는 독립은 "법리상이요 명의상이요 실제적이 못될 염려가 없지 않"다는 주장이었다.[62]

그녀는 조선이 식민지로 핍박 받고 조선 민족이 잘살지 못하는 이유는 다양한 방면에서 활동하는 인재가 없고, 금전이 없으며, 나아가 자기 천직을 다하는 사람이 없기 때문이라고 보았다. 미국민의 근로와 근면한 생활 태도를 칭찬한 반면, 조선 사람들은 말과 글로만 일을 하지 "실천궁행하는 이가 없"다고도 주장했다.[63] 일찍이 연동여학교 시절부터 그녀는 교육을 통해 이러한 생각과 생활 태도를 몸에 익혀왔다. 이화학당과 비교할 때 연동여학교는 지식 교육보다 전도와 생활 교육에 보다 비중을 두었고, 일하면서 공부한다는 이른바 반공半工 교육을 실천했다.[64]

미국에서 그녀가 처음 공부한 파크대학 역시 이러한 교육 방침에 따라 설립·운영되었다. 하루 세 시간 정도의 교내 노동으로 숙식비와 학비를 스스로 벌게 하는 자력 학생제도를 운용하던 이 대학에서 그녀는 배움의 기회조차 얻지 못하는 가난한 조선의 현실을 떠올렸다. 고국의 친구에게 보낸 편지에서는 "너 나 할 것 없이 다 일하니 노동도 신성해 보이는 유쾌"한 대학 생활을 언급하면서 "우리나라에는 이런 학교가 절대 필요함을 알고 실제로 체험코자 들어왔다"라고 적었다.[65]

조선 독립을 목적으로 미국에서 근화회를 조직해 활동하기도 했지만, 그녀가 이러한 정치 활동보다 오히려 종교나 봉사 활동에 역점을 둔 점 역시 사회 각 방면에서 자기 천직을 가지고 실천할 수 있는 인재를 길러내는 교육의 역할을 중요시했기 때문이다. 그녀가 교육을 강조한 건 법정 시효 10년을[66] 고려한 그녀가 귀국 후를 염두에 두고 독립운동 같은 정치 운동 대신 오직 종교 운동에만 종사하겠다는 뜻을 내비친 것이었다고 볼 수도 있겠지만, 근본적으로 실력 양성을 중심에 둔 그녀의 원래 성향과 신념을 반영하는 것이었다. 귀국 후 그녀는 원산의 여자신학교에서 한두 해 정도 일하다가 평소 생각해온 여성 교육 사업을 실천에 옮기고자 했다. 그러나 귀국 초부터 일제의 감시와 강압이 잠시도 멈추지 않았기 때문에, 그녀는 꿈을 접어야 했다. "조롱 속의 새가 되어 제한된 범위 내에서 최대한의 활동"을 하면서[67] 결국은 원산의 성경학교에서 후학 양성으로 여생을 보냈다.

박인덕 역시 자기 천직과 소질에 따른 직업 활동을 강조했다. 미국으로 건너가기 전에 교사로 일했고, 미국 여성의 직업 모델로 교사직을 언급했으며,[68] 귀국 후에도 교육 활동에 종사한 사실에서 보듯이, 그녀는 일관되게 교육의 중요성을 강조했다. 김마리아가 미국에서 실용 교육에 깊은 인상을 받은 것처럼, 박인덕은 미국에서 조선의 현실에 적합한 고등 교육 모델을 찾기 위해 고심했다.[69] 특히 그녀가 일종의 평생 교육 개념에 입각한 성인 교육(장년 교육)에 깊은 관심을 가졌던 것은 식민지 현실에 적합한 교육 모델을 모색하는 시도의 하나로 해석될 수 있다.

그녀에 따르면, 장년 교육의 근본 목적은 취직이 아니라 "생활 전체에 심각한 의미를 붙여서 한번 잘살아보자"는 데 있었다. 하지만 정작 그녀는 장년 교육 모델을 미국이 아닌 유럽에서 찾았다. 영국과 덴마크, 독일 사례를 언급하면서 그녀는 영국 노동자 운동과 덴마크 농민 운동이 성공한 비결을 장년 교육에서 찾아볼 수 있다고 주장했다.[70] 1932년 그녀가 조선기독교청년회연합회를 통해 『덴마크국민고등학교丁抹國民高等學校』라는 책을 출간한 것도 이 연장선에 있었다.[71] 이러한 믿음으로 귀국 후 교육, 저술, 농촌 사업에 투신했던 그녀는 본격적으로 친일의 길을 걸으며, 1941년 현대의 "현명순량賢明順良한 주부를 양성"하기 위해 "학술, 기예, 예법"에 중점을 둔 덕화여숙德和女塾을 설립한다.[72]

나는 누구인가, 조선인으로서의 나

특정 문화에 속해 있던 사람이 다른 문화를 접하면서 자의식과 자아 정체성을 재정의하게 되는 건 흔한 일이었고, 이때 자아와 타자의 준거 기준은 우선 민족이라는 범주 안에서 설정되곤 했다. 이러한 민족 준거에 바탕을 둔 세 주인공의 자아 정체성은 서구(와 일본)에 대한 자기 인식과 밀접하게 관련 맺으며 형성되어나갔는데, 김마리아와 박인덕은 이 점에서 극명하게 대비되는 흥미로운 사례를 제시한다.

엘리트를 사자형과 여우형의 두 유형으로 구분한 파레토Vilfredo Pareto에 따르면, 김마리아는 집단과 전통에 대한 헌신이 강한 보수적인 사자형이다. 어릴 때부터 가족과 교회가 중심이 된 소규모 공동체의 친밀한 정서 환경 속에서 자라났다. 이를 잘 보여주는 일화가 있다. 김마리아는 세 살 때인 1894년에 아버지를 여의었다. 열넷 되던 1905년에는 어머니마저 돌아가셨다. 세 자매 중 막내딸인 김마리아를 "기어코 외국까지 유학을 시켜 달라"는 유언과 함께였다. 어린 딸이 마음에 걸린 터였겠지만, 어릴 때부터 명석했던 그녀의 자질을 높이 샀기 때문일 것이다. 1906년 서울로 올라와 두 언니는 연동(정동)여학교에 입학했는데, 그녀만 이화학당에 따로 입학한 사실이 이를 반증하지 않나 싶다. 그러나 가족이 그리웠던 그녀는 채 한 달도 되지 않아 언니들이 다니는 연동여학교로 옮기고 만다.[73]

같은 기독교 계통의 학교지만, 연동여학교는 "미국형 숙녀가 아닌 한국인 신자"로 교육하는 것을 방침으로 삼았다. 한글, 한문, 성경은 가르치지만 영어는 가르치지 않았으며, 한국인으로서의 생활 교육을 철저히 했다.[74] 이러한 환경에서 교육받은 그녀는 가족에 대한 헌신을 자연스럽게 민족 차원으로 전이시킬 수 있었다. 일본 유학 중에도 조선인으로서 정체성이 강했던 그녀는 학급 기념사진을 찍을 때도 한복을 고집했으며, 미국 유학에서 돌아온 이후에도 한복을 즐겨 입었다.[75] 3·1운동이 일어나면서 정신여학교 선교사들의 미온적 태도에 학생들이 항의하고 동맹 휴학을 벌일 때도 일본에서 돌아온 그녀는 후견인이었던 루이스 교장의 기대를 저버리고 학생들의 항일 시위를 지지했다.[76]

애국부인회에서 활동하며 임시정부에 군자금이나 취지서를 보내면서도 그녀는 마리아라는 세례명보다 '무궁화 밭, 무궁화 동산'의 의미인 김근포金槿圃라는 이름을 썼다.[77] 애국부인회 사건으로 검거된 후엔 "어째서 대일본 제국의 연호를 쓰지 않고 서력 연호를 쓰느"냐는 검사의 질문에 강한 항일 의지의 반영인 듯 "일본 연호를 배운 바도 없고 알고 싶지도 않"다고 대답했다.[78] 이 사건으로 일제 경찰의 잔인한 성고문까지 받은 그녀는 평생 독신으로 살면서 그 후 유증에 시달렸다.[79] 독립을 위해 조국과 결혼한 그녀가 미국 유학생 사회에서 "한국의 잔다르크"로 널리 알려진 건[80] 이러한 맥락에서다. 그녀는 일제에 대한 항거와 민족에 대한 헌신의 상징이었다.

박인덕은 파레토가 말한 조합의 잔기가 강해 타협과 절충에 능하고 수완이 풍부한 여우형 지식인이었다. 앞서 언급했듯이 세 여성 모두 정도 차는 있지만, 미국 문명에 대한 동경과 경이 그리고 그로 인한 충격과 그에 대한 반작용으로, 스스로 낙후한 조선의 일원이라는 자각과 자의식이 있었다. 그러나 개별적으로 보면, 찬사를 아끼지는 않았지만 기본적으로는 미국 문명에 별다른 호감이 없었던 김마리아나 그에 분명히 비판적인 자세를 표명한 허정숙과 달리, 박인덕에겐 미국에 대한 동경과 이상화가 두드러진다. 무릇 타자와의 자기 동일시가 강화될수록 그것이 자의식과 정체성에 미치는 영향도 커지고 지속되는 경향이 있는데, 박인덕이 바로 이러한 경우에 해당했다.

웨슬리안대학에서 공부할 당시 박인덕은 자신의 사회와 비교해서 미국 생활이 멀게 느껴지는 건 그것이 고급하고 우월하기 때문만은 아니라고 언급했다. "우리의 생활이 너무도 향상되지 못한 탓"에 "남들의 잘사는 것을 보고는 부럽다기보다 오히려 고통을 받게" 된다는 차원이었다.[81] 귀국 후 미국 생활을 회고하면서 그녀는 자신이 다녀본 다른 어떤 나라보다도 조선이 "못나고", "뒤떨어졌다"는 사실은 자신에게 "무한한 쇼크를 던져 주"었다고 적었다.[82]

자신이 못나고 뒤떨어졌다는 사실에 대한 인식은 모순에 찬 복합 반응을 불러일으켰다. 즉각적인 건 자기 민족에 대한 동정과 연민이었다. 앞서 인용한 글에 이어 박인덕은 "자기가 낳은 자식이 눈이 멀었다든가 귀가 먹었다든가 또는 한편 다리가 병신이 되어서 남에게 뒤떨어진 불구의 자식이란 말을 들을 때, 불쌍하고 가엾고 애처롭게 생각하듯이" 자신이 조선 땅을 밟으면서 무엇보다 먼저 "가엾은 조선아! 애처로운 내 땅아!"하고 부르짖었다는 심경을 토로한다. 그리고 자신이 사랑하는 조선이 "언제나 한 모양으로 쓸쓸한 꿈속에서 깰 줄 모른다는 것을 절실히 느꼈다."[83]

낙후하고 가난한 조선의 현실에 대한 연민과 공감은 김마리아도 표현한 바 있다. 도미 초기 미주리주 파크대학에서 공부하던 당시 그녀는 조선에서 홍수와 가뭄으로 기근과 자살자가 속출한다는 신문 기사를 접하고 "깊은 겨울 찬바람 깊은 눈 속에서 헐벗고 굶주려 울고 떠는 동포의 참혹한 형상이 눈앞에 보"인다고 호소했다.[84] 풍요롭고 안락한 미국 생활을 즐기기에는 "멀리 본국과 서북간도와 원동에 계신 동포 형제들의 정형이 먼저 눈에 보이며 남들이 자는 밤에 뜨거운 눈물로 베개를 적심도 수가 없"었다는 것이다.[85] 박인덕 역시 미국 체류 당시 수해로 "수만의 형제가 기아에 운다 할 때에 고단한 몸을 남북 아메리카로 끌고 다니면서 연설을 하여 한푼 두푼의 의연을 거두어 조선에 보"냈다.[86]

일찍이 박인덕은 미국 가는 길에 들른 하와이에서 현지 주민의 생활을 "유쾌와 쾌락과 희열"로 묘사한 바 있다. 하지만 조선 민족의 현실은 "남다른 설움을 가진", 그와는 정반대의 것이었다.[87] 훗날 필라델피아 자유종을 관람할 때도 그녀는 비슷한 느낌을 받는다. 100여 년 전 자유종은 높다란 종각에 매달려 있었을 테지만, 자신이 본 자유종은 "자유를 잃어버린 것같이 낡은 집안에 쓸쓸히 그 큰 몸 덩어리를 들여놓고 있었다"라고 서술한다. 그것이 "너무나 크고 위대해 보였던 까닭"인지는 몰라도 자기 가슴은 "그저 텅 빈 것 같기도 하고, 또 꼭 막힌 것 같기도 했"다는 것이다. 자유를 잃은 식민지인으로서 비애와 연민이 잘 드러나거니와 그녀가 민족의 자유와 독립에 대한 바람을 이 자유종에 투영한 건 지극히 자연스러웠다.[88]

1939년 독일이 폴란드의 수도인 바르샤바를 함락했다는 보도에[89] 박인덕이 표출한 감정 역시 자민족에 대한 연민과 겹친다. 1931년 파리와 베를린을 거쳐 폴란드를 방문할 당시 분위기를 그녀는 이렇게 회상했다. 즉, "걸음걸이 하며 일거 운동이 모두 분주하고 열정적이었으며, 산천은 퍽 아름답고도 신선한 새 호흡을 하고 있었다." 유럽의 어느 나라에서도 보지 못한 "신흥 기분과 건설의 힘과 싱싱한 희망에 넘치던" 이 민족에게서 그녀는 강렬한 인상을 받았었다.

그들은 모두가 폴란드의 밥, 폴란드의 말, 폴란드의 문화, 폴란드의 집, 폴란드의 생활, 분해된 폴란드를 다시 찾고 세우고자 폴란드, 폴란드하며 애쓰는 것이 어디를 가든지 볼 수 있어 식당에 들어가서도 보이의 설명이 이것은 폴란드 커피요, 이것은 폴란드

고유의 음식이요 하며 폴란드를 강조, 자랑하려 하며 폴란드 폴
란드 하는 것이 듣는 사람의 가슴을 쿡 찔렀습니다.[90]

이렇게 그녀는 "숨죽었던 폴란드의 얼과 피와 전통 풍속을 다시
찾고 기르기에 열중하는 듯한 [폴란드에 대한—필자] 숭고한 인상"을 강
조하면서, 거기에는 "긴 밤과 어둠과 결박에서 뛰어나온 비통한 희
열이 넘치고 있"다고 언급한다. 전시 체제로 이행하면서 일본에 극
단적인 동화를 강요당했던 시대 분위기 속에서 그녀는 폴란드인의
전통을 향한 열정과 자유를 위한 비통한 희열을 조선의 현실에 투
영하려 했다. 독일의 폭력에도 불구하고 폴란드 민족의 "애국열과
자유를 사랑하는 굳은 의지만은 꺾지 못하리라"라고 그녀는 적었
다. 설령 "전하는 슬픈 소식대로 일시의 불행이 있다 하더라도 세
계 어느 나라에서도 볼 수 없는 그들의 피는 다시 뛰는 때가 있을"
것이라고 그녀는 굳게 믿었다. 이러한 감정과 정서가 있었기 때문
에 그녀는 일찍이 김마리아, 나혜석 등과 함께 3·1만세시위에 참여
해 옥고를 치렀으며,[91] 미국으로 건너간 뒤에도 김마리아, 황에스
더 등과 함께 근화회를 조직해 활동했었을 것이다.[92]

그러나 자아의 즉각적 반응이 연민과 동정이었다면, 그와 정반
대되는 혐오와 부정은 그다음 이어진 반향이었다. 민족을 향한 연
민과 공감의 표출에도 불구하고, 이후 박인덕이 본격적으로 친일의
길로 들어서 민족을 부정한 것은 타자에 의한 자아 정체성의 굴절
을 잘 보여준다. 미일 대립이 격화되어간 1940년 후반 미국의 흑백
문제와 인종 문제를 언급하면서 그녀는 미국에서 황인종에 관심을

가지는 이유는 일본인이 섞여 있기 때문이며, 이 재미 일본인의 배후에 일본 제국이 있다고 언급했다. 미일 관계를 두고서는 1937년 중일전쟁 이후 미국은 일본을 더욱 의심하게 되었지만, "일본 제국의 흥아興亞에 대한 진의眞義를 인식하는 때에는 일미 국교도 가장 친밀하게 되고, 따라서 아메리카 서방에 있는 일본인의 문제도 완화되리라"라며 낙관적인 전망을 제시했다.[93] 하지만 그녀의 기대에도 불구하고 일본은 미국과 전쟁 상태에 들어갔으며, 그녀는 "개인 본위가 아닌 국가를 위"한 희생을 강조하면서[94] 제국 일본 편에 적극 가담했다.

나는 누구인가, 여성으로서의 나

자신이 속해 있던 사회보다 여성의 지위가 훨씬 높고 여성해방 사상이 진전된 듯 보였던 미국 사회의 현실 앞에서 이 세 신여성들은 여성으로서의 자의식과 남녀평등과 여성해방에 대한 자기 견해를 새롭게 재조정했다. 김마리아에게 남녀평등과 여성의 사회 참여는 민족의 독립이라는 과제와 밀접하게 연관된다. 3·1운동을 계기로 조선의 독립운동에 남성들이 참여하는데 여성이라고 "그대로 바라만 보고 있을 수는 없"다는 언급에서 보듯이, 그녀의 여성관은 민족이라는 대의에 대한 헌신을 매개로, 여성이 자의식을 획득할 수 있었던 찬양회 전통의 연장선에 서 있었다.[95] 독립운동에서 여성단

The New Korea 995 MARKET ST.,

쵸선녀셩들이 근화회의를 개최하고
자유혼인안을 만장일치로결의
구습풍속을 부인하고 현대식으로

新韓民報

근화회 개최 소식을 알리는 『신한민보』 기사(1929)

체는 남성단체와 긴밀히 연락을 취해야 하며, 만약 남성단체가 활
동할 수 없을 땐 여성단체가 대신 독립운동을 해야 한다는 지론으
로써 그녀는 애국부인회 조직을 주도했다. 그리고 이 단체의 취지
문에서 "국민성 있는 부인"의 용기 있는 분거奮擧와 이상을 목표로
한 단합을 촉구했다.[96]

　1928년 1월 미국에서 그녀가 근화회를 조직한 것도 남성이 중심
인 재미 한인 사회의 분위기를 의식한 것이었다.[97] 미국의 남녀평

266

등에 민감하게 반응한 것도 재미 한인 남성들보다는 오히려 유학생 여성인 김마리아였다. 그녀는 매우 실용적인 방식으로 미국의 여성해방을 이해했다. 여성은 "남녀동등, 여자해방을 말함보다 실지로 남자와 같은 학식을 가졌으며 같은 일을 하"는 것이 중요하다는 내용이었다.[98] 즉, 남녀평등이나 여성해방을 주장하는 입장을 은연중에 비판하면서 여성도 남성과 동일한 교육이나 직업을 추구하는 것이 중요하다고 본 것이다. 이렇게 미국 체류 중 '평등'이 아닌 '동등'의 개념으로 여성해방을 이해한 그녀의 생각은 귀국 후 보수 쪽으로 방향을 더욱 선회한다.

1935년 한 잡지사와의 인터뷰에서 그녀는 남성이 바깥에 나가서 남성의 일을 해야 하는 것과 마찬가지로 여성은 "자신의 직분을 지켜 집안을 잘 다스리고 아들딸의 교육에 정신을 쓰"되, "그러고도 남는 시간이 있다면 그때에 사회 일도 민족의 일도 함이 좋"을 것이라고 언급했다. 여성해방을 주창한다고 해서 "여자의 천분을 버"려서는 안 된다는 취지다. 자기 일도 못하면서 어떻게 더 큰 사회나 민족의 일을 하겠느냐고 반문하면서 그녀는 남성이 가사를 보고 여성이 사회활동을 한다고 해서 여성의 자유와 평등이 보장되지는 않는다고 주장했다. "여자는 여자의 일을 먼저 하라고 외친" 이유가 여기에 있었다.[99]

물론 여성의 직분과 의무를 강조했다고 해서 그녀가 남녀평등의 이념을 원천에서 부정한 건 아니었다. 독실한 기독교 신자로서 그녀는 "하나님께서 태초에 우주를 창조하신 후에 일남일녀를 창조하시고, 인권에 대한 차별이 없이 아담과 하와에게 만물을 주관하라고 명하셨으며, 예수께서도 부부는 한 몸이라 가르치셨고, 여자를 열등시한 일은 한 번도 없었다"라고 믿었다. 또한 "예수 그리스도 안에는 남자와 여자의 구별이 없다"라는 사도 바울의 말을 덧붙이면서, 이러한 사실도 고려치 않고, 성경의 전체적인 의미도 해석하지 않는 경향을 비판했다.[100] 하지만 이러한 원리 해석과 주장에도 불구하고, 그녀는 남성이 여성해방이나 여권 운동을 주장하는 것은 적절치 않다고 보았다. 왜냐하면 "우리 여자가 본시 누구에게 구속된 것이 아니었고 권리가 없는 것이 아니었기 때문"이다.

여성은 인류의 어머니지만, 조선의 현실에서 여성의 현 수준이 남자보다 못한 것은 사실이라고 그녀는 인정한다. 하지만 그렇다고 해서 여성이 남자에게 꿀릴 것도 없고, 남성도 자랑할 것이 아니라고 덧붙인다. 남성은 4천 년간 교육을 받았지만, 여성이 교육을 받은 것은 불과 30-40년에 지나지 않기 때문이었다.[101] 이렇게 보면 그녀는 원칙적으로는 남녀평등의 의의를 인정하면서도 급진적인 여성해방이나 남녀평등을 위한 운동보다 교육에 의한 점진적 방식으로 그것이 추구되어야 한다고 생각했다. 그리고 자신이 살아가던 과도기 현실에서는 사회보다 오히려 가정에 대한 여성의 책임이 우선해야 한다고 생각했다.[102]

평생 독신으로 살아야 했던 내면의 아픔과는 별개로, 그녀는 여성의 독신 생활에 제한을 두면서도 크게 개의치 않는 태도를 보인다. 먼저 그녀는 여성은 현모양처가 되어야 한다고 생각했다. 그러나 만일 혼자 사는 것이 좋다고 판단하면, 그것도 또 다른 선택으로 인정할 수 있다고 말한다. 그녀 자신의 표현을 빌리면, "여자로 태어나서 시집가는 것도 좋고, 시집 안 가고 저 혼자 늙다가 죽는 것도 좋"으며, "'결혼한 인생'은 좋고, '결혼하지 않은 인생'은 불행하다고 생각지 않"는다는 것이다. 즉, 그녀는 자신처럼 "혼자 몸으로 독신 생활하는 것도 좋고, 독신 생활 아니 하는 것도 좋"았다.[103]

남녀평등과 여성해방에 대한 박인덕의 주장은 김마리아보다 진전된 양상을 보인다. 아마 봉건 가부장제와 결혼제도의 모순을 직접 체험한 영향도 있었을 것이다. 여성으로서 미국 여성의 현실을 관찰하면서 그녀는 조선 여성의 비참한 지위를 새삼스레 인식했다. 여성을 "남성의 부속물로만 여기는 (…) 남성 본위의 조선 사회제도"에 분노를 드러내면서 그녀는 "남편 되는 사람은 하루 종일 돌아다니면서 별별 짓을 다하고 밤늦게 돌아와도 아내 되는 사람은 아무 말 한마디 못하게 되어 있지만, 남편 있는 여자가 남의 남자를 보고 웃기만 해도 야단"나는 "이렇게도 불공평한 사회제도"를 조선 이외에 또 어디에서 찾아볼 수 있는지 그녀는 되묻는다.[104]

그녀는 자기 경험을 반영해 서구의 자유결혼, 자유이혼, 어린이 양육 그리고 직업과 경제 활동의 평등 같은 문제에 특히 민감하게 반응했다. 그런데 이때 그녀의 준거 기준이 미국보다 오히려 유럽이나 러시아 사례들로 옮겨간 것이 흥미롭다. 자유로운 결혼제도로 남녀가 등록소에 가서 등록만 하면 결혼이 성립되고, 이혼도 한쪽의 의사만으로 성립되며, 또 아이를 원하지 않으면 피임법을 가르쳐주고, 유아 양육은 국민 육아소가 담당하는 러시아 사례를 그녀는 상세하게 소개한다.[105] 스웨덴과 러시아 사례를 통해 그녀는 여성의 사회적 지위 향상과 경제적 독립을 주장한다.[106] 또 다른 글에서는 서구 여성의 직업 통계를 참고하면서 이들 여성은 남녀 분별없이 누구나 다 능력에 따라 동등한 권리를 가지고 노동한다고 서술한다.[107]

하지만 이러한 주장에도 불구하고 남녀평등과 여성해방에 대한 그녀의 생각은 다분히 제한적이고 유보적인 측면을 수반하는 점을 염두에 둘 필요가 있다. 가령 미국 최초의 여성 의회의원이자 반전 평화운동가로 알려진 랭킨Jeannette Rankin과의 인터뷰에서 이러한 모습이 비친다. 랭킨은 가정이나 사회나 국가는 남녀의 합력에 의해 자연 상태를 유지하는데, 여성은 여성의 특성을 발휘하면서 남자와 함께 병행해나가야지 여성이 남성과 똑같이 되려고 하는 것은 전혀 바람직하지 않다고 주장한다.[108] 박인덕이 이에 공감한 것은 물론이다.

여성해방에 대해서도 박인덕은 "근래에 와서는 여성해방을 부르짖고 남녀동등을 부르짖는 것은 여성의 약점을 발로시키는 것이니, 그것은 벌써 시대에 뒤떨어진 일"이라는 주장이 있다고 하면서도, 조선에서는 "여성해방을 부르짖는 것이 가장 적당"하다고 언급한다. 곧이어 여기에 "그렇다고 함부로 해방을 부르짖으라는 말은 아니"라는 단서를 달았다.[109] 김마리아와 마찬가지로 급진주의나 사회주의의 입장과는 분명히 선을 그은 것이다. 서구 여성의 직업 활동과 가사 노동을 언급하면서도 그녀는 이들 여성이 그렇게 생활한다고 "우리도 일시로 시급히 우리 가정 제도를 파괴하고 새로운 살림을 건설하자는 것이 아니고, 우선 어떤 정도 안에서 가능성이 있는 데까지는 편리한 점을 찾아야" 한다고 언급한다.[110]

개량주의와 실용주의 시각에서 여성 문제를 바라보던 박인덕의 인식은 1940년대 이후 본격적으로 친일의 길을 걸으면서 더욱 보수화된다. 1941년 9월 4일 경성 부민관에서 개최된 '임전보국臨戰報國' 대연설회에서 그녀는 여성의 천직은 "장차 대동아의 주인이 될 어린이들을 (…) 많이 생산하고 양육"하는 데 있다고 강조했다. "우생학적으로 장차의 제국 신민은 세계의 어느 민족보다도 가장 우세하게 되어야" 한다는 점에서 "특출한 어린이들을 개인 본위를 떠나 국가를 위하여 많이 생산하고 양육"해야 한다고 주장한 것이다.[111] 또 다른 자리에선 "남자들이 경제적, 정치적으로 대동아 건설을 하는 때에 우리 여성들은 정신적 역할을 맡아야" 한다고 역설했다. 여성은 "자연적으로 사람을 감화시키는 천품을 타고 났"다는 점에서 "대동아공영권에 들어온 사람들도 황국 정신을 함양하여 우리와 같이 공존 공영하도록 하는 데에는 누구보다도 우리 여성들"이 노력해야 한다는 것이다.[112] 즉, 일본 제국 병사 양성을 위해 모성의 역할을 강조하고, 정신과 감성 차원에서 여성의 본성을 인식하면서 그녀는 대동아공영권 건설에 여성의 참여를 주장했다.

허정숙은 두 여성과는 달리 미국에서 여성의 지위와 권리를 결코 긍정적으로 평가하지 않았다. 미국 부인을 처음으로 대했을 때의 놀라움을 그녀는 "조금도 부족한 점이 없는 완전한 인형"이라는 말로 표현했다. 이전에 누군가로부터 일본 여자가 인형 같다는 말을 듣기도 했지만, 미국 여성을 대할 때 "정말로 이것이 인형" 느낌이었다는 것이다. 그녀가 보기에 일본 인형은 흔들어도 울 줄 모르는 인형이었지만, 미국 인형은 남자에게는 "임의자재任意自在한 인형이면서도 역시 감각이 있는, 울 줄도 알고 움직일 수도 있는 인형"이다. "아름답고 생명 있는 인형, 돈이라면 얼른 삼키는 인형은 자본주의 국가인 이 나라가 아니면 볼 수 없을 것"이라고 그녀는 말한다. 자본주의 미국은 "인간인 여자를 돈 잘 아는 인형으로 제조화製造化하는 공장"이라고 그녀는 덧붙인다.

허정숙은 미국에서 여성의 권리도 부정적 시각으로 이해했다. 여성의 권리 운운하지만, 미국의 여성 정치인은 가끔 의회에서 남자들의 희롱거리가 되기도 한다면서 "이 나라의 여권은 인형에 비위 맞추는 한 수단에 불과"할 뿐이라고 단언한다.[113] 그렇다고 해서 그녀가 미국에서 여성의 지위나 권리가 조선 여성의 그것보다 못하다고 보지는 않았다. 외국 여성과 비교하면 조선 여성은 교양 정도가 낮고 경제적 구속을 많이 받고 있었다. 성의 해방과 경제적 해방 차원에서 열악한 지위에 놓여 있는 조선 여성의 현실을 독일이나 미국과 비교하면서 그녀는 바로 그러한 이유로 조선 여성은 오히려 더 많은 자유를 누려야 한다고 주장했다.[114]

같은 유학, 서로 다른 길

이 장의 주인공인 세 명의 신여성은 낙후한 식민지 민족의 일원으로서 발전된 서구 문명을 접하고 공통적으로 경이와 충격에 휩싸였다. 특히 미국 문명에 대한 이들의 이해와 해석 및 수용 방식은 각자의 사회적 지위, 이념 지향, 해외 경험의 동기 부여 정도 등에 따라 큰 차이를 보였다. 타 문명의 해석과 수용은 일률적·일방적이라기보다 다양한 상호 작용과 절충 속에서 자리 잡는다는 것을 다시금 환기시켜주는 장면이었다. 또한 이 과정에서 타자의 해석과 수용에 동반되는 다양하고 모순되는 양상들이 때로는 한 사람의 생애 주기를 통해 관찰된 사실도 흥미로운 지점이었다.

1920년대 초기 열렬한 민족운동가로서 사실상 망명 형태로 미국 땅을 밟은 김마리아는 극심한 생활고와 심리적 박탈감, 인종 차별 등을 경험하면서 미국에서 9년 남짓 생활했다. 미국 문명에 대한 경이와 동경보다 오히려 거기서 겪은 고통과 아픔에 익숙했던 그녀는 미국 생활을 통해 정치 운동 같은 거대 담론보다 앎의 욕구로서 지식과 그 실천에 더 많은 관심을 기울이게 된다. 궁핍과 억압에 시달리던 낙후한 식민지 현실에 공감과 연민을 감추지 못했으며, 귀국 후엔 오롯이 여성 교육에 전념했다. 하지만 독실한 기독교인이자 평생 독신으로 지내면서 여성으로서의 본분을 다하는 여성 그리고 현모양처를 바람직한 여성상으로 강조했다. 이는 미국 체류 당시 교육과 직업 분야에서 남성과 동등한 권리를 강조했던 그자신의 주장에서 물러선 것으로, 이후 그녀의 지향은 보수 쪽으로 기운다.

박인덕도 기독교를 토대 삼아 민족주의를 지향했으니 김마리아와 공유점이 많았다. 하지만 그녀에게선 김마리아와 같은 민족운동에 대한 열렬한 헌신이나 진정성을 찾아보기 어렵다. 어려운 집안에서 태어나 자수성가한 그녀에게 영어는 세계를 이해하고 그에 적응하기 위한 출세 도구로서의 성격이 강했다. 타고난 재주와 미모, 아울러 활달하고 적극적인 성격 덕택에 그녀는 미국 문명에 쉽게 적응했지만, 그 정신에 몰입해 그것을 이상화해버리고 만다. 때문에 미국 문명을 피상적으로 이해하고 무비판적으로 바라보았다는 평가를 감수해야 했다.

그녀의 미국 문명 이상화 경향은 곧바로 민족에 대한 연민과 동정이라는 즉각적 반응과 결부되었지만, 1940년대 이후 그녀의 친일 행각에서 보듯이, 그러한 인식의 또 다른 실천으로서 민족에 대한 부정으로 끝내 귀결되고 만다. 미국에 대한 이상화와 조선에 대한 부정적 인식이라는 전형적인 오리엔탈리즘의 사고방식 안에서 미국과 조선 양자는 의도에 맞춰 선택되고, 왜곡되고, 또 은폐되었다. 이러한 특징은 그녀의 여성 문제 인식에서도 비슷한 양상으로 재생된다. 자기 경험과 욕구에 의거해 박인덕은 서구 사례들 가운데 자유결혼, 자유이혼, 직업 활동의 필요성 등을 선택적으로 부각시켰으며, 본격적으로 친일의 길을 걸으면서부터는 이를 침략 전쟁을 위한 모성 보호와 여성 참여에 관한 주장으로 수렴시켰다.

허정숙은 사회주의를 지향한 사회운동가이자 여성운동가로 미국 생활을 경험했다. 김마리아처럼 상황에 떠밀려 자의반 타의반 미국으로 떠났지만, 박인덕과 비슷하게 영어에 대한 이해와 조예를 가지고 미국 생활에 적응했다. 열렬한 사회주의자였던 그녀는 자본주의 체제의 전형이자 물질적 동기와 자본에 지배당한 채 세속적 욕구와 범죄가 횡행하는 세계로서 미국을 이해했다. 그녀의 미국 체험은 자본주의 사회의 현실과 다가올 이상적인 사회에 대한 자기 신념을 더욱 강화하는 계기가 되었다. 거리를 두고 비판적으로 미국을 인식한 그녀의 태도는 재미 조선인에 대한 논의에서 보듯 다른 신여성들에게서는 찾아볼 수 없는 심층적 분석과 통찰을 제공한다. 박인덕과 대조되는, 미국 여성의 지위와 권리에 대한 그녀의 비판 역시 같은 맥락에서 이해된다.

제 7 장

차이와 구별로서의
신여성

근대성과 신여성의 출현

한국 여성사에서 1920년대에 활동한 대표적인 신여성으로 나혜석 (羅蕙錫, 1896-1948), 김일엽(金一葉, 본명 김원주金元周, 1896-1971), 김명순(金 明淳, 1896-1951)을 꼽는다. 공교롭게도 모두 1896년에 태어났으며, 일본 유학 경험을 공유한다.[1] 이들은 봉건 가족제도와 결혼제도에 대한 신랄한 비판과 도전을 통해 사회 전반의 개조와 개혁을 달성함으로써 여성의 개성과 평등사상에 기반을 둔 신문명의 새로운 이상사회 건설을 역설했다.

여성성 및 여성주의 쟁점과 관련해 이들은 자유연애나 남녀평등 그리고 여성으로서의 자기 정체성 같은 사사私事의 주제를 민족이나 계급 같은 공공의 쟁점보다 우선시했다. 이 시기 계몽주의자들이 근대성을 민족과 국가에 고정시킨 채 근대 프로젝트의 일환으로서 여성을 새로운 국민국가의 통합 대상으로 설정했다면,[2] 이들은 여성성과 친밀성의 주제를 시야에 넣고서 새로운 근대성의 차원을 제시했다. 이러한 대안 근대성은 이 시기 국가와 민족에 사로잡혀 있던 자유주의나 그에 반대해 대항 권력을 구성한 사회주의가 추구한 근대성과 대조된다. 자유주의나 사회주의의 일부 요소를 공유한다지만, 이들은 같은 시기 자유주의 계열이나 사회·공산주의 계열 여성들과는 다른 주장을 제기하고, 또 실천하려 했다.

신여성의 접두어 '신'은 근대와 근대성의 기표다. 다양한 경로를 통해 근대 표상들을 선취하고 전유함으로써 이 세 여성은 근대 역사에 신여성으로 자신의 이름을 남겼다. 이들에게 근대는 서구나 일본에서의 유학, 여행 경험, 일본 및 서구의 여성주의와 여성해방 사상의 수용 혹은 기독교에 관한 관심 등을 통해 표상되는 어떤 것이었다.

나혜석은 1913년 4월 일본 도쿄 여자미술학교에 입학 후, 1915년에 일시 귀국했다가 1916년에 다시 복학해 1918년 4월에 귀국했다. 만 4년 정도의 일본 유학이었다. 이후 결혼해 1921년 9월부터 남편을 따라 만주 안동현 부영사 관사에서 1927년 봄까지 거주했으며, 같은 해 6월 하얼빈을 거쳐 시베리아 횡단 열차를 타고 모스크바, 파리, 제네바, 벨기에, 네덜란드, 독일, 이탈리아, 영국, 미국 등지를 여행한 뒤, 1929년 3월 부산에 도착했다. 이혼 후엔 1931년 가을 일본에 가서 체류하다가 이듬해 4월에 귀국했다. 이렇게 보면, 만주를 논외로 치더라도 나혜석은 이 시기 다른 어느 여성들보다 자주 일본, 유럽, 미국 등지에서 근대 문물과 문화를 체험하는

나혜석

기회를 누렸다. 그녀의 근대 체험은 실제적 차원에 머무는 것만도 아니어서, 이혼 뒤 방황을 거듭하던 삶의 시련기에 "자유의 파리" 를 갈망한 사실에서 보듯이,[3] 서구에 대한 그녀의 강렬한 동경과 지향은 상상과 자기 투사 차원에서도 진행되었다.[4]

　김일엽은 1919년 3·1운동 후 일본으로 건너가 도쿄 에이와英和 학교에 입학했고, 이듬해 4월에 귀국했다. 이후에도 때때로 일본에 다녀온 적이 있으나 나혜석과 비교하면 늦게 일본으로 건너갔고 체류 기간도 길지 않았다. 김명순은 1913년 9월 일본으로 가서 도쿄 고쿠데이國定여학교 등에서 공부하고, 1916년 봄에 귀국했다. 1918년에 두 번째로 도일해 4년 정도 유학 생활을 보내고 1921년 무렵에 귀국했다. 1930년에도 일본을 찾았다. 벌써 세 번째였다. 이땐 프랑스나 독일에서 유학하려고 '아테네 프랑스'라는 학원에서 공부하기도 하고, 조치上智대학 독문과나 호세이法政대학 불·영·독문과 등에서 청강하기도 했다.[5] 1930년대 전반의 나혜석처럼 그녀 역시 시련기에 서구로 표상되는 근대를 갈망함으로써 신여성이란 자기 정체성을 찾으려 했다. 1939년 이후 김명순은 다시 일본으로 건너갔으며, 비참한 생활을 이어가다 다시는 고국으로 돌아오지 못한 채 그곳에서 최후를 마친다.

김일엽

김명순

　세 여성의 일본 유학은 서구의 여성주의와 여성해방 사상을 받아들인 게 중요한 계기가 되었다. 그 영향은 주로 이들의 생애 초기에 집중되어 있다. 1914년 나혜석은 이상적인 부인에 대해 논하면서 톨스토이『부활』의 여주인공 카 튜사, 입센『인형의 집』의 여주인공인 노라, 일본의 '새로운 여자新 女子'를 대표하는 히라츠카 라이초우平塚雷鳥와 요사노 아키코與謝野 晶子를 예로 들어 설명했다.[6] 아울러『매일신보』1921년 4월 3일자 에 자신이 직접 가사를 붙인『인형의 집』을 특별 게재했다.[7] 김일엽 은 1920년 봄 몸소 주간을 맡은『신여자』를 창간하면서 나혜석, 박 인덕 등과 함께 '청탑회青塔會'라는 모임을 결성, 일주일에 한 번씩 서로 만나 새로운 사상과 문학에 대해 토론했다고 회고한다.[8] '청 탑회'라는 명칭은 1911년 일본에서 히라츠카 라이초우 등의 '새로 운 여자'들이 발간한『세이토青鞜』의 한자 발음과 동일하다. 김명순 에게선 이와 비슷한 사례가 발견되지 않지만, 시야를 좀 더 넓혀보 면,「사의 찬미死의 讚美」로 유명했던 윤심덕(尹心悳, 1897-1926) 역시 도 쿄 음악학교 졸업 발표회 공연으로『인형의 집』에 출연해 노라 역 으로 출현한 적이 있다.[9] 이렇게 비록 시간차는 있지만, 전 지구적 현상으로서 신여성과 모던 걸이 출현하던 때,[10] 식민지 조선에서도 서구와 일본의 근대 여성주의 사조가 매개되어 이른바 신여성이 등 장한다.

나아가 근대성의 중심에 기독교가 한 축을 담당하고 있거니와 이들 모두에게서 그 영향을 찾아볼 수 있는 점 역시 흥미로운 부분 이다. 전적인 건 아니지만, 대체로 이들은 기독교의 영향 아래서 자 의식을 형성해갔다. 1918년에 발표한 자전 소설『경희瓊姬』에서 나 혜석은 "이철원, 김부인의 딸보다 먼저 하나님의 딸"로서 자신을 인정하고 축복을 구하는 기도를 올리고 있다.[11] 3·1운동 시위와 관련한 도쿄 검찰의 심문에선 소학교 때부터 기독교를 믿었고, 1917년 12월 도쿄 조선교회에서 조선인 목사에게 세례를 받았다고 진술한다.[12] 몇 년 후 이 사건으로 인한 6개월의 옥중 생활을 회상하면서 그녀는 "지금 생각건대 하느님께서는 꼭 나 하나만을 살려보시려고 퍽 고생을 하신 것 같다"라고 언급했다.[13]

김명순은 자신의 반생을 기록한 시에서 "성당은 나의 천국"이자 "선생님들은 천사" 같다고 서술했다.[14] 자신의 "유일한 희망은 일요일마다의 성당"이라는 언급에서 유추해볼 수 있듯이,[15] 그녀의 천주교 신앙은 1936년 이후에도 지속되었다. 김일엽 역시 1930년대 한 잡지사와의 대담에서 학교 다닐 때 기독교를 믿었다고 술회한다.[16] 윤심덕도 어머니 김씨가 평양 남산현교회의 전도사라는 사실을 고려해볼 때, 성장 과정에서 입은 기독교의 영향을 짐작해볼 수 있다. 도쿄 유학 시절에도 "기독교 신자로서 쿼바디스를 보고 신앙심을 더욱 굳게 가졌"다고 그녀는 말한다.[17] 그런가 하면 앞 장에서 소개한 박인덕에게도 기독교는 전 생애에 걸쳐진 주제라 할 만큼 중요한 영향력을 행사했다.

하지만 기독교의 영향이 이들의 일평생에 지속해서 관여하지는 않았다는 사실에도 주목할 필요가 있다. 자살로 생을 마감한 윤심덕이나 사회활동 기반을 기독교에 둔 박인덕의 경우는 제외하더라도, 김일엽은 1928년에 스스로 중이 되어 불교에 귀의했으며, 1930년 이혼 후 힘든 시기에 나혜석 역시 불교에 경도되었다.[18] 김명순은 시련기에 다시 믿음으로 되돌아가긴 했지만, 생의 전성기 언젠가 "너는 네 어릴 때에 받은 믿음에서 머리를 돌리고, 사후 천당이

란 문구를 비웃는지 오래다"라고 적었다.[19]

서구나 일본 등 당시 근대 국가에서 근대 교육을 경험하고, 근대 문물과 사상의 세례를 받았음에도 불구하고, 이들이 다시 전통으로 회귀하는 점은 흥미롭다. 여성으로서의 자의식, 남녀평등, 자유연애 같은 서구의 근대 사상에 깊이 공감하고, 그에 의거해 여성임을 자각하는 삶을 살았음에도 불구하고, 이들은 삶의 시련기를 거치며 동경과 과시의 대상으로서 근대·서구를 벗어나 몸소 전통으로 귀속하는 '퇴행'과 은둔의 양상을 보인다. 이렇게 이들의 자의식은 전통과 근대, 조선과 서구가 동시 병존하면서 갈등하는 이중성과 모순을 보인다. 마찬가지로 여성주의에 관한 이들의 의식과 주장도 1900년대 그 자신들의 어머니 세대처럼 복합적이고 모순된 양상을 띠곤 했다.

이 장은 크게 두 부분으로 나뉜다. 하나는 1900년대 어머니 세대를 준거 삼은 비교 연구다. 이 시기 신여성의 주장과 이념의 내용은 무엇이었고, 또 무엇을 지향했는지 검토하는 게 핵심이다. 다른 하나는 특히 나혜석에 초점을 맞춰 이 신여성들의 주장과 사상이 어떠한 점에서 서로 구별되는지 검토하는 게 핵심이다. 전자가 어머니 세대와 비교하면서 신여성들에게서 보이는 공통 요소에 주목한다면, 후자는 신여성 그 자체에 집중하되 각 개인의 내적 차이들에 주목한다. 이렇게 두 겹의 비교를 통해, 한편으로는 대표적인 신여성인 나혜석의 사상을 보다 심층적으로 이해하고, 또 다른 한편으로는 1920년대에 출현한 신여성들의 주장과 이념을 명확히 할 수 있을 것이다.

1920년대 신여성의 주장과 이념

(1) 비판과 주장

1920년대는 해방과 개조의 시대였다. 제1차 세계대전 종결, 전 세계 차원의 이상주의 대두, 다이쇼데모크라시의 일본 등을 배경으로 1919년 3·1운동이 전개되었던 식민지 사회도 이 여파 속에 있었다. 특히 해방과 개조의 목소리에 호응한 것은 제국주의, 자본주의, 가부장 제도의 오랜 지배 대상이었던 피압박 민족과 노동자 그리고 여성이었다. 이러한 시대 분위기 속에 1920년 3월 여성 잡지로 출범한 『신여자』의 편집 책임을 맡은 김일엽은 「창간사」에서 개조와 해방이 "수천 년 동안 암암暗暗한 방중에 갇혀 있던 우리 여자의 부르짖음"이라면서 사회 개조를 위해서는 가정 개조가 필요하고 가정의 주인인 여성을 해방해야 한다고 주장했다.[20]

이 시대의 여성들은 세계 차원에서 시대정신으로 고양된 자아, 개성, 자유 그리고 이상의 실현이라는 근대의 기획에 기꺼이 동참했다. 김일엽은 만일 자신이 남자라면 "여자의 개성을 발휘케 하는 이해자가 되겠다"라는 의지를 밝혔다.[21] 1934년에 발표한 「이혼 고백장」에서 나혜석은 인권을 언급하면서, 근대인의 최고 이상은 자기 개성을 발휘하는 것이라고 주장했다.[22] 자유에 대한 헌신은 이 시기 이들이 표방한 자유연애나 자유결혼이 잘 드러낸다. 나아가 이들은 '이상적인' 시대정신의 이미지에 근대의 개성과 자유 추구를 투영하려 했다. '이상적 부인'이나 '이상적 결혼'에 대한 나혜석의 주장[23]은 이러한 맥락에서 이해된다.

신여성들의 자아, 개성, 자유 그리고 이상의 추구는 이내 그 실현을 가로막는 구체제의 기존 질서와 맞닥뜨렸다. 이들은 어머니 세대와 달리 남성 중심의 가부장제를 정면으로 비판하고 그에 도전하면서 남성 근대주의자들의 근대 기획에서는 찾아볼 수 없는 대안 근대성의 비전을 제시하고자 했다. 이는 신여성 개념의 고유한 특성 가운데 하나로 언급할 수 있다.

1920년 4월 『신여자』 제2호에 수록된 「우리 신여자의 요구와 주장」이라는 글에서 김일엽은 "여자를 사람으로 대우치 아니하고 마치 하등 동물같이 유린"하는 "인도에 벗어나는 남성 본위"의 현실을 통렬하게 비판했다. "모든 사회의 제도 습관은 남성을 상위에 두고 철두철미로 남성의 이해를 표준하여 제정했고, 또 삼종三從이라는 악관惡慣 아래에 노골로 남성 본위의 이상·요구를 준봉케 하려고 여성에게 강제하여 우리 여자를 종생 남자의 부양물로 생활케 하는 동시에 남자의 사역 또는 완롱에 남자는 편의한 수단을 써서 왔다"는 것이다. 이러한 점에서 김일엽은 "일체의 구사상에서 벗어나는 것이 신여자의 임무요 사명이요 또 존재의 이유"라고 주장했다.[24]

김명순 역시 이러한 비판의식을 공유했다. 1934년에 발표한 시 「석공의 노래」에서 그녀는 '칠악 징계七惡 懲戒'와 종순의 '부도婦道'로 억압받아온 조선 여자의 설움을 노래했는데, 그 기저엔 어린 시절 오빠와 자신을 차별하는 어머니에 대한 기억[25]이 자리 잡고 있는지도 모른다. 나혜석 역시 1914년에 발표한 「이상적 부인」에서 도덕과 습관에 의해 여성으로서의 세속 본분만을 지키는 여성을 비

나혜석의 판화 「김일엽 선생의 가정생활」(1920)

판하면서, 온양유순溫良柔順이나 양처현모는 결코 여성의 이상이 될 수 없다고 주장했다.[26] 삼종지도와 남존여비 사상에 대한 그녀의 통렬한 비판은 이후에도 이어진다.[27] "모든 헌 것은 거꾸러지고 온갖 새 것을 세울 때가 왔다"라는 묵시론과 같은 언급에서 보듯이,[28] 남성 지배의 기성 질서와 전통에 대한 이들의 비판은 근본에서 남성 지배 체제의 부정과 전복을 지향했다.

이들은 또한 구체제에 대한 비판의식에서 여성에 대한 근대 교육 자체에 의문을 제기했다. 계몽주의 시대 어머니 세대가 여성의 근대 교육을 열렬히 지지한 것과 달리, 이들은 당대 여자 교육의 목표와 방향에 강한 의구심을 표명했다. 이러한 문제 제기와 비판의식은 신여성의 또 다른 특성을 구성하는 것이다. 1900년대에서 1910년대에 이르는 계몽주의 시기 여권 사상에는 고유한 모순이 있었다. 당시 계몽주의자들은 시대사조로서 자아 각성이나 개성 실현을 여성에 적용하면서도 그것을 여성의 고유 역할로 상정한 현모양처와 결부시키려 했다. 『학지광』이나 『청춘』 같은 남성 매체는 말할 것도 없고, 『학지광』의 자매지인 『여자계』에서도 이러한 사례는 쉽게 찾아볼 수 있다.[29]

주목할 점은 남성은 물론 여성 자신도 이러한 주장 편에, 나아가 그 선두에 서 있었다는 사실이다. 『동아일보』 1920년 4월 3일자 이일정의 「남녀의 동권은 인권의 대립―당파열 타파의 필요」라는 논설이 이를 잘 보인다. 이 글에서 논자는 "금일의 부인계가 세계 사조에 따라 현저히 자유 광명의 길을 개척하여 진일보 해방의 개가를 연주케 됨은 진실로 우리 여자의 일대 승리"라고 평가한다. 그런데도 그녀는 그에 따른 "방종의 폐"에 우려를 표명하면서 "여자의 본분은 현모양처"라고 단언한다. 여자는 "여자의 여자다운 본질적 내면성"의 덕목으로서 "정숙과 순결, 현량賢良, 화순和順, 온용溫容" 등의 미점에 대한 "심절深切한 자각"이 있어야 한다는 것이다.[30]

3일 후 김일엽은 같은 신문에 기고한 「여자 교육의 필요」라는 글에서 이에 대해 불편한 심경을 토로한다. 이일정의 이름을 직접 거론하지는 않지만, 그녀는 "선각자인 제씨가 여자 교육의 필요를 열광적으로 절규하는 일방에 오히려 여자 교육을 반대하는 이와 여자 교육이 무엇인지도 인식하지 못하는 사람도 있"다고 지적하면서 이일정의 의견을 비판했다. 삼종지설과 칠거지악을 비판해서 인식하는 여자 교육의 필요를 제창한 것이다.[31] 이어서 『신여자』에 발표한 「먼저 현상을 타파하라」는 글에서 김일엽은 자신의 이러한 비판이 "무수한 비난과 다대한 박해를 완고한 도학선생으로부터 받을 것"이라고 지적하면서 그렇다고 해서 이에 굴복해 "비열한 노예성"으로 여성운동을 시작하는 것은 여성의 철저한 자각을 방해하고 남자의 전제를 영속하는 결과를 가져올 것이라고 말한다.[32]

나혜석 또한 김일엽에 앞서 현모양처 교육을 비판한 적이 있다. 1914년에 나혜석은 여성에 의한 '최초의 근대적 인권론'으로 평가받는 「이상적 부인」을 『학지광』에 발표해 양처현모주의는 "현재 교육가의 상매적商賣的 일호책一好策"에 지나지 않는다고 비판하면서 여성의 개성과 신이상新理想을 주장했다. "습관에 의하여 도덕상 부인, 즉 자기의 세속적 본분만 완수함을 이상"으로 삼는 현모양처주의는 "여자에 한하여 부속물된 교육주의"라고 그녀는 보았다. "부

경성공립여자보통학교
자수실습 광경(1930)

인의 온양유순溫良柔順"만을 이상으로 삼는 "부덕의 장려"는 "여자를 노예 만들기 위"함이라는 것이다.[33] 앞서 이일정이 현모양처의 본분을 다하는 것이 결코 "불명예한 천역賤役이요 노예적 봉사"가 아니라고 강조한 대목에는[34] 나혜석의 이러한 주장의 그림자가 어려 있다.[35]

1900년대 어머니 세대 여성들에게도 여성 교육과 민족 독립은 서로 밀접하게 연관된 두 중심 주제였다. 그런데 그 한 축인 민족과 민족주의 문제를 놓고서는 어머니 세대 여성과 신여성 사이에 시각 차가 존재한다. 우선 어머니 세대 여성들은 남성 계몽주의자들의 근대 프로젝트에 기꺼이 동참하는 것으로서 민족 독립과 의식 각성을 표방했다. 물론 신여성들 또한 이러한 민족의 정조情調로부터 완전히 자유롭지는 않았다. 일찍이 김명순은 "사랑이 민족의 설움을 안 볼 리가 있겠는가"라고 노래했으며,[36] 김일엽은 「우리 신여성의 요구와 주장」에서 "조선 민족을 위하시거든, 여자 사회의 건전한 발달을 바라시거든"[37] 자신들이 주장하는 여성운동을 지지해 달라고 민족 정서에 호소한다. 나혜석 역시 1935년에 발표한 「신생활에 들면서」라는 글에서 "한 사람이 이만큼 되기에는 조선의 은혜를 많이 입었다. 나는 반드시 보은할 사명이 있어야 할 것이다. [따라서] 무엇을 하든지 조선을 위하여 보조치 못하고 어디로 간다는 것은 너무 이기적이 아닌가"라고 언급하고 있다.[38]

그러나 이러한 공동의 정조에도 불구하고, 신여성들의 주된 관심은 어머니 세대 여성들과 달리 결코 민족에 있지 않았다. 민족운동이나 민족주의에 대한 이들의 태도는 차라리 복합적이고 모순적이었다. 실제로 이들은 민족과 관련된 정치와 이념 지향에 거의 관심이 없거나 무심한 자세로 일관했다.[39] 앞서 언급했듯이 자아와 개성, 자유와 이상이라는 시대정신을 바탕으로 성과 친밀성의 영역에 초점을 맞춘 사사 차원에서의 쟁점에 몰두했으며, 민족이나 계급과 같은 거대 서사와도 일정 거리를 유지했다. 이러한 맥락에서 이들의 민족관 역시 신여성의 또 다른 특성이 될 수 있다.

(2) 대안과 모색

그렇다면 이들 신여성은 전통의 지배 질서에 맞서 어떠한 대안적 주제를 모색했을까. 무엇보다 먼저 남녀평등에 관한 비전을 들어야 할 것이다. 1920년 3월 『신여자』 제3호의 「여자의 자각」이라는 글에서 김일엽은 인구의 반수를 차지하는 여자가 남자의 노예로 구사되는 현실을 개탄하면서 "남자의 기반을 벗어나서 참 의미의 사람 노릇을 하여야 한다"고 주장했다.[40] 아울러 같은 호 머리글에서 남성과 여성의 차별관을 철폐하기 위해 "여자의 자각과 남자의 타협"에 기초한 양성의 이해를 촉구했다.[41] 김명순은 자전 소설 「탄실이와 주영이」에서 여성으로서 남성에게 받은 차별과 멸시에 대한 분노와 반항을 절절하게 표현했다.[42] 나혜석 역시 남자는 "절대 방종이었고 절대 이기利己"였던 반면, 여자는 남성에 대해 "절대 희생할 아무 남은 것이 없"다면서 여성의 사회 불평등은 남성으로 말미암은 것이라고 주장했다.[43]

　사실 어머니 세대 여성들도 남녀평등을 주장한 바 있다. 그러나 그들이 남성의 지위와 같은 차원에서 여성의 권리 향상을 촉구하는데 치중한 반면, 신여성들은 남성 지배에 대한 분노와 비판을 수반한 상태에서 남녀평등의 쟁취를 주장했다는 점에서 양자는 구별된다. 즉, 전자는 남성의 기존 권리 영역을 그대로 인정한 채 그와 동등하게 여성의 지위를 끌어올리자고 주장했다면, 후자는 기꺼이 그 권리 경계를 허물고 그에 대한 비판을 시도했다.

물론 그렇다고 해서 이 시기 신여성들이 대립과 투쟁으로만 남녀 관계를 설정한 건 아니었다. 앞서 보았듯이 김일엽은 남녀평등의 달성에서 남성의 이해와 타협이라는 유화 방안을 제시했으며, 나혜석 역시 이와 비슷하게 남녀가 상호 공존하는 "평화의 길은 오직 강한 자가 약한 자를 보호하고, 우승한 자가 열패한 자를 도우며, 부자가 가난한 자를 기르는 데 있나니, 우리의 가정이 화평하려면, 행복하려면, 강자요 우승자요 부자인 남자가 약자요 열패자요 가난한 자인 여자를 애호하는 데 있"다고 언급한다.[44] 덧붙여 남녀평등에 관한 신여성들의 주장이 일관된 방식으로 지속되지는 않았다는 점도[45] 이들 사상의 복합성 및 모호성과 관련해 지적해두고 싶다.

또 다른 대안의 주제로는 여성의 직업과 사회활동에 관한 주장을 들 수 있다. 어머니 세대 여성이 그러했듯이 이 시기의 신여성들은 여성의 경제, 사회활동을 공통적으로 지지했다. 1932년 신동아사가 주최한 여기자 좌담회에서 김일엽은 "여자는 가정이 천직이고 남자는 사회가 천직"이라는 허영숙의 발언에 "여자라고 가정에만 매어 있는 것은 반대"한다는 의사를 명확히 한다. 자녀 생산은 부득이 여자가 책임을 지겠지만, 그 양육은 전문가에게 맡기고 여자도 사회로 나와서 활동할 필요가 있다는 것이다. "가정이라는 것은 범위가 너무 좁아서 그 안에서 꾸물거리면 언제나 여자의 지위는 향상될 가망이 없다"라고 그녀는 생각한다. 비슷한 맥락에서 남성에게 불쾌한 점에 대해 말해 달라는 사회자의 질문에 그녀는 "남자는 무상 출입하면서 여자는 집에 구겨 박아두는 것 모두 그들의 횡포"라고 지적한다.[46]

김일엽의 주장이 잘 보이듯 신여성들은 여성의 경제, 사회활동을 옹호했지만, 정작 자기 현실에서는 그것을 제대로 실현할 수 없었다. 작가, 기자, 출판 편집인, 화가 등의 직업을 가지고 활동했음에도 궁극적으로 이들의 사회활동은 거듭된 좌절과 방황으로 점철되었다. 이혼 후 나혜석이 심각한 생활고에 부딪힌 것도 이들에게 취업 등 사회활동의 기회가 제약되었던 일반적 상황 못지않게 이들에 대한 기성 사회의 외면과 비난 및 배척 등도 중요한 원인이었다. 특히 이러한 차원에서 신여성들은 어머니 세대 여성들이나 동시대 자유주의 계열의 여성들과도 달랐다. 어머니 세대 여성들은 민족주의와 페미니즘이 양립 가능한 계몽주의 시대를 살았으며, 동시대 자유주의 계열 여성들은 박인덕의 경우가 전형적으로 드러내듯이[47] 남성의 지배 영역을 침범하지 않는 한에서 여성운동을 전개했기 때문이다.

이와 관련해 이들은 여성운동에 대해 각기 다른 태도를 보인다. 이 문제에 크게 호응한 이는 나혜석이다. 실행가와 학자 가운데 무엇이 되고 싶은지 묻는 잡지 설문조사에서 그녀는 "장차 좋은 시기가 있으면 여성운동에 나서려" 한다고 대답한다.[48] 프랑스 탁아 문제를 언급하면서는 조선에서도 탁아 문제는 "근우회의 한 일거리가 단단히 될까 한다"라고 언급한 사실에서 보듯이,[49] 그녀는 근우회 같은 여성 단체에도 관심을 보였다. 하지만 김일엽은 여성운동에 회의 혹은 부정의 태도를 보인다. 불교에 귀의한 이후이기는 하지만, 잡지사 기자와의 회견에서 그녀는 "여성운동 같은 것은 일시적·순간적 구급책에 불과"하며 "영원한 무궁한 진리가 못 된"다고 말하고 있다.[50] 물론 나혜석을 포함해 이들 모두는 사회활동과 사회운동 참여에서 좌절을 경험했고, 이러한 점에서 서구와 일본의 신여성과 달랐다고 할 수 있다.

직업과 사회활동, 사회운동 영역에서 이 시기 신여성들이 좌절과 실패를 경험해야 했던 까닭은 무엇보다 여성의 성과 사랑에 대한 이들의 생각과 실천이 기성 사회와 화해하기 어려워서였다. 전 세계 차원에서 신여성들이 공유하고 있던 그 주장은 앞 세대 여성과 자신들을 구분하는 중요한 차이라고 할 수 있다. 특히 이 시기 신여성들의 성과 사랑에 대한 자기주장은 신여성 개념에 내재하는 고유 특성 가운데 가장 핵심적인 것으로서, 이들의 성향을 급진주의로 일컫는 이유도 여기서 기인한다.

이러한 맥락에서 1920년대 초에 김일엽은 신 정조관을 주장했다. "사람은 태어날 때부터 자유다. 자유연애, 자유결혼, 자유이혼은 신성한 것이며 이를 금지하는 것은 후진적 폐습이 아닐 수 없다"라고 그녀는 말한다.[51] 인간의 타고난 자유에 근거해 "연애는 가장 자유로워야 한다"라고도 선언한다.[52] 연애는 말할 것 없고 결혼이 당사자 의사보다 부모의 뜻에 따라 결정되는 전통적인 사회

자유연애 대강연회 연단에 선 김일엽(1926)

체제에 정면으로 도전한 것이다. "사랑을 떠나서는 정조가 있을 수 없"으며, 전통 도덕이 정조를 물질 시 해왔다고 보는 그녀에게 정조란 "결코 도덕도 아니오, 단지 사랑을 백열화시키는 연애 의식과 같이 고정한 것이 아니라 유동하는 관념으로 항상 새로"운 어떤 것이었다.[53]

김일엽의 신 정조관은 근대 교육을 받은 신여성이 연애와 사랑의 감정에 기초를 두는 한에서는 상대 남성이 기혼이건 미혼이건 아무런 문제가 되지 않는다는 것을 의미한다. 즉, 연애가 "남자와 여자 사이에 교환되는 것이라 하면, 민적상 아내로 있는 그것이 두 사람 사이의 연애 문제에 큰 장애가 되지 않"는다는 것이다.[54] 지식인 남성들 대부분이 조혼으로 이미 아내가 있는 현실에서, 그 남성들의 아내인 이른바 구여성들을 포함하는 구체제가 이 주장의 위험성을 깨닫는 데는 오랜 시간이 걸리지 않았다. 이윽고 1920년대 중반 자유결혼을 둘러싸고 크나큰 논쟁이 전개되었고, 이 논쟁은 1930년대로 들어와 이른바 '제2부인' 문제로 비화되면서 열띤 토론의 대상이 되었다.[55]

1930년대 이후 구여성에 대한 재평가와 함께 신여성에 대한 일부 지식인 남성의 열띤 환호가 비난과 조소로 바뀌어갔음에도 불구하고, 김일엽이 본 남성 지배의 현실은 바뀌지 않았다. 1932년 승려 신분으로 참석한 좌담회에서 그녀는 남자는 정조를 지키지 않으면서 여자에게만 정조를 강요하는 현실을 비판했다.[56] 하지만 그렇다고 해서 그녀가 사랑에 기초한 자유연애와 자유결혼의 원칙을 일관되게 고수하지는 않았다. 1927년 '여류 명사 가정 문제 합평회'에서 그녀는 사랑이 결혼의 전부가 아니고 외적 조건도 그에 합치해야 한다고 지적한다.[57]

마치 김일엽의 이러한 언급을 의식하기라도 한 것처럼, 김명순은 같은 해인 1927년에 발표한 「애愛?」라는 수필에서 사랑은 결코 지식이나 인격, 황금 같은 조건에 의해 결정되지 않는다고 주장했다. "사랑은 사랑으로서의 가치가 있어야 그 사랑이라는 자체에 가치가 비로소 성립"된다는 것이다.[58] 1926년 『동아일보』에 발표한 「나는 사랑한다」라는 소설에서도 그녀는 "애정 없는 부부생활은 매음"이라고 신랄하게 비난하면서[59] 진실한 사랑과 자유연애의 의의를 강조했다.

나혜석 역시 자유연애와 자유결혼 그리고 자유이혼의 의의를 주장했다. 이상적 결혼의 요건으로 무엇보다 남녀 간 상호 이해와 사랑을 중시했다. 그리고 이를 위해 남녀의 자유로운 교제가 필요하다고 생각했다. "여학생계는 너무 이성에 대한 경험이 없으므로 다만 그 이성 간에 재在한 불가사의의 본능성으로만 무의식하게 이성에게 접할 수 있"다고 그녀는 지적한다. 오귀스트 베벨August Bebel의 주장과 비슷하게 조선 여자 중에 자유연애를 실현할 수 있는 범주는 기생밖에 없다고도 말한다. 기생은 충분한 이성 교제 경험 덕택에 상대방을 선택할 만한 판단력이 있고, 여러 사람들 가운데 한 명을 고르는 기회를 가질 수 있기 때문이다.[60]

나혜석은 결혼한 후에도 남녀, 그중에서도 특히 여성의 자유로운 교제가 필요하다고 보았다. 서양의 가족이 단란한 것은 "결코 그 남편이나 아내의 힘으로만 된 것이 아니라 남녀 교제의 자유" 때문이라고 그녀는 생각한다. 가족생활은 남편이나 아내가 "날마다 조석으로 대면"한다는 점에서 기본적으로 서로 싫증이 나기 쉽다. "남편은 복잡한 사회에서 쓴맛 단맛 다 보고, 아내는 좁은 가정 속에서 날마다 같은 일로만 되풀이하고 있어 아내는 남편의 감정 순환을 이해치 못하고 남편은 아내의 감정을 이해"하지 못하기 때문이다. 비록 연애결혼을 통해 결혼한 남성이라 하더라도 "처음은 여자에게 무엇이 있을 듯하여 호기심을 두던 것이 미구에 그 밑이 드러다 보이고 여자는 그대로 말라붙고 남자는 부절不絶이 사회 훈련을 받아 성장"한 결과는 가정의 무미건조함과 권태라고 진단하면서,[61] 그녀는 결혼한 여성의 자유로운 교제가 절대로 필요하다고 주장한다.

유럽의 일반적인 남녀 부부 사이에서 본 "공공연한 비밀"에 공감을 표명하면서, "본부本夫나 본처를 어찌하지 않는 범위 내의 행동은 죄도 아니요 실수도 아니며 가장 진보된 사람에게 마땅히 있어야 할 감정이라고 생각"한다는 그녀의 언급은[62] 이러한 맥락에서 나온 것이다. 널리 알려진 이 문장에 표현된 그녀의 생각은 주장에만 그치지 않았다. 파리에 머무는 동안 그녀는 이를 직접 실행에 옮겼다. 1934년에 발표한 「이혼 고백장」에서 그녀는 파리에서의 스캔들에 대해 자신은 "결코 내 남편을 속이고 다른 남자를 사랑하려고 하는 것은 아니었"으며, 그러한 관계를 통해 "오히려 남편에게 정이 두터워지리라고 믿었"다고 토로했다.

이혼 후 혹독한 시련이 더해질수록 성과 정조에 관한 그녀의 담론은 더욱더 근본적이고 비판적인 색채를 띠어갔다. 이듬해 발표한 글에서 그녀는 "정조는 도덕도 법률도 아무것도 아니요, 오직 취미"라고 선언하면서 정조 자체를 부정하고 그에 도전했다. "밥 먹고 싶을 때 밥 먹고, 떡 먹고 싶을 때 떡 먹는 거와 같이 임의용지任意用志로 할 것이요, 결코 마음의 구속을 받을 것이 아니"라는 것이다.[63] 나아가 파리의 사례를 예로 들어 "정조 관념을 지키기 위하여 신경쇠약에 들어 히스테리가 되는 것보다 돈을 주고 성욕을 풀고 명랑한 기분으로 살아가는 것이 아마 현대인의 사교 상으로도 필요"하기에 "여자 공창만 필요한 것이 아니라 남자 공창도 필요"[64]하다는 서술에서 그녀의 주장은 절정을 이루었다. 이 시기 성과 사랑에 관한 나혜석의 담론은 당시 신여성이 처한 주체의 상황과 시대 조건에 비추어볼 때 실제 이상으로 급진성을 부각하는 효과를 낳았다.

『신여성』 창간 1주년 기념호(1924)

근대성을 예찬하고 자유와 개조의 물결이 지배했던 1920년대와 달리, 1930년대는 불황과 전쟁이 이어지며 보수적이고 세속적인 분위기가 엄습했다. 근대가 표상하는 여성주의 물결이 수그러든 듯 보이는 이 시기에 남성 중심의 지배 질서는 식민 지배가 심화됨에 따라 더욱 경직되어갔다. 또한 집단으로서 신여성이 등장하면서 남녀평등과 자유로운 성을 함께 주창했던 앞 시기 목소리는 눈에 띄게 약화되었다. 김일엽은 세속을 떠나 종교 세계로 침잠했으며, 김명순은 유럽 유학을 꿈꾸며 일본으로 건너가 힘든 나날을 보내고 있었다. 이러한 와중에 성과 사랑에 대한 나혜석의 생각 역시 불행하게도 동료들과의 토론이나 사회와의 상호 작용을 통해 재조정되거나 공론화되지 못했다. 결국 성에 관한 나혜석의 담론은 고립과 폐쇄의 길을 걸었고, 관념적·급진적으로 변해갈 수밖에 없었다.

이들의 자유로운 성 담론에 독신 생활 논의를 더하는 게 다소 의아할지는 모르겠다. 그러나 사사 영역에서 결혼 및 가족생활의 대안으로서 독신 생활은 전통적인 가족제도와 결혼 행태에 대해 일종의 우상 파괴로 기능한다. 남성 주류 사회에서 거듭 조롱과 멸시의 대상이었던 스캔들과 이혼 경험에도 불구하고, 이 신여성들 모두가 독신으로 남았다는 점에서 독신 생활에 대한 이들의 주장 역시 자유연애와 마찬가지로 고유한 신여성 판별 기준에 부합한다.

이들은 당대 지배 통념이나 실태에 구속받지 않고 독신 생활에 의의를 부여했으며, 원하건 원하지 않건 궁극에는 독신으로 남거나 남겨졌다. 김일엽은 1920년 『신여자』 제2호에 실린 'K언니에게' 보내는 편지에서 남편의 전제에 시달리는 K언니에게 남편과 헤어지고 독신 생활을 할 것을 권유한다. "우리 여자도 이 세상에 당당한 인격자로 살아가자면 어찌 남자에게만 의뢰하는 비열한 행동으로 자감自甘"하느냐고 반문하면서 그녀는 "독력 독행으로 사회에 입각지를 세우고 고상한 사업에 공헌하여 각성한 여자계에 표준적 인물이 되"는 것이 "우리 신여자가 시험할 천부의 사명"이라고 주장했다.[65] 종교로 귀의한 이후에도 독신 생활에 대한 그녀의 생각은 바뀌지 않았다. 독신 생활에 대해 그녀는 "유쾌한 마음으로 살면 건강에는 해가 없을 것"이라고 대답했다.[66]

　김일엽과 비교해 나혜석의 태도는 보다 모호하고 유보적이다. 『삼천리』 1933년 12월호에 소개된 「만혼타개좌담회」에 참석한 나혜석은 행복한 결혼보다 불행한 결혼이 많다는 점에서 독신 생활을 주장하는 이가 훨씬 많아졌다고 언급한다. 그 자신의 처지가 다분히 반영된 것으로 짐작되는데, 이듬해 발표한 「이혼 고백장」 말미에서 그녀는 봉건 가족제도 하 신여성이 겪는 결혼 생활의 중압감을 지적하면서, "독신 여자를 부러워하고 독신주의를 주장"한다.[67] 그런데 이듬해에는 자신이 이혼 이후 살아온 '신생활'의 이모저모를 언급하면서, 독신자에 대해 다소 회의적인 의견을 피력한다. 독신자의 "이성 교제란 인격적 교제가 못되고 정적 교제"가 되기 때문에 정신의 동요와 나른하고 따분한 심리 상태를 경험한다는 점에서 "독신으로 지내는 것은 두말할 것 없이 부자연한 상태"라는 것이다.[68]

　그녀의 이러한 이중적 태도는 같은 해 발표한 다른 글에서도 찾아볼 수 있다. 프랑스 체류 당시 경험을 바탕으로 그녀는 문명이 발달할수록 독신 생활자가 많이 생긴다고 지적하는데, 가능하면 독신 시기를 늘리려는 서구의 경향을 언급하면서 "독신 생활을 장려하는 것이 아니라 독신으로 지낼 수 있을 때까지 있는 것이 좋"다고 말한다.[69] 이렇게 그녀에게 독신 생활은 유보적인 대상이었지만, 그 자체로는 남녀의 자유로운 교제와 정신적 자유를 의미하는 것이었다. 한편으로는 결코 받아들이고 싶지 않을 만큼 부자연스럽지만, 다른 한편으로는 개인의 자유와 삶의 다양성을 추구하는 것이었기 때문이다.

(3) 실천과 현실

같은 급진주의 부류 안에서도 다양하고 미묘한 시각차는 존재하지만, 이들 모두 '성性'은 사적 영역의 문제로서 오롯이 자유로워야 한다고 생각했다. 성의 자기 결정권에 관한 주장과 함께 이들은 자유로운 성과 성 해방 실천을 지향했다. 남성이 지배하는 식민지 사회에서 이들은 여성의 자의식과 정체성 차원에서 성과 사랑의 문제를 지속적으로 제기했다. 여성의 정조 자체에 의문을 제기했으며, 때로는 그를 부정하고 그에 도전하는 방향으로 나아갔다. 이를 통해 남녀 간 인격적 결합이나 정신의 일치 혹은 인간으로서의 합일처럼 더욱 근본적인 가치를 추구하려 했다. 무엇보다 이론 차원에서의 주장만 되풀이하지 않았다. 몸소 주장을 실행에 옮겼고, 이로 말미암아 비참한 파국을 맞기도 했다. 주류 사회의 극심한 반발과 비판에 직면했으며, 같은 여성들로부터 질책과 비난까지 감수해야 했다. 양성 간 사랑과 화합, 인간으로서의 친밀성 같은 비전에 대한 헌신은 이들에게 사회로부터 고립과 파멸이라는 대가를 요구했다.

남성 지배 사회 전반에서 여전히 전통적인 가부장제가 강력한 영향력을 행사하고 있던 만큼, 그것을 파괴하기 위해 신여성들은 스스로 치러야 할 대가를 일찌감치 예감하고 있었다. 1920년 『신여자』 제2호에 게재한 「우리 신여자의 요구와 주장」이라는 글에서 김일엽은 "여자가 인격적으로 각성하여 완전한 자기 발전을 수행"하려는 것을 남자들은 "파괴라, 반항이라, 배역背逆"이라 일컬을 것이라며, "장차 우리의 앞에는 여러 가지 비난과 무수한 박해가 끊일 새 없이 닥쳐올 줄을 예기"해야 한다고 적었다.[70] 나혜석 역시 파국을 예감한 듯 1917년 3월 『학지광』에 발표한 글 말미에 "아모러나 나가다가 벼락을 맞아 죽든지 진흙에 미끄러져 망신을 하든지 나가볼 욕심"[71]이라고 비장한 각오를 밝힌다. 이후 그녀는 1934년에 공개한 「이혼 고백장」에서 "무슨 방침을 세워서라도 구해줄 생각은 소호少毫도 없이 마치 연극이나 활동사진 구경하듯이 재미스러워 하고 비소鼻笑하고 질책"[72]하는 지배 남성의 주류 사회를 질타했다.

이후 경과를 보더라도 이들은 실제로 지식인 남성에 의한 식민지 주류 사회의 악의에 찬 비방과 냉소에 시달려야 했으며,[73] 사회로부터의 고립과 배제라는 돌이킬 수 없는 대가를 치러야 했다. 한 여성은 밖으로는 "남자의 전제적 편견의 강압"과 안으로는 "다수한 중년 여자가 인습적 타면惰眠과 굴욕에 천성을 상실하고, 각성한 여자에게 이단적 반감을 가지고 있"는 현실에 직면했으며,[74] 어떤 여성은 "유폐되지 않으면 추방될 운명"에서 "방탕과 유리遊離"

를 거듭하는 삶을 살았다.[75] 또 다른 여성은 자신을 아는 사람들에게 "불안을 갖게 하고 침착성을 잃게 하는", 그러므로 자신의 존재가 "해독물이 될지언정 이로운 물物이 되기 어렵다"라고 절규하게 만드는[76] 삶을 살아야 했다. 그리고 종교에 귀의하거나 자살하거나 그렇지 않으면 정신병원이나 길거리에서 비참한 최후를 맞았다. 남성 주도의 근대 기획에 대한 이들의 비판과 도전은 스스로 그토록 원했던 상호 이해와 평화보다 배제와 멸시라는 폭력의 지배를 감수해야 했다.

신여성 나혜석, 구별과 차이

성에 대한 신여성들의 주장은 서구 기독교의 남녀평등과 자유연애관으로부터 20세기 초반 일본 신여자들이 주장한 성 해방과 정조론 그리고 근대 서구의 경험에 이르기까지 다양한 사조와 이론의 영향을 반영한다. 이러한 점에서 급진주의는 특정인의 속성이나 일관된 경향이라기보다 성적 자유와 여성해방에 관한 이들의 지향과 의지의 표현이자 선언이라고 할 수 있다. 그러나 남녀평등과 자유연애 이념에 따라 이들이 성적 억압과 여성의 정조를 절대시하는 전통에 함께 도전했다 하더라도 그 시각차가 없지는 않았다. 각자 나름의 성적 지향과 바람을 성과 사랑의 관념에 투영했기 때문이다.

이러한 맥락에서 이제 성에 관한 나혜석의 자기주장이 다른 신여성들과 어떻게 구분되는지 검토해본다. 사랑과 연애에 대한 이들의 이해는 공히 이상주의 경향을 띤다는 점에서 공통적이지만, 나혜석은 도덕이나 법률 차원이 아니라 감정과 취미 차원에서 성문제를 이해하려 했다는 점에서 다른 여성들과 달랐다. 도덕과 윤리 차원을 초월한 그녀의 성찰은 김일엽이나 김명순 등 동시대 신여성과 구분되는 독특함이 있었다.

신여성 내부의 차이를 살펴보는 건 신여성 개념을 보다 선명히 하는 데 기여할 수 있다. 여기서는 크게 두 주제에 초점을 맞춘다. 성과 사랑에 대한 관념이 첫 번째, 모성에 대한 이해가 두 번째다. 좀 더 확장시킨다면 다른 여성들에게서는 찾아볼 수 없는 사랑, 결혼, 가족에 대한 나혜석만의 논점에 주목할 필요가 있다. 이는 신여성으로서 나혜석의 위상을 평가하는 데 의미 있는 시사점을 제공한다. 그 밖의 다른 논점들도 많지만,[77] 지면 사정상 생략한다.

이 시기 신여성의 사랑관이 복합적·절충적이라는 건 앞서 언급한 바 있다. 김일엽이 1927년에 발표한 「나의 정조관」이라는 동일 텍스트 안에서도 이러한 특징을 찾아볼 수 있다. 그녀는 먼저 "정조는 결코 도덕이라고 할 수 없고, 단지 사랑을 백열화시키는 연애의식의 최고 결정"이라고 말한다.[78] "진부한 구 정조 관념에 중독"으로부터 탈각을 주장하는 이러한 전통 파괴는 이른바 '신 정조관'으로 널리 알려져 있다. 하지만 그녀의 정조 관념은 여전히 순결과 처녀성이라는 기존 관념의 준거에서 벗어나지 않는다. 예컨대 그녀는 "과거를 일체 자기 기억에서 씻어버리고 단순하고 깨끗한 사랑을 새 상대자에게 바친"다고 언급한다.[79] 여기서 정조는 불순함과 깨끗함이라는 기준에 의해 재단되고 있는 셈인데, 김일엽은 성 (정조)이 영위되는 과정과 관계에 초점을 맞추면서도 정조 자체를 문제 삼지는 않는다. 즉, "언제든지 깨끗하고 이지러지지 않은 새 로운 영육의 소유자"라는 차원에서 '처녀성'[80]의 관념은 도전받지 않은 채로 그대로 남아 있다.[81] 바로 여기에 신 정조론을 바탕에 둔 '성적 신 도덕'[82]의 근거가 놓인다.

나아가 김일엽의 정조와 처녀성에서는 정신 요소가 중심 위치를 차지한다. 성과 사랑에 대해 김일엽이 "단순하고 깨끗한 사랑"을 언급한다지만, 그것을 가능하게 하는 것은 어디까지나 "새 세상을 창조할 만한 건전한 정신"이다.[83] 사랑에서 영과 정신의 문제는 김 일엽의 신 정조론에서 되풀이되는 주제다. 관념적 이상주의에 치 우친 이러한 성 개념은 불교로 귀의한 후 더욱 농후해진다. 앞서 언 급한 회고록에서 그녀는 "사랑이란 우주 전체의 힘이며, 생령生靈 본체의 생사가 걸린 인간의 가장 큰 문제"로서, "그 사랑에 매혹되 면 이 몸의 한 생명력을 잃어버리기보다 생명의 근원이 끊어지고 만다"라고 언급한다.[84] 여기서 사랑은 자신을 알고 넘어서려는 방 편의 하나로, 이제 단지 남녀 간 감정에 한정되지 않고, 전 생명의 원천으로 확장되면서 고도로 보편화·추상화된다. 이렇게 사랑에 대한 고도의 관념주의로의 경도는 초기 신 정조론에 내포되어 있던 이상주의에서 그 기원을 찾을 수 있다.[85]

이상주의 관념은 김명순에서도 찾아볼 수 있다. 그녀에게 이상 적인 연애란 모든 남녀가 "같은 이상을 품고 결합하려는 친화한 상 태, 또 미급未及한 동경"이자, "종종의 천만 생명들이 각각 별다른 개성을 가지고 서로 융화한 심령끼리 절주節奏해나가는 최고 조화적 생활 상태"다.[86] 요컨대 남녀의 이상과 개성에 입각한 "두 영혼의 융합"이다.[87] 김일엽처럼 김명순의 사랑 관념도 영혼의 융합이라는 정신 요소를 중심에 둔다는 점에서 추상적 관념주의의 성향을 보인다. 차이가 있다면 김명순에게선 서구의 플라토닉 연애 취향이 농후하게 나타난다.

나혜석 역시 남녀의 사랑에서 육체가 아닌 정신 측면을 강조한다. 남녀가 육肉으로만 결합된다는 견해를 속류로 비판하면서 그녀는 "좁고 얕은 육의 세계와는 다른 넓고 큰 영의 세계가 있음으로써 사람으로서의 사는 의의가 있다"라고 주장한다.[88] 이러한 점에서 관념주의는 이 시기 신여성들에게 공통적으로 나타나는 특징이었다. 그러나 나혜석은 여기서 그치지 않는다. 적어도 후기 나혜석의 경우 성과 사랑은 도덕, 윤리, 법률의 차원을 벗어나 감정이나 취향 같은 인간의 성향에 의해 결정되는 것이었다. 이는 김명순의 영혼 관념을 훌쩍 뛰어넘는 동시에, 김일엽이 말한 순결과 처녀성의 관념을 무화시킬 만큼 파격적이고 급진적이었다.

나혜석의 급진성은 모성 개념에서도 찾아볼 수 있다. 그녀의 모성 개념 역시 김일엽과 김명순의 그것과 근본적으로 달랐다. 먼저 김일엽은 여자는 "여성적 기질을 벗어날 수 없"다는 점에서 자신이 "먼저 모성이라는 것을 잊어서는 안 된"다고 언급했다. 여성이 "가장 아름답고 위대한 것은 모성을 발휘하는 데 있다"라는 주장이었다.[89] 따라서 그녀에게 자아실현은 여성으로서 본질적 기질을 발휘하는 것으로, 이는 곧 모성애의 발현과 직결된다. 여성의 고유 속성을 전제로 삼아 그 실체를 모성에 둔다는 점에서 그녀의 모성관은 자유주의 입장을 벗어나지 않는다고 볼 수 있다.

유감스럽지만 김명순의 모성관이 직접 논의된 자료는 남아 있지 않아 이를 간접적으로 유추해볼 만한 자료를 빌려본다. 자신이 남자로 태어났다면 무엇을 하고 싶은가를 묻는 1922년 1월 7일자『동아일보』기획 기사가 그것이다. 여기서 김명순은 아버지에 비해 "어머니의 힘과 은혜는 훨씬 위대하고 강하"다고 지적한다. 그런데도 어머니는 1년 상, 아버지는 3년 상을 지내는 전통을 강하게 비판하면서, "어머니를 극력 존경하고 귀히 여기는 사람"이 되어야 한다고 주장한다.[90] 모성에 대해 재평가하고 그에 의거해 남녀평등을 강조하는 점에서 그녀 역시 전형적인 자유주의 속성을 보인다고 할 수 있다. 결국 제한적이나마 성과 사랑 개념에서 급진주의 성향을 보이던 이들이 모성 개념에 대해서는 자유주의의 입장으로 기우는 것이다. 그러니 나혜석의 모성 개념은 그만의 독특함으로 두드러질 수밖에 없었다.[91]

1923년 1월 1일부터 21일까지 나혜석은『동명』에 모성애 이야기인「모母된 감상기」를 연재한다. 이야기는 결혼, 임신, 출산 과정에서 시작된다. 혼인한 여성에게 임신은 본인과 배우자는 말할 것 없고 집안의 축복으로 인식되는 것이 보통이지만, 나혜석에게 임신은 기쁨이라기보다 저주와 수심과 원망이며, 생명의 신비나 출산의 보람이 아니라 서러움과 고통을 느끼게 하는 것이었다. 처음 대면한 아이에게 "부끄럽고 이상스"러움을 느꼈다고 표현한 것도 일반적이지 않다. "내가 있는 후에 만물이 생겼다. 자식이 생겼다. 아이들아, 너희들은 일찍부터 역경을 겪어라"[92]라고 그녀는 말한다. 그녀에게는 이렇게 자식에 대한 배려보다 자기 존재에 대한 자각이 앞선다.

임신과 출산, 양육과 자녀에 대한 전통적 사고의 파괴라는 나혜석의 독특한 생각은 모성애 차원에서도 마찬가지였다. 여성에게 모성애가 본능적·절대적이라는 통념에 그녀는 동의하지 않는다. 수많은 여성들이 모성애로 만족과 행복을 느껴왔다는 점을 인정하면서도 동시에 모성애가 초래하는 억압과 불행에 주목할 것을 촉구한다. 즉, 모성애는 "최고 행복인 동시에 최고 불행"이다. 그녀는 모성애가 여성의 본능적 속성이라는 일반화된 모성 '신화'에 강한 의문을 제기한다. 대신 그것은 선천적으로 타고난다기보다[93] 아이를 키우면서 "경험과 시간"의 경과를 통해 사후에 얻는 것이라고 주장한다. 요컨대 모성은 "천성으로 구비한 사랑"으로서 순결성이나 자연성이 아니라 양육을 통해 생기는 단련성으로 보아야 한다는 것이다.[94]

이처럼 나혜석은 임신과 출산 그리고 자녀의 양육 과정을 포함해 모성으로 순화된 자아상을 부정하면서 신체의 고통, 아이에 대한 낯섦, 어머니 역할과 자아실현 사이의 모순과 갈등을 여과 없이 표현하고 있다. 여기서 우리는 모성을 포함해 자신에게 실재하면서 스스로 희구한 여성성의 다양한 차원을 인정받으려는 그녀의 요청을 읽을 수 있다. 김일엽과 김명순을 포함해 대부분의 논자가 모성을 본질화하고 탈시간화하면서 그것을 여성의 본성으로 추상화해버린 데 반해, 나혜석은 역사와 시간의 맥락 안에서 모성을 이해하려 했다. 아울러 국가나 민족에 부수하는 어떤 것으로 모성을 상정하는 주류 자유주의와 민족주의의 논의 역시 그녀의 모성 개념에서는 부자연스럽다. 그녀는 모성을 민족과 국가에 대한 물신화 차원에서 이해하거나 본질적이고 초월적인 어떤 것으로 규정하는 맥락에서 벗어나 그 개념을 해체, 재구성하려 했다. 이러한 접근은 당대뿐 아니라 이후 역사에서도 모성을 인식하는 데 새로운 통찰과 이해를 제공했다.

나아가 나혜석은 결혼과 가족 문제를 놓고서도 새로운 실험을 제안했다. 먼저 이성 간 우정과 시험 결혼의 시도다.[95] 사랑과 결혼에 대한 이러한 성찰과 시도는 신여성을 대표하는 나혜석의 면모를 아낌없이 보여주는 사례다. 나혜석은 이성 간 우정을 적극 옹호했으며, 그저 주장에 그치지 않고 실제로 이를 실천하려 했다. 그 내용은 「이성 간의 우애론—아름다운 남매의 기記」에 잘 나타나 있다.

1934년 최린을 상대로 한 위자료 청구 소송에서 담당 변호인이던 소완규蘇完奎와 이성 친구로 함께 나눈 경험을 정리한 이 글에서 나혜석은 "무한한 고통, 무한한 충돌이 거듭했으나 역시 안 보면 보고 싶고 애연하고, 만나면 반가우며 이야기가 많아, 끓는 피, 뛰는 가슴이 몇 번이나 그 우정을 그르칠 듯 했으나 아직까지는 아름다운 남매로 지내"는 두 사람의 관계를 언급한다.[96] 이 글에서처럼 그녀는 남녀 간에도 친구 같은 관계가 가능하다는 것을 믿었고, 또 소완규와의 관계를 통해 이러한 자기 신념을 실천하려 했다. 1년 전에 발표한 「이혼 고백장」에서 언급한 것처럼, 남녀 친구 사이에 "본부本夫나 본처를 어찌하지 않는 범위 내의 행동은 죄도 아니요 실수

나혜석, 「무희(Dancer)」
(1927~28, 캔버스 유채, 41×33cm)

도 아니며, 가장 진보된 사람에게 마땅히 있어야 할 감정"[97]을 직접 경험함으로써 이를 쟁점화했다.

1930년 5월 우애결혼과 시험 결혼을 주제로 한 『삼천리』의 대담에 참여한 나혜석은 결혼 목적이 아내를 얻는 것인지 혈통을 이을 아들딸을 얻는 것인지 묻는 기자의 질문에 그것은 지아비나 아내를 얻는 것이며, "자녀는 부산물에 불과"하다고 단언한다. 배우자보다 자녀를 중시하는 가족에 대한 지배 관념은 오늘날까지도 일정한 형태로 유지되고 있지만, 그녀는 단연코 부부를 가족의 중심에 두었다. 또한 그녀는 서구에서 제창된 시험 결혼을 언급하면서 "산아 제한 같은 방법을 필요로 하는 그 시험 결혼은 빈번한 이혼을 막는 길도 되고 남녀성의 이합을 훨씬 자유스럽게 하는 효과가 있을 것"이라는 의견을 표명한다.[98]

1930년대 중반에 쓴 소설에서도 나혜석은 시험 결혼의 실상을 자세히 묘사한다. 다분히 자신의 이미지가 투영된 주인공 현숙은 사랑의 감정보다 엄격한 계산과 계약에 입각한 남녀 사이의 결합을 주장한다. 현숙의 말을 빌리면 "지금까지 감정으로 들어가 모든 것을 실패"해왔다는 점에서 "감정보다 회계"에 의거해야 한다는 것이다. 심지어 나혜석은 이를 상징하는 아이콘으로 "간단하고 효과 있는 명쾌한 (…) 금전 등록기"를 거론하기도 한다.[99]

이 소설에서 현숙은 신문사 기자, 유명 화가, 화가 지망생 등 세 남성과 반년을 주기로 계약 결혼한다. 남성 이름이 모두 익명 처리되어 있는 것으로 보아 이들은 현숙의 의도에 따라 움직이는 수동의 존재다. 반면 현숙은 결혼을 실행하거나 제안하는 분명한 주체다. 이 소설로 나혜석은 여성을 "영원히 소유하는 것이 기득권"[100]
이라 여기는 남성 중심 결혼제도의 관습을 전복시키려 한다.[101] 결혼의 세속화와 성의 방종이 뚜렷이 진행되어간 1930년대 타락 도시 서울에서 그녀는 다소 위악의 방식을 통해 남성 중심의 전통적 결혼제도를 통렬하게 비판함으로써 여성이 주도하는 대안 결혼의 형태를 제안하고 있는 셈이다.

이 소설에선 일종의 대안 가족도 함께 모색된다. 나혜석은 소설에서 현숙과 함께 생활하고 있는 노老 시인과 화가 지망생과의 관계를 "한 사람도 떼어 살 수가 없[는 (…)] 친신親身"으로 묘사한다.[102] 가정이라는 사적 공간에서 벗어나 여관이라는 유동의 거처에서 이들 세 사람은 고통스러운 가난과 고독과 "울게 되면 얼마라도 가슴이 비워"지는[103] 감정을 공유하면서 혈연 중심의 전통 가족을 넘어서는 친밀성의 감정을 경험한다. 바로 여기서 "술도 함께하고 수족을 훔쳐 주기도 하고 자리옷을 갈아 입히"면서 서로에 대한 근심과 배려와 우정을 공유하는 동숙자끼리의 가족 공동체 상을 읽을 수 있다.[104]

신여성, 같음과 다름

이 장은 1920년대에 등장한 신여성들의 주장과 이념은 무엇이었고, 또 그들이 무엇을 지향했는지 검토해보려는 의도에서 출발했다. 연구와 서술은 1900년대 어머니 세대와의 비교를 통한 통시적 접근과 당대 대표적인 신여성인 나혜석을 중심에 두고서 신여성 각 개인들의 내적 차이에 주목한 공시적 접근 등 두 가지 방식을 활용했다. 전자를 통해서는 신여성들에게서 발견되는 공통점에, 후자를 통해서는 신여성들 내부에서 드러나는 차이점에 집중했다.

앞 세대 근대 여성들과 비교해볼 때, 이 시기 신여성들은 가부장제와 당시 여자 교육에 비판적이었고, 민족에 대한 의식 또한 앞 세대 여성들과 달랐다. 먼저 남성 중심의 가부장제를 정면에서 비판하고 그에 도전했다. 이는 남성 근대주의자들의 근대 기획에서는 찾아볼 수 없는 대안 근대성의 비전과 지향을 추구하고 있었다. 또한 이들은 구체제에 비판의식을 품고 여성에 대한 근대 교육 자체에 의문을 제기했다. 계몽주의 시대 어머니 세대가 여성의 근대 교육을 열렬히 지지한 것과 달리, 이들은 당대 여자 교육의 목표와 방향에 문제를 제기했다. 아울러 어머니 세대에게는 여성 교육과 민족 독립이 서로 밀접하게 연관된 주제였다면, 이들은 그들과는 다른 시각과 태도로 민족과 민족주의 문제를 바라보았다. 즉, 신여성들은 자아와 개성, 자유와 이상이라는 시대정신을 토대 삼아 성性과 친밀성의 영역에 초점을 둔 개인 차원의 쟁점에 몰두했으며, 민족이나 계급 같은 거대 서사와는 거리를 유지했다.

사적 영역에서 이들이 추구한 대안적 주제로는 남녀평등에 관한 비전이나 여성의 직업 및 사회활동 옹호 등을 먼저 꼽아야 할 것이다. 이 쟁점들은 앞 세대 여성들의 주장을 일정 형태로 계승한 것이지만, 성과 사랑에 대한 자기주장은 딸 세대인 신여성 그들만이 가진 고유 특성이다. 이들은 성이란 개인 영역에 속하는 사적 문제로서 오롯이 자유로워야 한다고 생각했으며, 자연스럽게 성의 자기 결정권을 주장하고 성 해방의 실천을 지향했다. 따라서 사적 영역에서 성과 친밀성에 대한 이들의 주장은 신여성 개념에 내재하는 고유한 특징 가운데 핵심을 이룬다. 아울러 이들은 전통적인 결혼과 가족제도의 대안으로서 독신 생활에 가치를 부여했다.

하지만 신여성 내부에서의 견해차 또한 존재했다. 나혜석에 초점을 맞춰 다른 신여성들과 비교해보면, 그 차이가 선명하게 부각된다. 대체로 신여성들은 사랑과 연애에 대해 다분히 이상주의적으로 이해하는 경향성을 띠었다. 그러나 나혜석은 이를 도덕이나 법률 차원이 아니라 감정과 취향 같은 인간의 본능과 성향 차원에서 이해하려 했다. 이러한 급진성은 그녀의 모성 개념에서도 마찬가지였다. 나혜석은 모성애를 여성의 본능적 속성으로 상정하는 일반화된 신화에 의문을 제기하면서 여성의 모성이란 선천적으로 타고난다기보다 경험과 시간이 누적되면서 사후에 얻어지는 것이라고 보았다. 모성론자 대부분이 이를 본질화·탈시간화하면서 여성의 본성으로 추상화해버린 것과 달리, 나혜석은 역사와 시간의 맥락 안에서 모성을 이해하려 한 것이다. 이성 간 우정, 시험 결혼, 대안 가족 등 그녀의 새로운 제안들도 그녀만의 남다른 제안과 시도를 보여주는 사례들이다.

이렇게 나혜석은 전통과 근대가 착종한 혼란스러운 과도기에 사랑과 결혼 등의 문제를 진지하게 고민하면서 그 해법을 찾아 실천하려 했다. 성과 사랑에 대한 근본적 이해, 독신 생활과 남자 공창,

시험 결혼, 이성 간 우정, 원초의 대안 가족 등과 같은 그녀가 내놓은 다양한 제안들은 이러한 성찰의 산물이었다. 그녀가 꿈꾼 남녀 간 평등과 평화, 남성과 여성이 아닌 인간으로서의 교유, 개인의 자유와 상상력의 고양 등의 통찰은 성과 결혼의 문제가 모순된 형태로 발현한 식민지 사회에서 지적 모색을 계속해온 그녀 나름의 응답이었다.

그것은 근대의 외양을 띤 가부장제의 전통이 여전히 강력한 영향을 미치고 있던 상황에서 근대의 개척자로서 의미를 갖는 것이었고, 사적 영역에서의 경험과 실천이라는 점에서 남성 주도의 근대 기획에 대한 도전이기도 했으며, 거대 서사의 주요 주제인 민족중심주의와 제국 지배의 한계를 폭로하는 것이기도 했다. 남성이 지배해온 기존의 사회 질서를 침범했으므로 그녀의 제안과 주장에서 위기감을 느낀 기성 사회가 그녀에게 요구한 것은 당연히 '순교'였다. 하지만 무릇 모든 순교가 그러하듯이 그녀의 비참하고 고독한 죽음은 세월이 지나 부활하고 영광을 되찾았다. 역사의 엄정함은 대안 근대성을 추구하기 위해 나혜석이 치러야 했던 가혹한 대가의 진면목을 보여주고 있는 것이다.

지배와 연대 사이에서

잊힌 존재, 재조 일본인

적어도 1990년대 전까지 일제 강점기는 식민 권력에 의한 수탈과 강압적 지배라는 이미지로 점철되어왔다. 당연하게도 일제에 빼앗긴 국토와 자원 그리고 그 침탈을 주도한 식민 지배자는 집중 부각되었다. 일본 제국주의에 대한 저항과 투쟁이라는 거대 서사 또한 이에 대한 반작용으로서 제시되는 것들이었다.

이때 함께 식민지 땅을 밟았던 일본인 민간인들은 크게 주목받진 못했지만, 식민 지배자들과 같은 범주로 여겨지곤 했다. 일제의 침략과 수탈은 조선총독부와 국가 권력의 지원을 받은 민간인이 결탁해 수행했다는 인식이 여기서 비롯된다.[1] 일찍이 1970년대에 가지무라 히데키梶村秀樹는 일본 제국주의가 국가 권력뿐 아니라 민간 식민자 차원에서도 실현되고 있었음을 지적하면서 이들을 "국가 권력과 응착"한 "침략의 선봉"으로 규정했다.[2] 일본 식민 통치가 일본의 수많은 서민에 의한 이른바 '풀뿌리 침략', '풀뿌리 식민지 지배'로서 "일본 식민지 지배의 강인성의 근거"를 보인다는 지적[3] 역시 이러한 문제의식의 연장선상에 있다.

패전 후 식민 제국 일본이 해체되고 국제 질서가 새로 재편되면서 동아시아 역사는 한국사, 일본사, 대만사 등 각국의 역사로 분리되고, 동아시아라는 초국가의 공간을 이동해 다니던 재외 일본인의 존재는 오랫동안 잊힌 상태로 남아 있었다.[4] 그러다 1990년대 이래로, 특히 2000년대에 들어서면서부터 한국, 일본, 미국 등지의 젊은 연구자들이 이에 관한 연구 결과를 발표해오고 있다. 생소했던 '재조 일본인'이라는 단어가 점차 통용되기 시작한 것도 이즈음이다. 특히 기존 연구가 정치와 경제 중심의 체계와 구조에 관한 거대 서사를 구축해왔다면, 이들의 연구는 역사와 사회, 문화와 문학, 여성과 이주민 등 다양한 분야에서 분산되거나 혼합된 포스트모던한 문제의식을 반영하면서 진행되고 있다.

이러한 맥락에서 이규수는 재조 일본인은 '제국'과 '식민지'의 접점에서 파생되는 다양한 현상들에 접근하는 통로로서, '근대성'과 '식민성'을 규명하는 중요한 연구 대상으로 논의되어왔다고 지적한다. 나아가 제국과 식민지 경험이라는 근대의 유산이 동아시아 각국 사이에 갈등의 축으로 여전히 작용하는 현실 속에서 '제국'의 영역을 확장하기 위해 제국과 식민지의 경계를 넘나든 재조 일본인에 관한 연구는 현재 동아시아 사회가 안고 있는 문제의 역사적 연원을 밝히는 의미가 있다고 덧붙인다.[5]

재조 일본인의 공통된 조선 인식에 주목하는 것과 함께 이들 사이에 존재하는 다양한 차이점들을 규명하려는 시도 역시 동일한 문제의식을 반영한다.[6] 재일 조선인과 재조 일본인 모두 역사 속에서 늘 주변인이었다는 전제 아래, "어느 한쪽 끝을 더듬다보면 결국에는 그 경계의 어디에선가 또 다른 한쪽"에 맞닿을 수 있다는 바람 또한 비슷한 맥락에서 제기되는 문제다.[7] 그런가 하면 기유정은 재조 일본인에 대해, 식민지 정주 과정에서 원주민보다도 더 '혼성 hybrid'이 될 수 있는 극단적 조건을 가진 존재라는 점에서, 그 혈통 근거지인 본토와 생활 근거지인 식민지 가운데 어디를 중심으로 자기 정체성을 구성하느냐에 따라, 원래 제국이 의도했던 주체 구성 원리를 비껴가거나 횡단할 수 있는 가능성이 가장 높은 집단이라고 지적한다. 이러한 점에서 이들은 오구마 에이지小雄英二[8] 등이 말하는 제국 정체성의 양가 성격, 즉 순혈론 대 혼혈론의 대립과 긴장을 가장 첨예하게 드러내는 존재라는 것이다.[9]

이러한 문제의식 속에 이 장에서는 재조 일본인 지식인 집단을 대표하는 경성제국대학 교수로서 식민지 반제운동과 민족해방운동 영역에서 활약한 미야케 시카노스케三宅鹿之助의 사례를 검토하고자 한다. 그는 식민지 조선의 최고 학부 교수 신분으로 통치 집단 편에 속해 있으면서도 그 지배의 기획을 부정하고 피억압 민족과 연대를 추구한 보기 드문 인물이었다. 이제 그의 연대 양상에 주목하면서 그 의미와 한계를 규명해본다.

재조 일본인의 규모와 내부 구성

1910년 강제 병합되어 식민지로 전락한 조선은 물자 수탈과 일본인의 대규모 이주를 감당해내야 했다. 일본인 이주는 1897년 강제 개국 때부터 시작되지만, 이주민 숫자는 러일전쟁을 계기로 3만 명을 넘기 시작해 1907년에 10만여 명에 육박한다.[10] 이후 새로 개척된 식민지로 몰려든 일본인 숫자는 급속히 늘어나 1911년에 20만 명을 넘어섰고, 1919년을 전후한 시기를 제외하고 다시 꾸준히 증가해 1930년에는 50만 명을 넘기고, 1942년에 75만 명에 이르렀다.[11]

식민지 조선에서 일본인의 인구 규모는 1907년에는 1% 정도에

〈표8-1〉 민족에 따른 인구 분포의 변화

연도＼민족	조선인	일본인	외국인	계
1907	9,781,671(98.9)	98,001(1.0)	8,418(0.1)	9,888,090
1912	14,566,783(98.2)	243,729(1.6)	16,589(0.1)	14,827,101
1915	15,957,630(98.4)	303,659(1.9)	17,100(0.1)	16,278,389
1920	16,916,078(97.8)	347,850(2.0)	25,061(0.1)	17,288,989
1925	18,543,326(97.5)	424,740(2.2)	47,460(0.2)	19,015,526
1930	19,685,587(97.2)	501,867(2.5)	69,109(0.3)	20,256,563
1935	21,248,864(97.1)	583,428(2.7)	58,888(0.3)	21,891,180
1940	22,954,563(96.8)	689,790(2.9)	64,704(0.3)	23,709,057
1942	25,525,409(96.8)	752,823(2.9)	83,169(0.3)	26,361,401

자료: 統監府, 『(第2次)統監府統計年報』, 1909, 朝鮮總督府, 『朝鮮總督府統計年報』, 1914(第1號), 1930, 1942에서 작성.

지나지 않지만 식민 지배 말기에는 거의 3%에 이를 정도로 증가했다(〈표8-1〉 참조). 당시 일본 제국의 판도로 보자면, 1910년 시점에서 재외 일본인이 가장 많이 거주한 상위 6개 도시가 조선 내에 있었고, 다음이 중국 상하이, 안동, 봉천 순서였다.[12] 1940년 시점에서 보면, 재외 일본인 인구수는 만주국이 가장 많은 82만 명 정도이며(819,614), 조선이 그다음으로 70만 명 정도고, 그다음이 사할린(394,603), 중국(388,995), 대만(312,386) 순이다.[13]

〈표8-2〉는 조선에 거주한 일본인의 직업 분포를 시간 순으로 정

〈표8-2〉 조선인과 일본인 직업 분포 비율의 추이(%)

민족별 직업 / 연도		1912	1920	1925	1930	1935	1940	1942
조선인	농수산업	82.9	88.3	84.7	82.1	79.5	74.5	70.2
	광공업	1.4	1.9	2.3	2.3	2.5	4.7	6.7
	상업 및 교통업	6.8	5.6	6.2	6.4	6.6	8.0	8.2
	공무 자유업	1.2	1.7	2.3	2.7	3.0	3.1	3.9
	기타	4.5	1.6	3.3	1.2	6.7	7.9	8.9
	무직	3.1	0.9	5.1	1.8	1.7	4.5	2.1
일본인	농수산업	11.3	14.6	12.2	10.9	8.2	6.2	5.1
	광공업	14.8	17.2	15.7	14.4	13.8	21.0	21.8
	상업 및 교통업	33.1	33.7	31.4	29.4	30.0	27.7	25.3
	공무 자유업	22.2	29.3	33.2	35.2	40.4	37.4	39.5
	기타	15.6	3.7	5.0	6.4	3.9	4.1	4.3
	무직	3.2	1.4	2.5	3.7	1.7	3.5	3.1

자료: 통감부, 앞의 책, 조선총독부, 앞의 책에서 작성.
주: 직업별 분류는 연도에 따라 상이한 범주를 필자가 재배치하여 계산했음.

리한 것이다. 이 표에서 보듯이 조선 거주 일본인의 직업은 조선인의 직업 분포와 큰 대조를 보인다. 조선인의 경우 인구 대다수를 차지한 업종은 농업이지만, 일본인은 시기에 따라 차이가 있다고는 하더라도 1920년대 전반까지는 상업 및 교통업이 가장 높은 비중을 차지했다.[14] 다음이 공무 자유업인데, 이는 1920년대 중반부터 상업 및 교통업을 제치고 가장 높은 비중을 차지한 뒤 점점 더 격차를 벌리는 추세를 보였다. 이 장에서 검토하려는 미야케 교수가 속한 지식인 집단이 바로 이 공무 자유업의 범주에 속한다.

세대 측면에서 인구 구성을 보면, 대략 1920년대 중반부터 1930년대 이후까지 재조 일본인으로서 조선에서 태어난 인구가 점차 늘어나기 시작했다. 조선 태생 일본인으로서 '조센코朝鮮子'라 불린 이들은 1934년 일본인 인구 가운데 154,954명으로 급증해 일본 태생인 368,532명과 비교해볼 때[15] 식민 통치 후기로 갈수록 재조 일본인에서 차지하는 비중이 높아져갔다. 박광현은 낙후한 조선의 문명화라는 사명의 담당자를 자임했던 1910-20년대의 앞 세대와 달리, 이들은 1930년부터 '우리 조선'에 일체화된 새로운 자기 정체성을 창안하기 시작한바, 이러한 차원에서 재조 일본인 지식인 집단의 역할에 주목했다.[16]

문제의식이나 그 지향에 변화가 있었다지만 재조 일본인 지식인 집단은 식민 지배 초기부터 종식에 이르기까지 전 기간 식민 통치 기획에 적극 가담하고 협조한 집단을 대표한다. 이 집단에 대한 연구는 여성을 포함한 평범한 일본인에 관한 연구와 함께,[17] 연구 조사, 학술 연구, 교육, 언론의 주축을 이루는 지식인에 관한 연구가

경성제국대학 정문

있다.[18] 경찰과 더불어 조선인과 접촉이 많았다는 점에서 "일본인 중에서도 특수한 존재"로서 교원에 주목한 연구도 이 범주에 속한다.[19] 조선인 학생들 앞에서 조선총독부가 펴낸 일본어 교과서를 이용해 교육 활동을 수행했다는 점에서 교원은 일정 부분 식민 지배 임무를 맡은 존재이자 "최전선에서 동화/황민화 정책의 수행자"로 규정할 수 있다는 것이다.[20]

경성제대 교수 집단은 이러한 교원의 최정상에서 독특한 위상을 지니는 존재다. 엄밀하게 말하면 이들은 소규모 전문 일본인 집단으로서 1926년 개교 당시 25명에 불과했으며, 이후 대학 제도가 정비되면서 충원되었다고는 해도 대체로 법문학부는 60명, 의학부는 50명을 넘지 않았다. 1941년 신설된 이공학부 교원 60여 명을 더해도 대략 170명 수준에 불과했다.[21] 경성제대가 표방한 '국가 수요國家須要의 학술'이란 당연히 식민지 조선에 대한 학술 지식의 창출이라는 의미였으며,[22] 이러한 점에서 이들은 식민 기획의 이념을 창출함으로써 식민 지배를 정당화하고 유지시키는 역할을 맡아 그와 명운을 함께한 존재였다.[23]

그러나 이 지식인 집단이 모두 같은 목표와 지향을 지닌 건 아니었다. 이들 가운데 그 지배 기획에 균열을 내고 저항하면서 피지배 진영에 공감과 연대의 손을 내민 이들도 있었기 때문이다. 대표적으로 조선총독부 산림과 및 임업 시험장에서 일하면서 조선의 민속 민예운동을 이끈 아사카와 다쿠미淺川巧와 지식인 집단에서는 미야케 교수 등이 언급되어왔다.[24] 그런가 하면 조선 민족과 연대해 일본 제국주의에 반대하는 혁명운동에 투신한 경성제대 반제동맹 사건의 이치카와 아사히코市川朝彦, 사쿠라이 사부로櫻井三郎, 히라노 시카요시平野而吉 등도 있었고,[25] 제2차 태평양노동조합운동에 참가한 이소가야 스에지磯谷季次도[26] 있었다. 이들의 활동은 주로 1930년대 전반기에 집중되어 있다.[27]

물론 이들은 조선에 거주하는 일본인들 가운데 극소수에 불과했으며, 재조 일본인 사회에서도 비정상인, 때로는 이단자로 인식되었다. 좀 더 사례를 찾아보면, "일본인 사회에서만 살아가려 했고, 전후에도 '참회하지 않는 식민자'"가[28] 주류였던 재조 일본인 교원들 가운데 죠코 요네타로上甲米太郎와 이케다 마사에池田正枝 등이 그러한 인물이었다. 죠코의 사례에서는 1930년에 일본 육군 소위 출신의 현직 공립학교 교장이 반제투쟁으로서 교육노동운동을 주도해 진주, 사천, 함안 일대의 일본인 교사 8명 정도가 그에 공감해 활동한다.[29] 이케다는 식민자 2세로서 조선에서 나고 자라 교사가 되었고, 일제 말기에 제자를 근로정신대로 보내기도 했다. 그러나 전후 자신의 과오를 깨달아 참회하면서 일본의 '부락 문제'와 재일 조선인 문제 등 인권운동에 헌신하고 있다.[30]

그러나 재조 일본인 사회에서 이들에 대한 평가는 냉정하고 싸늘했다. 예컨대 "죠코의 행동은 일본인 식민자들 전체에서도 예외적이며 희귀한 존재"라거나, "이케다 씨처럼 '참회하는 식민자' 혹은 그에게 동의하는 일본인조차 아직 일본 사회에서는 소수에 지나지 않"다는 것이다.[31] 가지무라 히데키梶村秀樹는 "식민자 사회는 이들을 '미친놈'으로 취급하고 거의 따돌림으로 응대"했다고 지적한 바 있다.[32] 재조 일본인 주류 사회의 이러한 분위기를 염두에 둘 때 경성제대 교수로서 "조국을 배반하고" 조선인의 혁명운동에 참가한 미야케 교수 사건이 당시 재조 일본인 사회에 얼마나 크나큰 충격을 주었을지 가히 짐작되고 남는다.

1930년대 서울의 혁명 노동운동과
미야케 시카노스케

미야케 시카노스케(三宅鹿之助, 1899-1982)는 1899년 오사카 출신으로, 대만에서 소학교와 타이페이台北중학교를 졸업하고, 나고야 다이하치고등학교第八高等學校를 졸업했다. 1920년 동경제국대학 경제학부에 입학했는데, 이즈음 마르크스주의 경제학과 당시 일본에서 치열하게 전개되고 있던 노동운동과 사회운동에도 관심을 가지기 시작했다. 1924년 대학 졸업 후 호세이法政대학 경제학부 강사와 교수를 역임했고, 1927년 4월에 경성제대 법문학부 조교수로 부임했다. 이 시기 그는 동숭동 대학 관사에 거주하면서 "조선인의 생활을 실제로 목격"하고 조선인과 조선 민족에 대한 동정[공감-필자]이 "비상하게 앙양되"었다고 한다.[33]

1929년 2월부터 1931년 4월까지 2년 남짓 독일, 프랑스, 영국, 미국에서 '재외 연구'를 했다. 1929년 4월 베를린에 1년 정도 체류하는 동안 구니사키 데이도國崎定洞가 주관한 '재독일본인좌익그룹' 활동에 깊이 관여했고, '베를린반제그룹'에도 참여했다.[34] 1931년 4월 경성제대로 돌아온 뒤 경제연구회가 해산된 직후 1930년 9월에 조직된 조선사정연구회를 지도했다. 아울러 독일의 구니사키 그룹과 연결을 유지하면서 조선에서는 졸업생, 조수, 학생 등을 조직해 자료 수집과 독서회 등 실천 운동을 전개했다.[35]

1933년 겨울에는 당시 서울에서 혁명 노동운동을 전개하고 있던 이재유 그룹과 만났다. 1933년 여름 이후 이재유는 경성제대 6

기로 3학년에 재학 중이던 정태식과 함께 경성제대 학생운동 차원에서 독서회를 조직해 의식화를 실천하는 한편, 좌익 교수 '획득' 방안에 대해 논의했다. 이재유가 "노골적인 좌익 교수"[36]로 학내에서 명성이 높았던 그를 주목한 건 당연한 일이었는지 모른다. 이재유는 미야케를 통해 국제노선과 연결을 도모하려는 목적도 있었다.

동숭동 대학 관사에서 정태식은 노동운동에 상당한 경험을 가진 동지로 이재유를 소개했다. 이 첫 만남에서 이재유는 미야케가 "매우 전투적인 좌익 교수"의 인상이었다고 술회했다. 그로부터 일주일쯤 후인 12월 상순 두 번째 만남에서 미야케는 이재유가 "사회과학 방면에서 상당한 연구를 한" 실천적 운동의 "열렬한 투사" 같았다고 훗날 진술한다. 한편 이재유는 미야케를 "당시 일본의 마르크스 학자 카와카미 하지메河上肇 등에 비하면 학자로서는 열등한지도 알 수 없지만, 그러나 이들 학자가 가지고 있지 않은 실천적 경향을 다분히 가지고 있으며, 또 자신의 주장만을 내세우는 우리들 주의자보다 자신의 이론의 그릇된 바를 기꺼이 들으려고 하는 태도를 가지고 있었다"라고 평가했다.

이렇게 이듬해 1934년 1월 중순까지 두 사람은 대략 일주일 간격으로 대여섯 차례 만나 협의하고 결정한 사항을 팸플릿 형태로 구체화했다. 그 내용은 이랬다. 조선 공산주의 운동의 당면 임무는 공장 중심으로 전국 차원에서 전개되고 있는 공산주의 운동을 통일해 당을 재건하는 데 있다. 이를 위해 전국적인 정치운동의 방침을 확립하고, 전국적인 정치신문을 발행하며, 투쟁장 내의 경험을 바탕으로 선전·선동을 위한 출판 활동을 왕성히 해나가는 데 인식을 함께한다. 이 가운데 특히 전국적인 정치운동의 방침을 확립하는 것이 시급한 과제라는 판단 하에, (1) 국제 정세 분석, (2) 조선 정세 분석, (3) 과거 운동 비판, (4) 당면 임무 및 장래 운동 방침 등 4개 항목을 포함하는 '플랜'을 결정하고, 이에 기초해 초안을 작성한다.[37]

그러나 이 논의는 이재유가 1934년 1월 하순 경찰에 체포됨으로써 일시 중단되었다. 이후 4월 중순 서대문경찰서에서 탈출한 이재유는 경찰의 추격을 우려해 을지로(당시 황금정)에서 택시를 내려 다시 차를 잡아탔다가 동소문에서 다시 내려 산을 넘어 동숭동 미야케의 관사로 숨어들었다. 미야케는 서울 전역에 경찰이 깔려 조금도 움직일 수 없는 상황에 부닥친 이재유를 자기 집 응접실에 딸린 다다미방 아래에 굴을 파고 숨겨주었다. 4월 22일부터 미야케가

이재유 탈옥 및 은닉 사건 기사에 실린 미야케 시카노스케(1935)

10일 일정으로 간도 방면 시찰을 위한 출장을 떠나면서 그의 아내 히데三宅秀子가 식사 조달을 비롯해 뒤치다꺼리를 도맡았다. 독일 체류 당시 베를린에서 개최된 반제동맹 대회에 참석하는 등 그곳의 분위기에 익숙했던 미야케의 아내는 남편의 출장 중에 자신의 임무를 충실히 수행했다.

정태식과 미야케 등이 검거된 5월 21일까지 이재유가 이 굴 안에서 지내던 38일간 미야케는 이재유의 검거로 중단되었던 조선 운동의 일반 방침들에 관한 협의를 이어갔다. 1933년 말 이래로 미결 상태였던 조선 운동의 방침서 초안 가운데 과거 운동의 비판 및 금후의 운동 방침 등을 검토하고 토론한 것이다. 또한 미야케는 1932년 12월 프로핀테른(적색노동조합인터내셔널) 극동부에서 파견된 권영태 그룹과 만나[38] 제휴 활동을 이어가는 한편,[39] 이재유 그룹과 권영태 조직을 연결하기 위해 노력하기도 했다.

실천과 연대 이후

1934년 5월 17일 정태식이 경찰에 체포된 것을 시작으로 권영태 등이 검거되면서 미야케도 5월 21일에 검거된다. 그는 경찰에 하루만 취조를 연기해 달라고 요청했다. 그러면 스스로 정신을 수습해 자백서를 쓰겠다는 것이었다. 이튿날 저녁 무렵 미야케는 비로소 서대문서에서 탈주한 이재유가 자기 집에 은신하고 있다는 사실을 진술했다. 이재유가 도주할 시간을 주자는 고려에서였다. 이후 미야케는 검찰로 송치되어 예심 직후인 1934년 6월 9일 휴직 처분을 받았으며, 그로부터 7개월 후인 1935년 1월 9일자로 면직되었다.[40] 예심이 종결되고 공판이 개시되기 전인 1934년 10월 9일 그는 옥중에서 「감상록」이라는 성명을 내고 전향했다. 다음은 그 일부다.

> 맑스주의 이론은 매우 넓은 범위에 걸쳐 있고 그 문헌도 심히 다수이며 더욱이 이해하기 곤란한 부분이 매우 많습니다. 한번 이 영역에 발을 들여놓으면 단순히 그것을 이해하는 것만으로도 많은 노력이 요구되며 따라서 대부분의 사람들은 이를 비판할 만큼의 여유가 존재하지 않는 것입니다. (…) 처음에는 단순히 이해하기 위해서만 읽기 시작한 것이 마침내 그것이 난해한 까닭에 여기에 어떠한 신비한 것을 인정하게 되고 따라서 이를 비판하지 않고 단순히 받아들여서 다만 감복하고 마는 것입니다. 나의 과거가 실로 이러한 것이었습니다.[41]

1934년 12월 27일 그는 경성지방법원에서 치안유지법과 출판법 위반 및 범인 은닉죄로 징역 3년을 선고받고 기결수로서 서대문형무소에서 복역했다. 아내인 히데도 '은닉에 관계한 혐의'로 5월 24일 취조 끝에 기소 유예 판결을 받았다. 석방 이후에도 일제 경찰은 그의 가족 동정에 대한 내사를 지속했다.[42] 미야케가 옥살이하는 동안 히데는 경성제대 졸업생이자 미야케의 제자였던 최용달 등의 도움으로 쌍림동(당시 병목정)에 고서점을 개업해 생계를 유지했다.

1934년 11월 김윤회의 호의로[43] 명동(당시 명치정 2정목)에 '가메야龜屋'라는 고서점을 개업했다. 그런가 하면 해방 정국에 조선학술원, 민주주의독립전선에서 활동하고, 1960년 4·19혁명 이후 민족자주통일중앙협의회(민자통)에서 활동한 바 있는 이종률李鍾律 역시 그녀에게 2,000원의 자금을 전달하는 등의 형태로 적극 후원했다.[44]

미야케는 전향이 고려되어 형기 만료를 11개월을 남기고 가출옥 형태로 1936년 12월 25일 서대문형무소에서 출옥했다.[45] 이후 아내가 경영하던 고서점을 정리하고, 1937년 1월 일본으로 돌아가 고물상(자동차 해체업)과 신문 판매 등으로 생계를 이어갔지만, 특고特高의 감시는 패전까지 계속되었다.[46]

그런데 미야케에 대한 일본의 최근 연구에서 이노우에는 여태껏 이재유와 권영태 등 조선인 공산주의자들과 미야케의 운동 내용이 "관헌 기록을 그대로" 따른 것일 뿐 사실과 거리가 멀다고 지적하고 있다. 즉, 미야케와 조선 공산주의 운동의 관계는 "관헌의 각본과는 달리, 조선공산당 재건운동을 함께 협의하고 방침을 결정하는 장에 재조 일본인이 참가하는 형태에까지는 이르지 않았다"라는 것이다. 물론 이노우에는 이러한 비판으로 조선에서 미야케 활동의 고유한 의미가 폄하되는 것을 경계하고 있다. 대신 사건에 대한 관헌 자료의 '허상'을 비판하면서 조선에서 미야케의 투쟁이 지니는 독자적 의미를 파악해야 한다고 강조한다.[47]

하지만 전명혁은 그 비판을 다시 비판했다. 먼저 그는 미야케의 입장을 "휴머니즘적 평가"라고 하면서[48] 이재유와 미야케의 '정세토의'는 "독일의 사정에 밝은 미야케가 아니면 구사할 수 없는 표현"이라는 등의 근거를 제시하면서 미야케와 이재유의 밀접한 관계를 강조한다. 나아가 미야케가 종전 후 1966년에 참석한 좌담회에서[49] 이재유의 이름조차 알지 못했다고 언급한 사실에 대해서는 1956년 그의 제자였던 이강국이 북한에서 박헌영과 함께 처형된 사실과 연관 지어 설명하고 있다.[50] 아울러 권영태의 운동에도 미야케가 깊숙이 관여했으리란 것을 여러 자료와 정황을 들어 자세하게 논증하고 있다.[51]

역사의 교훈과 남은 과제

위 논쟁에서 보듯이 조선에서 미야케의 활동상 전체를 분명한 형태로 제시하기는 쉽지 않다. 하지만 이노우에는 여러 난관에도 불구하고 재조 일본인이자 경성제국대학 교수로서 미야케가 매우 드문 극한 투쟁을 했다고 단언한다. 즉, 미야케는 '사상 사건'으로 투옥된 유일한 경성제국대학 교수였으며, 이 사건은 "식민지 조선에서 일본인, 그것도 대학 교수라는 지위에 있던 인물이 사상 사건과 관계하여 투옥된 희유의 사건"이었다는 것이다.[52]

하지만 이노우에는 미야케가 일본 공산주의자로서 고립된 상황에서 투쟁해야 했다는 사실을 상기하면서 "일본 제국주의의 중국 동북 침략이라는 중대한 시기에 식민지 조선에서 제국주의 본국인인 일본인을 반제, 반전 투쟁으로 조직한다는 방침을 세우지 못"한

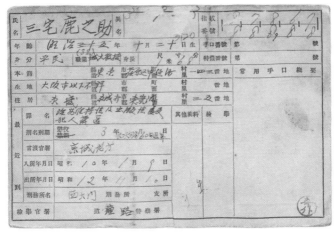

미야케 시카노스케의 수형기록카드(1935)

당시 일본 공산주의 운동의 한계를 지적한다. 이것이 '미야케 사건'에서 당대 "일본 공산주의 운동에 물어야 할 정치적 책임이고, 현재까지 이르는 운동의 과제"[53]라는 것이다.

이러한 이노우에의 비판은 비단 일본의 공산주의 운동에만 한정되지 않으며, 조선의 공산주의 운동에도 확대 적용할 수 있을 것이다. 당 조직과 대중 조직에 의해 기층 민중의 투쟁이 면면히 지속되었다고 하더라도 식민지 조선에서 진보 지향 변혁 운동은 일본에서처럼 지식인과 중간 계급이 주류인 상층에서 주로 전개되어왔기 때문이다. 이러한 점에서 보면 그의 비판은 당시 일본만의 영역을 넘어 일본 제국의 판도, 나아가 오늘날 전 동아시아 차원에서의 문제로도 확장시킬 수 있다.

다양성, 주변성, 혼성성 차원에서 재조 일본인에 접근하는 최근의 문제의식에서 보자면, 미야케의 사례는, 앞서 서두에 언급했듯이, 제국 일본이 원래 의도했던 주체 구성 원리를 "비껴가거나 횡단할 수 있는 가능성"을 뚜렷하게 보인다. 인도주의 관점에서 동정과 연민의 발로이건, 이념을 함께하는 동지적 연대의 표출이건 지배자와 피지배자의 구분이 뚜렷하던 식민지 사회에서 그는 지배 진영에 속했으면서도 피지배 진영에 스스로 가담했다. 이로 인해 일평생 그 자신뿐만 아니라 일가족 전체의 몰락과 불행을 감수해야 했다. 식민지에서 그가 보낸 시간은 채 10년이 되지 않았다. 그러나 남은 시간 내내 그가 감당해야 했던 가혹한 대가는 암울했던 식민지기의 실상과 함께 전 지구 차원에서 파시즘과 제국주의의 본질을 다시금 적나라하게 보여주고 있다.

제 9 장

사상 전향과
식민지 근대

식민자의 전향, 피식민자의 전향

1959년 일본 사상의과학연구회는 전향을 "권력에 의해 강제되었기 때문에 일어난 사상의 변화"라고 정의했다.[1] 이렇게 포괄적으로 이해한다면, 전향은 특정 시공간―예컨대 1930년대 일본―에만 적용되는 고유 현상이라 보기 어려워진다. 예컨대 쇄국정책을 폈던 도쿠가와 정권의 그리스도교도 탄압 과정에서도, 소비에트 정권 수립 시 볼셰비키에 의한 반대파 탄압 과정에서도, 냉전 시대 미국의 매카시즘 광풍 속에서도 모두 이 범주에 속하는 전향들이 있었다.

이 장은 1930년대에서 1945년 종전까지 일본에서 나타났으며, 그 여파가 곧바로 식민지 조선에까지 미쳤던 특정 맥락의 전향에 주목한다. 그것은 먼저 반체체파, 특히 급진 마르크스주의자들의 사상을 탄압하려는 동기에서 출발해 나중에는 자유주의자나 기독교도로까지 그 대상을 확대해갔다. 개인 측면에서 보면 권력에 의한 고문 등 강제력에 굴복하는 것이었고, 그로 말미암아 자기 내면에서 일어나는 사상 변화를 전향서(상신서)로 공식 선언함으로써 성립되는 것이었다. 권력의 강제를 수반하기에 폭력과 야만이었지만, 전향자를 처벌하지 않고 기존 체제로 포섭하기에 온정과 회유로 해석되는 양면성을 지닌 것이기도 했다. 전향의 이러한 특징과 양상은 지배국 일본이나 식민지 조선에 모두 적용되었다.

근대 법은 특정 시민의 행위에 적용되는 것일 뿐, 그 행위 배후에서 작용하는 사상이나 신념 자체를 문제 삼지는 않았다. 그러나 전향은 사정이 달랐다. 전향은 행위 동기를 이루는 사상을 공식화하고 공공연히 비판함으로써 행위뿐 아니라 사상 자체를 처벌하려 했기 때문이다. 이 제도를 통해 국가는 개인 내면 깊숙이 침투했고, 개인은 권력 작용 범위를 넘어서는 사고를 포기해야 했다.

무엇보다 일본만의, 일본다운 현상이라 할 만한 전향てんこう에는 독특한 특징이 있었다. 공산주의자와 급진주의자에 대한 통제라는 협소한 의미를 넘어, 그것은 메이지유신 이후 일본이 추구했던 독자적 근대화 노선의 전반적 성격—그 영향과 한계까지—을 반영했다. 따라서 이 전향이란 일본 전시기戰時期 15년간의 정치 분위기 속에서 형성된 말로서, 당대 지식·문화의 경향을 의미하는 개념[2]이라고 볼 수 있다.

이 개념을 통해 우리는 일본이 근대화 과정에서 당면했던 모순들과도 만날 수 있다. 그 모순은 예컨대 동양과 서양, 전통과 근대, 토착과 외래 또는 자아와 타자 사이에서 설정될 수도 있고, 특수주의 대 보편주의 같은 개념 쌍으로 일반화할 수도 있다. 이러한 모순들을 통과하면서 이 시기 일본은 독자적인 자아 정체성을 만들어나 갔으며, 이는 개인들의 자아와 사상 형성에도 큰 영향을 미쳤다. 그리고 종전 후의 시간을 거쳐 오늘날까지 계속해서 영향력을 행사하고 있다.

기본적으로 전향은 외부 강제력에 대한 굴복이라는 점에서 개인적 좌절감, 수치심, 의지박약 같은 감정 변화를 수반한다. 또한 자기 신념의 부정이자 그 신념 집단에 대한 배반이기에, 전향자는 개체의 관점에서든 집단의 관점에서든 비난받아 마땅한 존재다. 한국에서 전향과 전향에 대한 평가가 바로 이 맥락에 부합한다. 전향을 강제 했던 식민 권력을 향한 것만큼 전향자는 비판받았다. 식민지기 유산 으로 전향 제도가 유지되었던 해방 이후에도 여전히 이러한 정서가 팽배했다. 그러나 정작 자신의 변절과 배반에 대해 공식적으로 사죄 하고 반성한 전향자는 거의 없었다.[3] 사정은 일본도 마찬가지였다. 공산주의자에 의해서든 자유주의자에 의해서든 침략과 패배에 대 한 역사적 반성은 거의 이뤄지지 않았다. 책임 회피는 묵인되었다.[4]

특히 일본에서는 한국처럼 전향 자체에 대한 선악 판단이나 비 난을 거의 찾아볼 수 없다. 전향을 있게 한 외재적 요인이나 강압을 강조하기보다 오히려 전향이 야기한 개인 내면의 변화 과정에 주목 함으로써 그 내적 동기나 전향자의 반응 등을 더 중시하곤 했기 때 문이다. 전향이 민족 일체감에 기반을 두고 천황제로 수렴되어가 는 집단 이데올로기의 전환 과정으로 이해된 것도[5] 바로 이러한 맥 락에서다.

또한 전향은 일본 사회의 전통적 특징과 관련해 설명되기도 한다. 예컨대 오랜 전통의 갱생 개념에서 전향을 설명하거나[6] 결투에서 항복한 패자에게 베푸는 관용이라는 사무라이 정신과 전향을 연관시키는 식이다.[7] 그런가 하면 특이한 신념을 가진 사람의 신체에 피해를 주지 않으려는 마을의 전통적 관례에 따라 사상범에게 엄격한 처벌 대신 전향이 고안되었다는 의견도 있다.[8]

이렇게 전향에 대한 한국과 일본의 평가는 서로 큰 차이를 보인다. 일본에서 전향은 지배와 통제 방식의 하나로서 그 억압적·폭력적 성격이 인정되는[9] 동시에, 문화적으로는 '애정과 자애'의 측면에 초점이 맞춰진다. 체포와 고문 같은 지배 권력의 역할 수행 못지않게 가족이나 천황 같은 심리 요소와 문화 전통이 중요했다는 지적,[10] 국가에 의해 강제된 사상 변화와 함께 개인의 선택과 결단에 의한 사상 변화로 전향을 정의하는 방식[11] 등이 이에 해당한다. 전향의 양면성을 감안하더라도 한국은 그 폭력성에 더 주목하는 반면, 일본은 그 온정성을 강조하는 셈이다.

이는 일본에서 직접 전향을 경험한 당시 행위자뿐 아니라 전후 그것을 연구해온 해석자들 역시 같은 문제의식에서 전향을 이해하고 있다는 점을 시사한다. 반면 한국은 당시 전향자들과 해석자들 사이에 건널 수 없는 심연이 가로 놓여 있다. 전향자들은 그들대로 도덕적·정치적 비판 대상이 되는데다가 전향 문제는 그자체로 일제 식민 정책의 야만성과 폭력성을 드러내는 본보기로서 이해된다. 이러한 차이는 오늘날 다른 측면에서도 양국이 당면하고 있는 상호 대립을 그대로 반영한다.

이러한 문제의식 속에 본 장에서는 전향에 대한 양국의 시각차가 어떠한 역사 조건에서 탄생했는지 검토한다. 자국 범위를 넘어 타민족 집단이나 타국가 차원에서 전향을 바라볼 때 도출되는 새로운 결과들은 주류의 전향 논의에서와는 전혀 다른 차원의 의미들을 드러낼 수 있다. 환언하자면 전향은 특정 국가와 사회의 역사 조건과 성격을 반영한다. 당연히 전향 정책과 관념 또한 특정 사회의 사상이나 운동 양상의 변화와 밀접하게 관련되면서 변화한다.

실제로 일본과 조선에서 전향이 하나의 사회 현상으로 나타난 시기와 계기는 전혀 달랐다. 이는 사회 조건과 역사적 특수성의 차이를 반영하는데, 무엇보다 민족 정체성 문제를 통해 그 차이가 적나라하게 드러난다. 조선에서 일본 제국주의 식민 정책의 기조가 동화주의였다는 사실을 염두에 둔다면(제10장 참조), 민족 정체성의 정립을 둘러싼 갈등과 모순은 특히나 심각했다. 이제 전향이라는 사례를 통해 그 양상을 살펴볼 차례다.

전향과 일본 근대의 독특성

먼저 일본을 중심으로 이 시기 국가에 의한 캠페인 형식의 전향 공작이 왜 진행되었는지, 그 동기와 의도는 무엇이었는지, 나아가 일본의 근대 사상과 민족 정체성 형성에 어떠한 영향을 미쳤는지 해명해보려 한다. 앞서 언급했듯이 전향은 1930년대에서 1945년 종전까지 일본 제국주의에 의해 집중 추진되었다. 그러나 보다 거시적으로 접근해보면, 전향은 메이지유신 이전으로 거슬러 올라가는 일본 전통의 연장선에서 해석될 수 있다.

19세기 중엽 동아시아 삼국이 자본주의 체제로 편입되는 시점에 각국이 보였던 공통 반응은 동도서기東道西器, 화혼양재和魂洋才, 중체서용中體西用 등과 같은 말들로 요약할 수 있다. 표현상 다소 차이는 있지만, 대체로 자기 전통을 바탕으로 발전된 서구 문명을 수용하려는 의지를 보이는 차원이었다. 물론 그것이 각 사회에서 해석되고 실현된 양상은 각국의 다양한 역사 과정만큼이나 달랐다. 각국은 시차를 두고 서구와 접촉하면서 그들의 과학, 지식, 기술, 산업에 열렬히 반응했다. 그 영향으로, 중국은 논외로 치더라도, 한일 양국은 서로 다른 근대화 과정을 밟아갔다.

일본에서 문명개화 지지 분위기에 힘입었던 서구 문명에 대한 열의는 고유한 관습과 문화를 보존하려는 움직임에 도전받았다. 권력층과 지식인들은 무분별한 서구 문명 도입이 자국 실정에 맞지 않을 뿐만 아니라 그로 인해 수천 년간 이어져 내려온 일본의 전통이 파괴될지도 모른다는 우려를 표명하기 시작했다. 서구 문명에 회의적이고 자기 전통과 문화에 내재한 미덕을 강조하는 이러한 주장은 1880년대 말부터 1890년대까지 중요한 영향력을 행사했으며,[12] 20세기에 들어오면서는 주류 사상으로 자리 잡았다.

지배층은 가족과 마을에 기반을 둔 전통적 가치를 유지한 채 위로부터의 근대화를 추진하려 했다. 당시 국민 대다수는 신분제 바탕의 사회 질서와 집단의 단결을 중시하는 사고에 익숙했다. 서구적 의미의 근대 시민 사회를 경험하지 못했고, 개인주의 사상이나 보편주의 이상과도 인연이 없었다. 이러한 사정은 20세기 이후 고유한 사상체계에 유용한 외래 사상을 통합하는 과정에서 대다수 국민의 이해보다 지배층의 의지가 관철되는 결과를 초래했다.

같은 맥락에서 1879년에 공포된 천황의 '교육칙유教育勅諭'는 당시 일본 교육에 나타난 "서양 방법의 부분별한 모방"을 비난하면서 "군주와 신민의 관계 그리고 부자간의 관계를 지배하는 대원칙"을 강조했으며,[13] 뒤이어 1882년에 공포된 '군인칙유' 또한 같은 주제에 근거를 두었다. 1890년에 공포된 '교육칙어'는 국가주의와 가족주의로 표현되는 충忠과 효孝의 원리들이 만고불변의 영원한 진리라고 선언했으며, 1910년에 개정된 '수신독본'은 국가에 대한 충성과 효도는 같다고 선언했다.[14]

이러한 것들이 서구적 의미에서 주로 시민 사회 영역에 적용되는 법령이나 조치로서 공포된 것은 아니었다. 오히려 국가로 표상되는 지배 권력이 시민 사회와 같은 어떤 매개를 거치지 않고 직접 개인에 작용해 이들의 마음속에 자기 의지를 뚜렷이 각인시키려는 시도였다. 6년간의 초등 교육과 징병제 과정에서 칙어를 술술 암기하지 못하거나 그 안의 한자를 쓸 수 없던 어린이와 신병들이 매를 맞아야 했다.[15] 개인의 근대 체제 편입은 이토록 가혹한 규율을 통해 이루어졌고, 이러한 의식은 일본 국민 전체에 동일한 조건 반사를 강제했다.

이렇게 서구적 의미의 제도 민주주의 수용과 대비되어 전통적 가치와 고유한 도덕을 강조하는 체제를 츠루미 슌스케鶴見俊輔는

'가족 국가' 또는 '신정 국가'로 정의한 바 있다.[16] 그것은 서구에서 관례화된 대의 정부 선거에 대한 참여가 아니라 '천황' 아래 모든 국민의 평등 그리고 가족과 공동체의 가치를 통해 사회를 통합하려 했다. 이러한 사고의 중심엔 천황 관념이 있었다.[17]

천황 관념은 신화에 근거해 신화시대 이래로 천자의 가계가 끊긴 일이 없다는 믿음을 바탕으로 성립되었다. 문제는 이러한 관념이 단순 신화 차원에서 끝나지 않고, 일본 근대화 과정에서 신정 국가의 기능을 위한 도구로 이용되었다는 사실이다. 바로 여기서 "일본 민족의 특유한 추진력 또는 일본 민족이 물려받은 전통"으로 해석되는 이른바 '국체國體' 개념이 나온다.[18] 이는 메이지유신 이래로 서구 합리주의와 일정한 거리를 유지하면서 상당한 고심 끝에 구축된, 순수 일본주의에 의지해 운영되는 사회 체제를 표상하는 것이었다.

1925년 제정된 '치안유지법'과 뒤를 이은 일련의 개정·보완 법안들은 이러한 국체를 옹호하고 지지하려는 의도를 지닌 것이었다. 모호하기는 하지만 이 법안들은 "외국에서 수입된 사상, 국민의 연대에 위협이 되는 것으로 생각되는 비일본 사상"을 국체를 위협하는 경우로 들었다.[19] 이에 따라 예컨대 다이쇼데모크라시 시기 이래로 주류가 된 '천황'에 대한 자유주의적 해석[20]은 반박되었으며, 1934-35년 사이에 그러한 학설에 대해 무차별적인 공격이 진행되었다. 일본 정부는 이를 일본의 고유한 "전통을 무시한 비일본적, 불경적, 서양 예찬적 사상"으로 규정했다. 이러한 규정의 근저에는 서양 사상은—1930년대에 이르면 그것이 자유주의 이론이건 사회주의 이론이건 간에―위험하고 해롭다는 인식이 깔려 있었다.

> 우리는 너무나 많은 서양 사상을 수입해왔다. 이들 중의 어떤 것
> 은 일본 정신과 양립할 수 없으며, 그 결과 우리 시대의 특징적인
> 이데올로기 불안이 야기되었다. 우리가 지금 해야 할 것은 과거에
> 우리를 동질의 사상을 지닌 국민이게끔 했던 것처럼, 지금 다시
> 우리를 그렇게 만들기 위해 우리의 전통 문화로 회귀해야 한다.[21]

"진정한 일본 문화"를 풍부하게 한다는 명목 아래 일본 대중은
서양을 희생양 삼도록 교육받았다. 비유적으로 표현하면, 서양은
군사 법정에 끌려나와 유죄 선고를 받은 셈이었다.[22] 서구에 대한
이미지 조작은 태평양전쟁 말기로 가면서 극에 달했다. 예를 들면,
1940년대에 들어와 일본 국가주의자들은 전기를 사용해 파마하는
것은 비국민적 행위이자 국체 위반으로서 이를 근절하자는 운동을
주도했다.[23] 결국 화혼양재라는 문제의식에서 출발한 일본의 근대
화는 초기 '양재洋才'의 과도한 강조에 대한 반발로서 20세기 들어
와 '화혼和魂' 방식에 집착했으며, 이러한 편향은 '양재'를 경멸하거
나 아예 무시한다는 조야한 반응을 대중으로부터 유도해냈다.

따라서 서구 사상을 배격하고 과거의 교훈을 강조한 1930년대
이후 일본의 사회적 상황에서 서구의 근대 가치가 일본의 전통 규
범에 비추어 통속화되거나 극단화된 것은 전혀 놀랍지 않다. 예컨
대 충성과 조화 또는 사회 평등이라는 전통 개념에 대비되어 서구
근대 자유주의나 사회주의 이념은 그것의 개인주의나 물질주의 측

면만 부각되는 경향이 있었다. 전통과 근대, 서양과 동양 또는 자아
와 타자는 상호 배제하는 이분법의 범주로 인식되었으며, 각각은
서로 화해할 수 없는 것으로 제시되었다.[24]

전향 정책은 바로 이러한 맥락에서 의미를 가졌다. 왜냐하면 전
향이란 외래의 "수입 사상이 일본 국토화하는 과정에서 생긴 알력
현상"으로,[25] '이상한 외국 사상'을 포기하고 '순수한 일본 정신'으
로 복귀하는 것을 의미했기 때문이다. 전향 정책의 대상은 제한되
어 있었다. 소학교와 병사 교육을 통해 일본 국가 신화에 기초를 둔
세계관을 쉽게 받아들였다는 점에서 국민 대부분은 전향 정책의 대
상에서 벗어나 있었다.[26] 즉, 전향의 주요 대상은 유럽 모델에 따라
운영된 대학에서 서구의 지식과 사조에 영향 받은 학생과 지식인들
이었다. 그러나 전향은 직접으로 지식인으로 대표되는 사회의 특
정 개인에 적용되었지만, 그 영향력은 사회 전반을 포괄하는 넓은
범위에 걸쳐 있었다.

1920-30년대는 전 세계적으로 지식인들 사이에서 사회주의가
영향력을 확대해가고 있었다. 사정은 일본도 마찬가지여서 당시 일
본 사회주의 운동은 지식인들에게 지나치게 의존하고 있었다.[27] 전
향 정책 초기에는 외래 사상 가운데 공산주의, 사회주의, 무정부주
의 등이 체제 자체를 위협하는 주요 이념으로 주목되면서 공산주
의자나 사회주의자가 전향의 집중 대상이 되었다. 하지만 1930년대
이후에는 전향의 기준이 서구 기원을 가진 '비일본인 사상' 전반으
로 확대되었고, 자유주의자와 기독교도 역시 이 정책의 적용을 받
게 되었다.

共産黨　兩巨頭

獄中で轉向聲明

十一年に渡る極左運動

その誤謬を告白

佐野學

鍋山貞親

사노와 나베야마의 전향을 알리는 기사(1933)

　이러한 변화는 전향 판단의 내부 기준, 환언하면 전향을 정의하는 문제와 관련되어 있었다. 전향 시행 초기에 국가 권력은 '피의자'가 가지고 있던 '이단' 사상을 단순히 포기한다는 사실을 선언하는 것에 만족했다. 예컨대 1933년 5월 일본 공산주의 운동의 최고 지도자였던 사노 마나부佐野學와 나베야마 사다치카鍋山貞親가 옥중에서 발표한 전향 성명이 대표적이다. 이들은 각국이 고유한 국민성과 역사 상황에 근거해 혁명을 수행해야 한다는 점에서 코민테른 노선을 근거에 둔 공산주의 이론을 포기한다고 선언했다. 일본 상황에 적합하지 않은 국제 공산주의 이론을 포기한다는 이 성명을 뒤이어 수많은 공산주의자들의 대중 전향이 일어났다. 이 사건은 전향이 개인 문제라기보다 사회 현상의 하나로 간주되는 계기가 되었다.

전향의 다음 단계는 시기상 1936-37년에 걸친 정책 전환이 계기가 되었다. 이 단계에 이르러 권력은 개인이 단순히 사상 포기를 선언하는 것에 만족하지 않고 일본 정신을 적극 받아들여 스스로 개조한다는 사실을 증명해 보이도록 요구했다. 한 일본인 작가가 고백했듯이, 이 단계가 되면 "전향은 단순한 방향 전환이 아니라 인간의 갱생"이 되는 것이다.[28] 급진주의자들뿐만 아니라 자유주의자나 기독교도들까지 전향의 대상이 확대된 것도 이때 이후다. 전향의 적극적 형태라고 할 수 있는 이 단계야말로 전향의 본령이라고 할 수 있었다.[29]

위로부터의 근대화를 추진하는 데 도움이 되는 외국 이데올로기를 전통 사상체계에 통합하려는 메이지유신 이후의 노력이 이 단계에 이르러 '쓸모없는 외국 사상'을 추방하고 '순수한 일본 사상'으로 되돌아간다는 원칙으로 변화한 것은 누구에게나 명백해 보였다. 일본 전통이 서양에서 건너온 사상체계와 정면 대결하는 데 충분한 힘을 갖추도록 보편 원리로 이상화된 것이다.[30] 나아가 그것은 '대동아공영권' 내의 다른 국가와 지역들로 확대되었다. 이제 이러한 '보편주의'의 부과가 이 권역에서 가장 가까이 있던 식민지 조선에 어떠한 결과를 초래했는지 검토해보자.

식민지 조선의 현실

식민지 조선의 주요 정책이나 법안은 통상 일본에서 시행된 것들을 얼마간 시차를 두고 확대, 적용하는 방식이었다. 전향 제도 역시 마찬가지였다. 하지만 정책 채택 동기 차원에서 본국과 식민지 사이에 중요한 차이가 있었다. 일본에서 사상 전향자는 전통으로 회귀함으로써 근대의 서구를 거부했다는 주제를 내재화하고, 적어도 그로써 자신을 정당화할 수 있었다. 따라서 권력이 자행한 투옥, 고문 등의 폭력은 오히려 부차적 문제로 인식될 수도 있었다.

그러나 식민지 전향 제도는 치안을 유지한다는 억압 동기가 우세했다. 식민 권력이 일본 같은 사상 전향제의 식민지 도입을 내켜하지 않은 흔적은 여러 곳에서 찾아볼 수 있다.[31] 그러나 엄벌과 강압에 기초한 무력 수단이 더 이상 치안 유지 효과를 낳지 못하는 상황에서,[32] 전향 제도는 마지못해 채택된 측면이 있었다. 따라서 식민지 전향자들은 폭력과 강압이 전제된 상태에서 사후에 정당화의 내재 동기를 찾아야 했다. 이러한 차이는 일본의 경우와 비교해볼 때 한국의 전향자들이 민족 정체성 형성 과정에서 훨씬 더 복합적이고 모순에 찬 문제들에 직면할 수밖에 없었음을 시사한다.

사상 전향제가 일본과 비슷한 1933년 하반기 이래 적용되었음에도 식민지 조선에서는 일본 같은 정도의 반향을 즉각 불러일으키지 못했다는 사실은 의미심장하다. 교화를 통한 사상의 내면화보다 폭력을 통한 사상의 포기가 우선시되었기 때문이다.[33] 식민지 조선에서 전향이 일종의 대중적 현상을 띤 것은 일본보다 4-5년 뒤

늦은 1937년 하반기 무렵부터였다.

좀 더 자세히 살펴보면, 1933년 사노와 나베야마가 전향 성명을 발표한 직후 일본에서 한 달 이내에 전향 의사를 밝힌 공산주의자는 미결수 1,370명 가운데 415명, 기결수 393명 가운데 133명으로, 각각 30%와 34% 정도의 높은 비율이었다. 또한 3년 이내에 기결수의 74% 정도가 전향 의사를 표명했으며, 비전향 입장을 지킨 경우는 26% 정도에 지나지 않았다.[34] 분류 기준이 달라 정확한 비교가 어렵지만, 비슷한 시기 조선에서는 전체 사상범 2,021명 가운데 732명이 '방향 전환'을 했다는 보고가 있다(〈표9-1〉 참조).

얼핏 보면 피고인과 수형자 가운데 전향자 비중이 전체의 약 36%를 차지해 오히려 일본보다 높은 비율을 보인다. 그런데 사실상 전향으로 보기 어려운 '행동적 방향 전환'의 범주를 제외하면,

〈표9-1〉 사상범 전향에 관한 조사(1933년 11월 1일 현재)

구분	전체	전향자			
		행동적 방향 전환	이론적 방향 전환	종교적 방향 전환	계
피고인	1197	94(7.8%)	206(17.2%)	14(1.2%)	314(26.2%)
수형자	824	127(15.4%)	259(31.4%)	32(3.9%)	418(50.7%)
계	2021	221(10.9%)	465(23.0%)	46(2.3%)	732(36.2%)

자료: 朝鮮總督府 高等法院 檢事局, 『思想月報』 제3권 제9호, 1933, 36-37쪽.
주1) 사상범은 무정부주의자, 공산주의자, 사회주의자 및 민족주의자 등을 총칭함.
  2) 행동적 방향 전환은 사상은 포기하지 않아도 장래 실제 운동에 종사하지 않는 경우를, 이론적 방향 전환은 사상 자체를 포기한 경우임.

그 비중은 25% 정도로 대폭 낮아진다. 나아가 이 사상범들의 피고인과 수형자 범주에서 후자의 비중이 훨씬 높게 나타나는 사실이 눈에 띤다. 즉, 이들이 전체에서 차지하는 비중은 약 51%로서 약 26%를 차지한 피고인 범주와 거의 절반 이상의 차이를 보인다. 이는 기결수와 미결수가 별다른 차이를 보이지 않은 일본의 경우와 대조된다. 수형자에 대한 권력의 통제가 더 용이하다는 사실에 비추어볼 때, 이는 식민지에서 전향이 개인의 자발성보다 강압을 통해 이루어졌음을 시사한다.

〈표9-2〉는 1934년부터 1938년까지 사상범 수형자의 전향 추세를 정리한 것이다. 이 표에서 보듯이 전체 수형자 가운데 전향자의 비중은 두 시기에 걸쳐 급격하게 상승했다. 첫 번째는 1936년 6월

〈표9-2〉 사상범 수형자의 전향 추세

전향 상태 시기	전향	준전향	비전향	미조사	합계
1934년 말	266(30.1%)	275(31.1%)	141(15.9%)	203(22.9%)	885
1935년 2월말	267(27.5%)	300(30.9%)	157(16.2%)	246(25.3%)	970
1936년 6월말	253(29.6%)	200(23.4%)	176(20.6%)	225(26.3%)	854
1937년 3월말	289(36.8%)	210(26.7%)	154(19.6%)	133(16.9%)	786
1937년 6월말	256(37.2%)	190(27.6%)	120(17.4%)	122(17.7%)	688
1938년 3월말	273(40.9%)	130(19.5%)	128(18.9%)	136(20.6%)	667
1938년 9월말	320(54.9%)	68(11.6%)	128(22.1%)	66(11.4%)	582
1938년 말	305(55.7%)	61(11.1%)	113(20.6%)	69(12.6%)	548

자료: 朝鮮總督府 高等法院 檢事局, 『思想彙報』, 1935-1938, 朝鮮治刑協會, 『治刑』, 1938-1939.

서대문형무소 전경(1945)

부터 1937년 3월에 걸친 시기로서, 이 기간의 상승 비율은 7% 남짓이었다. 이 시기는 '조선사상범보호관찰령'의 시행(1936년 12월)과 맞물려 있다. 두 번째 상승은 1938년 3월부터 9월에 걸친 시기에 일어났다. 이 시기에는 불과 6개월 만에 무려 14% 정도의 급격한 전향자 증가가 있었다. 이 기간 중 1938년 5월 '국가총동원법'이 시행되었고, 7월에는 사상범을 통제하기 위해 총독부가 주도해 반강제로 시국대응전선사상보국연맹을 결성했다.

이처럼 조선사상범보호관찰령이나 국가총동원법 같은 총독부의 법령 시행을 계기로 전향자 수가 급격하게 증가한 사실은 권력 개입이라는 바깥 변수를 배제하고서는 설명하기 힘들다. 위의 표에서 주목되는 또 다른 점은 전향자 비율이 증가함에 따라 비전향자의 비중 또한 동일한 추세로 움직인다는 사실이다. 이는 준전향이나 미조사자의 감소에 기인하지만, 일제의 집요한 전향 공세에도 불구하고 1930년대 말에 이르기까지 20%가 넘는 수의 인원이 여전히 전향을 거부했음을 보여준다.

또한 〈표9-2〉에서는 1937년 후반부터 1938년까지 전향자 수가 대폭 증가하는 대중적 전향의 전개를 확인할 수 있는데, 이 시기는 전향 정책이 변화―단순한 사상 포기가 아니라 '일본 정신'을 전면으로 받아들이는 '완전한 사상 전향'―하는 시점과 일치한다. 여기서 우리는 일본의 경우가 그랬듯, 이제 식민지의 전향도 폭력 같은 강제 수단을 통해 외부에서 부과된다기보다 전향자의 자발적 의식에서 내재적 계기를 갖추게 된 것은 아닌지 추측해볼 수 있다.

이에 대한 대답으로 먼저 지적해야 할 지점은 일본과 비교해서

<표9-3> 사상범 수형자의 전향 동기

동기 ＼ 연도	1935년 2월말	1937년 6월말	1938년 3월말
신앙상	11(1.9%)	10(2.2%)	3(0.7%)
가정애·기타 가정 관계	181(32.0%)	141(31.6%)	137(34.1%)
국민적 자각	11(1.9%)	6(1.3%)	15(3.7%)
주의·이론의 청산	14(2.5%)	14(3.1%)	15(3.7%)
성격·건강 등 신상 관계	15(2.6%)	9(2.0%)	7(1.7%)
訓諭·教誨의 결과	119(21.0%)	95(21.4%)	92(22.9%)
구금에 의한 後悔·自新	204(36.0%)	166(37.2%)	131(32.6%)
기타	12(2.1%)	5(1.1%)	3(0.7%)
계	567(100.0%)	446(100.0%)	403(100.0%)

자료: 朝鮮總督府 高等法院 檢事局, 『思想彙報』, 해당연도.

조선의 전향자들이 내재적 동기보다 외적 강압에 의해 움직였다는 사실이다. 전향의 효과가 '일본 정신'으로 상징되는 국가관의 주입이라면, 식민지 전향자들이 그러한 동기로 추동된 사례는 지극히 적기 때문이다. 예컨대 〈표9-3〉에서 보듯이 '국민적 자각'에 의해 전향한 경우는 시기에 따라 차이는 있지만, 불과 1-3% 정도로 소수에 지나지 않는다. 반면 대다수를 차지하는 건 구금에 의한 후회나 가정 관계 등으로 어느 것이나 30% 이상 높은 비율을 보인다.

그런데 위 동기 가운데 큰 비중을 차지하는 구금에 의한 후회나 훈유·교회訓諭·教誨의 결과라는 항목은 사실 애매한 것으로, 다른 측면에서 보면 권력의 강압이 개인에게 작용한 결과의 다른 표현이라고 보아도 무리가 없을 것이다. 이렇게 본다면 내재적 동기로서 가장 큰 비중을 차지하는 것은 결국 가정애와 가정 관계로서, 이는 일본의 전향 동기들 가운데서 마찬가지로 큰 비중을 차지한 항목이었다.[35] 차이가 있다면 일본에서는 가족과 가족애에 대한 배려가 '국민적 자각'과 직간접으로 연결된 것에 반해,[36] 조선에서는 그것이 순수한 가족 차원에 머물러 있다는 점이다. 한 전향자가 고백하듯이 개인의 "사회적 관심이나 태도와 같은 일반적인 문제"보다는 어머니나 아내에 대한 '인정'의 차원에서 어쩔 수 없이 자기 사상을 포기한 것이다.[37]

물론 이렇게 식민지 조선에서 전향자 대부분이 외부로부터의 강압을 순수하게 개인 차원에서 해석했다고 해서 '사회적 관심과 같은 일반적 문제'가 그 과정에서 전혀 배제된 것은 아니었다. 태평양전쟁 시기 일본의 한 작가는 "조선의 작가는 전향해도 돌아갈 조국이 없다"라고 선언한 바 있지만,[38] 식민지 지식인들은 전향이라는 극단적 상황에서 자기 행동을 합리화하기 위해 어떤 형태로든지 내재적 동기를 찾고자 했다. 그리고 이 과정의 중심에 민족 정체성 문제가 가로놓여 있었다.

민족 정체성과 동화 정책

마르크스주의자들의 대량 전향을 이끌어낸 1933년 사노와 나베야마의 전향 성명이 식민지 조선에 불러일으킨 파장은 일본과 대조적이다. 식민지 마르크스주의자들의 반응은 대체로 냉담했고, 또 반감에 가득 차 있었기 때문이다. 이유는 다양했다. 한편으로 이들은 그 행위가 당사자의 진의라기보다 강압에 의한 것이라는 의구심을 떨치지 않았으며, 다른 한편으로 같은 공산주의 운동가로서 동지에 대한 배신과 자기 옹호에 반감을 가지고도 있었다. 게다가 식민지라는 특수 상황에서 공산주의 운동은 민족해방 운동의 일환이라는 성격을 갖고 있기 때문에, 이들의 성명은 조선의 운동과는 거리가 멀다는 주장도 있었다.[39] 식민지 조선과 일본에서 전향 문제를 이해하는 데 가장 핵심적인 차이는 아마 이 맨 마지막 설명에 있을 것이다. 즉, 전향자의 행동을 합리화하기 위한 가장 강력한 내재적 동기로서 민족 정체성의 문제가 작동했다.

그런데 이 문제를 둘러싸고 표출된 전향자들의 의견을 살펴보면, 크게 두 가지의 흐름을 관찰할 수 있다. 하나는 식민지에서 민족 문제의 의의를 어느 정도 인정한 경우고, 다른 하나는 그것이 전적으로 무용했다는 주장이다.[40] 다소 모호한 점은 있지만, 전자는 식민 상태의 피지배민에게서 완전히 민족 관념을 제거하는 건 사실상 불가능하다는 현실을 직시한다. "조선인의 뇌리에서 조선인이라는 관념을 없애는 것은 전혀 불가능한 사실"이며 전향자들이 "종래의 사상은 포기"했다지만 "여전히 민족적 관심은 잊지 않고"

있었다는 것이다.[41] 이러한 판단에서 이들은 동화 정책을 기조로 하는 일제의 식민 정책은 잘못이라고 주장했다. '일선융화'가 유일한 모토인 조선 통치책에 반대하면서 한 전향자(강문수)는 이렇게 진술한다.

사천 년의 역사를 배경으로 하는 이천만 민족을 완전히 융화시킨 다고 하는 것은 차라리 기적에 가까운 정책입니다. 일선융화를 주창하는 반면에는 조선인의 요구, 즉 조선 통치에서 조선인의 발언권을 허용하지 않는 정치는 성공하지 못한다고 생각합니다.[42]

그는 조선 민족에게 어느 정도의 자치권을 인정해야 한다고 주장한다. "조선 통치에서 조선인의 의사를 존중하는 기관, 즉 조선 정치에서 조선인이 발언할 수 있는 자치 제도"가 필요하며, 그것을 위한 운동이 "합법적 지반을 토대로 한 건전한 자치 운동"이라는 것이다. 이러한 맥락에서 그는 자신이 비난해온 기독교도나 천도 교도에 의한 자치 운동이야말로 조선 민족을 위한 것이었으며, 자신의 공산주의 운동은 "공허한 비현실적 소동으로서 커다란 희생을 치른 이외에 아무것도 아니었다"라고 술회한다.[43]

자치 운동을 통해 새로운 "미래의 진로"를 찾은 것은 강문수에 그치지 않는다. 황순봉은 공산주의자의 전향을 "사회적 유행"이 아니라 일종의 "정치적 현상"으로 보아야 한다고 주장했다. "과거 조선의 모든 혁명적 정치 운동이 조선의 민중을 구할 수 없었다고 한다면 다른 형태의 정치 운동"을 추구해야 한다고 그는 역설한다. 여

기서 다른 형태의 정치 운동은 곧 "자치로의 정치문화 운동의 주류"를 의미한다.[44]

전향한 공산주의자들은 온건하고 합법적인 수단에 의지한다는 점에서 현실에서 실현 가능한 운동 방안의 하나로 자치 운동에 주목했다. 그간 지향해온 혁명 운동과 달리 식민 권력과의 타협, 절충을 전제로 하기는 하지만, 그것은 식민지 민중을 위한다는 명분 아래 충분히 정당화될 수 있었다. 이는 일본에서 전향의 최대 동인이 "대중으로부터의 고립감", 즉 민중의 생활 감각에서 유리되는 것에 대한 두려움이었다는 주장[45]과 서로 통하는 바가 있다. 왜냐하면 두 경우 모두 민중에 대한 고려라는 점에서 자기 행위를 합리화하고 있기 때문이다.

식민지의 정치 맥락에서 보자면, 자치 운동에 대한 이들의 지지는 민족주의 우파에 의해 추진되어온 자치 운동을 강화하는 측면이 있었다. 그러나 1931년 일제의 만주 침략을 계기로 자치 운동가의 활동은 이미 사라져버렸으며, 이 시점에서 자치론자들은 내선일체를 표방하는 총독부 정책에 호응해 노골적인 친일의 길로 접어들고 있었다. 1936년에는 이 운동을 표방하는 거의 유일한 단체였던 건중회建中會마저도 신임 총독 미나미 지로南次郎에 의해 강제 해산 당함으로써, 자치 운동의 꿈은 영원히 깨지고 말았다.[46] 따라서 전향한 공산주의자들의 자치 운동에 대한 지지 표명은 현실에서 거의 아무런 효용이 없는 것이었다. 실제로 세력화가 이루어진다거나 자치를 추구하는 움직임이 나타난 바도 없었다.[47] 전시 동원 체제 아래서 이들은 식민지의 민족 관념을 부정한 전향자들과 아무런 차별

성도 보이지 못한 채, 그 대열에 합류해버리고 말았다.

사정이 이와 같다면, 식민지 전향 문제의 본령은 아무래도 민족 문제의 무용성을 주장하는 후자의 입장에 있다는 생각에 이르게 된다.[48] 이들은 공통적으로 공산주의 사상을 포기하면서 동시에 "민족 사상에 대한 감정은 소멸"되었다고 주장한다.[49] 식민지에서 민족 해방이나 독립을 주장해온 민족주의의 대의는 협애한 것이었으며, 따라서 현실적 대안을 추구해야 한다는 것이 이들의 생각이었다. 이들이 파악한 식민지의 "냉정한 현실"이란 "조선의 민족적 생활 상태"가 "일본의 국민 생활 기구로부터 이탈해서 스스로를 유지할 수 없게" 되어버렸다는 사실에 있었다.[50]

이는 곧 일제의 식민지 동화 정책에 대한 지지 의사를 표명했다. 1936년 9월 전향자들에 의해 조직된 대동민우회는 "우리들이 목표로 하는 바는 '조선의 전향'이며, 그 이상으로 하는 바는 '내일의 조선'을 건설하는 것"이라면서 이러한 목표를 실현하는 필수 조건으로 "내선일여內鮮一如의 공고한 결합"을 들었다.[51] 식민지에서 민족주의의 의의를 일정 부분 인정한 자치론자들과는 달리, 이들은 이른바 내선일체 정책을 적극 지지한 것이다.

그런데 일제 권력이나 전향자들이 공히 내선일체를 표방했지만, 이 개념을 좀 더 자세하게 관찰해보면, 양자 사이에는 미묘하면서도 중요한 차이가 있었다. 일본 식민 통치자들은 민족 문제의 해결이라는 과제에 직면해 있었기 때문에 조선 사상범이 일본 사상범보다 보다 복잡한 특이성을 갖는다고 보았다. 그리하여 이들 대다수는 식민지 사상범들이 일본 정신을 체득하는 것에 회의적이었다.[52]

내선일체의 내용이 담긴
그림엽서(1920년대)

이와 달리 전향한 조선인 지식인의 대다수는 식민지에서 민족주의의 지양을 표명하면서, 그 빈 자리를 일본주의로 채워야 한다고 주장했다. 유명한 소설가로서 전향한 이광수가 설파했듯이, 이러한 시세의 추이를 깨닫지 못하는 지식인은 '립 밴 윙클Rip Van Winkle'이 되는 것이며, "조선인은 전혀 조선인인 것을 잊고서 아주 피와 살과 뼈가 일본인"이 되는 것이 "진정으로 조선인 영생의 유일한 길"이라는 것이다.[53] 이민족의 완전한 동화가 불가능하다고 본 식민 지배자들의 현실적 견해에 비하면, 이러한 주장은 확실한 관념주의로서 상식에 부합하지 않는다. 그런데도 이러한 주장은 어떻게 나왔을까.

당시의 표현대로 전선의 유지가 일본의 '생명선'인 것과 비슷하게 완전한 일본인 됨을 실천하는 것이 이들에게는 그야말로 생명선이었는지도 모른다. 이광수의 고백처럼 자신을 포함해 당대 지식인들이 전시 체제에 협조하지 않을 때 대량 학살의 위협과 공포를 느꼈다면 더더욱 그러할 것이다.[54] 이광수는 해방 후 일제에 대한 자신의 협력이 민족 구원의 방편이었다고 고백한 바 있다. 그러나 대다수 사람들은 이러한 해명이 친일 행위를 합리화하기 위한 구실에 지나지 않는다고 생각한다. 전쟁에서 일제의 승리와 내선일체 체제의 영속화를 믿고 전시 수행에 적극 협력했다는 것이다.

어느 경우건 이들이 자신에게 부과된 일본주의를 일본인보다 더 확실하게 신체를 통해 표현해야 했던 사실만큼은 분명해 보인다. 어떤 의미에서 이들에게 일본 정신은 일본인보다 더 일본인다운 방식으로 표상되고 실천되었다고 할 수도 있다. 1945년 해방이라는 또 다른 현실의 부과 외에 다른 방식을 통해 이들이 그로부터 벗어나는 길은 거의 없었다.

　자신의 민족 정체성을 부정하는 의식의 기저에는 패배감이 깔려 있었다. 전향자들에게 격렬한 패배감이 자리 잡고 있었다는 사실은 일본의 경우에서도 지적된 바 있듯이,[55] 식민지 전향자들은 독립과 민족의 자신감에 대해 극도로 회의했다. 1910년 강제 병합 당시 합병론자들의 논리와 비슷하게 이들은 조선처럼 작은 나라가 열강과 경쟁하는 것은 불가능하며, 이러한 점에서 조선의 독립은 절대로 불가능하다고 주장했다. 조선의 독립은 '몽상'이며, 만약 실현된다고 하더라도 그것은 바로 제3국의 지배하에 예속되는 것을 의미했다.[56]

　전시 체제라는 극단의 억압 상황에서 이들이 의지의 개입과 자율성에 대한 감각을 유지하는 건 거의 불가능했다. 대신 이들은 인간이 환경의 요구에 반응하면서 사회 조건에 따라 규정된다는 결정론과 기계론의 사고방식에 지배되었다. 일본의 전향자들은 민족 일체감에 복귀함으로써 평안을 얻고, 대동아공영권의 건설이라는 슬로건을 통해 민족 자신감을 가질 수도 있었다. 또는 그 매개를 통해 대리 만족을 경험할 수도 있었다. 반면 식민지에서 일본 정신의 고양이라는 정신주의는 그와 정반대되는 물질주의와 환경결정주의를 매개로 작동했다. 전향한 식민지 지식인들은 생존 경쟁과 우승열패라는 사회진화론적 사고에서 자신에게 필요한 결정론의 요소를 발견했으며, 이에 따라 변형된 사회진화론이 그들의 황량한 의식 세계를 설명하기 위해 동원되었다.[57]

전향자들이 당면했던 고립감과 고독감에 대해서도 지적해야 한다. 일본에서 전향의 최대 동인이 대중으로부터의 고립감이라는 사실은 앞서 언급했거니와 식민지 전향자들에게도 이는 마찬가지였다. 하지만 양자 사이에는 중요한 차이점이 있다. 일본에서는 대거 전향이 발생하면서 전향자들에 대한 사회 전반의 분위기가 우호적이었다. 서양 사상에 '오염되어 타락한' 일본인이 다시 '건전한' 일본 국민으로 되돌아온 것으로 여겨졌기 때문이다. 전향 전 심각한 고립감을 경험한 이들은 전향 후 가족이나 동료, 나아가 사회와 국가와 동일시됨으로써 그것을 극복하거나 보상받을 수 있었다.

그러나 식민지에서 전향한 지식인들에 대한 옥중 동료들의 반응은 이와 무척 달랐다. 이들은 '개'로서 낙인찍혔을 뿐 아니라 어떤 경우든 말도 건네지 않는다는 냉정한 대접을 받았다.[58] 전향자들에 대한 일반 민중의 반응 역시 좋을 수 없었다. 특히 이때 비난은 계급 헌신에 대한 부정보다 민족의 대의에 대한 배신이라는 데 집중되었다. 수탈과 전쟁으로 식민지인 대다수가 고통 받았으며, 그로부터 벗어날 수 있는 유일한 희망이 민족 독립으로 집약된 상황에서 민족 해체를 주장하는 건 일상을 살아가는 민중의 정서에 전혀 맞지 않았다. 따라서 조선의 전향자들은 전향의 전 과정 동안 이중의 의미에서 고립을 경험해야 했다.

동양과 서양, 아시아주의

이중의 의미는 더 확장된다. 애당초 마르크스주의자가 대다수였던 식민지 전향자들이 경험한 전향 자체가 이중의 의미를 지니고 있었다. 일본에서는 전향자들이 계급주의를 포기하고 민족주의를 수용하는 한 단계의 전향을 거쳤지만, 조선에서는 계급주의로부터의 전향을 거쳐 다시 일본주의로 전향하는 두 단계 과정을 거치기 때문이었다.[59] 부정된 민족주의에 대신해 이들은 일본을 중심으로 하는 국가주의를 주창했다. 앞서 언급했던 대동민우회는 창립 선언에서 "타도 공산주의"와 함께 "타도 민족자결주의"라는 슬로건 아래 '대국가주의'의 실현을 강령으로 내걸었다.[60] 대동민우회는 이제 "민족적 고민의 시대"는 끝났으며 내일의 세계는 "대국가, 대민족, 대문화"의 시대가 될 것이라고 선언했다.

> 오늘날 (…) 한 민족 한 국가는 무의미하다. 공통의 전통·계통·자원 및 지리상의 여러 조건을 기초로 하여 여러 민족과의 공존 공영을 목적으로 하는 일대국가一大國家를 구성하는 것은 실제로는 근대 민족 문제를 해결하는 일이 되며, 여러 민족의 소질을 향상시킬 것이다.[61]

대동민우회는 대국가주의의 실현 과정에서는 보다 발달한 문화와 능력을 지닌 민족이 지도 임무를 맡아야 한다고 주장했다. 이러한 맥락에서 대국가주의의 구현을 가장 잘 대표하는 관념 형태로서 일본 정신 또는 일본주의를 설정한 것이다.[62] 여기서 우리는 식민지 지식인들이 어떻게 대동아공영권의 이념을 수용해갔는지 관찰할 수 있다. 김두정이 주장한 바 있는 '신일본주의'가 그 적절한 사례다. 그는 조선 민족의 구국究局적인 정치 진로는 조선을 일본의 한 지방으로 편입시키는 것이며, 이러한 내선일체 정책을 통해 대아시아주의를 실현할 수 있다고 주장했다.[63]

전향 작가인 김남천은 전향 문학으로 분류되는 자신의 소설『맥』에서 그 전형의 인물을 제시한 바 있다. 전향 이전 사회 운동에 참여했던 오시형이 바로 그다. 그는 자신의 전향을 "경제학에서 철학으로의 전향이요, 일원사관으로부터 다원사관으로의 그것"이라고 설명한다. 사상 전향의 결과 그가 "학문상으로 도달한 것이 동양학의 건설"이었는데, 그는 "사상적으로도 세계사의 전환에 처하여 시시각각으로 변하는 국제 정국에 대처해서 하나의 동양인으로서의 자각"을 얻게 된다.[64] 다음은 그의 법정 진술이다.

구라파 사람들은 역사에 대한 하나의 신념을 가지고 있다고 생각합니다. 그들은 역사란 마치 흐르는 물이나 혹은 계단이 진 사다리와 같은 물건이라고 믿고 있습니다. 맨 앞에서 전진하고 있는 것은 구라파의 민족들이오, 그 중턱에서 구라파 민족들이 지나간 과정을 뒤쫓아 따라가고 있는 것은 아세아의 모든 민족이오, 맨 뒤에서 쫓아오고 있는 것은 미개인의 민족들이라는 사상이 그것입니다. 고대에서 중세로 근대로 현대로 한줄기의 물처럼 역사는 흐르고 있다고 합니다. (…) 이것이 역사에 있어서의 말하자면 일원사관일까 합니다. 그러나 이러한 생각에서 떠나서 우리의 손으로 다원사관의 세계사가 이루어지는 날 역사에 대한 이 같은 미망은 깨어지리라고 봅니다. 역사적 현실은 이러한 것을 눈앞에 보여주고 있습니다.[65]

전향을 매개로 "새로운 사상의 체계"를 세워 "정신적 재생"을 한 그가 얻은 것은 바로 이러한 다원주의 사관을 바탕으로 하는 동양의 정체성에 대한 자각과 모색이었다.[66] 그가 실제로 얼마만큼 일본주의에 헌신했는가는 논외로 두더라도 그를 포함한 조선인 전향자들이 일본주의보다는 아시아주의에 거부감을 덜 느꼈으리라는 사실은 명백하다. 왜냐하면 아시아주의는 서양에 대해 동양의 고유한 어떤 것을 정립하려는 시도에서 나온 것이며, 이 동양이라는 범주 안에는 일본뿐 아니라 조선도 포함되어 있었기 때문이다.

그런데 그의 소설에는 오시형과 대비되는 이관형이라는 또 다른 인물이 등장한다. 그 역시 "동양에는 동양으로서 완결되는 세계사가 있다"[67]라는 오시형의 인식을 거부하지 않는다. 동양의 정체성에 대한 막연한 인식은 가지고 있는 것이다. 그러나 그는 '국민'과 '국가'의 "창조에 바쁜" 오시형과 달리 아무런 행동도 취할 수 없다. 전향 경험이 없는 그는 오시형처럼 자기 문제를 동양의 정체성 안에서 해소할 수 없었기 때문이다.

이관형은 통일성을 가지고 발전해온 서양의 역사와 달리 동양은 그러한 기회를 가져보지 못했다는 차이점을 지적한다. 서양 정신의 위기나 몰락은 그 통일된 개념이 무너진 데서 생겨난 일이지만,

그들은 자기 전통에 대한 신뢰가 있기 때문에 정신의 몰락에도 불구하고 갱생이 가능하다고 그는 생각한다.[68] 이와 달리 조선은 자기 "고유의 사상이나 문화의 전통을 이룰 만한 정신적 힘"을 가진 역사가 없다고 말한다. 19세기 후반 이래로 수십 년 동안 "서구의 근대를 수입"했다고 하지만, 그것은 이미 "노후하고 낡아빠진 (서구) 문명과 문화를 새롭고 청신하게 맞아들인 것"에 지나지 않는다는 것이다.[69] 오시형과 달리 그가 동양학의 건설을 회의하고 부정하는 결론에 이른 것은 자연스러운 귀결이었다.[70]

전향 결과 일본주의로 귀의해버린 오시형의 경우는 그렇다 치더라도, 이관형이 주목되는 이유는 그가 전향의 대상이 된 대다수 식민지 지식인들의 의식의 원형을 제공하기 때문이다. 자기 문화와 전통에 대한 회의와 부정이 만연해 있던 당대 지식인 사회의 분위기를 그는 대표한다. 1920년대에 가능했던 민족 해방과 미래에 대한 낙관적 전망은 1930년대에 들어와 어느덧 사라져버리고, 전쟁 수행을 위한 일제의 억압과 지배가 일방적으로 행해지던 상황 속에서 현실에 대한 절망과 회의가 광범위하게 확산되어갔다. 비록 일본주의를 반영한 것이라고 할지라도 조선 고유의 문화와 전통을 이해하려 한 조선학 운동은 전시 동원 체제의 압박 속에 은둔과 칩거 상태에서 은밀하게 겨우 맥을 유지했다.[71]

연속된 실패와 좌절이 자기 역사와 전통에 대해 만연한 회의를 낳았으며, 이러한 주체의 상실이 타자에 대한 인정과 추종을 더욱 용이하게 한 조건이 되었다. 전향 제도는 이러한 전환을 공식 승인하는 하나의 절차였다. 근대 일본 지식인이 서구와 맞서기 위해 서구를 닮으려 했다면, 조선의 전향자들은 일본과 맞서는 것을 포기하고 아서구亞西歐로서의 일본을 닮고자 했다. 조선 공동체로 복귀하는 길을 봉쇄당한 이들이 천황을 정점으로 하는 의사擬似 공동체로서 국체 신앙에 도달한 것의 배후에는 바로 이러한 주체의 포기와 타자와의 동일시가 있었다. 그것은 전근대의 후진성에서 기인한 일본 제국주의에 의한 의사擬似 근대화의 과정이라고도 할 수 있다.[72]

이러한 내재적 요인이 독자적으로 작동한 건 아니다. 그것은 다음 장에서 다룰 동화 정책으로 요약되는 식민 정책과 밀접한 관련이 있었다. 일본이 말하는 아시아주의의 중심에는 일본 민족의 일체성이 기반이 된 일본 공동체가 있었다. 이 공동체는 아시아주의라는 대의를 표방하면서도 그 한 구성 요소인 조선에 대한 개별성을 인정하려 하지 않았다. 동화 정책의 목표는 개인 자아의 말살과 민족의식의 절멸에 있었다. 아시아주의를 내건 일본 공동체는 타민족의 희생을 바탕으로 침략 행동을 계속 확대함으로써 유지되었다. 일본의 지식인들은 이러한 침략 전쟁과 식민지에서의 잔학한 억압에 대해 시인하거나 침묵했다.[73] 전향 제도는 이에 대한 동의를 끌어내는 통로가 되었다.

이러한 점에서 일본이 대동아공영권의 이념으로 내건 아시아주의는 스스로 표방하듯이 보편주의로서의 성격을 결코 가질 수 없다. 그것은 가상의 이념이고 허위의 이데올로기다. 왜냐하면 보편주의란 각 개별자들의 고유 특성에 의존하는 것인데, 아시아주의는 개별자들이 보편주의의 필수불가결한 구성 성분이 된다는 사실을 무시하고 있기 때문이다. 각 개별자의 고유성을 말살시켜버린다면, 보편주의를 표상하는 체제의 기반 자체를 위협하게 된다. 결국 다양성의 제거는 개별자의 정체성 자체를 말살시키면서, 동시에 보편주의가 더 이상 성립할 수 없게 만든다.[74]

이러한 논의는 전쟁 전 일본에서 전향에 의한 사상 통제를 정책 측면에서 성공적이라 평가하는 대부분의 연구들과 다르게 평가할 수 있는 근거를 제공한다. 국가 기구를 통해 일종의 보편주의를 부과함으로써 단일한 자기 정체성을 만들어내려는 시도는 궁극적으로 그 자체의 몰락을 재촉했기 때문이다.[75] 이를 궁극적 실패로 평가할 수 있는 또 다른 이유가 식민지에는 있었다. 또한 그것은 전향 정책 자체를 무의미하게 만들어버린 1945년 이후 미군 점령기에 두 나라에서 비전향자들이 처했던 상이한 상황에 의해서도 설명될 수 있다.

일본에서 끝내 전향하지 않고 감옥에서 패전을 맞았던 십여 명의 공산주의 지도자들은 풀려난 후 난관에 봉착한다. 무엇보다 생각이나 언어가 패전 후 일본 민중의 생활 감정과 크게 동떨어져 있었기 때문이다. 츠루미는 개인주의자, 자유주의자였던 사상 검사가 국가 비판자들에게 전향을 강요하면서 그 자신이 전향하게 된 일화를 언급했다고 전한다.[76] 이렇게 전향 정책을 통해 달성된 15년간의 역사는 전 국민을 "참다운 일본인의 입장에 도달"하게 했으며, 이로써 지식인의 전향은 곧 일본의 전향이 되었다. 종전 이후 연구에서도 비전향자들은 "현실 적응 능력이 없는 바보"라거나 "일찍이 패배한 사상에 대한 무비판"으로 일관했다는 부정적 평가를 받고 있다.[77]

하지만 식민지 조선의 비전향자들은 이러한 어려움에 덜 노출되었다. 무엇보다 식민지에서 전향은 폭력과 강압의 측면이 더 우세했으며, 이러한 점에서 "조선의 전향"이라는 목표는 불완전하고 제한될 수밖에 없었다. 일본에서는 전향을 통해 무리 없이 수용된 자아 정체성의 정립이 한국에서는 해방되자마자 순식간에 부정되어 버렸다. 길게는 20여 년의 공백에도 불구하고 해방 이후 한국의 비전향자들은[78] 민중의 열렬한 환영을 받으며 지도력을 행사할 수 있었고, 일반 민중의 생활 정서에 쉽게 접근할 수 있었다.

결국 역사상 유례를 찾아볼 수 없는 정책 수단들—전향 정책이 그중의 하나인—을 통해 추진된 일제의 동화 정책은 실패했다. 문제는 그것이 단순한 실패로 끝난 것만이 아니라는 데 있다. 그것은 개인에게 식민지 외상으로 각인되어 오늘날의 한일 관계, 나아가 동아시아 관계에 여전히 영향력을 미치고 있기 때문이다. 오랫동안 현안이었던 일본 교과서 왜곡 문제, 독도 문제, 정신대 문제, 강제 동원 문제 등을 둘러싼 한국과 일본 사이의 갈등과 알력, 동아시아 국가들의 일본에 대한 뿌리 깊은 불신과 반감의 역사적 기원은 바로 여기서 비롯된 것이다.

제 10 장

식민주의와 동화주의:
복합과 균열

식민 지배와 동화주의

한국은 근대 이행의 길목에서 일본 제국주의에 의한 식민 지배를 경험했다. 1910년 강제 병합은 당대는 물론 오늘날까지 그에 대해 묘사해온 여러 표현들처럼 그것을 바라보는 다양한 시각들이 병존·각축하고 있다는 사실을 보여준다. 그중 하나로 먼저 꼽아볼 수 있는 게 사회진화론이다.

사회진화론의 시각은 적자생존과 약육강식의 원리로 요약되는 스펜서Herbert Spencer의 이론에 근거한다. 19세기에서 20세기로의 이행기 동아시아 지식인 대부분은 이 이론을 바탕으로 서구 열강의 식민 지배를 이해하고, 그에 대응하여 강자로 살아남기 위해 실력 양성과 부국강병을 주장했다. 이 이론은 한편으로는 제국주의의 식민 지배를 정당화했고, 또 다른 한편으로는 식민지 피지배민 스스

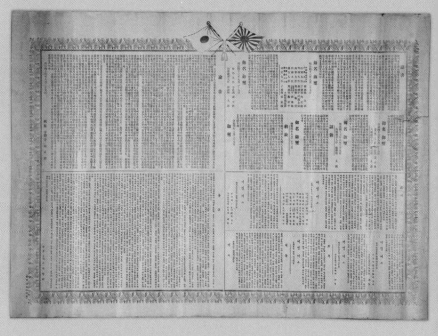

한일합방 공고문(1910)

로가 현실을 받아들이게 만들었다. 우승열패 법칙에 따라 약자가 강자에게 먹히는 게 당연하게 여겨진 것이다.

여기서 강자란 인종주의 관점에서 서구 제국주의 국가의 백인종을 의미했다. 인종주의는 서구에서 황인종에 의한 재앙을 강조하며 황화론이 제기되고, 이에 맞서 아시아 인종들의 연대와 단결을 주장하며 아시아주의가 대두된 것처럼, 20세기 초 동아시아에 큰 영향을 미치고 있었다.[1] 무엇보다 긴 시간 서로 경험과 문명을 공유하며 공존해온 동아시아 전통에서 일본이 먼저 근대화를 달성하고 제국주의의 길로 들어섬으로써 한국과 중국 같은 역내의 같은 인종들에게 약자의 지위를 강요한 것도 또 다른 차원의 인종주의였다.

조선을 지배하면서 일본이 내세운 논리 가운데 하나는 조선과 일본은 같은 문화를 공유한 같은 인종[同文同種]이기 때문에 '합방'은 당연하고 자연스럽다는 것이었다. 환언하면, 이는 먼 과거에 하나였다가 현재 분리된 상태에서 다시 이전으로 돌아가는 것이고, 따라서 식민지 정복 행위가 아니라 민족의 (재)통합이라는 논리다. 따라서 식민지 피지배민은 분리보다 공통성을 의미하는 '신부국민新付國民'으로 지칭되었고, 조선은 '신영토' 혹은 '외지'로 통용되었다. 식민지를 의미하는 표현은 거의 사용되지 않았으며, 누가 누구를 지배하는가라는 쟁점은 의도적으로 기피되었다.[2]

일제가 식민 지배의 공식 기조로 채택한 동화주의는 이러한 인식에 기반을 두었다. 당장 강자에 의한 약자의 종속을 드러내지 않는다는 점에서 사회진화론의 시각과는 대조되어 보인다. 흥미로운 건 1910년 강제 병합을 두고 조선에서는 사회진화론에 의지한 설명이 우세했던 반면, 일본에서는 동화주의 입장이 우세했다는 점이다. 차차 설명하겠지만, 강제 병합을 바라보는 시각의 문제는 단순하지 않았다.

그것은 일제의 식민지 지배 체제와 통치 방식의 선택 그리고 피지배 민족의 일제 지배 권력에 대한 태도 및 대응과 동시에 관련되었다. 일제 입장에선 식민지 경영에 피지배민의 협조와 참여를 어느 정도 허용할 것인지, 즉 자치형 식민지를 운영할 것인지, 아니면 동화주의 방식을 택할 것인지 등의 문제였고, 피지배 민족 입장에선 식민 지배국과의 관계를 어떠한 방식으로 정립할 것인지, 즉 제한된 범위 안에서 자치를 요구할 것인지, 일본의 지방 통치 단위로 완전히 편입될 것인지, 그렇지 않으면 점진적이거나 즉각적인 독립을 요구할 것인지 등이 쟁점이었다.

이렇게 강제 병합과 식민 지배를 둘러싸고 전개되었던 입장 대립은 오늘날 한일 관계나 동아시아 공동의 역사 인식에도 여전히 영향을 미치고 있다. 무엇보다 상호 이해와 교류를 가로막는 중대한 장애가 되어버렸다. 이러한 문제의식 속에서 이 장은 먼저 일제의 동화주의가 변용되면서 내적 모순과 불일치를 포함하는 통치 기술로 자리 잡아가는 과정을 분석한다. 그리고 그것이 식민지에 적용되면서 불러일으킨 비판과 저항, 나아가 그에 함축된 의미들을 짚어본다.

동화주의의 역사적 궤적

주지하듯이 동화주의는 조선에 대한 일제 식민 지배의 기본 정책이었다. 적어도 공식적으로는 식민 통치가 종식될 때까지 이 정책에 대한 지지가 유지되었다. 이를 뒷받침하기 위해 사회진화론에 근거한 설명이 동원되었지만, 정작 일본에서 사회진화론을 지지하는 건 소수에 불과했다. 동화주의가 우세했다지만, 식민 통치 전 기간에 걸쳐 일관되게 적용된 것도 아니었다. 서로 다른 주장들의 대립과 절충을 통해 동화주의 그 자체의 성격이 변해갔기 때문이다. 동화주의 변용의 궤적을 역사 맥락에서 파악해야 하는 이유가 바로 여기에 있다.

식민 지배의 유형은 일반적으로 직접 통치와 간접 통치로 나뉘고, 각각 그에 대응해 프랑스 동화주의와 영국 자치제가 언급되어 왔다. 일본의 동화주의가 프랑스의 직접 통치 방식에 가깝다는 지적도 있긴 하지만, 양자 간에는 다소 차이가 있다. 요컨대 프랑스 동화주의는 18세기 프랑스혁명의 인권 사상에 기초해 계몽주의에 의거한 문명화의 의의를 강조했거니와 그 기저에 인간의 이성과 평등에 대한 믿음이 깔려 있었다. 하지만 일본의 그것은 자국 역사와 문화에 대한 과도한 집착과 차별화에서 출발했다.[3]

차별화는 단순히 인식론 차원에 그치지 않고 곧바로 실행에 옮겨졌다. 일본은 동화주의 원리에서 벗어나 조선 병합과 동시에 "반도의 민정, 풍속 및 관습과 문화 정도가 내지와 다르다"라는 이유로 일본 제국 헌법의 적용을 받지 않는, 조선 총독의 명령(제령)에 기반한 통치 체제를 구축했다. 강제 병합에 따라 조선인의 법적 지위는 '일본인'으로 변경되었지만, 이는 "한국인이 전적으로 일본인과 동일하게 되"었다기보다 "다만 외국에 대해 일본 국적을 얻은 것"에 지나지 않았다. 즉, 조선인은 외국에 대해 일본인이 되었지만, 일본인으로서 두 민족 사이에는 엄연한 구별(차별)이 존재했다.[4]

일본식 동화주의의 차별화 논리와 그 실행은 이 원리가 주장하는 동질성과 평등 차원에서 역설적이었다. 1930년대 이후 이른바 '근대의 초극' 맥락에서 더욱 분명하게 제시되는바 일본 문화의 특수성과 우월성에 대한 신념은 일본 제국의 식민 지배가 서구의 그것과는 다르다는 주장으로 이어졌다. 여기엔 일본 예외주의를 뒷받침하는 몇몇 정황 증거가 추가로 제시되기도 했다. 예컨대 일본 민족은 고대부터 도래인渡來人을 동화시켜온 전통이 있고, 이는 근대에 들어와 성공적인 오키나와 편입 사실이 입증하며, 일본 민족은 국가와 천황에 대한 충성심 차원에서 세계에서 그 유례를 찾아볼 수 없다는 식이었다.

이러한 예외주의에 대항하는 반대 원리가 없었던 건 아니다. 언급했듯이 조선과 일본이 고대부터 같은 역사와 문화를 공유해왔다는 주장과 서로 같은 인종, 같은 조상에서 비롯되었다[同種同祖]는 이론이 1890년대 일본 학계에서 논의되기 시작했으며, 청일전쟁을 계기로 급속히 전파되어나갔다.[5] 하지만 결과적으로 양국 공통의 역사와 문화유산에 대한 강조는 합병이나 동화 같은 표현으로 지배 충동을 은폐하고, 병합의 '자연스러움'을 강조할 수 있었다.[6]

동화주의에 근거해 지배 정당성을 확장하려는 행위는 여기서 그

「교육칙어」 사본(1890)

치지 않았다. 병합 후에도 일본은 조선의 역사와 문화를 부정했고, 일본어 교육과 일본 문화 주입을 통해 국가와 '천황'에 대한 충성심을 육성하려 했으며, 전통 관습 대신 일본의 법체계와 규범을 적용하려 했다. 일본 '천황'에 의한 '교육칙어' 적용에서 보듯이 위로부터의 강제력을 동원해 일본 정신을 주입함으로써 새로운 '일본인'을 만들어내려 했다.

　그렇다고 일본의 지배 정책이 단순히 동화주의라는 단일체로만 결정된 것은 아니다. 동화주의에 비판적인 흐름 또한 그 '평등화' 요소에 주목하고, 도리어 이것이 식민지 민중에 대한 차별이라는 근거에서 동화주의를 부정했다. 즉, 이민족이 일본 민족의 특수성을 공유할 수 없으므로 동화의 가능성은 부정되며, 식민지 피지배

민족이 일본 민족의 특수성을 이해할 수 없으므로, 이들에 대한 일본어 교육이나 일본 문화의 이식 또한 불필요하다는 입장이었다. 대신 동화주의 반대론자들은 현지 전통과 관습을 온존시키고, 재래의 지배층인 양반을 활용하는 간접 통치 방식을 제시했다.

이렇게 일본인 배제와 식민지 자치를 주장하는 간접 통치론이 파장을 불러일으켰지만, 동화주의는 식민 통치의 공식 이데올로기로서 지위를 잃지 않았다. 숱한 비판에도 불구하고 일본은 왜 식민지 통치 정책으로 동화주의를 고수했을까.

이는 먼저 서구와의 관계 차원에서 설명될 수 있다. 주지하다시피 일본은 후발 제국주의 국가로서 뒤늦게 식민지 쟁탈 대열에 뛰어들었다. 조선이 일본의 식민지로 편입된 20세기 전반은 열강의 식민지 분할이 이미 종료된 상황이었고, 더러 남아 있다고 한들 국지적인 범위에서 드물게 나타나는 수준이었다. 그리하여 일본은 동아시아 식민지 영유권 경쟁에서 이미 식민지 약탈 경험을 축적한 서구 열강들과 경쟁해야 하는 자신을 발견했다. 조선과 일본이 오랫동안 같은 문화를 공유한 같은 인종이라는 주장은 이처럼 불리한 처지에 놓인 일본에게 이 지역에 대한 우선권을 주장하는 명분을 제공했다. 그리고 일본은 이러한 연고권 주장의 배경으로 일본식 동화주의가 서구의 식민 지배와는 다르다는 차별성을 강조하려 했다.

서구와 관련해 동화주의가 설명될 수 있는 또 다른 이유도 있다. 19세기 중엽 개항 이래로 메이지 시기 일본의 근대화는 서구 열강에 의해 자신이 식민지화될지도 모른다는 우려와 불안을 배경으로 진행된 측면이 있다. 일본의 근대화가 강압과 팽창의 성격을 띤 것은 이러한 사실에 의해 일정 부분 설명될 수 있다. 지정학적으로 일본에게 한반도는 기회인 동시에 위기의 근원이 되는 이중의 성격을 가지고 있었다. 대륙 팽창을 위한 가교로 기능할 수도 있고, 스스로를 향해 칼날을 겨눈 '단검'이기도 했다. 따라서 이 지역을 직접 통치하고 주민들을 동화시킴으로써 한반도를 영구히 일본 영토로 편입한다는 구상은 국가 안위라는 전략상 바람직하게 받아들여졌다. 일본 역사상 성공했던 동화의 사례들도 이러한 분위기를 더욱 부채질했다.

마지막으로 동화주의 채택은 서구 근대 문명을 받아들여 이를 식민지에 전파한다는 '문명화'의 사명에 사로잡힌 메이지 시기 일본의 시대정신을 반영한다. 이 시기 일본인의 인식에서 식민지가 "대大 세탁"을 통해 "새로운 광선과 맑은 공기"를 주입해야 할 땅으로 상상되었다면, 새로운 광선과 공기는 근대성과 문명의 비유고, 오염된 것을 청소하는 것은 일제 지배의 비유로 해석되었다.[7] 이 비유는 '문명화'의 사명에 사로잡힌 메이지 시기의 분위기를 잘 보여주는 것이지만, 그럼에도 불구하고 일본의 동화주의에는 하나의 딜레마가 있었다.

동화주의에서 동화는 동화를 강요하는 쪽 문명이 우수하다는 사실을 전제로 한다. 그런데 일본은 보편 문명을 독점했던 서구와 대면하면서 동시에 유교 문화 등 유구한 전통을 지켜온 피지배 문명과도 맞닥뜨려야 했다. 일본이 권위를 가지고 내세울 수 있는 건 '국어'와 일본 문화 혹은 '천황'에 대한 충성뿐이었다. 따라서 일본의 동화 정책에서 문명화와 일본화는 분리될 수밖에 없었다.[8] 이러한 사정은 왜 일본의 동화주의가 서구와의 차별성을 강조하면서 일본의 특성에 사로잡혔는지 설명해준다. 하지만 적어도 원리상으로 동화주의 자체에 내포되어 있던 계몽주의 이념은 메이지 시기 시대정신에 일정한 형태로 반영되었다. 그리하여 식민지에 대한 일본 제국의 문명화 사명은 무력을 통한 강제 병합을 정당화하는 언설이 되었으며, 동화의 가능성에 대한 지나친 낙관주의를 낳고 말았다.

1919년 3월 1일 조선에서 대규모로 전개된 독립 만세 시위를 통해 일본인들은 이러한 낙관적 전망에 근거한 식민 지배에 문제가 있다는 사실을 깨닫게 되었다. 결국 동화주의는 그 의미 내용에서 미묘한 변화를 겪게 된다. 물론 이러한 변화가 식민지 민중의 저항으로 야기된 것만은 아니었다. 그것은 국제 정세와 일본 국내 사정 변화의 산물이기도 했다. 1910-1920년대 일본에선 다이쇼데모크라시로 상징되는 자유주의와 혁신주의의 기운이 분출했고, 바깥 나라들에 대해 구미 협조 노선이 득세하기도 했다. 만일 일본주의와 서구주의의 상호 대립이라는 관점에서 일본 역사를 바라본다면, 이때는 서구주의가 우세했던 시기였다. 제1차 세계대전 종전과 1919년 파리강화회의 이후 조성된 평화롭고 자유로운 국제 분위기가 이러한 추세를 한층 고조시키고 있었다.

이러한 변화들을 반영하면서 전통적인 동화주의를 대신해 등장한 것이 내지연장주의였다.[9] 메이지 시기 동화주의가 문화와 정신의 '일본화'를 강조했다면, 새 변형태로서 수정주의는 이른바 문화 정치의 시행에서 보듯이 제도의 문명화를 의도했으며, 동시에 일본 전통에서 벗어나 서구 문명을 지향하는 미묘한 강조점의 이행을 보여주었다. 즉, 무력을 통해 일본 정신과 문화를 강제로 주입한다던 이전 원칙을 대신해, 이제 동화주의는 일본을 근대 서구 문명의 일원으로 설정하는 세계관을 반영했다. 결국 일본인에의 동화란 서구를 준거 삼은 문명화를 의미하게 되었고, 일본 문화 그 자체의 이식은 의미 있게 받아들여지지 않았다. 근대적 관점에서 일본 전통에 소홀해지는 이러한 사유 방식은 식민지로 확장되었고, 식민지의 '야만' 전통 또한 문명화에 장애가 되는 것으로 인식되었다.[10]

하지만 이러한 변화가 동화주의 원리 자체에 영향을 미친 건 아니었다. 조선은 지리와 인종 차원에서 일본과 가까웠기에, 인종과 역사가 근본적으로 다른 이민족을 통치하는 구미의 식민 정책과 달리, 조선이 일본에 편입될 수 있다는 전형적인 동화론의 주장이 여전히 유지되고 있었다.[11] 그것은 일본 군부 내에 여전히 그늘을 드리우고 있었으며, 통치 권력과 관료 조직의 공식 의견으로 재정향된 수정주의 해석의 영역 또한 그 영향 하에 축소되기도 했다. 그러나 이렇게 동화주의의 전통적 기조가 유지되었다지만, 이 시기 그 영향력은 현저히 감소했다. 식민 모국에서는 다이쇼데모크라시에 영향 받아 구미 협조 분위기가 조성되었고, 언론과 민간 영역을 중심으로 동화주의에 대한 비판 여론이 비등했다. 식민지에선 민중의 거센 반항에 직면해 일제는 일부 지배층을 회유, 포섭하는 계급 통치 전략을 채택해야 했다.

동화주의 비판은 1919년 조선에서 일어난 대규모 저항 운동이 계기가 되었거니와 1922년 아일랜드가 영국의 식민 통치에서 벗어나 아일랜드자유국을 설립하고 자치를 시행하게 된 사건은 일본의 식민 지배에 대한 비판과 개혁의 요구를 가중시켰다. 이러한 배경 하에 일본에서는 동화주의에 맞서는 새로운 주장이 대두한다. 이른바 자치주의다. 이 조류는 계몽주의의 '문명화'에 대한 비판을 기조로 삼았다. 식민지 피지배민을 포섭하려 했던 동화주의와는 달리 지배 민족과 피지배 민족을 엄격하게 나누고, 후자를 전자로부터 구분(배제)하려 했으며,[12] 일본의 식민 통치가 서구와 다르다는 동화주의 입장에서 벗어나 서구의 식민 지배 형태를 자기 준거로 삼았다. 식민 정책파로 불린 이 노선은 근대적인 최신 통치 정책으로 상찬되었고, 조선과 대만에 자치를 부여해야 한다는 여론을 일본 사회에 불러일으켰다. 후술하겠지만, 1920년대 전반기 조선의 자치 운동은 일본에서의 이러한 정세 변화가 배경이었다.

앞 시기 간접 통치론이 동화주의에 대한 대응인 것인 것처럼 자치주의는 이 시기 내지연장주의에 조응하는 것이었다. 다른 점이 있다면 이전 시기 간접 통치론과 달리 이 시기 자치주의는 보다 강한 영향력을 행사할 수 있었다는 점이다. 전자가 관변 이데올로기로 그 영향력 범위가 한정되어 있었다면, 후자는 언론 등 민간 부문에서 여론을 주도하면서 사회의 호응을 받았다. 따라서 1910년대 후반부터 1920년대 전반기는 식민 정책파에 의해 자치주의 노선이 대두되면서 전통적인 동화주의가 자치주의 노선을 일정 부분 수용해 내지연장주의로 변용해간 시기라고 할 수 있다.

주목할 것은 이 시기 내지연장주의와 그에 대립하는 자치주의 모두가 서로의 입장차에도 불구하고 일정한 성향을 공유하고 있었다는 사실이다. 양자 공히 서구 계몽주의 전통을 계승하고 국제 관계에서 구미 각국과 협조 노선을 채택했으며, 식민지 현지에서 총독부 권력의 전횡을 비판하는 시각을 고수했다. 요컨대 이 시기 자치주의와 그에 대립하는 동화주의·내지연장주의는 모두 근대 서구 계몽주의의 영향을 받았다.[13]

그러나 1930년대 일본의 만주 침략이 시작되고, 그 후반에 본격적인 전시 체제로 돌입함으로써 이러한 상황은 급변하고 말았다. 언론 통제가 강화되고 식민지 사회 전반에 탄압이 가해지면서 동화주의 비판론은 활동 무대를 상실했다. 아울러 일제는 파쇼화로 국제무대에서 고립이 심화되었고, 제국의 영역에서는 근대 서구 문명에 대한 일방적인 폄하와 비판이라는 경직된 반응이 뒤따랐다. 일본주의와 일본 문화의 고유성과 독자성이 비정상으로 고양된 전시 체제하에 조선과 대만을 비롯한 식민지에서는 일본 문화를 강제로 부과하려는 시도들이 이어졌다.

'일선동조론'이나 '일시동인' 같은 19세기 말 이래 동화주의의 주장들에 더해, '내선일체', 나아가 '팔굉일우八紘一宇' 같은 동화주의의 언설이 새로운 형태로 부활했다. 황민화 정책의 등장과 함께 창씨개명이나 신사참배의 강제와 같은 극단적 조치들도 취해졌다. 이에 하향식 동원을 통한 기형적인 대중의 열광은 있었을지언정 그것은 동화주의가 공식 표방한 '문명화'와는 거리가 먼 것이었다.

식민지의 비판과 저항

이제 식민지로 눈길을 돌려보자. 먼저 일본과는 상당히 다른 풍경이 전개되고 있었다는 데 주목하게 될 것이다. 서두에서 지적했듯이 일본의 지배층이 동화주의에 지배되었다면, 조선의 민중에게 공감을 얻은 것은 사회진화론의 사고방식이었다. 강한 자가 생존 경쟁에서 살아남는다는 원리는 국권을 빼앗기고 식민지로 전락한 현재 처지를 잘 설명해주었거니와 국력을 키워야 이 지배에서 벗어날 수 있다는 미래 전망을 설정하게 했다. 구한말 이래 식민지 지식인층, 특히 부르주아 민족주의 계열에서 조선인의 자력에 의한 독립은 현실적으로 불가능하다는 의견이 우세했던 것은 전자의 인식을 잘 반영한다. 일본 유학 경험을 지닌 신지식층이 독립에 대한 자신감이 결여되어 있었다는 건 그만큼 그들이 근대 문명에 압도되고, 국제 사회에서 약육강식의 법칙을 강조하는 사회진화론에 매몰되어 있었다는 사실을 반증한다.[14]

그런데 이렇게 사회진화론이 지식인들 사이에서 폭넓은 공감대를 형성하고 있던 점은 동화주의에 대한 지지가 거의 없었던 현실과 선명하게 대조된다. 왜 식민지에서는 동화주의 사상의 기반이 미약했을까. 이는 인종 문제로 거슬러 올라가 설명될 수 있다. 앞서 언급한 프랑스와 일본 간 동화주의의 차이점에서도 지적했듯이, 식민지 지배 정책으로서 그 성패 여부는 차치하고서, 타 인종을 대상으로 했던 동화주의(프랑스)와 같은 인종이 대상이었던 동화주의(일본)는 피지배자의 호응 차원에서 크게 달랐다.

일본에서도 그러했지만, 같은 인종에 대한 일종의 믿음과 기대는 메이지 시기 아시아 연대나 아시아주의의 허구가 드러난 1900년대 이후에도 이따금씩 제기되고 있었다. 같은 인종을 향한 호소는 이 시기 인종주의 원리 자체의 한계를 드러내는 것이지만,[15] 주목해야 할 지점은 이러한 언설 대부분이 같은 인종에 대한 일본의 지배를 강하게 비난하고 있었다는 사실이다.[16] 동화주의 이론이 조선인과 일본인 사이의 동질성을 설파함에도 불구하고, 조선인은 일본인과의 유사성보다 차별성을 강조하면서 스스로 정체성을 규정해왔다는 지적[17]은 이러한 맥락에서 이해된다. 이는 오랜 시간에 걸친 역사의 산물이기도 했지만, 동시에 믿음의 배신과 자존심의 손상에 대한 반작용이기도 했다.

이러한 사정은 일본이나 조선에서 '인종' 개념에 다층적인 의미가 함축되어 더욱 복잡하게 전개되었다. 그것은 한편으로는 '넓은 의미의 인종race'을 의미하기도 했지만, 때로는 '인종 집단ethnic group' 같은 의미로 사용되기도 했다.[18] 또 '단일한 인종 집단의 신화'가 비교적 오랫동안 유지되어온 조선이나 일본에서 흔히 '민족'이라는 범주와 중첩되어 이해되었다. 그리하여 이 표현은 강제 병합 이후 조선에서 사용이 금기시되거나 짐짓 기피된 '민족'이나 '식민지'라는 말과 비슷한 방식으로 취급되었다.

사용 기피 차원에서 보자면, 예컨대 식민지에서 조선인과 일본인이 다니는 초·중등학교는 명칭부터 구분되었다. 조선인이 일본인 학교에 다니는 경우가 드물게 있었다지만, 일본인이 조선인 학교에 다니는 사례는 찾아볼 수 없었는데, 이렇게 차별적인 교육 제도 하에서 공식 기준은 민족이라기보다 '국어를 상용하는 자'와 '상용하지 않는 자'라는 구분이었다. '조선의 특수 사정'을 고려해 일본 본토와 다른 제도를 택한 것에 불과하므로, 이는 민족 차별이라기보다 지역 구별에 지나지 않는다는 논리였다.[19] 이러한 양상은 식민지에만 한정된 것도 아니었다. 일본 내에서도 노골적으로 서구 차별에 대항하거나 서구와의 차별을 부각시키는 인종주의 언설이 기피되었고, '식민지 지배'나 '민족' 등의 언급은 "일본과는 무연無緣한 서양류의 사상"으로 강변되는 경향이 있었다.[20]

사용 금기 차원에서도 마찬가지였다. '민족 차별'이나 '식민 지배'에 대한 언급이나 논의는 시민 사회의 의사소통 차원에서 강하게 억압되었다. 자연히 이러한 억압에 대해 다양한 대응들이 있었다. 먼저 사회주의 사상의 영향이 있긴 했지만, 이 시기 언론에서 스스로를 일컬으며 '조선 민족'보다 '조선 민중'이란 표현을 더 자주 사용했다.[21] 아울러 '차별'과 '지배'는 직접 언급되기보다 인도, 정의, 자유, 인권, 개인의 행복 등과 같이 일반화된 추상적 언설을 통해 간접적으로 표현되곤 했다. '식민 착취'와 '민족 침략' 등의 문제에선 일본을 직접 거론하지 않되 영국이나 독일 등에 빗대 논의하는 또 다른 방식도 있었다. 나아가 이러한 주제들에 대한 논의에서는 항상 그것이 민족 집단 차원이 아니라 어디까지나 개인 내면에 한정된 문제임을 시사하도록 꼼꼼하게 주의가 기울여졌다.[22]

기피건 금기건 간에, 식민지에서 식민 지배, 민족, 인종 관련 논의 일체가 실종되었다는 건 그것이 표방할 수 없는 어떤 것, 즉 여기서는 식민 지배, 민족 억압, 인종 차별 등이 엄연히 실재하고, 나아가 이를 표현할 수 없을 정도로 심각한 정치 억압이 엄존했다는 진실을 드러낸다. 지배 민족과 피지배 민족 간의 심각한 분열과 대립이 노출된 상황에서 동종동조론에 입각한 동화주의는 들어설 자리가 없었다.

실제로도 동화주의 원리는 단순히 상대 언어나 문화를 받아들이는 데 그치지 않고, 그에 충성까지 요구하면서 피동화자 자신의 문화와 언어를 버릴 것까지 강제했다. 더구나 동화주의는 사회 전 부문에 균일하게 적용되지도 않았다. 그에 기반한 포섭과 동화는 주로 문화나 교육 부문에 집중되었고, 경제, 정치, 법률 부문에서는 식민지 민중을 배제하고 차별하는 이중성을 고스란히 드러냈다.[23]

식민지 민중들은 이러한 동화주의에 강하게 반발했다. 일례로 일본어 강제에 대한 식민지 민중들의 대응을 보자. 동화주의의 가장 중요한 구성 요소인 일본어는 식민 지배자의 집요한 공세에도 불구하고 식민지 민중들에겐 '국어'라기보다 '외국어'에 불과했다. "일본어를 국어라 함은 법률이나 혹은 제도, 즉 형식상으로 볼진대 의미가 있을지는 모르거니와 사회적으로나 사실상으로 볼진대 일본어는 조선인에게 대하여 외국어 됨을 면할 수 없다"라는 것이다. 동화주의에 입각한 일본어 강제는 대부분의 조선인에게 "고유한 천부심天賦心, 양능良能한 뇌수腦髓와 자각적인 정신을 일본어로써 파괴하고 마춰시켜 (…) 조선인으로 하여금 조선인다운 조선의 언어를 학습시키지 아니하고 조선인다운 조선의 정신을 실추시킬 것을 목적"으로 하는 것으로 생각되었기 때문이다.[24] 이렇게 일본어 강제는 "조선인의 고유한 습성을 파괴하고 조선인의 민족성을 훼

손하며 조선인의 독립사상을 소실"케 한다는 점에서 지속적인 비난 대상이 되었다.

> 오호라 동화 정책이여. 너는 너의 내용과 행위의 시비곡직과 선악가부도 성찰치 아니하고 사뭇 무력과 금권만 믿고 우리 이천만의 무고한 동포로 하여금 구口를 함緘하고 설舌을 봉封하고 수手를 박縛하고 족足을 단斷하여 사자死者와 같이 침묵케 하며 대양과 같이 유순케 하고자 했도. 네가 우리 이천만에 대하여 가한 폭학暴虐과 독해毒害를 말하면 너의 죄는 참으로 크도다. (…) 동화 정책이 네의 죄가 어찌 경하다 하며 또 너의 죄가 어찌 조선인에게만 미쳤다 하리오. 너는 조선인에게도 죄인이 되는 동시에 일본인에게도 대죄인이 되는 도다. 너는 실로 조선인과 일본인 사이에 대한 이간자이니 너는 동화 정책이 아니요 동화同禍정책이로다.[25]

이렇게 동화주의를 바라보는 조선과 일본의 이해 사이에는 큰 간극이 놓여 있었다. 일본의 시각에서 동화주의가 진전되지 않은 건 일본에 비해 식민지의 '민도'가 낮거나 '불령선인' 같은 저항 세력이 잔존해 있기 때문이다. 이는 대다수 '선량한' 식민지 민중의 여론을 호도하고, 조선과 일본 민족의 동질성을 부정하는 것이었다. 따라서 보다 철저한 동화주의의 실행이야말로 일제 식민 정책의 당면 과제였다.

하지만 조선의 시각에서 동화주의란 식민 지배를 위한 허울 좋은 구실에 불과했다. 비록 서구 문명 도입과 근대화에 실패해 이민족의 지배를 받게 되었지만, 그 영속을 믿지 않는 대다수 식민지 민중들에게 수천 년간 이어져온 자기 역사와 전통을 부정하고 열등하다 여겼던 문명에 적응해야 한다는 건 집단적 자존심을 훼손하는 일이었다. 실제로도 자유, 인권, 산업상의 권리가 보장되지 않는 동화주의의 언설은 기만과 혐오로 가득 찬 것이었다. 나아가 동아시아 평화와 상호 발전을 부정하고 조선과 일본 두 민족의 상호 이해와 공존을 저해하는 것이기도 했다. 이러한 점에서 조선인은 "일시동인一視同仁이니 혜택이니, 선정이니 하는 따위를 한 귀로 흘려듣고 동화니 융화니 함을 수유빙탄水油氷炭으로 앎으로써" "조선은 조선인의 조선이라는 사상을 뇌수에 굳게 간직"하면서, "조선을 조선인의 조선으로서 환원시킬" 그날에 대한 믿음을 버리지 않았다.[26]

이러한 이유로 동화주의는 일제 식민 지배의 공식 정책으로 표방되었음에도 피지배 민중 사이에서 공감을 얻지 못했다. 1919년의 대규모 저항 운동은 일제에게 새로운 지배 정책을 모색해야 할 결정적 계기를 제공했고, 그 해답은 1920년대 일본에서 동화주의의 대안으로 제시된 자치주의에서 찾아볼 수 있다. 이 시기 자치론에 대해서는 이미 상당한 연구 성과가 축적되어 있는데,[27] 우선 그것이 일본에서처럼 총독부 지배 권력이 아니라 언론과 민간 부문을 통해 제기되었다는 사실에 주목할 필요가 있다.

1920년대 중반 총독부 어용지인 『경성일보』가 나서서 제기한 자치론은 이민족의 동화가 근본적으로 불가능하므로 조선 문제 해결을 위해선 자치권을 부여하는 방법밖에 없다고 주장했다. 이들이 보기에 동화주의에 입각해 참정권을 부여하는 것은 일본 의회에 참여한 조선 의원들이 캐스팅보트를 쥘 우려가 있을 뿐만 아니라 일본 무산 정당과 손을 잡음으로써 일본 정치를 혼란에 빠뜨릴 우려도 있는 위험한 시도였다. 조선인들에게 자치권을 부여하면 이들이 다음 단계로 독립을 도모할 것이라는 동화주의자들의 우려에 대해 자치론자들은 조선인들이 스스로 독립할 여력이 없다는 것을 잘 알고 있다고 응답했다. 따라서 자치론이야말로 조선을 영구히 지배하기 위한 최선의 방책이라는 것이다.[28]

동기와 의도는 다르지만 자치주의의 주장은 3·1운동 직후인 1920년대 초반 피지배 민족 내부에서도 제기되고 있었다. 초기 시도가 "병합의 성지聖旨에 거슬리고 조선 통치의 근본 방침에 반反"한다는 이유로 식민 권력에 의해 좌절된 이후에도[29] 자치를 획득하기 위한 움직임은 담당 세력을 달리하면서 1930년대 초에 이르기까지 전개되었다. 주지하듯이 『동아일보』를 중심으로 민족주의 우파에 의한 자치 운동은 잘 알려져 있다. 그러나 일제의 공식 지배 정책인 동화주의에 반대했던 식민지 피지배민 대다수는 자치주의에 대해서도 강하게 반발했다.

3·1운동 이후 등장한 문화 정치에도 불구하고, 대다수 식민지 민중은 식민 통치의 억압적 성격에는 큰 변화가 없다고 판단했다. 또한 대중 운동이 고양됨으로써 민족 독립에 대한 낙관적 전망이 우세해진 시대 분위기상 식민 권력과의 타협이 들어설 자리는 없는 듯 보였다. 식민 권력에 대한 거듭된 불신과 의구심은 타협이 초래할 대의 상실과 민중 비난의 위험을 감수할 수 없게 만들었다.

안재홍과 신석우 같은 좌파 민족주의자들이 민족주의 우파의 자치 운동은 총독부 권력과 연계된 것이라고 본 까닭은 이러한 맥락에서였다. 민족 운동 진영을 이간, 분열시킬 뿐만 아니라, "조선 민중의 돌진적·좌경적 기세를 꺾기 위한 목적"을 지녔다는 점에서 총독부가 진정한 자치를 허용할 리도 없으며, 자치 운동가 스스로도 이를 잘 알고 있으면서 자기 명리를 위해 기만적인 자치 운동을 펴고 있다는 게 이들의 주장이었다.[30] 이는 사회주의자들이 보기에도 마찬가지였다. 백남운 역시 우파 민족주의자들이 주도하는 자치 운동은 "민족적 기혼氣魂을 마취시키는 동시에 계급통일 의식을 교란하고 종국에는 사회 분열의 계기가 되고 말 것"이라고 지적했다.[31] 사정이 이러했기 때문에 자치 운동을 주도했던 『동아일보』조차 사설을 통해 "조선 민중의 열망하는 바"는 자치나 참정권이라기보다 "조선 민중이 기탄없이 말할 자유"라고 지적한 것이다.[32]

이처럼 식민지 민중의 광범위한 저항에 직면한 자치 운동은 결국 1930년 지방자치제도 '확장'이라는 기만책으로 귀결되면서,[33] 한바탕 소동으로 끝나고 말았다. 1931년 9월 일본의 만주 침략과 더불어 자치 운동이 점차 소멸해간 것도 이러한 맥락에서 이해될 수 있다. 새로운 정세 아래서 대부분의 자치론자들이 전향을 선언하고 노골화한 친일의 길로 내달았으며, 1937년 중일전쟁 발발과 함께 전개된 황민화 캠페인에서 보듯이 동화주의 지배 정책이 다시 득세하게 되었다.

초기와 비교해서 이 시기 동화주의는 직접 무력을 동원하고 행사하기보다 그 과시와 위협을 통해 식민지인의 정신에 극도의 억압을 강제했다. 그것은 비상 전시 체제 아래서 끊임없이 피지배자들의 긴장을 유도하고 끝없이 피지배자들을 동원한 열광의 광기였다. 따라서 황민화 정책을 단순한 일본 문화의 동질화가 아니라 "정신의 정복", "정신의 총동원 체제"라고 본 것은 일리가 있었다.[34]

더구나 그 안에선 조선과 일본을 별개로 보는 호칭 자체가 소거되었다. 예컨대 '선인'이나 '조선인'은 차별어로 불렸고, 대신 '반도인'이나 '반도 동포'라는 표현이 사용되었다. '일본어'라는 호칭도 일본을 외국처럼 본다는 이유에서 사용되지 못하고, '국어'가 올바른 용어로 지정되었다. 그런가 하면 '오키나와어'와 마찬가지로 '조선어'도 일본어의 방언에 지나지 않는다는 사실이 언어학 연구를 통해 '입증'되었다고 발표되었다. 따라서 조선어 사용 금지는 민족어 말살이라기보다 표준어나 공통어를 보급하는 차원의 하나로 해석되었다.[35]

이처럼 전시 체제 아래서 동화주의는 민족과 관련된 모든 형태의 표지를 소거함으로써 "조선인을 근본에서 일본인화"하려 했다. 1942년 5월 총독으로 부임한 고이소小磯國昭가 주장했듯이, "조선인을 명실 공히 진정한 일본인으로 만드는 것"이 총독부가 취해야 할 '최량最良의 방책'이었다.[36] 이는 앞 시기처럼 그것이 수반하는 무권리와 불일치를 식민지의 '특수 사정', '현지 실정'이라는 명분으로 정당화하면서 식민지에 일본인과 일본 정신을 일방적으로 강제하는 모순에 차 있었다.

대립과 투쟁의 장으로서의 동화주의

지금까지 일본 제국의 식민지 지배 이념과 정책으로서 동화주의가 본토와 식민지에서 어떠한 양상으로 전개되었는지 살펴보았다. 만일 어느 한쪽만 따로 떼어 분석한다면, 현실의 많은 부분을 놓치고 말았을 것이다. 밀접한 두 지역의 관계라는 통합 맥락에서 이 주제에 접근하는 것이 실재에도 부합할 뿐 아니라 이론상으로도 효과적인 분석을 기대할 수 있다. 나아가 이러한 연구의 연장선에서 대만과 중국 같은 여타의 식민지와 반식민지에 대한 비교 연구를 통해 이 시기 일본 제국과 식민지를 포괄하는 동아시아의 전체상도 그려볼 수 있을 것이다.

통합과 전체를 지향하는 접근이 그를 구성하는 각 요소들 간의 내적 차이와 다양성의 배제를 의미하진 않는다. 오히려 통합성과 전체성은 차이와 다양성에 대한 해명을 통해 비로소 얻어질 수 있다. 예컨대 동화주의만 하더라도 이제껏 대부분의 연구들에서 단일한 실체로 객관화되어왔다. 식민지 조선에서는 식민 지배의 억압과 가혹함의 상징으로, 일본의 시각에서는 포용과 평등의 원리에 입각한 식민 통치의 업적으로 각각 제시되어왔다.

이러한 점에서 이 장은 동화주의를 둘러싼 다양한 이해관계와 관점들 그리고 그 이념들이 시간의 흐름에 따라 서로 대립, 충돌, 투쟁하는 양상들을 함께 제시해보려 했다. 대립과 투쟁은 지배 민족과 피지배 민족 사이에도 있었고, 식민 본국의 정치권력과 식민지 현지의 통치 권력 사이 또는 식민지 피지배 민족 내부에서도 찾아볼 수 있었다. 그러한 갈등과 투쟁의 무대 전면에 직접 등장하지는 않았지만, 서사 전개에서 중요한 역할을 맡았던 서구의 존재를 함께 고려하는 것도 중요하다. 동아시아 각국은 '서양=근대'라는 새로운 사상과 문명이 압도하는 영향 아래서 저마다의 특수한 근대를 구축해왔기 때문이다.

동화주의라는 거대 담론은 여러 지역과 민족 그리고 여러 사회 집단과 계급 간의 이해와 관심사의 차이를 무시한 채 오직 일방적인 지배와 수탈을 위해 고안된 이론이었다는 역사적 교훈을 우리에게 일깨워준다. 당연히 이에 대한 강력한 저항들이 있었다. 식민지 조선에서 끊임없이 활기차게 추진되었던 민족해방운동과 독립운동이 있었고, 의회 개설 운동이 저항의 주류를 이뤘던 식민지 대만에서도 그에 대한 비판을 찾아볼 수 있다.[37] 근대 일본이 거의 일관된 대외 정책 아래 아시아 민족들의 자립 요구를 짓밟아왔지만,[38] 일본 내에서도 식민 지배 자체를 비판하는 소수의 목소리가 존재했다.[39] 일본 제국주의에 대한 이 비판의 흐름들을 각기 고립된 사상으로서가 아니라 역사 경험의 공유 차원에서 이해하기 시작할 때, 동아시아 공동의 상호 교류와 연대에 대한 전망을 설정할 수 있을 것이다.

제1장 문명론과 인종주의: 아시아연대론

1) 정용화, 『문명의 정치사상: 유길준과 근대 한국』, 문학과지성사, 2004, 112쪽.

2) 장인성, 「'인종'과 '민족'의 사이: 동아시아연대론의 지역적 정체성과 '인종'」, 『국제정치논총』 제40집 4호, 2000, 112쪽, 116쪽.

3) 1902년 영어로 쓰여 런던에서 간행된 오카쿠라 텐신(岡倉天心)의 『동양의 이상』이 좋은 예이다. 김경일, 『제국의 시대와 동아시아 연대』, 창비, 2011, 71-75쪽 참조. 일본의 아시아연대론에서 지리는 상황 조건이었으며, 지리 근접성이란 조건은 동양 삼국을 대상으로 한 연대의 구상에서는 강하게 의식되었지만, 아시아 일반까지 확대된 연대구상에서는 더 이상 유효할 수 없었다(장인성, 같은 글, 125쪽)는 지적은 이러한 맥락에서 나온 것이다.

4) 양니엔췬, 「'동아시아'란 무엇인가?─근대 이후 한중일의 '아시아' 想像의 차이와 그 결과」, 『대동문화연구』 제50집, 2005, 86쪽.

5) 「논설」, 『제국신문』 1900년 2월 9일자.

6) 김민환, 『개화기 민족지의 사회사상』, 나남, 1988, 67-68쪽, 장인성, 앞의 글, 118쪽.

7) 예컨대 앞의 『제국신문』은 이어서 다음과 같이 서술하고 있다. "황인종으로 말할진대 동양에 대한과 일본, 청국 세 나라가 있은즉 그 형세가 비유컨대 솥발과 같아 만약 솥발 하나라도 떨어질 지경이면 그 솥이 기울어지는 것처럼 세 나라 중에 한 나라라도 만일 정치가 문란하여 국세가 위태하면 능히 동심협력하여 동으로 나오는 서방 형세를 막기가 어려울 터이니 이때를 당하여 동양 삼국이 피차에 더욱 사랑하는 마음이 도저할 수밖에 없"다는 것이다.

8) 사토 코에츠, 「후쿠자와 유키지의 유교관과 '탈아론'의 사상적 지평」, 『일본

사상』 제10호, 2006, 293쪽, 306쪽.

9) 장인성, 앞의 글, 128쪽, 박정심, 「한국 근대 지식인의 근대성 인식Ⅰ—문명·인종·민족 담론을 중심으로」, 『동양철학연구』 제52집, 2007, 135쪽.

10) 정창렬, 「러일전쟁에 대한 한국인의 대응」, 역사학회 편, 『러일전쟁 전후 일본의 한국침략』, 일조각, 1986, 225-226쪽.

11) 嚴安生, 『日本留學精神史—近代中國知識人の軌跡』, 岩波書店, 1991 (옌안성 저, 한영혜 역, 『신산을 찾아 동쪽으로 향하네—근대 중국 지식인의 일본 유학』, 일조각, 2005, 155-156쪽).

12) 정창렬, 앞의 글, 230쪽 이하 참조.

13) 嚴安生, 앞의 책, 159쪽.

14) 대체로 조선이 개화사상가들이 러일전쟁을 문명과 야만의 대결로 우선해서 생각했다는 지적은 이러한 맥락에서 이해된다. 정창렬, 앞의 글, 226쪽, 또한 嚴安生, 같은 책, 157쪽 참조.

15) 박정심, 앞의 글, 122쪽.

16) 박정심, 같은 글, 123쪽.

17) 장인성, 앞의 글, 118쪽, 박정심(같은 글, 124쪽)은 1897-99년 사이 『독립신문』 논설을 통해 이를 입증하고 있다. 예를 들면, 『독립신문』 1897년 6월 24일자 「논설」은 백인종을 "세계 인종 중에 가장 영민하고 부지런하고 담대한 까닭에 온 천하 각국에 모두 퍼져 차차 하등 인종을 이기고 토지와 초목을 차지"했다고 적은 반면, 흑인에 대해서는 "동양 인종들보다도 미련하고 흰 인종보다는 매우 천"하다고 평가하고 있다.

18) 「인종과 나라의 분별」, 『독립신문』 1899년 9월 11일자 논설.

19) 장인성, 앞의 글, 119쪽, 박정심, 앞의 글, 125쪽.

20) 장인성, 같은 글, 128쪽, 박정심, 같은 글, 135쪽.

21) 유길준전서편찬위원회 편, 『유길준전서(Ⅰ)』, 일조각, 1971, 375쪽.

22) 고야스 노부쿠니(子安宣邦), 『福澤諭吉『文明論之槪略』精讀』, 岩波書店, 2005

(김석근 역, 『후쿠자와 유키치의 『문명론의 개략』을 정밀하게 읽는다』, 역사
비평사, 2007, 46-51쪽).

23) 고야스, 같은 책, 41-43쪽, 95-96쪽.

24) 후쿠자와 『문명론의 개략』이 기조의 『유럽 문명사』(F. Guizot, *General History
of Civilization in Europe*, New York: D. Appleton and Company, 1870)나 버
클의 『영국 문명사』(Henry Thomas Buckle, *The History of Civilization in Eng-
land*, 2 vols, 1857, 1861, London)에 의한 문명사관의 영향을 받았다는 사실
은 널리 알려져 왔다. 정용화, 앞의 책, 117쪽 및 고야스, 같은 책, 30쪽 참조.

25) 고야스, 같은 책, 100-101쪽.

26) 일본의 선진 문명화를 논의하는 후쿠자와의 문명론 속에 후진 아시아로부터
탈출할 것을 주장하는 탈아론이 구조상 갖춰져 있다는 고야스의 주장은 이러
한 맥락에서 흥미롭다. 고야스, 같은 책, 43쪽 참조.

27) 유길준전서편찬위원회 편, 『유길준전서(I)』, 앞의 책, 377-378쪽. 이 점에서 그
역시 서구 근대 진보사관에 나타나는 계몽주의의 속성을 공유한다고 볼 수
있다.

28) 유길준전서편찬위원회 편, 『유길준전서(III)』, 일조각, 1971, 27-34쪽.

29) 그러나 유길준이 일본 유학 중에 모건의 저작을 접했는지는 확인할 수 없다.
물론 유길준이 일본에 머무른 것은 1881-83년 사이고 모건의 저작은 이보다
앞선 1877년에 출간되었으므로 유길준이 다양한 서구 사조를 접하는 가운데
모건의 저작을 접했을 가능성도 배제할 수는 없다. 또 다른 문제는 1883년 『세
계대세론』에서 실제 위주의 접근이 1887년 이후 『서유견문』에서 관념 성향으
로 변화한 이유인데, 이는 1884년 갑신정변 실패 후 정치 억압과 청국의 영향
력 증대 등을 배경에 둔 일종의 반동 경험과 개혁 좌절 등의 영향이 크게 작용
한 것으로 생각된다.

30) 유길준전서편찬위원회 편, 『유길준전서(III)』, 앞의 책, 34-35쪽.

31) 예컨대 『세계대세론』의 「人種殊異」(유길준전서편찬위원회 편, 『유길준전서

(III)』, 같은 책, 5-9쪽) 및 『서유견문』에서 「세계의 인종」(유길준전서편찬위원회 편, 『유길준전서(I)』, 같은 책, 63-67쪽) 등 참조. 전자에서 유길준은 아세아 인종, 구라파 인종, 말레이 인종, 아프리카 인종, 아메리카 인종의 5개 인종을 언급한다. 후자에서는 같은 인종을 색깔로 구분하여 황색인, 백색인, 흑색인, 회색인(태평양 및 인도양 제도의 말레이 인종), 적색인(아메리카 인디언)으로 서술하고 있다.

32) 장인성, 앞의 글, 118쪽.

33) 제5편 「정부의 종류」, 유길준전서편찬위원회 편, 『유길준전서(I)』, 앞의 책, 148쪽.

34) 이광린, 「유길준의 개화사상―『서유견문』을 중심으로」, 『역사학보』 제75·6합 집, 1977, 242쪽.

35) 연구에 따라서는 유길준이 이미 1883년 『세계대세론』에서 중국을 '지나'라고 부르기 시작하여(박정심, 앞의 글, 119쪽) 중국을 경멸하는 의식이 있었다는 점을 시사하고 있다. 이 지적대로 그가 '지나'라는 표현을 이 책 곳곳(예컨대 6쪽, 51쪽, 63쪽)에서 쓰고 있는 것은 사실이다. 그러나 이보다 이후에 출판된 『서유견문』에서 그는 지나보다 오히려 '중국'이라는 표현을 더 선호한다(145쪽, 188쪽, 412쪽, 507쪽). 이로 미루어볼 때 『세계대세론』에서 그가 중국에 대한 부정의 의미로 '지나'라는 말을 썼는가에 대해서는 의문이 남는다.

36) 김민환, 앞의 책, 68쪽, 장인성, 앞의 글, 118쪽.

37) 김민환 같은 책, 68쪽.

38) 이 용어와 관련해서는 『서유견문』에 나타나는 근대 번역어가 과연 얼마만큼 유길준 고유의 것이고, 얼마만큼 당시 일본에서의 번역 작업에 힘입은 것인지를 고려해야 한다.

39) 그러나 이는 제한된 범위에서 그러하다고 그는 부언한다. 즉, 국가 내 경쟁은 '경려'의 관점에서 보았지만, 국가 간 경쟁에서는 우승열패의 사회진화론을 수용했다는 것이다. 앞서 언급했듯이 개화한 자가 미개화한 자를 깨닫게 하

는 것이 개화한 자의 책임이자 직분이라는 논리를 국제관계로 확장하면, 문명국이 미개국을 문명화시키는 것이 문명국의 사명이라는 서구 제국주의의 논리를 찾아볼 수 있다. 정용화, 앞의 책, 126-129쪽 참조.

40) 허동현, 「1880년대 개화파 인사들의 사회진화론 수용양태 비교연구─유길준과 윤치호를 중심으로」, 『사총』 55, 2002, 182쪽.

41) 이광린, 앞의 글, 249쪽.

42) 러일전쟁 이전에 유길준은 "조선의 운명은 일본과 러시아에 있다. 조선의 일로 개전하게 되면 조선은 망한다. 따라서 조선으로서는 마땅히 이 전쟁이 발생하지 않게 해야 하는 것이 나라를 보위하는 상책이다. 이를 위해서는 조선의 개혁이 불가불 선행되지 않을 수 없다. 만일 일본과 러시아가 개전에 이르게 되면 조선은 그 전쟁을 만주 방면으로 옮기도록 힘써야 한다. 이때 조선은 마땅히 일본과 연합하고 국력을 기울여 도와서 일본의 노여움을 사지 않아야 한다. (중략) 조선 경역 안의 병참의 부담은 스스로 담당해도 좋다"라고 주장한 바 있다(「保國之策」, 유길준전서편찬위원회 편, 『유길준전서(IV)』, 일조각, 1971, 260쪽, 정창렬, 앞의 글, 225쪽). 설령 조선이 일본과 연합하여 전쟁에 협력한다 해도 그것이 지정학의 전략 차원을 벗어난 고려는 아니었다.

43) 이광린, 앞의 글, 249쪽. 이러한 일반론과는 다소 다르게, 유길준은 『서유견문』의 제19편과 20편의 서양 주요 도시 소개에서 런던의 어두운 면을 다음과 같이 지적하고 있다. "이 나라의 인민이 세계의 부를 망라하여 이와 같이 번화성장(繁華盛壯)한 만국 중 고금 최대 도회를 건설했으나 도하(都下) 빈민이 역시 많아 가로 상에 남루순결(襤褸鶉結)한 자가 번번이 그 자취를 나타내서 사호(奢豪)한 부인(富人)과 서로 섞이나니, 북미합중국 도회 인민은 의관이 제초(濟楚)하여 비록 빈루한 자라도 이러한 경황(景況)이 없는 까닭에 사람들이 말하되 천하에 부유하기 런던 같은 곳이 없고 가난하기 런던 같은 곳이 또한 없다고 하더라." 유길준전서편찬위원회 편, 『유길준전서(I)』, 앞의 책, 509쪽 참조.

44) 미국에 대해 그가 긍정적 평가로만 일관하지는 않았다. 예를 들면, 같은 편지에서 그는 미국 여성의 나약함과 아울러 일부 미국 남성이 "자신의 옷에 너무 신경을 쓰고 노예처럼 행동하며 여성에 대해 너무 굴종"한다고 지적하고 있다. Peabody Essex Museum Library, *Morse Paper*, box 49, folder 8. 정용화, 앞의 책, 77쪽에서 재인용.

45) 유길준의 국제 인식에서는 근대 자본주의 국제관계가 지니는 약육강식의 질서나 서구 제국주의의 식민에 대한 비판을 찾아볼 수 없다. 만국공법에 대한 지나친 신뢰나 "대국도 일국이요 소국도 일국이라, 나라 위에 나라 없고 나라 아래도 없다"(「방국의 권리」, 유길준전서편찬위원회 편, 『유길준전서(I)』, 앞의 책, 88쪽)라는 언급은 이를 잘 드러낸다. 비록 러일전쟁 이후 일본을 비롯한 제국주의 국가의 침략이 노골화하면서 달라진다고는 하더라도, 제국주의와 식민주의에 대한 그의 단순한 관념적 인식이 지니는 한계를 일찍부터 많은 연구자가 지적해왔다(전봉덕, 「대한민국국제의 제정과 기본 사상」, 『법사학연구』 제1권 제1호, 1974; 김영작, 『한말 내셔널리즘 연구: 사상과 현실』, 청계연구소, 1989; 김세민, 『한국근대사와 만국공법』, 경인문화사, 2002; 김정현, 「유길준과 양계초의 미국체험과 근대 국가 인식—유길준의 『西遊見聞』과 양계초의 『新大陸遊記』의 비교를 중심으로」, 『문명연지』 제18집, 2006 등 참조). 유길준과 량치차오(梁啓超)를 비교한 김정현의 흥미로운 연구에 따르면, 유길준의 『서유견문』에는 량치차오에서 찾아볼 수 있는 미국의 건국사, 식민지, 인디언이나 흑인에 대한 언급이 나타나지 않는다. 국가 사이의 개화 등급을 서술하는 데 열중한 유길준과는 달리 량치차오는 자신의 미국 여행기에서 미국 내의 미개화, 반개화, 개화의 측면을 지적하고, 미국 문명의 어두운 면에 주목하면서 미국 문명에 대해 비판의 태도를 잃지 않았다. 미국의 점증하는 제국주의 힘을 곤혹스럽게 바라본 량치차오와 달리, 유길준은 그것을 오로지 미국의 부강으로 보았다는 것이다. 김정현, 같은 글, 48쪽, 52-53쪽, 69쪽 참조.

46) 국사편찬위원회, 『윤치호일기(2)』, 1974, 449쪽.

47) 반문명인에 대해서는 "자연의 소심한 구걸자(a timid beggar from Nature)"로 묘사했다. 같은 곳 참조.

48) 1893년 4월 15일자, 국사편찬위원회, 『윤치호일기(3)』, 1974, 59-60쪽.

49) Meredith Townsend, *Asia and Europe: Studies presenting the conclusions formed by the author in a long life devoted to the subjects of relations between Asia and Europe*, New York: G. P. Putnam's Sons, 1901.

50) 윤치호에 따르면, 아시아와 유럽의 구별(separateness)은 자명한 것으로, 이는 전자의 자격지심(sensitiveness)과 후자의 오만함에서 기인한다. 1903년 1월 15일자, 국사편찬위원회, 『윤치호일기(6)』, 1976, 3-4쪽.

51) 또한 유교 전통의 영향 아래 있던 유길준과는 달리 그는 조선이 미개 상태에 처한 근본 요인이 유학의 숭상에 있다고 보아 이를 비판했으며, 서구 기독교의 수용을 통한 문명화를 대안으로 주장했다. 허동현, 앞의 글, 184쪽, 박정심, 앞의 글, 131쪽.

52) 유영렬, 『개화기의 윤치호 연구』, 한길사, 1985, 65-67쪽.

53) 1893년 11월 1일자, 국사편찬위원회, 『윤치호일기(3)』, 앞의 책, 203-205쪽. 그러나 그가 항상 중국에 대해 부정으로 일관하지만은 않았다. 중국의 문화 전통이 지닌 우수성과 심오함을 그는 인정했으며, 일본 또한 정치와 문학, 철학, 예술 등에 걸친 모든 것을 중국으로부터 배웠다는 사실을 지적하면서 중국의 전도를 낙관하여 전망하기도 했다. 1890년 2월 14일자, 국사편찬위원회, 『윤치호일기(2)』, 앞의 책, 18쪽.

54) 1894년 9월 27일자, 국사편찬위원회, 『윤치호일기(3)』, 같은 책, 374쪽.

55) 1894년 9월 27일자, 국사편찬위원회, 『윤치호일기(3)』, 같은 책, 375쪽.

56) 1893년 11월 1일자, 국사편찬위원회, 『윤치호일기(3)』, 같은 책, 203-204쪽.

57) 1903년 1월 15일자, 국사편찬위원회, 『윤치호일기(6)』, 앞의 책, 4-9쪽.

58) 국사편찬위원회, 『윤치호일기(2)』, 앞의 책, 58-60쪽.

59) 유영렬, 앞의 책 75-77쪽.

60) 여기서 그가 미국인의 인종 편견 자체를 비난하려 하지는 않았다. 단지 그는 "가장 저열한 편견에 가득한 그들의 행위와 가장 고상한 체하지만 결코 실현되지 않는 보편성의 교조 사이의 완벽한 불일치"에 대해 문제를 제기하고 있다. 1890년 2월 14일자, 국사편찬위원회, 『윤치호일기(2)』, 앞의 책, 18-19쪽.

61) 허동현, 앞의 글, 187쪽, 박정심, 앞의 글, 134쪽.

62) 1890년 2월 18일자, 국사편찬위원회, 『윤치호일기(2)』, 앞의 책, 19-20쪽.

63) 1892년 11월 20일자, 국사편찬위원회, 『윤치호일기(2)』, 같은 책, 418-419쪽.

64) 국사편찬위원회, 『윤치호일기(5)』, 1975, 325-327쪽.

65) 1905년 6월 2일자, 국사편찬위원회, 『윤치호일기(6)』, 앞의 책, 112-113쪽.

66) 우정열, 「윤치호 문명개화론의 심리와 논리: 근대 자유주의 수용과 노예로의 길」, 『역사와사회』 제33집, 2004, 136쪽.

67) 우정열, 같은 글, 132쪽.

68) 허동현, 앞의 글, 188쪽, 박정심, 앞의 글, 136쪽.

69) 두 인물에 대한 1차 자료로는 유길준전서편찬위원회에서 간행한 『유길준전서』(전5권)와 국사편찬위원회에서 펴낸 『윤치호일기』(전11책)가 대표적이다. 유길준에 관한 연구로는 이광린, 앞의 글과 정용화, 앞의 책이, 그리고 윤치호에 관해서는 유영렬, 앞의 책 등이 있으며, 이밖에도 허동현, 같은 글, 우정열, 앞의 글, 우홍준, 「구한말 유길준의 정치·경제·사회론: 서유견문을 중심으로」, 『한국행정학보』 제38권 제1호, 2004, 김정현 앞의 글 등을 주로 참조했다.

70) 윤치호 문명개화론의 친일 경향을 설명해온 기존의 연구가 지나치게 인종주의의 영향만을 부각시키는 결과론의 설명에 치중해왔다는 비판 차원에서 그에게서 나타난 자유주의의 개인주의 특성을 통해 그것을 보완·설명하려 한 우정열의 연구는 이 절의 논의와 비슷한 문제의식을 공유한다. 그에 따르면 윤치호는 자유주의의 개체주의 속성으로 인해 인민이 국가로부터 떨어져 나와 낱낱의 개인 수준으로 파편화된 바로 그 순간, 스스로를 동일시하고 귀속

의식을 느낄 수 있는 정체성으로서 '인종'이라는 더 큰 자아를 제시하는 매력 있는 사유체계로서 인종주의를 받아들이게 되었다고 한다. 우정열, 앞의 글, 152-153쪽 참조.

71) 파레토(Vilfredo Pareto)의 엘리트 순환이론에서 사자형과 여우형의 비유 역시 이에 대한 좋은 예시이다.

72) 이광린, 앞의 글, 207쪽, 유영렬, 앞의 책, 24-27쪽.

73) 유영렬, 같은 책, 28-29쪽.

74) 정용화, 앞의 책, 77쪽.

75) 유길준의 미국 체류 기간에 대해서는 의견들이 상이하다. 이광린(앞의 글, 210쪽)은 유길준이 만 1년에 걸쳐 유럽 각국을 돌아보는 긴 여정을 마치고, 이듬해 1885년인 12월 중순에 귀국한 것으로 서술했다. 이에 따르면, 그의 미국 체류 기간은 대략 1년 6개월 남짓이다. 반면 정용화(같은 책, 79-81쪽)는 그가 미국을 떠난 시기를 1885년 9월로 추정하면서 돌아오는 길에 유럽을 거쳐 1885년 12월 중순 미국 유학 2년 반 만에 제물포로 귀환했다고 말한다. 1년 정도의 정규 교육을 포함해 2년 정도 미국 생활을 경험한 셈이다.

76) 애초에 그는 청국 유학은 전혀 생각하지 않았고, 가능하면 '문명 세계'인 미국이나 일본에 머물고자 했다(유영렬, 앞의 책, 57쪽).

77) 유영렬, 같은 책, 58-59쪽.

78) 정용화, 앞의 책, 235-237쪽.

79) 우정열, 앞의 글, 148쪽.

80) 우정열, 같은 글, 151쪽.

81) 1890년 5월 18일에 쓴 일기에서 그는 당시 현실은 정부의 무능과 압제, 포악과 전제이고, 인민의 편에서 보면 무지와 미신, 가난과 비참함이며, 국가의 측면에서 보면 수치와 불명예, 그리고 질질 끄는 죽음의 상태라고 표현했다. 국사편찬위원회, 『윤치호일기(2)』, 앞의 책, 59쪽 참조.

82) 유영렬, 앞의 책, 74-75쪽.

83) 허동현(앞의 글)은 이 점에 착안하여 각각 유교와 기독교에 입각하여 이 시기 사회진화론을 받아들인 두 사람의 사상이 어떻게 달라졌는지를 구명해보고자 했다.

84) 이 점에서 그는 유교사상을 철저히 비판하고 부정한 후쿠자와 유키치와 달랐다. 후쿠자와 유키치는 문명을 지덕의 진보로 규정하고 문명의 정신을 '자유의 기풍'으로 간주하면서 유교에 대해서는 독재의 신권 정치의 원리로서 자유의 기풍을 말살하는 것으로 비판했다. 이와 달리 유길준은 개화란 서구 문명의 수용만이 아니라 유교 문명과 서구 문명을 지양하는 보편 문명을 지향하는 것으로 보았다. 정용화, 앞의 책, 62쪽, 133쪽 참조.

85) 허동현, 앞의 글, 182쪽.

86) 유영렬, 앞의 책, 17-19쪽.

87) 국사편찬위원회, 『윤치호일기(3)』, 앞의 책, 376쪽.

88) 유영렬, 앞의 책, 62-63쪽. 사실 그는 일본 유학 시절부터 기독교에 쉽게 접할 수 있는 환경에 놓여 있었다. 그가 유학한 도진샤의 설립자 나카무라 마사나오(中村正直)는 일본 국왕에게 기독교 개종을 권유하는 상소문을 올릴 정도로 기독교에 심취한 인물이었으며, 갑신정변 이후 그가 애초에 유학을 원한 일본의 도진샤도 저명한 기독교 교육가 니시마 조(新島襄)가 설립한 학교였다. 나아가 상하이 중서학원(中西學院)도 감리교 선교부가 운영하던 학교였다. 허동현, 앞의 글, 185쪽 참조.

89) 유영렬, 같은 책, 63쪽.

90) 기독교 수용을 통한 문명화를 주장하면서 그는 1893년 4월 8일자 일기에 "기독교화가 조선인들의 유일한 구원"이라고 적었다. 사회진화론에서 갈파하는 적자생존의 기회에서 만약 조선이 어쩔 수 없이 실패한다면, 그때는 자신이 기여할 수 있는 바가 바로 신을 통한 기독교화라고 생각한 것이다. 국사편찬위원회, 『윤치호일기(3)』, 앞의 책, 55쪽, 박정심, 앞의 글, 131쪽 참조.

제2장 열린 민족주의와 동양평화론: 보편주의로의 지평

1) 이기웅 편, 『안중근 전쟁 끝나지 않았다』, 열화당, 2000, 1쪽.

2) 김삼웅, 『안중근 평전』, 시대의 창, 2009, 8쪽.

3) 김삼웅, 같은 책, 8쪽.

4) 1979년 9월 재일동포 김정명 교수가 일본 국회도서관 헌정연구실 '七條淸美關係文書' 중에서 「안응칠역사」와 「동양평화론」의 등사본을 합책한 『安重根傳記及論說』을 발굴했다. 동양평화론 등 안중근 관련 사료의 발견 과정에 대해서는 市川正明, 『安重根と朝鮮独立運動の源流』, 原書房, 2005, 13-17쪽 참조.

5) 나카노는 도조 내각의 탄압에 저항하다가 1944년 1월 자결한 나카노 세이고 (中野正剛)의 아들이다. 나카노 토무, 『동양평화의 사도 안중근』, 하소, 1995 (中野泰雄, 『日韓關係の原像』, 東京: 亞紀書房, 1984), 223-224쪽.

6) 박 보리스, 신운용, 이병조 역, 『하얼빈 역의 보복―이토 히로부미에 대한 안중근의 총성』, 채륜, 2009 (Пак, Б. Д. (Борис Дмитриевич), *Возмездие на харбинском вокзале: документально-исторический очерк*), 23쪽.

7) 박 보리스, 같은 책, 18쪽.

8) 나카노는 안중근의 민족의식이 촉발한 계기로서 안중근의 신앙과 관련한 일화를 언급한다. 한국 민중이 글을 잘 몰라서 천주교를 포교하는 데에 지장이 많으므로 서양의 수사회에 요청하여 교수를 초빙하고 대학을 설립하면 좋겠다고 생각한 안중근은 서양인 홍 신부로부터 프랑스어를 배우면서 서울의 민주교에게 이를 건의했다. 몇 차례 시도에도 불구하고 민 주교가 이를 받아들이지 않자, 그는 분개하여 "천주교의 교리는 진리임에 틀림없지만 외국인은 그렇게 믿을 것이 못 된다"라고 생각하여 프랑스어 배우는 것을 중단한다. 그 이유를 묻는 친구들에게 그는 "일본어를 배우는 사람은 일본의 노예가 되고 영어를 배우는 사람은 영국의 노예가 된다. 내가 만일 프랑스어를 배우게 되면 프랑스의 노예가 되지 않을 수 없을 것이다. 때문에 그만 둔 것"이라고 답

하면서, "만일 우리 한국의 국위가 세계에 그 위세를 떨치게 되면, 세계의 사람들이 한국어를 열심히 배우게 될 것이 아니겠는가"라고 언급했다고 한다 (나카노, 앞의 책, 122-123쪽). 이 일화는 가톨릭의 '보편주의'에 대한 그의 신념에도 불구하고 서구 선교사와 조우하면서 좌절을 경험한 그의 민족주의가 국가로 회귀하는 과정을 잘 보이고 있다.

9) 박 보리스, 앞의 책, 106쪽.

10) 1909년 11월 16일 관동도독부 감옥에서 검찰관 미조부치 타카오(溝淵孝雄)에 의한 제4회 심문조서. 이기웅 편, 앞의 책, 85쪽.

11) 나카노, 앞의 책, 64-65쪽.

12) 나카노, 같은 책, 68쪽. 최종 판결문은 이토 살해가 "개인 원한에 의한 것이 아니라는 점도 다소 인정될 수 있다"라고 하여 다소 물러선 입장을 택했다. 그럼에도 불구하고 나카노가 논평한 바와 같이 "살해의 동기에 대해서는 사적인 원한에 의한 것이 아님을 인정함으로써 미조부치 검찰관의 논고를 부정"했다고 보기는 어렵다. 치밀한 계획이나 철저한 준비를 지적하는 것 이외에 안중근이 주장한 공의 대의에 대해서는 전혀 언급하고 있지 않기 때문이다. 이기웅 편, 앞의 책, 357쪽, 나카노, 같은 책, 74-75쪽.

13) 나카노, 같은 책, 76쪽.

14) 박은식, 『한국통사』, 상해: 대동편집국, 1915, 165쪽, 나카노, 같은 책, 227쪽, 윤병석, 「안중근 의사의 하얼빈 의거와 '동양평화론'」, 안중근의사기념사업회 업회 편, 『안중근과 그 시대—안중근 의거 100주년 기념연구논문집1』, 경인문화사, 2009, 397쪽.

15) 나카노, 같은 책, 216쪽.

16) 나카노, 같은 책, 213쪽.

17) 윤병석, 앞의 글, 397쪽.

18) 최서면, 『새로 쓴 안중근 의사』, 집문당, 1994, 171쪽.

19) 나카노, 앞의 책, 227쪽.

20) 사이토 다이켄, 이송은 역, 『내 마음의 안중근』, 집사재, 2002 (齊藤泰彦, 『わが心の安重根』, 東京: 五月書房, 1994), 30쪽.

21) 상세한 내용은 자료에 따라 약간의 차이가 있다. 러시아 신문 『달료카야 오크라이나Далекая окраина』 1909년 11월 20일자는 안중근이 예심에서 이토를 처단한 이유로 13개 조항을 거론했다고 보도했다. 이 가운데 동양 평화와 관련된 것은 마지막 두 조항이다. 검찰 심문조서에서 그가 밝힌 이유는 15개 항목이지만, 동양 관련 내용은 두 개 정도로 변함이 없다. 판결 이후 옥중에서 그는 이를 다듬어 『안응칠역사』에 정리했다. 나카노, 앞의 책, 19-22쪽, 이기웅 편, 앞의 책, 34쪽, 박 보리스, 앞의 책, 104-105쪽.

22) 1909년 11월 24일 관동도독부 감옥에서의 제6회 심문조서. 이기웅 편, 같은 책, 115-117쪽.

23) 이 시기 아시아 연대의 주류는 한중일 삼국을 준거로 동아시아를 이해하고 있지만, 안중근이 말하는 (동)아시아는 이에 더해 타이, 미얀마 등 동남아시아를 포함하는 점에서 그와 다르다. "동양이란 어디를 말하느냐"라는 검찰 심문에 안중근은 "중국, 일본, 한국, 타이, 버마 등"을 포함한 아시아주라고 말한다고 답변한다. 이기웅 편, 같은 책, 114-115쪽 참조. 신운용은 이 시기 삼국동맹론자들이 동양 삼국만을 고려한 것과 달리 안중근이 동양평화론의 대상을 동남아시아까지 확대한 점에 주목하면서, 그것을 민에 대한 그의 인식 확대와 연결시키고 있다. 즉 "상대적으로 열악한 동남아시아까지 동양평화론의 범주에 포함시킨 것은 한국인과 같은 인권이 동남아인에게도 있음을 인식한 결과"로 해석하여 적극 의미 부여를 하는 것이다(신운용, 「안중근의 동양평화론 연구와 실천을 위한 방안」, 안중근의사기념사업회편 편, 『안중근과 그 시대─안중근 의거 100주년 기념연구논문집1』, 경인문화사, 2009, 506-507쪽). 현광호도 안중근에게 동양의 범주는 한중일 등 동북아와 타이, 미얀마 등 동남아 국가도 포함하는 아시아주라는 점을 지적하면서, 이는 장지연이 아시아 전체를 연합하는 것은 불가능하지만 몽골 인종에 속하는 한중일의 연

합은 가능하다고 인식한 것이나, 일본의 국수주의 단체인 흑룡회가 한일합방을 기초로 만주, 몽골을 포함하는 대아시아 연방을 구상한 것과도 차원이 다르다고 지적한다(현광호, 「안중근의 동양평화론과 그 성격」, 『아세아연구』 제46권 3호, 2003, 179쪽). 그러나 일본에서도 오카쿠라 텐신(岡倉天心)의 경우와 같이 동남아를 포함하는 대아시아주의 흐름이 메이지 시기부터 있었으며(김경일, 『제국의 시대와 동아시아 연대』, 창작과비평사, 2011, 71-75쪽), 이 시기 한국과 중국이 일본발 아시아주의의 영향을 강하게 받은 사실을 아울러 고려해야 할 것이다.

24) 강동국은 연구자 자신이 분명한 동아시아 관점에 서서 동양평화론에 접근한 연구가 거의 전무하다고 언급하면서 그 원인을 두 가지로 정리한다. 첫째 한국 지식계가 동아시아를 본격 논의한 시기가 1990년대 이후라는 점이고, 둘째 한국 학계에서 한국사와 동아시아론이 서로 다른 담론장에서 병존한다는 현실이다. 강동국, 「동아시아의 관점에서 본 안중근의 동양평화론」, 안중근의사기념사회업회 편, 『안중근과 그 시대―안중근 의거 100주년 기념연구논문집1』, 경인문화사, 2009, 400-401쪽 참조.

25) 김경일·강창일. 「동아시아에서 아시아주의: 1870-1945년의 일본을 중심으로」, 『역사연구』 제8호, 2000, 270-271쪽.

26) 함동주, 「명치기 아시아주의의 '아시아'상」, 『일본역사연구』 제5집, 1997, 75쪽, 80쪽.

27) 박영재. 「근대 일본의 한국 인식」, 역사학회 편. 『일본의 침략정책사 연구』, 일조각. 1984, 95쪽, 100쪽.

28) 신운용, 「안중근의 '동양평화론'과 이등박문의 '극동평화론'」, 안중근의사기념사회업회 편, 『안중근과 그 시대―안중근 의거 100주년 기념연구논문집1』, 경인문화사, 2009.

29) 현광호, 앞의 글, 2003.

30) 김민환, 「동양3국공영론」, 『개화기 민족지의 사회사상』, 나남, 1988, 64-68쪽.

31) 중국 연구자인 옌안성(嚴安生) 역시 이와 비슷한 맥락에서 후일 공산당의 원로 혁명가로 이름을 떨치게 되는 우위장(吳玉章)을 비롯해 이 시기 중국 지식인에서 나타나는 일종의 범아시아주의 사상과 감정이 독자적으로 형성된 것이라기보다는 일본의 영향이 짙게 반영되어 있다는 사실을 강조한다. 이러한 맥락에서 그는 중국 지식인의 일본 유학에 주목하여, 러시아가 맹방 독일의 자오저우만(膠州灣) 점령을 후원하고 이어서 1897년 12월 뤼순항에 군함을 진주시켜 뤼순·다롄의 조차를 요구하기 시작한 직후에 일본 참모본부의 주도 아래 중국인에 대한 친선 공작과 유학 권유가 시작된 것은 의미심장하다고 지적한다. 嚴安生, 『日本留學精神史―近代中國知識人の軌跡』, 岩波書店, 1991 (옌안성 저, 한영혜 역, 『신산을 찾아 동쪽으로 향하네―근대 중국 지식인의 일본 유학』, 일조각, 2005, 157-159쪽).

32) 따라서 그 이면에는 일본의 두 가지 국가 타산의 독선이 숨어 있었다고 본다. 즉, 상하 관계와 아울러 일본의 독립 보존을 전제로 성립되었다는 것이다. 김민환, 앞의 글, 68쪽, 75-76쪽.

33) 김민환, 같은 글, 72쪽.

34) 삼국공영론이 한국으로 수입된 시기를 김민환은 1880년대로 본다. 신운용은 1904년 러일전쟁 발발을 전후해 삼국동맹론으로 전환한 삼국공영론을 당시 지식인들이 회의적으로 보았다고 언급한다. 그는 삼국공영론과 삼국동맹론 양자를 구분해, 전자가 문화·정치·경제 측면에서 삼국의 발전을 추구했지만, 후자는 군사 관계에 무게를 두어 동양의 보존을 강조했다고 보았다. 신운용, 「안중근의 '동양평화론'과 이등박문의 '극동평화론'」, 앞의 글, 533쪽. 해석과 분석 과정에 초점을 맞춘 김민환과 달리, 신운용은 현상 중심의 서술에 치우친다고 할 수 있다.

35) 신운용, 같은 글, 536쪽.

36) 신운용, 같은 글, 536-537쪽.

37) 윤경로, 「사상가 안중근의 생애와 활동」, 『한국 근대사의 기독교적 이해』, 역

민사, 1985.

38) 이광린, 「개화기 한국인의 아시아연대론」, 『한국사연구』 제61·62집, 1988, 297-298쪽.

39) 현광호, 앞의 글, 171-172쪽.

40) 현광호, 같은 글, 174쪽.

41) 여기서는 동양주의, 아시아연대론, 삼국공영론, 삼국제휴론 등을 포괄하는 총칭으로 이 용어를 사용한다.

42) 팔봉, 「대아세아주의와 김옥균 선생」, 『조광』 1941년 11월호, 66쪽. 강재언의 평가에서 보듯이 기존 연구에서는 김옥균의 삼화주의가 일본을 맹주로 한 동아시아 3국의 문명화와 서양의 침략에 대항할 것을 주장한 후쿠자와의 일본 맹주론의 영향을 받았다고 본다. 최근 연구에서 조재곤은 이를 부정하면서 삼국이 강고한 화맹체제를 유지하여 러시아를 비롯한 서구 침략을 방어하고 나아가 조선을 완전한 중립국으로 만들어 국체를 보존하고자 한 것으로 해석한다. 조재곤, 「한말 조선 지식인의 동아시아 삼국제휴 인식과 논리」, 『역사와현실』 제37호, 2000, 158-161쪽.

43) 이승원, 「전장의 시뮬라크르: 박영희의 『전선기행』을 중심으로」, 『정신문화연구』 109호, 2007, 223쪽 참조. 1906년 만세보에 연재한 『혈의 누』에서는 일본을 거쳐 미국으로 유학 간 구완서가 문명국 미국에서 신식 교육을 받은 목적은 "공부를 힘써 하여 귀국한 뒤에 우리나라를 독일국 같이 연방도를 삼되, 일본과 만주를 합하여 문명한 강국을 만들고자 하는 비사맥 같은 마음"이라고 하여 아시아 연대에 대한 포부를 밝히고 있다. 이인직, 『혈의 누(외)』, 을유문화사, 1969, 74쪽.

44) 그러나 그는 안중근과 비슷하게 그 이전에 한국은 한국인으로 하여금 혁신하게 하라고 요구했다. 일본이 한국을 '보호'국화하지 말고 한국의 독립을 회복시킨 후에 해야 한다는 것이다. 주요한, 『안도산 전』, 삼중당, 1978, 55-57쪽.

45) 1910년 일제에 의한 강제 병합 이후 그는 여기에 심한 환멸을 느끼고 격렬하

게 이를 비판했다. 이후 그는 아시아와 황인종에 대해 더 이상 관심을 두지 않았으며, 반제연대라는 관점에 근거한 새로운 국제 감각을 갖게 되었다. 한기형, 「근대 초기 한국인의 동아시아 인식―『청춘』과 『개벽』의 자료를 중심으로」, 『대동문화연구』 제50집, 2005, 169쪽 이하 참조.

46) 1905년의 을사늑약을 계기로 문명개화론자들 사이에서 분화가 일어나 『대한매일신보』 계열은 동양주의와 동양평화론을 비판하면서 국가주의를 제창한 반면, 『황성신문』 계열은 그것을 고수하면서 동양 평화를 교란한 일본의 각성을 촉구한 것으로 지적된다. 전자의 대표로 신채호를 들 수 있겠고, 백영서는 후자의 사례로 안중근을 들고 있다. 백영서, 『동아시아의 귀환―중국의 근대성을 묻는다』, 창작과비평사, 2000, 149쪽. 이와 달리 현광호는 『황성신문』 계열은 선 실력 양성 후 독립, 『대한매일신보』 계열은 선 독립론을 지지하면서, 전자는 무장투쟁 반대, 후자는 양자 병행을 주장했다는 점에 주목한다. 안중근은 전자와는 동양평화론을 지지했다는 점에서 공통점이 있고, 후자와는 무장투쟁을 지지했다는 점에서 유사하다고 평하고 있다. 이런 점에서 안중근은 사상사에서 특이한 위치에 있으며, 나아가 이는 이 시기 사상의 분화가 복잡했음을 보이는 본보기라고 언급한다. 현광호, 앞의 글, 188-189쪽.

47) 신채호, 「동양주의에 대한 비평」, 『대한매일신보』 1909년 8월 8일 및 10일자, 최원식·백영서 편, 『동아시아인의 '동양' 인식: 19-20세기』, 문학과지성사, 1997.

48) 1910년 2월 9일 지방법원 형사 법정에서 열린 제3회 공판의 시말서에서 안중근은 "일본 천황의 「선전조칙」에 있는 것과 같이 동양의 평화를 유지하고 한국의 독립을 공고히 하여 한·일·청 세 나라가 동맹하여 평화를 부르짖고 팔천만 이상의 국민이 서로 화합하여 점차 개화의 영역으로 진보하며, 나아가서는 유럽과 세계 각국과 더불어 평화에 온 힘을 다하면 시민은 안도하여 비로소 「선전조칙」에도 부응할 것으로 생각"한다고 진술했다. 이기웅 편, 앞의 책, 283쪽.

49) 나카노, 앞의 책, 48-50쪽. 이는 신운용, 「안중근 의거의 사상적 배경」, 앞의

글, 273-275쪽에서도 지적되고 있다.

50) 한국의 독립을 최우선 과제로 생각한 그는 러시아의 침략을 저지하는 방안의 일환으로, 그리고 일본의 문명개화에 대한 긍정 평가에서 일본을 맹주로 하는 삼국제휴론을 수용했다. 아울러 그는 사회진화론에 입각한 약육강식의 원리를 수용하여 강자인 백인종이 약자인 황인종을 침략하고 있다고 인식했다. 현광호, 앞의 글, 176-177쪽.

51) 안중근, 「동양평화론」, 최원식·백영서 편, 『동아시아인의 '동양' 인식: 19-20세기』, 문학과지성사, 1997, 206-208쪽.

52) 안중근, 같은 글, 210쪽.

53) 현광호, 앞의 글, 182-184쪽.

54) 신운용, 「안중근의 동양평화론 연구와 실천을 위한 방안」, 안중근의사기념사업회 편, 『안중근과 그 시대—안중근 의거 100주년 기념연구논문집1』, 경인문화사, 2009, 507쪽.

55) 강동국, 앞의 글, 412쪽.

56) 강동국, 같은 글, 416-419쪽.

57) 강동국, 같은 글, 429쪽.

58) 천주교에 바탕을 둔 보편 종교의 가치를 매개로 동서양이나 인종 구별을 뛰어넘을 수 있었다. 민중 처지에서의 사고는 국내에 머물지 않고 일본 민중의 시각에서 보는 것을 통해 민족이라는 벽을 극복할 수 있었다. 강동국, 같은 글, 430-433쪽.

59) 「청취서」는 국가보훈처·광복회, 「청취서」, 『21세기와 동양평화론』, 1996, 51-57쪽에 소개되어 있다. 그에 관한 논의로는 현광호 2003: 178-80; 윤병석, 앞의 글, 393쪽, 김삼웅, 앞의 책, 350-352쪽, 강동국, 앞의 글, 402-403쪽, 신운용, 「안중근의 동양평화론 연구와 실천을 위한 방안」, 503-505쪽 등이 있다.

60) 예를 들면, 김삼웅은 안중근의 이러한 제안은 "유럽공동체와 같은 기구를 100년 전에 구상한 것"이라면서 적극 의미 부여를 하고 있다(김삼웅, 같은 책, 8

쪽). 안중근의 제안에 현재적 의미를 부여하는 대표 사례로는 김영호를 들 수 있다. 안중근의 뤼순 중립화론을 한반도의 중립 조정국가론으로, 3국 평화회의론을 동북아 평화회의 6자회담으로, 개발은행과 공동 화폐론을 동북아개발은행과 아시아판 유로머니의 창설 등으로 연결시키면서 그는 '동북아 중심국가론'과 동북아판 신마셜플랜을 실현하기 위한 유용한 역사 자원으로 안중근 동양평화론의 그랜드 디자인을 제안한다. 김영호, 「동북아 중심국가론의 기대와 우려─동북아개발은행과 동북아판 신마셜플랜을 촉구하며」, 『시민과 세계』 제3호, 참여사회연구소, 2003, 271-273쪽, 김삼웅, 같은 책, 332-333쪽 참조.

61) 강동국, 앞의 글, 403쪽.

62) 이들 제안에서 그의 독창성이 가장 두드러진 항목은 동양 삼국의 황제가 로마 교황을 방문해 협력을 맹세한다면 세계 민중의 신용을 얻을 수 있을 것이라는 부분이다. 이 점은 다른 연구자들도 지적해왔다. 예를 들어, 현광호(앞의 글, 180쪽)는 세계 민중의 신용을 중시하는 대목은 다른 구상에 비해 더욱 독창성이 있는 것이라고 평가했으며, 신운용(「안중근의 동양평화론 연구와 실천을 위한 방안」, 앞의 글, 505쪽)은 안중근이 세계 각국의 지지와 로마 교황의 공인을 구했다는 점에서 인종론에만 집착해 현실을 보지 못했다는 주장을 비판하려 했다. 안중근이 세계의 여론과 로마 교황을 인정한 사실은 그가 서양을 침략 세력으로, 동양을 평화 세력으로 나누는 이분법 사고의 소유자가 아니라는 것을 입증한다.

63) 1926년 7-8월 일본 나가사키(長崎)에서 개최된 아시아민족회의에서도 아시아회관 건설과 아시아 공동의 금융기관과 흥업기관의 설치, 아시아 공동의 언어 연구, 아시아대학 창설 등이 안건으로 논의된 사실은 이를 방증한다. 이 회의는 중국의 아세아민족대동맹과 공동 주최하는 형식을 취했지만, 일본의 아시아주의 계열 단체인 전아세아협회의 주도 아래 보수정당인 정우회에서 발기하는 형식을 통해 귀족, 중의원 양원 의원과 실업가, 학자, 언론인 등이 대

거 참여했다. 김경일, 앞의 책, 156쪽 이하 참조.

64) 김현철 「개화기 한국인의 대외인식과 '동양평화구상'」, 『평화연구』 11, 2002, 27-28쪽, 현광호, 앞의 글, 178쪽.

65) 『황성신문』도 이듬해인 1900년 12월 8일-26일자 「외보」에서 만국평화회의에 참석한 독일, 영국, 미국 등의 전권 위원이 기명 조인한 '국제분쟁의 평화처리 조약' 전문을 16회에 걸쳐 소개하는 등 지대한 관심을 표명했다. 현광호는 안중근의 동양평화회의가 삼국제휴론에서는 볼 수 없는 구상으로, 1899년의 만국평화회의와 이를 계기로 대두한 국내의 평화론에서 그 아이디어를 얻은 것으로 본다.

66) 이 시기 중국과 일본에서는 양국 공동은행을 설립하거나 상업에서 공동 이익을 위해 합자 등을 추진하는 분위기가 형성되어, 상업동맹에 대한 여론이 폭넓게 형성되어 있었다. 안경수, 「일청한동맹론」, 『일본인』 제121호, 1900, 23-24쪽 및 제123호, 1900, 25-26쪽. 초대 독립협회 회장을 역임한 그는 한국인으로서 삼국 제휴의 논리를 가장 조리 있게 제시한 인물로 평가된다. 일본의 국수주의 잡지인 『일본인』에 기고한 이 글에서 그는 군사동맹과 상업동맹을 기반으로 삼국의 '국민적 동맹'을 제안했지만, 궁극적으로 그것은 침략주의로서의 아시아주의에 편승한 것에 지나지 않았다. 조재곤, 앞의 글, 169-171쪽.

67) 동아시아 삼국 상인 사이에서 거래 확대와 신용 발달은 금융시장 확대를 가져왔으며, 이를 배경으로 당시 지식인들은 삼국의 경제 수준이 함께 진보해야 삼국 공영이 실현될 수 있다고 인식했다. 김윤희, 「대한제국기 서울지역 금융시장의 변동과 상업 발전—대한천일은행 및 대자본가의 활동을 중심으로」, 고려대학교 대학원 사학과 박사학위논문, 2002, 177쪽, 현광호, 앞의 글, 180쪽에서 재인용. 신운용(「안중근의 동양평화론 연구와 실천을 위한 방안」, 앞의 글, 504쪽)은 공동은행을 설립하자는 안중근의 제안은 일본의 동양 침략 원인이 경제적 궁핍에 있다고 본 안중근의 진단에 따른 것으로, 안경수의 『일청한동맹론』에서도 이와 비슷한 논리를 찾아볼 수 있다고 지적한다.

68) 일본국회도서관 헌정자료연구실에서 동양평화론을 처음으로 발견했을 때, 김정명은 당시 31세의 청년이 이 정도로 세계정세를 인식하고 있었다는 사실에 놀랐다고 회고한다. 20세기 초두의 동아시아를 둘러싼 열강의 각 지구를 실로 예리하게 관찰하면서 조국의 위기를 염려하는 뛰어난 역사관에 의해 뒷받침된 평화론이라는 것이다. 市川正明, 앞의 책, 17쪽.

69) 국가보훈처·광복회, 앞의 글, 56쪽, 현광호, 앞의 글, 179쪽, 신운용,「안중근의 동양평화론 연구와 실천을 위한 방안」, 앞의 글, 505쪽.

70) 박 보리스, 앞의 책, 110쪽.

71) 러청조약의 규정에 따라 동철 철도의 종업원은 러시아인과 청국인에 한정되어 있었으며, 철도에 부속되는 시설은 모두 러시아 측이 관리하고, 역무원이나 경비병 역시 러시아인이었다. 佐木隆三,『伊藤博文と安重根』, 東京: 文藝春秋, 1996 (사키 류조, 이성범 역,『안중근과 이토오 히로부미』, 제이앤씨, 2003, 91쪽).

72) 나카노, 앞의 책, 66쪽, 사키, 같은 책, 263쪽.

73) 나카노는 이에 대해 "한청통상조약에 기초한 가마다 변호사의 논지를 안중근이 거부한 것은 '죽인 자는 죽어야 한다'라는 굳건한 그리스도교 윤리관에 의한 것"이라고 지적하면서, "만국공법의 재판을 요구하면서 관동도독부 지방법원의 부당한 재판을 비판한 안중근의 정당성을 인정"해야 한다고 평하고 있다. 나카노, 같은 책, 72-73쪽.

제3장 한상룡을 말한다: 친일 예속 자본가의 전형

1) 한상룡의 환갑을 기념하는 문집(韓翼教 編,『韓相龍君を語る』, 韓相龍還曆紀念會, 1941) 제목에서 따옴. 이하 한상룡의 전기에 관한 사항은 특별한 언급이 없는 경우 이 책에서 인용한 것이다.

2) 민주화의 진전으로 1991년 설립된 민족문제연구소의 주도 아래 2001년 출범한 친일인명사전편찬위원회의 활동을 통해 4,776명 친일 인사의 반민족행위와 해방 이후 행적을 수록한『친일인명사전』(전3권)이 2009년 11월에 공개되었다. 또한 2004년 공포된 일제강점하 반민족행위 진상규명에 관한 특별법에 따라 2005년 5월 대통령 소속으로 친일반민족행위진상규명위원회가 설립되어 2009년 11월 1,006명의 친일반민족행위자 명단과 그들의 친일 행적을 담은 총 25권 분량의『친일반민족진상규명 보고서』가 발간되었다.

3) 1903년 러시아가 만주 점령에 이어 용암포를 점거하고, 이내 마산에 해군 근거지를 만들기 위해 마산 민유지를 매각하려고 하자, 당시 창원 감리(監理)였던 그는 마산항 일본 영사 叛田重次郎의 사주를 받아 은밀히 마산 민유지를 사들여 러시아의 매수를 방해한다는 일본 외무성의 방침을 충실히 이행했다. 그 공로로 그는 강제 병합 이후 일본 정부로부터 남작 지위를 받았다.

4) 1895년에 설립되었으며, 초대 교장은 해친슨(W. D. F. Hatchinson)이었다.

5) 후술하겠지만, 한상룡은 식민지 자본주의 성립 과정에서 일본의 시부사와(澁澤榮一)에 비견될 만한 역할을 수행했다. 시부사와는 한상룡이 가장 존경하는 인물이기도 하다. 한상룡의 평식원 경력은 시부사와가 제일은행을 설립하기 전에 대장성에 3년 반 정도 있으면서 도량형 개정안을 작성하는 등 근대적 개혁을 수행한 사실을 연상시킨다(大島淸·加藤俊彦·大內力,『人物 日本資本主義』(第3券,『明治初期の企業家』, 東京大學出版會, 1976, 309쪽).

6) 그에 관한 소개로는 조기준,『한국기업가사』, 박영사, 1973, 114-117쪽이 자세하다.

7) 아울러 일제는 내부대신이던 이재완에게 5만 원을 뇌물로 제공했고, 반대 급부로 이재완은 경의선 부설권을 일제에 양도했다. 그런데 이재완에 대한 조기준의 평가는 이와 다르다. 조기준, 같은 책, 119-121쪽 참조.

8) 조기준, 같은 책, 133쪽.

9) 당시 은행 내에서도 이 이자율이 너무 낮다고 반대하는 사람이 많았지만, 한

상룡은 저이율 방침을 고수했다. 대출금리가 파격적으로 낮았으므로 대부를 받을 수 있는 사람은 특수층에 한정되었고, 따라서 민간 기업은 그 혜택을 받지 못했다. 대출된 금액이 토지 투기 또는 고리대금으로 이용됨으로써 나중에 한성은행이 조선 귀족의 은행이라는 '명성'을 얻은 배경이다. 후술하겠지만, 귀족 은행 칭호는 출자 면에서 강제 병합 '은사공채'를 흡수했기 때문이기도 했다.

10) 조흥은행,『조흥은행 90년사』, 1987, 58쪽.

11) 『조흥은행 85년사』에서는 "경영 일선과 경영 후선에서 근 30여 년간 분투한 한상룡 씨의 공로는 한성은행 발전의 밑거름이 되었다"라고 평가했는데,『조흥은행 90년사』에서는 "초창기 이래 25년간 주재자"였다고 하여 다소 중립적 평가를 하고 있다(조흥은행,『조흥은행 85년사』, 1982, 19쪽, 조흥은행,『조흥은행 90년사』, 같은 책, 71쪽). 이처럼 달라진 평가의 배경에는 1980년대에 들어오면서 대두된 친일파 청산 문제가 있는지도 모른다.

12) 이미 언급했듯이 그는 외국어학교에서 영어를 배우고 일본에서 중등학교에 해당하는 정도의 과정을 이수했다. 이를 보충하기 위해 그는 사회 각 방면의 '학자 및 실제가'들을 초빙하여 개인교습을 받았다. 1902년 한성중학교의 일본인 교사로부터 세계 역사, 문학 및 일본어 등을 약 3년에 걸쳐 배웠으며, 1906년에는 한성법학교 학생을 자기 집에 기숙시키면서 4년 동안 법학을 공부했다. 1910년에는 한성재판소의 일본인 판사를 초빙하여 약 3년 동안 법률학을 수학했으며, 1914년에는 일본인으로부터 경제학 강의를 듣기도 했다. 이처럼 그는 개인교습을 통해 역사학, 문학, 법학, 경제학 분야에서 보수 성향의 제도 학문이 주류를 이루는 교양을 쌓는 데 시간과 노력을 아끼지 않았다.

13) 정치에서는 이토 히로부미(伊藤博文), 경제에서는 시부사와 에이이치(澁澤榮一), 건설에서는 메가타 다네타로(目賀田種太郎)로, 이들을 "조선에서 영원히 기억해야 할 3대 은인"이라고 했다.

14) 이 은행은 1878년에 부산지점, 1888년에 경성지점을 설립했다. 청일전쟁 때

이 조선지점들은 일본은행과 국고출납사무 대리계약을 맺고, 임시중앙금고 파출소로서 군용금 보관과 출납 사무를 수행했다. 1909년 11월에 제일은행은 조선에서의 업무를 신설해 한국은행으로 인계했는데, 병합 이후 식민지 중앙은행이 되면서 조선은행으로 이름을 바꾸었다.

15) 大島淸·加藤俊彦·大內力, 앞의 책, 326쪽.

16) 1935년 11월에는 조선인으로서는 박영철(朴榮喆)과 함께 경성상공회의소의 특별회원으로 선임되었다.

17) 동척 설립에 관여한 조선인은 세 사람이었다. 부총재에 민영기(閔泳綺), 이사에 한상룡 그리고 감사에 조진태가 취임한 것을 제외하고는 나머지 모두가 일본인으로, 조선인은 회의 참석 정도를 제외하고는 실권 없는 들러리에 불과했다. 한상룡은 1916년 11월 퇴임하기까지 8년 동안 동척에 근무했다. 사임과 동시에 고문으로 추대되어 1923년 5월까지 자리를 지켰다.

18) 조기준, 앞의 책, 134-135쪽.

19) 조흥은행, 『조흥은행 90년사』, 앞의 책, 62쪽.

20) 조흥은행, 같은 책, 68쪽.

21) 동시에 정관 일부를 개정해 일본인 자본이 주식을 취득할 수 있는 문호를 개방했다. 제1차 세계대전 후 일본의 유휴자본을 흡수하겠다는 의도였는데, 이를 보더라도 1911년의 정관 개정이 조선인 자본의 보호와 육성을 위한 것이 아니라, 귀족들의 공채를 인수하기 위한 임시방편의 조치였음을 알 수 있다.

22) 사실을 말하면, 1913년의 개정 조항에도 "제국 신민이 경영하는 은행으로 조선에 본점 또는 지점을 가진 자"에게는 예외를 두는 단서 조항이 있었다(조흥은행, 『조흥은행 90년사』, 앞의 책, 67쪽). 1922년의 재개정은 도쿄와 오사카에 지점이 설치되면서 일본인이 주주로 다수 참가하고 있었기 때문에 일정 수의 일본인을 중역으로 배정할 필요에서 나왔다. 이에 따라 시부사와의 추천으로 오사카상업회의소 회두 이마니시 린자부로(今西林三郎)가 감사역으로, 한성은행 도쿄지점장 아사이 사이치로(淺井佐一郎)가 취체역으로 각각

취임했다. 한편 조기준은 이러한 일본인 중역의 취임을 한성은행에 대한 일본인의 간접 감독에서 직접 지배로 옮아간 계기로서 중시한다. 1903년의 개편 이래 한성은행에는 제일은행으로부터 파견원이 상주하고 있었는데, 일본인이 중역으로 직접 취임하면서 제일은행의 파견원은 철수했다. 한상룡은 이를 가리켜 "이제 한성은행은 명실공히 독립하여 은행의 영업을 할 수 있게 되었다"라고 말했지만, 사실은 정반대로 제일은행의 파견원 철수야말로 일본인의 직접 지배가 시작되었음을 의미한다(조기준, 앞의 책, 136쪽).

23) 한상룡은 이를 이윤용의 투기와 부도 사태가 겹쳐 취할 수밖에 없었던 어쩔 수 없는 조치로 설명하고 있다. 그러나 조기준은 뚜렷한 근거는 제시하지 않았지만, 한성은행의 예속화 과정에서 이윤용이 장애가 되었기 때문에 그가 제거된 것이라고 보았다. 따라서 한상룡이 두취에 취임했다 하더라도 이윤용의 퇴임과 함께 한성은행에서 한상룡의 위상 또한 추락하는 과정을 밟게 되었다는 것이다(조기준, 같은 책, 136쪽).

24) 당시 한성은행이 안고 있던 회수 불능 대출금은 무려 560여만 원에 이르렀는데, 이는 총대출금의 21%, 자본금의 151%를 차지하는 것이었다.

25) 발행 주식 60,000주 가운데 조선식산은행이 28,000여 주를 인수함으로써 한성은행은 조선식산은행의 완전한 지배 아래 들어가고 말았다.

26) 이어 상업회의소 부회두 자리에서도 퇴임했다. 1935년 11월 한상룡이 한성은행 고문직을 사임하면서 한성은행과는 완전히 인연을 끊었다.

27) 이 시기에는 취체역 회장이란 직제를 만들어 조선인의 참여를 형식상 내세웠다. 한성은행이 조선인 귀족들에 의한 영향력 있는 은행이었으므로 실질 경영자인 한상룡은 고문으로 앉혀 무력화시키고, 실제 권한이 없는 명목상의 직제로 취체역 회장제를 신설한 것이다. 이 자리에는 백완혁(白完爀), 장홍식(張弘植) 등이 취임했다가 전시 체제로 이행한 1937년 6월에 폐지되었다. 일본인들이 명실공히 한성은행을 장악한 것이다.

28) 1922년 6월 조선철도협회 창립식에서 평의원 및 이사로 추천된 것이나 1925

년 8월 조선철도협회 감사, 1926년 8월 조선철도촉진기성회 평의원, 1928년 4월 조선철도협회 이사로 선출된 것 등도 이와 연관된 활동이다. 앞서 지적한 바 있듯이, 한상룡의 이러한 활동은 일본에서 1870-90년대 청일전쟁에 이르기까지 약 20년간 철도 건설이 가장 활발하게 전개된 시기에 시부사와가 수많은 철도회사 설립에 관여한 일을 연상시키는 바가 있다.

29) 민병석(閔丙奭), 이달호(李達鎬) 등의 귀족과 백완혁, 조진태 등의 실업가 및 이병학(李炳學), 현기봉(玄基奉) 등의 지주가 중심이 되어 자본금 500,000원으로 이 회사가 설립되었지만, 그는 별다른 애정과 집착을 보이지 않았다. 1928년 4월 한성은행을 떠난 직후 그는 이 회사의 사장으로 취임한다.

30) 일본인이 중심이 되어 자본금 5,000,000원으로 설립한 회사로서, 조선인으로는 한상룡 이외에 이병학, 백인기(白寅基), 조종태(趙鍾泰) 등이 참여했다.

31) 朝鮮功勞者銘監刊行會, 『朝鮮功勞者銘監』, 民衆時論社, 1935, 69쪽.

32) 이어 4월과 5월에 걸쳐 대만을 시찰했는데, 그 결과가 『內地及臺灣視察記』(日韓印刷株式會社, 1916)이다.

33) 1941년에는 중추원 고문으로 임명되어 해방 직전까지 5년간 중임했다. 따라서 참의와 고문을 통산하면, 그는 약 18년 4개월을 중추원에 있었던 셈이다. 종전을 1년 남짓 남겨둔 1944년 4월에는 전쟁 막바지에 조선인의 협력을 끌어내기 위한 유화책의 일환으로 윤치호(尹致昊), 박중양(朴重陽), 이진호(李珍鎬), 이기용(李琦鎔) 등과 함께 귀족원 의원으로 선임되었다.

34) 자본금 10,000,000만원으로 조선은행, 식산은행 및 동척 등에서 주식 대부분을 인수했으며, 김한규(金漢奎), 민대식(閔大植), 김연수(金秊洙) 등이 약간의 주식을 소유하고 명목상의 중역으로 있었다.

35) 본점을 텐진(天津)에 두고 지점을 경성, 칭다오, 베이징에 두어 조선과 중국 간 무역 진흥을 도모한다는 목적으로 설립되었다.

36) "반도 청년의 시국 인식과 불타는 국가애에 의해 개방된 문호"라는 일제의 선전에서 보듯이, 간단한 기초 훈련을 거쳐 전쟁터로 내보내기 위한 목적으로

1938년 6월 설립되었다.

37) 1944년 4월 윤치호 등과 함께 귀족원 의원으로 선임된 것에 대한 답례로서 그 1주년을 맞아 발표한 담화다.

38) 신민보사에서 조선에 지사를 설치해 조선에 있는 중국인 구독자를 획득하려 는 의도에서 경성상공회의소 두취 및 중화민국경성총영사와 함께 한상룡을 추천했다.

39) 조기준, 앞의 책, 138-139쪽.

40) 兪萬兼,「朝鮮財界の重鎭」, 韓翼敎 編,『韓相龍君を語る』, 韓相龍還曆紀念會, 1941, 501쪽.

제4장 여운형의 사상 노선: 노동 인식과 마르크스주의

1) 이 글에서 마르크스주의는 레닌 시기의 마르크스주의와 공산주의 일반을 포 함하는 의미로 이해한다. 여운형 자신이 고려공산당에 가입해 활동하고 레닌 을 직접 만났는가 하면, 중국공산당에서 활약한 1920년대에 마르크스주의를 접했으며, 1930년대 이후 이른바 스탈린주의와는 별다른 관계가 없이 거리를 두었기 때문이다.

2) 주운성,「현대조선인물평―여운형론」,『청년공론』 창간호, 1936년 5월호 (몽 양여운형선생전집발간위원회 편,『몽양 여운형 전집』(2), 한울, 1993, 60쪽).

3) 강영수,「여운형론―오늘의 시점에서 본 몽양의 사상과 업적」,『정경연구』 1965 (몽양여운형선생전집발간위원회 편,『몽양 여운형 전집』(2), 한울, 1993, 15쪽, 20쪽).

4) 강문구,「새로운 정치적 이상을 찾아서」, 몽양여운형선생전집발간위원회 편, 『몽양 여운형 전집』(3), 한울, 1997, 120쪽.

5) 김삼웅,『몽양 여운형 평전―진보적 민족주의자』, 채륜, 2015, 14쪽.

6) 김경일, 「자유주의와 민족주의」(네이버 열린연단 강연), 2023년 2월 3일 https://tv.naver.com/v/32785916 참조.

7) 이동화, 「발문」, 여운홍, 『몽양 여운형』, 청하각, 1967, 173-174쪽.

8) 자유주의, 사회주의, 민족주의의 세 이념을 공통으로 지적하면서도 두 사람은 미묘한 강조점의 차이를 보인다. 강원룡은 '민주적 사회주의자'라는 여운홍의 평가에 동조하면서도 "공산주의자냐 사회주의자냐 민족주의자냐를 논하기 전에 개방적이고 진취적인 자유주의자"라고 하여 자유주의 요소를 앞세운다. 이와 달리 최상룡은 "그의 정치 이념에는 민족주의와 사회주의와 자유주의가 절충적으로 공존"한다고 하면서도 사회주의 성향을 지닌 민족주의자라고 하여 민족주의에 더 주목한다. 강원룡, 「내가 본 여운형의 삶」 몽양여운형선생전집발간위원회 편, 『몽양 여운형 전집』(3), 한울, 1997, 29-31쪽, 최상룡, 「여운형의 사상과 행동—원칙과 타협의 지도자」, 『계간 사상』 1992년 가을호 (몽양여운형선생전집발간위원회, 『몽양 여운형 전집』(3), 한울, 1997, 74쪽, 96쪽).

9) 한태수, 「인물론 몽양 여운형」, 『신문과 방송』 1977년 9월호 (몽양여운형선생전집발간위원회, 『몽양 여운형 전집』(2), 한울, 1993, 236쪽).

10) 최장집, 「한국민주주의·민족주의와 여운형」, 몽양여운형선생전집발간위원회 편, 『몽양 여운형 전집』(3), 한울, 1997, 146-147쪽.

11) 예를 들면, 이수영, 「여운형론」, 『전선』 1권 3호, 1933년 3월호 (몽양여운형선생전집발간위원회 편, 『몽양 여운형 전집』(2), 한울, 1993, 53쪽), 유광렬, 「여운형론 I」, 1934 (몽양여운형선생전집발간위원회 편, 『몽양 여운형 전집』(2), 한울, 1993, 47쪽), 이현구, 「여운형 씨의 정치 견해」, 『백민』 1947년 9월호 (몽양여운형선생전집발간위원회 편, 『몽양 여운형 전집』(2), 한울, 1993, 204쪽), 이환의, 「나는 유물론자가 아니다」, 『세대』 1964년 9월호 (몽양여운형선생전집발간위원회 편, 『몽양 여운형 전집』(2), 한울, 1993, 197쪽), 김광식, 「해방 직후 여운형의 정치활동 노선과 건준·인공의 형성 과정」, 최장집 편, 『한국현

대사』1, 열음사, 1985, 224쪽 등을 들 수 있다. '중간노선'을 지적하는 장건상(이동화, 「8.15를 전후한 여운형의 정치활동」, 『창작과 비평』1978년 여름·가을호 (몽양여운형선생전집발간위원회 편, 『몽양 여운형 전집』(2), 한울, 1993, 151쪽))이나 '진보적 민족주의'를 제시하는 정병준(『몽양 여운형 평전』, 한울, 1995, 9쪽), 박찬승(『민족주의 시대』, 경인문화사, 2007, 252쪽), 이정식(『여운형―시대와 사상을 초월한 융화주의자』, 서울대학교출판부, 2008, 9쪽), 김삼웅(앞의 책, 7쪽, 13쪽, 15쪽) 등도 같은 의미로 이해된다.

12) 강원룡(앞의 책, 28쪽), 여현덕(「여운형의 생애사와 주요 쟁점들」, 몽양여운형선생전집발간위원회 편, 『몽양 여운형 전집』(3), 한울, 1997, 66쪽), 최장집(앞의 글, 146-147쪽), 이정식(같은 책, 9쪽, 503쪽) 등이 그러하다.

13) 김오성은 일찍부터 여운형의 자유주 성향을 지적한 인물 중 한 명이다. 민주주의자라는 설명과 함께 김오성은 '천래(天來)의', '천품으로 타고난', '생래의', '선의의'와 같은 다양한 표현을 동원해 여운형이 자유주의자임을 강조한다. "천래의 타고난" 인성이라는 설명은 이론 근거를 아예 차단함에도, 그는 여운형의 자유주의가 "후천적인 교양의 소지라고 할는지 모른다"라고 해명한다. 가까이에서 그를 지켜보고 접촉한 인상과 느낌을 말하는 것이라고 할 수 있다(김오성, 「정치가형의 지도자―여운형론」, 『지도자론』, 조선정판사, 1946 (몽양여운형선생전집발간위원회 편, 『몽양 여운형 전집』(2), 한울, 1993, 28-29쪽, 김오성, 「여운형론」, 『지도자군상』 제1권, 대성출판사, 1946 (몽양여운형선생전집발간위원회 편, 『몽양 여운형 전집』(2), 한울, 1993, 95쪽), 김형준, 「인물론: 여운형」, 『신세대』 1946년 7월호 (몽양여운형선생전집발간위원회 편, 『몽양 여운형 전집』(2), 한울, 1993, 41쪽). 김형준은 김오성의 필명이다. 여운형 이념의 실체에 회의를 표명한 강영수는 변호사 강세형이 여운형에게 그의 사상이 무엇인지 물었던 일화를 언급한다. 정치는 스포츠에서 멋진 경기를 펼쳐 관중의 갈채를 받는 것과 비슷하다는 여운형의 대답이 그의 진면목을 표시한다고 하면서 강영수는 "철저한 자유주의자가 아니었을

까"라고 반문한다(강영수, 앞의 글, 20-21쪽). 예컨대 여운형의 자유주의는 "스포츠맨, 스케이트, 조선호텔, 양식, 로즈 가든 소요(逍遙), 운동회 시구식, 초대, 사교, 단란한 가족의 파더"나 "운동, 등산, 연회, 무도회, 음악회, 하이킹"과 같은 이미지들로 구성된 어떤 것이다. 「신문사장의 하루―여운형 씨, 중앙일보 사장」, 『삼천리』·제6권 5호, 1934 및 여운형, 「파나마운하행 일등기선」, 『신인문학』 1936년 8월호, 여운형, 「자연 교육」, 『학우구락부』 1939년 7월호 (박한용·이주실 편역, 『일제 강점기 몽양 여운형 관련 국내 잡지 자료』(몽양 여운형 자료총서Ⅲ), 몽양기념관 (사)몽양여운형선생기념사업회, 2022, 143-144쪽, 264쪽, 273쪽) 참조.

14) 전술했듯이 민주주의와 함께 이동화(「발문」, 앞의 글, 173쪽, 「8.15를 전후한 여운형의 정치활동」, 앞의 글, 155쪽)는 민족주의와 사회주의를, 최장집은 자유주의와 민족주의의 세 요소를 함께 언급한다. 김오성(「정치가형의 지도자―여운형론」, 같은 글, 29쪽)은 자유주의, 박달환(박달환, 「여운형론」, 『인민』 제4호, 1946년 4월호 (몽양여운형선생전집발간위원회 편, 『몽양 여운형 전집』(2), 한울, 1993, 78쪽, 84쪽)은 사회주의, 이기형(『몽양 여운형』, 실천문학사, 1984, 6쪽, 340-342쪽)은 민족주의를 함께 지적한다.

15) 정백의 경우는 본인의 직접 의견이 아니라 여운형의 인민장 직후 근로인민당사에서 벌어진 당노선 논쟁에서 정백의 말을 옮긴 것이다(강영수, 앞의 글, 15쪽). 김두백(「철창리의 거물」, 『동광』 1931년 5월호 (몽양여운형선생전집발간위원회 편, 『몽양 여운형 전집』(2), 한울, 1993, 62쪽)의 평가는 일제 강점기 여운형이 수형 생활을 하던 1930대 초반 당시로 한정되어 있다. 박달환은 "공산주의를 싫어하지는 않는다"거나, "공산주의적 경향이 생긴 것도 필연"이라고 하면서도 "결코 공산주의자는 아"니라고 단정한다(박달환, 같은 글, 78-79쪽). 이현구는 "인민에게 널리 알려진 민족주의자"로 정의하면서 해방 후에는 "한동안 공산주의자가 될 뻔하다가 사회주의자로 그의 본질을 표방한 것 같다"라고 말한다(이현구, 앞의 글, 203-204쪽). 이러한 점에서 순전한 공산주

의자임을 지적한 경우로는 한민성(한민성 편저, 『추적 여운형』, 갑자문화사, 1982)이 거의 유일할 것이다.

16) 김동환, 「여운형 씨 연설평 – 반도의 웅변가들」, 『삼천리』 제6권 8호, 1934 (몽양여운형선생전집발간위원회 편, 『몽양 여운형 전집』(2), 한울, 1993, 57쪽), 이현구, 앞의 글, 204쪽, 이환의, 앞의 글, 194쪽, 한태수, 앞의 글, 236쪽, 이동화(「8.15를 전후한 여운형의 정치활동」, 앞의 글, 151쪽), 서중석, 「남북에서 존경받는 포용과 신념의 민족 지도자」, 몽양여운형선생전집발간위원회 편, 『몽양 여운형 전집』(3), 한울, 1997, 45쪽 등 참조. 이들은 공산주의, 유물론자, 마르크스주의에 대한 여운형의 '혐의'를 부정한다는 점에서 공통점을 갖는다.

17) 해방 이후 여운형은 이념이나 체제에 대해 명확히 언급하는 것을 주저했다고 서중석은 지적한다. 이에 관한 언급이 있다 하더라도 그가 한 말을 그대로 믿는 것은 문제라는 의미다. "장소와 시기에 따라 정치적으로 발언한 경우"가 종종 있기 때문이다(서중석, 같은 글, 46쪽).

18) 예컨대 민족주의와 관련하여 김남천은 "일본 제국주의 통치 하에선 민족주의자도 반제국주의 요소를 가졌다 하여 혁명 요소가 될 수 있었을는지 모르나 8월 15일 이후의 민족주의자란 허수아비나 바지저고리"라는 의미로 통용되었다고 말한다(김남천, 「인물소묘: 여운형」, 『신천지』 창간호 1947년 2월, 38쪽).

19) 코민테른 집행위원 쿠지넨(Otto Kusinen)이 조선 공산주의 운동에 관한 의견서(1931)에서 "각 분파와 다양한 동지들 사이에 많은 변형이 있"으며, 심지어는 "무지개의 모든 색깔의 변형들이 한 동지에게서 나타나는 경우도 드물지 않았다"(Suh Dae-Sook, *Documents of Korean Communism: 1918-1948*, Princeton: Princeton University Press, 1970, 257쪽 이하, 필자가 옮김)라고 지적한 것은 이러한 맥락에서 이해된다. 박영출이나 이관술의 사례에서 보듯이(김경일, 『이재유, 나의 시대 나의 혁명 – 1930년대 서울의 혁명운동』, 푸른역사, 2007, 523-524쪽, 박한용, 「조선반제동맹 경성지방조직준비위원회와 이관

술」, 『이관술과 그의 시대』, 수선사학회·성균관대학교 동아시아역사연구소 공동 학술회의 발표문, 2023년 6월 29일, 12-13쪽, 전명혁, 「'이재유 그룹'과 이관술」, 『이관술과 그의 시대』, 수선사학회·성균관대학교 동아시아역사연구소 공동 학술회의 발표문, 2023년 6월 29일, 45쪽) 이 시기 많은 운동가가 민족주의의 동기에서 출발하여 공산주의로의 길을 걷기도 했다.

20) 해방 정국에서 조선인민당의 선전부장으로서 다른 누구보다도 여운형을 잘 아는 사람 중의 하나라고 할 수 있는 김오성은 그가 "평민적인 피의 전통"을 지닌 "철저한 평민주의자"라고 평가한다. "귀족적인 것, 고답적인 것, 교만한 것은 아주 질색으로 싫어한다"는 것이다(김오성, 「정치가형의 지도자―여운형론」, 앞의 글, 29-30쪽, 최장집, 앞의 글, 153쪽). 그런가 하면 주운성은 평민주의와 아울러 "춘풍주의 관용주의"로 지칭한다(주운성, 앞의 글, 60쪽).

21) 이러한 점에서 최장집은 "시간이 흐르면서 사회적·대중적 기반을 확산하기보다는 너무 중앙 정치나 지도자들 간의 타협에 치중하지 않았나 하는 느낌도 있다"고 지적한다(최장집, 같은 글, 159쪽).

22) 이 대회의 원래 명칭은 "동방피압박민족대회"였지만 일본 대표가 20여 명 참가한 이유로 개회에 즈음하여 "원동민족대회"로 명칭을 바꾸었다고 여운형은 말한다. 변은진·전병무 편역, 『여운형의 항일독립운동 재판기록』(몽양 여운형 자료총서II), 몽양기념관 (사)몽양여운형선생기념사업회, 2022, 146쪽. 『몽양 여운형 전집』(1)의 해제에 따르면 이 대회의 바뀐 명칭은 "원동민족근로자대회"이다. 몽양여운형선생전집발간위원회 편, 『몽양 여운형 전집』(1), 한울, 1991, 24쪽. 기존 연구들에서는 동방피압박민족대회, 원동피압박민족(대표)대회, 극동피압박민족대회 등의 여러 이름으로 번역 소개되고 있는데, 이 책에서는 원자료에서 언급된 명칭을 그대로 사용했다.

23) 이정식은 여운형 평전 연보에서 1929년 3월이라고 하는데, 강덕상은 같은 해 5월이라고 말한다. 이정식, 앞의 책, 650쪽, 강덕상, 「대중국화평공작·'아시아연맹' 구상과 여운형―오카와, 다나카, 고노에와의 교류를 둘러싸고」, 몽양

여운형선생전집발간위원회 편, 『몽양 여운형 전집』(3), 한울, 1997, 286쪽.

24) 여운형 자신이 경찰 신문에 진술한 바에 따르면, "각 독립국 대표 및 신문기자 30여 명"이 참석했다. 강덕상, 같은 글, 286-287쪽 및 변은진·전병무 편역, 앞의 책, 87쪽 참조.

25) 여운형의 필리핀 체류에는 사실관계 확인이 필요한 부분이 있다. 강덕상은 이 원정 경기 연설이 문제가 되어 출국 금지로 40일간 마닐라에 체류했고, 6월 16일에 비로소 상하이로 돌아왔다고 말한다. 이에 대해서는 이정식도 의견을 함께한다(강덕상, 같은 글, 287-288쪽, 이정식, 앞의 책, 650쪽). 그러나 여운형 자신의 회고에 따르면, 1929년 6월 초에 푸단대학 학생 20여 명과 함께 필리핀 수학여행을 가서 행한 연설이 문제가 되어 억류당했다고 말한다(이기형, 앞의 책, 85-87쪽, 318-319쪽, 몽양여운형선생전집발간위원회 편, 앞의 책, 90쪽). 또 다른 글에서 그는 시기를 밝히지는 않았지만 푸단대학 교수로 일할 때 필리핀체육회 초청으로 현지에 가서 28개 단체가 참석한 환영회에서 답사를 한 일이 문제가 되었다고 말한다. 필리핀에 대한 미국의 "교묘한 정책을 공격"하면서 "필리핀을 맹주로 남양공화국을 건설"하라는 "쓸데없는 소견"이 현지 언론에 게재되는 바람에 경찰 취조를 받고 여행권까지 빼앗겼다는 것이다. 이 일로 그는 마닐라에서 혼자 남아 일주일을 더 체류하게 되었는데, 현지인들의 도움으로 풀려나 하루에 10원씩의 손해금까지 받고 상하이로 돌아왔다(여운형, 「꼬비 沙漠과 上海生活」, 『신인문학』 1935년 6월호, 몽양여운형선생전집발간위원회 편, 같은 책, 140쪽).

26) 이하 인용문에서 원문의 표현은 현대 표기법으로 바꾸었다.

27) 몽양여운형선생전집발간위원회 편, 앞의 책, 91-92쪽.

28) 여운형, 「모스크바의 印象—나의 回想記 第四篇」, 『중앙』 1936년 6월호, 몽양여운형선생전집발간위원회 편, 같은 책, 67쪽.

29) 『조선일보』 1930년 4월 29일자, 몽양여운형선생전집발간위원회 편, 같은 책, 101쪽.

30) 이와 관련한 언급은 여러 군데에서 소개되고 있다. 『동아일보』 및 『조선일보』 1932년 7월 28일자, 주요한, 「呂運亨獄中記」, 『신동아』 1932년 9월호 및 몽양여운형선생전집발간위원회 편, 같은 책, 106-107쪽, 110쪽, 몽양여운형선생전집발간위원회 편, 『몽양 여운형 전집』(2), 한울, 1993, 192-193쪽 참조. 『몽양여운형전집』에는 『신동아』 1932년 9월호에 게재된 주요한의 글이 1권과 2권의 각각에 중복 수록되어 있다.

31) 주요한, 앞의 글, 몽양여운형선생전집발간위원회 편, 『몽양 여운형 전집』(1), 앞의 책, 110쪽.

32) 여운형, 「꼬비 沙漠과 上海生活」, 앞의 글, 몽양여운형선생전집발간위원회 편, 같은 책, 139쪽.

33) 여운형, 같은 글, 몽양여운형선생전집발간위원회 편, 같은 책, 140쪽.

34) 여운형, 「나의 前進目標―飛躍 前夜의 沈默」, 『신세기』 1940년 1월호, 몽양여운형선생전집발간위원회 편, 같은 책, 203-204쪽.

35) 흔히 노동은 마르크스주의나 좌익으로 일컬어지는 영역과 친화성을 갖는다고 생각하기 쉽지만, 현실은 이와 다른 양상을 드러내기도 한다. 최근 빨치산 아버지 이야기를 소설로 펴낸 정지아는 "노동자와 농민이 주인 되는 세상을 만들기 위해 싸웠지만 정작 자신은 노동과 친하지 않았던" 빨치산 아버지에게 "노동은 혁명보다 고통스러"운 것이었다고 말한다. 아울러 비전향 장기수로서 40년 가까이 감옥에서 지낸 아버지의 동료로서 노동을 혐오하고 부담스러워하는 "부르주아 빨치산"의 일화를 소개한다(정지아, 『아버지의 해방일지』, 창비, 2022, 67쪽, 149-152쪽).

36) 여운형, 「동경기행」, 『중앙』 제4권 2호, 1936년 2월호, 몽양여운형선생전집발간위원회 편, 『몽양 여운형 전집』(1), 앞의 책, 167쪽.

37) 그렇다고 해서 여운형이 비트포겔의 영향을 직접 받았다는 건 아니다. 아시아적 생산양식은 중국혁명의 실천 과정에서 1927년 이른바 제1차 국공합작이 깨진 후 대두한 이론으로, 1930년대 이후 중국 사회의 성격과 단계를 둘러

싸고 중국 사회사논전과 중국 사회성질논전으로 발전하면서 열띤 논쟁이 이어졌는데(신용하, 「중국에서의 아시아적 생산양식 논쟁」, 신용하 편, 『아시아적 생산양식론』, 까치, 1986, 351-354쪽), 그 중심에 정체와 불변의 중국(나아가 아시아 일반)에 대한 이미지가 있다. 비트포겔은 전후 서구 학계에서 동양사회론을 통해 중국에 대한 정체 사회의 표상을 체계화한 인물로 널리 알려져 있다. 여운형은 1920년대 상하이를 무대로 중국혁명의 실천에 집중했다는 점에서 이 논쟁을 접했을 개연성이 크다. 1930년대 중국·일본에서 벌어진 사회 성격 논쟁을 배경으로 식민지 조선에서 전개된 사회구성체 논쟁의 주요 무대가 여운형이 사장으로 있던 『조선중앙일보』와 『중앙』지였다는 사실도 눈여겨볼 필요가 있다.

38) 여운형, 「청년에게 보내는 말」, 『중앙』 제4권 1호, 1936년 1월호, 몽양여운형 선생전집발간위원회 편, 『몽양 여운형 전집』(1), 앞의 책, 163-164쪽.

39) 1930년대 혁명적 노동운동을 대표하는 이재유는 이렇게 말한 적이 있다. "자본가와 지주층의 막다른 경제적 행동의 반영에 의해 비관적인 염세사상이나 순간적인 향락생활이 전 조선의 도회를 지배하고 있다. 모든 예술적 유형은 자멸적이고 타락적인 것이며 공장 근처의 까페 등에서 유행하는 음악은 현재의 세상을 저주하는 것들이고 다른 것이 있다면 죽을 때까지 싸워보자는 정도의 전투적인 음악이다."(이재유, 「朝鮮における共産主義運動の特殊性とその發展の能否」, 『思想彙報』 제11집, 1937, 김경일, 『일제 하 노동운동사』, 창작과비평사, 1992, 427쪽).

40) 여운형, 「제1회 전국문학자대회 축사」, 『건설기의 조선문학』 1946년 2월호, 몽양여운형선생전집발간위원회 편, 『몽양 여운형 전집』(1), 앞의 책, 273-274쪽.

41) 김경일, 『노동』, 소화, 2014, 226쪽 이하

42) 이 조직의 현황을 묻는 예심 판사에게 그는 "이사장 김구는 자기와 견원지간인 안창호가 수양을 목적으로 조직한 흥사단에 그의 권유로 입단한 회원이 생기자, 크게 분노하여 1923년 겨울경에 탈퇴했으므로 그 후에는 전혀 만나

지 않고 지금도 거의 자멸 상태에 빠져 있다"고 설명한다(변은진·전병무 편역, 앞의 책, 231-232쪽, 278쪽).

43) 이만규, 『여운형 투쟁사』, 총문각, 1946, 215-216쪽, 몽양여운형선생전집발간위원회 편, 『몽양 여운형 전집』(1), 앞의 책, 214쪽, 몽양여운형선생전집발간위원회 편, 『몽양 여운형 전집』(2), 앞의 책, 364쪽.

44) 「건설에 매진하는 북조선」, 『독립신보』 1946년 10월 5일자, 몽양여운형선생전집발간위원회 편, 『몽양 여운형 전집』(1), 같은 책, 321쪽.

45) 이어서 두 번째로 '국민개병', '상호신뢰', '공동협력' 및 '일치단결'을 들고 있다(조선인민당, 『인민당의 노선』, 신문화연구소 출판부, 1946, 몽양여운형선생전집발간위원회 편, 『몽양 여운형 전집』(1), 같은 책, 265-266쪽). 이 다섯 가지 윤리를 두고 이정식은 "물론 모두가 따라야 할 원칙이기는 했으나 정당의 원칙으로 보기는 힘"들다고 평한다(이정식, 앞의 책, 566-567쪽).

46) 이 윤리가 유교 이념의 영향을 반영한 측면도 있다. 심지연은 해방 후 인민당의 경제정책이 "모두가 일하여 같이 번영하며 혼자만 잘 살려고 해서는 안 된다는 유교적인 관념을 갖고 있었"다고 평가한다(심지연, 「청년의 마음, 정당 통합을 위한 행보」, 몽양여운형선생전집발간위원회 편, 『몽양 여운형 전집』(2), 앞의 책, 135쪽).

47) 김경일, 『노동』, 앞의 책, 236쪽.

48) 변은진·전병무 편역, 앞의 책, 193쪽. 1927년의 상하이 총파업에 관해서는 검사의 착오가 있다. 상하이 총파업은 1927년 3월 18일 15,000명 이상의 노동자들이 참가해서 도시의 치안과 사법 체계를 마비시킬 정도로 이르렀는데, 장제스의 이른바 4·12 쿠데타로 광둥의 국민당 군대가 진압할 때까지 파업이 지속되었다. *International Herald Tribune*, March 19, 2002 참조.

49) 정시우, 『독립과 좌우합작』, 삼양사, 1946, 몽양여운형선생전집발간위원회 편, 『몽양 여운형 전집』(1), 앞의 책, 318쪽.

50) 「파업 해결 대책 세워라―기아민의 생존권 요구는 당연」, 『독립신보』 1946년

10월 4일자, 몽양여운형선생전집발간위원회 편, 『몽양 여운형 전집』(1), 324쪽.

51) 여기에서도 그는 "작년 10월 인민봉기는 물가정책 식량정책의 실패와 경찰의 억압에 대한 반대 투쟁이며 이는 인민의 생존권의 투쟁"이라는 사실을 재차 강조한다. 『독립신보』 1947년 1월 28일자, 몽양여운형선생전집발간위원회 편, 『몽양 여운형 전집』(1), 363쪽.

52) 몽양여운형선생전집발간위원회 편, 『몽양 여운형 전집』(1), 65쪽.

53) 여운형은 '민중'이라는 표현과 인민, 평민, 대중이라는 용어를 함께 쓰고 있다. 이 장에서 민중은 이들을 포괄하는 개념이다.

54) 여운형, 「동경기행」, 앞의 글, 몽양여운형선생전집발간위원회 편, 『몽양 여운형 전집』(1), 앞의 책, 167-168쪽.

55) "오직 노동 대중을 지배계급을 위하여 또는 심지어 자기 자신의 생활을 위하여 이용하려는 악질의 경향 또는 지도자들의 도량(跳梁)이 대중을 괴롭게 하고 있는 것도 물론 부인할 수 없는 사실이었다. 조선인 대의사(代議士)의 선거를 위하여 광범한 노동 대중을 이용해 먹은 ×××[박춘금－필자]을 비롯하여 실로 다종다양한 ××[어용－필자]적 제 집단이 그 집아(執牙)를 버리고 있"다고 그는 언급한다(여운형, 같은 글, 몽양여운형선생전집발간위원회 편, 『몽양 여운형 전집』(1), 168쪽).

56) 여운형, 같은 글, 몽양여운형선생전집발간위원회 편, 『몽양 여운형 전집』(1), 168쪽.

57) "현금 조선에는 진정한 지도자가 없으니 청년들 스스로 판단해서 앞길을 헤치고 나가"라는 말이라고 그는 부언한다(여운형, 「모스크바의 印象－나의 回想記 第四篇」, 앞의 글, 몽양여운형선생전집발간위원회 편, 『몽양 여운형 전집』(1), 179쪽).

58) 이탈리아의 무솔리니가 에티오피아를 침공한 사건을 계기로 일어난 이 전쟁은 흔히 제2차 이탈리아-에티오피아 전쟁으로 불린다. 1935-36년에 지속되어 국제연맹을 비롯한 강대국의 이해관계가 얽히면서 제2차 세계대전으로

발전했다. 이탈리아를 비난하고 에티오피아에 동정하는 척하면서 무기 판매에 열중하는 미국의 진면모와 아울러 그것이 세계대전으로 확대할 가능성에 대한 예측은 국제 정세에 대한 여운형의 예리한 통찰과 뛰어난 감각을 잘 보여준다.

59) 여운형, 「전쟁은 나고야 마느냐」, 『삼천리』 1936년 1월호 부록, 몽양여운형선생전집발간위원회 편, 『몽양 여운형 전집』(1), 161쪽.

60) 이만규, 앞의 책, 215-216쪽, 몽양여운형선생전집발간위원회 편, 『몽양 여운형 전집』(1), 같은 책, 215쪽, 몽양여운형선생전집발간위원회 편, 『몽양 여운형 전집』(2), 앞의 책, 364쪽.

61) 이 연설문의 전거는 다소 복잡하다. 1946년 『조선해방연보』에 수록된 「민전결성대회의사록」이 김남식이 편집한 『남로당 연구 자료집(II)』에 게재되었는데, 이를 『여운형전집』에 재수록했다(김남식 편, 『남로당연구자료집(II)』, 고려대학교 아세아문제연구원, 2010, 275-277쪽, 몽양여운형선생전집발간위원회 편, 『몽양 여운형 전집』(1), 같은 책, 277-279쪽).

62) 여운형, 「민주주의 국가건설의 先務」, 『인민과학』 제1권 1호, 1946년 3월호, 몽양여운형선생전집발간위원회 편, 『몽양 여운형 전집』(1), 같은 책, 282-283쪽.

63) 특히 1920년대가 그러하지만 쑨원, 레닌, 트로츠키, 호치민 같은 거물들과 교류하면서 눈부신 활약을 펼친 주 무대가 중국이라는 점에서 여운형은 이에 대한 자부심과 애착을 강하게 드러낸다. 법정에서 그는 "다시 중국으로 돌아가서 활동하고 싶다"라고 말한다. "나는 전성시대, 즉 30세부터 45세까지 중국에 가 있었기 때문에 자연히 사정이 통하는 지인도 많고, 바로 지금도 눈을 감으면 양쯔강 물줄기가 도도히 흐른다"라는 것이다. 그런가 하면 "1924년부터는 비교적 효과적인 중국혁명에 종사하고 있"는 관계로 "조선 독립운동에 대해서는 관계를 끊고 개인으로서의 생활의 안정을 찾고 있"다고 진술하기도 했다. 출옥 후 어떻게 살아갈 것인지를 묻는 판사의 질문에 그는 "조선 땅에서 동포를 위해 뭔가를 해보고도 싶지만, 또 한편으로 중국도 여러 해 동안

익숙하기 때문에 아는 사람도 많고 전혀 싫은 느낌이 들지 않아 다시 중국에 돌아가서 혁명운동에 종사해볼까 하고도 생각"한다고 대답한다(변은진·전병무 편역, 앞의 책, 267쪽, 280쪽).

64) 변은진·전병무 편역, 같은 책, 101쪽.

65) 이만규, 앞의 책, 몽양여운형선생전집발간위원회 편, 『몽양 여운형 전집』(1), 앞의 책, 218쪽. 이와 대동소이한 내용은 여운형, 「신조선 건설의 대도」, 『조선주보』 제1권 제2호, 1945년 10월 22일자, 몽양여운형선생전집발간위원회 편, 『몽양 여운형 전집』(1), 같은 책, 233쪽에도 수록되어 있다. 후자의 마지막에는 "인민이라면 곧 적색이라고 함은 정치에 있어서의 무지의 표현이다"라는 구절이 첨가되어 있다.

66) "노동 대중을 위하여 싸우는 공산주의자가 왜 나쁘다 하는가? 조선 인민이 조선 인민의 이익을 위하여 싸우려 하는 이 자리가 왜 공산주의자만이 모인 것이라고 말하여 나쁘다 하는가?"라고 반문하면서 참석자들의 열렬한 호응을 끌어내고 있다(김남식 편, 앞의 책, 275-277쪽, 몽양여운형선생전집발간위원회 편, 『몽양 여운형 전집』(1), 278쪽).

67) 변은진·전병무 편역, 앞의 책, 189쪽.

68) 이정식, 앞의 책, 287-288쪽.

69) 이정식, 같은 책, 22쪽, 28쪽.

70) 이정식, 같은 책, 52-53쪽.

71) 이만규, 앞의 책, 7-8쪽, 이정식, 같은 책, 54쪽.

72) 이처럼 이정식이 평등사상의 형성 과정을 중시하는 이유는 그것이 나중에 여운형의 독립운동이나 해방 정국에서의 활동에 추진력으로 작용했다고 보기 때문이다(이정식, 같은 책, 54-55쪽).

73) 변은진·전병무 편역, 앞의 책, 144쪽.

74) 변은진·전병무 편역, 같은 책, 267쪽.

75) 참고로 1930년대 유명한 공산주의자인 이재유가 바란 미래의 이상은 "사회적

생산력이 고도화되어 높은 수준의 물질적 생활을 영위하며, 지배와 억압의 관계가 없고, 국가 권력이 사회 구성원의 자유의지에 의한 정치적 위원회에 대체되고, 가장 고급스런 예술적 생활을 자유롭게 선택하여 즐기며, 남녀의 사랑이 끊이지 않고, 현재 우리의 사색으로는 상상할 수도 없는 진실한 일부일처제의 엄격함이 있는" 사회이다(김경일, 『이재유, 나의 시대 나의 혁명—1930년대 서울의 혁명운동』, 앞의 책, 309-310쪽). 이는 마르크스가 『독일 이데올로기』에서 묘사한 목가적이고 낭만적인 사회를 연상하게 한다. 이에 비해 여운형의 이상 사회는 다분히 복고적이고 전통적인 농촌을 배경으로 한다. 이 점에서는 마르크스주의보다 유교적 이상이 더 투영된 것으로 보인다.

76) 여운형, 「우리나라의 정치적 진로」, 『학병』 1권 1호, 1946년 1월호, 몽양여운형선생전집발간위원회 편, 『몽양 여운형 전집』(1), 앞의 책, 255-257쪽.

77) 조선인민당, 앞의 책, 몽양여운형선생전집발간위원회 편, 『몽양 여운형 전집』(1), 앞의 책, 264쪽, 이정식, 앞의 책, 565쪽.

78) 『세계일보』 1947년 11월 6, 7일자 및 몽양여운형선생전집발간위원회 편, 『몽양 여운형 전집』(1), 380쪽 참조.

79) 이어서 그는 "세계 각국 어디에서나 마르크스주의는 형태를 바꾸어 실행"되고 있다고 덧붙인다. 이미 언급했듯이 러시아의 레닌주의, 중국의 삼민주의처럼 조선에서는 러시아, 중국과 사정을 달리한다는 것이다(변은진·전병무 편역, 앞의 책, 189쪽).

80) 변은진·전병무 편역, 같은 책, 277쪽.

81) 『조선해방연보』 1946, 몽양여운형선생전집발간위원회 편, 『몽양 여운형 전집』(1), 앞의 책, 237쪽 참조.

82) 여운형, 「통일전선 낙관」, 『조선인민보』 1945년 12월 7일자, 몽양여운형선생전집발간위원회 편, 『몽양 여운형 전집』(1), 같은 책, 250-251쪽.

83) 이정식, 앞의 책, 568-570쪽.

84) 여운형, 「민주 정당 활동의 노선」, 『조선인민보』 1946년 8월 11, 12일자, 몽양

여운형선생전집발간위원회 편, 『몽양 여운형 전집』(1), 앞의 책, 350쪽.

85) 여운형, 「건국 과업에 대한 사견」, 『독립신문』 1946년 10월 18일∼22일자, 몽양여운형선생전집발간위원회 편, 『몽양 여운형 전집』(1), 같은 책, 328쪽.

86) 원문은 영어로 번역, 소개되어 있다. "We can succeed if the laboring people will think, but they are afraid of, and dislike the communist party. The New South Korea Labor Party should be a party that the laboring people will welcome. It will be a long time before the laboring people accept this idea." 몽양여운형선생전집발간위원회 편, 『몽양 여운형 전집』(1), 같은 책, 339-340쪽.

87) 사로당이 결성되면서 북조선노동당과의 합당이 논의되었는데, 이 양당 합동이 결렬되면서 여운형은 김일성·김두봉에게 이 편지를 보냈다. 이 서신에서 그는 결렬에 대한 모든 책임을 자신이 지고 정계에서 은퇴하여 "혁명군의 일개 병졸(a private soldier)"로 종군하겠다는 의사를 밝히고 있다. 며칠 후 남한에서도 그는 「여운형 자기비판」을 발표하여 정계 은퇴 사실을 공식화한다. 「政界 一切에서 退陣―呂運亨씨 친필로 自己批判書 발표」, 『중외신보』 1946년 12월 5일 및 「餘生을 一兵卒로―左右合作 合黨工作을 斷念, 呂運亨氏 自己批判의 書 發表」, 『독립신보』 1946년 12월 5일자. 몽양여운형선생전집발간위원회 편, 『몽양 여운형 전집』(1), 같은 책, 346-349쪽 참조. 이 선언문에는 위의 서신의 "혁명군의 일개 병졸" 대신에 "민주 진영의 한 병졸"로 되어 있다.

88) 여운형, 「근로인민당의 탄생과 금후의 사업」, 『중외신보』 1947년 6월 21, 22일자, 몽양여운형선생전집발간위원회 편, 『몽양 여운형 전집』(1), 같은 책, 374쪽.

89) 「8대 유훈」에는 근로인민(당)이 노동인민(당)으로 표기되어 있다. 여운형의 열렬한 지지자였던 이임수(李林洙)의 아들로서 그를 가까이서 지켜본 이란(李欄)의 회고에 따르면, 좌파는 근로인민당을 Labor People's Party로 번역했고, 이에 반대한 장건상은 미군정에 Working People's Party로 등록했다

고 한다(이정식, 앞의 책, 761쪽). 노동당을 Labor Party로 이해했던 당시 통념에 비추어 근로를 work로, 노동을 labor로 이해한다면, 8대 유훈은 이란이 말하는 '좌파'의 의사를 반영한 표현이라고 할 수 있다.

90) 『세계일보』 1947년 11월 6, 7일자 및 몽양여운형선생전집발간위원회 편, 『몽양 여운형 전집』(1), 앞의 책, 381쪽 참조.

91) 변은진·전병무 편역, 앞의 책, 144쪽.

92) 변은진·전병무 편역, 같은 책, 189쪽.

93) 변은진·전병무 편역, 같은 책, 194쪽. 여운형의 이 말은 다차원의 해석을 허용한다. 이미 언급한 발전 단계설에 따른 해석도 그중 하나인데, 조선의 독립을 당면 과제로 설정하고 공산주의로의 이행을 다음 단계로 설정한다면, 조선의 독립은 동시에 공산주의, 즉 유물사관으로부터의 '독립'을 의미하기 때문이다.

94) 여운형이 어려서부터 기독교 신자였기 때문에 "철학적으로 볼 때는 유물론자가 될 수 없"다는 식의 해석(최근우, 「잃어버린 巨星을 追慕한다—夢陽呂運亨」, 『민족일보』 1961년 5월 12일자 (몽양여운형선생전집발간위원회, 『몽양 여운형 전집』(2), 한울, 1993, 13쪽))이나 "어릴 때부터 기독교 신자이고 배재학교를 다녔기 때문에 유물론자가 될 수 없고 철학적으로 관념론자"라는 앞의 이란의 회고(이정식, 앞의 책, 750-751쪽)를 들 수 있다. 두 경우 모두 법정에서 여운형이 자신은 유물론자는 아니지만 가난한(배고픈) 사람을 위해서 싸운다는 의미에서는 공산주의자라고 답했다는 진술을 언급한다. 이란은 "배고픈 사람 편에 서는 것이 공산주의자일 수 없"다고 하면서 "철학적으로 유물론자가 아니면 공산주의자가 될 수 없다"라고 단언한다. 여운형이 "관념 철학에 젖어 있어서 기독교 사회주의자이냐 하면은 이것도 아니"라고 그는 부언한다.

95) 변은진·전병무 편역, 앞의 책, 144쪽.

96) 여운형, 「민주 정당 활동의 노선」, 앞의 글, 몽양여운형선생전집발간위원회

편, 『몽양 여운형 전집』(1), 앞의 책, 356쪽.

97) 변은진·전병무 편역, 앞의 책, 189쪽.

98) 변은진·전병무 편역, 같은 책, 194쪽.

99) 현재까지 드러난 자료에 의하면 일제 강점기 여운형의 일본 방문은 세 차례였다. 첫 번째 방문은 1919년 11월이었다. 일본 정부 초청으로 도쿄 데이코쿠(제국)호텔에서 조선 독립의 정당성을 주장하는 연설을 하고, 정계 주요 인사들과 면담했다. 이 방문으로 여운형은 조선과 상하이를 비롯한 각지에서 의구심을 가지고 그의 방문을 지켜본 독립운동가들의 의심을 불식시키고 일약 독립운동계의 유명 인사가 되었다. 1940년 3월에는 일본 군부 초청으로 다시 도쿄를 방문해 참모본부의 타나카 소장, 오가와 슈메이, 코노에 전 수상, 우가키 대장 등과 면담했다. 마지막으로 1942년 4월에 다시 도쿄로 가서 우가키 대장 등을 만나 일본의 대중 정책을 비판했다.

100) 변은진·전병무 편역, 앞의 책, 189-190쪽.

101) 변은진·전병무 편역, 같은 책, 192-193쪽.

102) "같은 말로 표현된 민주주의지만 그것을 말하는 사람의 해석에 따라 그 내용과 구체적 실현 방법에 있어서 의도가 근본적으로 다르다"라고 그는 지적한다. 1945년 12월 7일 경성 지방 방송 연설 내용은 여운형, 「인민을 토대로 하는 정치」, 『조선인민보』 1945년 12월 8일자 참조, 같은 내용은 『혁진』 1권 1호, 1946년 1월호에도 수록되었다. 몽양여운형선생전집발간위원회 편, 『몽양 여운형 전집』(1), 앞의 책, 259-261쪽.

103) 여운형, 「통일전선 낙관」, 앞의 글, 몽양여운형선생전집발간위원회 편, 『몽양 여운형 전집』(1), 같은 책, 250쪽.

104) 최상룡, 앞의 글, 몽양여운형선생전집발간위원회 편, 『몽양 여운형 전집』(3), 한울, 1997, 74쪽, 87-88쪽, 97쪽.

105) 1930년대 중반 미국 영사와 해방 이후 미군정 정치고문, 미소공동위원회 미국 대표 등을 역임하면서 다른 누구보다도 여운형을 잘 알았던 미국인 랭던

(William R. Langdon)은 여운형이 "공산주의적 교조나 사회이론, 혁명적 폭력이나 계급적 증오에 대한 흥미 내지 편애를 표시한 일이 한 번도 없었다"라고 증언한다(윌리암 랭던(William R. Langdon), 「서문」, 여운홍, 『몽양 여운형』, 청하각, 1967, 몽양여운형선생전집발간위원회 편, 『몽양 여운형 전집』(2), 앞의 책, 103쪽).

106) 대부분의 연구에서 그가 번역한 책으로는 마르크스의 『공산당선언』, 부하린의 『공산주의ABC』, 영국인 모씨가 저술한 『직접 행동(Direct Action)』 등을 들고 있다. 실제 재판 과정에서 여운형 역시 이러한 취지로 진술한다(변은진·전병무 편역, 앞의 책, 22쪽, 27쪽, 137쪽). 그러나 예심에서는 『직접 행동』과 『공산주의 ABC』 등을 번역했고, 『공산당선언』은 강한택이 번역한 텍스트의 오역을 교정했다고 하고(변은진·전병무 편역, 같은 책, 224쪽), 항소심에서는 『직접 행동』만 직접 번역했을 뿐, 나머지 두 권은 강한택과 둘이서 번역했다고 하여(변은진·전병무 편역, 같은 책, 277쪽, 334쪽) 자세한 정황을 밝히고 있다.

107) 변은진·전병무 편역, 같은 책, 197쪽.

108) John Percy, "Direct Action—Two Earlier Versions," *Direct Action for Socialism in the 21st Century*, Issue 1, June 2008 참조. 그에 따르면 『직접 행동』에는 두 차례의 역사적 계기가 있다. 첫 번째가 1910년대 세계산업노동자동맹의 시기이고, 두 번째가 1970년대 이래 오늘날의 '혁명사회당(Revolutionary Socialist Party)'으로 이어지는 흐름이다.

109) https://en.wikipedia.org/wiki/Direct_action#CITEREFGraeber2009 참조.

110) 변은진·전병무 편역, 앞의 책, 179쪽.

111) John Percy, op. cit.

112) 도의 차원에서 계급 대립에 협조하는 것은 "아직껏 전 인류사가 가져보지 못한 일"로서 그것이 가능하다고 하는 것은 "오직 미망과 아집일 뿐"이라고 단언한다(여운형, 「민주 정당 활동의 노선」, 앞의 글, 몽양여운형선생전집발간

위원회 편, 『몽양 여운형 전집』(1), 앞의 책, 354쪽).

113) 해방 전과 후라는 시기 차이나 조선공산당과의 합당을 염두에 둔 외교 차원의 전술을 반영한 것일 수도 있다.

114) 변은진·전병무 편역, 앞의 책, 100쪽.

115) 1929년 8월 검사 신문에 대한 진술 내용이다(변은진·전병무 편역, 같은 책, 146쪽). 이와 비슷한 내용은 조동호에 대한 검사의 증인 신문에서도 확인된다(변은진·전병무 편역, 같은 책, 153쪽).

116) 여운형은 일본과 달리 중국의 현실도 조선과 다르지 않다고 보았다. 1925년 4월 베이징에서 있었던 노농 대사중국 주재 러시아 대사—필자 카라한과의 회담에서 그는 "중국공산당은 세력이 미약하고, 또 중국의 공업이 발달되지 않았고, 계급의식을 가진 노동자 및 전위 분자가 근소하므로, 도저히 공산당만의 힘으로는 중국혁명의 목적을 달성하는 것이 불가능"하다는 점에서 국민정부와 합작해야 한다는 의견을 피력한다(변은진·전병무 편역, 같은 책, 86쪽). 이러한 이유로 그는 중국의 혁명은 "농민의 마음을 잃고는 성공하지 못한다"라고 생각했다. 농민에 기초를 둔다는 점에서 그는 마오쩌둥의 혁명이 성공할 것을 일찍이 예견했다(이만규, 앞의 책, 몽양여운형선생전집발간위원회 편, 『몽양 여운형 전집』(2), 앞의 책, 288쪽).

117) 나아가 그는 이 "반봉건적 관계를 소탕하여 농촌 경제의 완전한 사회화와 경영의 과학화를 확립"해야 한다고 주장한다(여운형, 「조선 농촌 문제의 특질—탐구된 규정의 집약적 재현」, 『중앙』 제4권 2호, 1936년 2월호, 몽양여운형선생전집발간위원회 편, 『몽양 여운형 전집』(1), 앞의 책, 171-174쪽).

118) 조직 대상을 노동자·농민으로 하고 노동자·농민의 권익투쟁을 했다고 하는데, 노동자는 명목에 지나지 않고 농민이 주력이었던 것으로 보인다. 나아가 1945년 3월에는 "민족해방을 위한 군사 조직의 필요성과 후방 교란을 위한 노농군 편성 문제"를 논의한 끝에 군사위원회를 조직했다고 하는데, 자세한 내용은 알 수 없으나 농민동맹과 노농군 사이에 연계 관계를 설정하고 진행

한 것으로 보인다. 이동화, 「8.15를 전후한 여운형의 정치활동」, 앞의 글, 몽양여운형선생전집발간위원회 편, 『몽양 여운형 전집』(2), 앞의 책, 131-133쪽 참조.

119) 노동 부문에서도 활동이 없지는 않았다. 이만규에 따르면 도쿄에서 13명의 대학생과 더불어 이인규, 최현국 등 2명의 노동자를 지도했고, 해방 직전 건국동맹에서는 "전일옥, 최현국, 변재철, 이인규는 청년 노동자를 맡게 하고, 백○○, 이인규는 공장을 맡아 공장으로 들어가고 (…) 조윤환, 서재필, 여용구, 홍성철 등은 철도국원으로 청량리역과 경성역을 중심으로 전국의 철도 종업원을 연락하여 조직체를 만들기로" 했다는데(이만규, 앞의 책, 몽양여운형선생전집발간위원회 편, 『몽양 여운형 전집』(2), 336쪽, 340쪽), 더 이상의 내용은 밝혀져 있지 않다.

120) 이만규, 같은 책, 215-216쪽, 몽양여운형선생전집발간위원회 편, 『몽양 여운형 전집』(1), 214-215쪽, 몽양여운형선생전집발간위원회 편, 『몽양 여운형 전집』(2), 364쪽.

121) 여운형, 「농군이 되라」, 『건설』 6호, 1946년 1월호, 몽양여운형선생전집발간위원회 편, 『몽양 여운형 전집』(1), 앞의 책, 252-253쪽.

122) 변은진·전병무 편역, 앞의 책, 189쪽.

123) 여운형, 「농군이 되라」, 앞의 글, 몽양여운형선생전집발간위원회 편, 『몽양 여운형 전집』(1), 앞의 책, 253쪽.

124) 변은진·전병무 편역, 194쪽. 1919년 11월 도쿄 데이코쿠(제국)호텔의 유명한 연설에서도 그는 "주린 자는 먹을 것을 찾고 목마른 자는 마실 것을 찾는 것은 자기의 생존권을 위한 인간 자연의 원리"라고 하면서, "일본인이 생존권이 있다면 우리 한족(韓族)만이 홀로 생존권이 없을 것인가!"라고 단언한다. 몽양여운형선생전집발간위원회 편, 『몽양 여운형 전집』(1), 같은 책, 32-33쪽 참조.

125) 최근우는 "조선의 프로레타리아트 이익은 전 세계 프로레타리아트의 종합

된 이익보다 크다"라는 여운형의 말을 인용하면서, 이것은 그가 "공산당에 대해 일격을 가한 것"으로, "여기서 그가 확실히 대중적이며 애국적이라는 면이 나타나 있다"라고 말한다(최근우, 「잃어버린 巨星을 追慕한다—夢陽呂 運亨」, 『민족일보』 1961년 5월 12일자, 몽양여운형선생전집발간위원회 편, 『몽양 여운형 전집』(2), 앞의 책, 14쪽). 비슷한 맥락에서 이란은 "남로당이 나 공산주의자는 세계 프롤레타리아의 이익은 이콜 한국의 프롤레타리아라 는 것인데, 나는 한국의 프롤레타리아의 이익은 전 세계 프롤레타리아의 이 익보다도 크다"는 여운형의 말을 인용하면서, 공산당과의 차이를 설명한다(이정식, 앞의 책, 761쪽).

126) 이 문제는 1920년대 후반부터 1930년대에 걸쳐 일본과 중국 등 동아시아에 서 이 주제를 둘러싸고 진행된 논쟁의 거시적 맥락에서 이해할 수 있다. 일 본에서는 일본 자본주의의 성격을 둘러싸고 이른바 강좌파와 노농파의 논쟁 이 있었으며, 중국에서는 봉건파(중국농촌파)와 자본파(중국경제파) 사이의 논쟁이 중국사회사논전(1931-33년), 중국농촌사회성질논전의 형태로 지속 되었다. 식민지 조선에서도 비슷한 논쟁이 전개되었는데, 특히 1935년 말부 터 1936년 초가 논쟁의 절정기였다. 논쟁은 여운형이 사장으로 있던 『조선중 앙일보』와 『중앙』지를 한 축으로 하여 전개되었는데, 1936년 8월에 이른바 일장기 말소사건으로 『조선중앙일보』가 휴간에 들어가고 곧이어 폐간된 사 정 등을 배경으로 더 이상의 진전을 보지 못했다. 자세한 내용에 관해서는 임 영태 편, 『식민지 시대 한국 사회와 운동』, 사계절, 1985의 I, II부 참조.

127) 이 연설의 요지는 『독립신문』 1920년 1월호와 여운홍이 저술한 『몽양 여운 형』에 소개되었다. 이에 따르면, 이 연설에서 여운형은 3·1독립만세운동을 "어느 집에서 새벽에 닭이 울면 이웃집 닭이 따라 우는 것은 닭 하나하나가 다른 닭이 운다고 우는 것이 아니고 때가 와서 우는 것이다. 때가 와서 생존 권이 양심적으로 발작된 것이 한국의 독립운동이요, 결코 민족자결주의에 도취한 것이 아니"라고 말한다. 대중심리에의 영합이라든지, 민족자결주의

의 외부 요인이 아니라 생존권을 위한 내부 동력에서 만세 시위의 원인을 설명하는 방식은 여운형답다. 몽양여운형선생전집발간위원회 편, 『몽양 여운형 전집』(1), 앞의 책, 32-33쪽 참조.

128) 이 역시 위 자료의 출전과 같다. 몽양여운형선생전집발간위원회 편, 『몽양 여운형 전집』(1), 앞의 책, 37쪽 참조. 이정식은 다나카와의 만남을 소개하면서 이만규가 기록한 대화 내용에서 이 구절은 빼고 언급한다(이정식, 앞의 책, 229-230쪽). 또한 정병준, 앞의 책, 41-42쪽 참조.

129) 변은진·전병무 편역, 앞의 책, 77쪽.

130) 고려공산당에 입당한 것도 "조선 독립을 열망하고 있었던 관계로, 독립운동을 원조하는 사람이라면 어떠한 사람하고도 악수할 생각이었고, 공산당도 독립운동을 목적으로 하고 있다고 듣고 입당"했다고 말한다(변은진·전병무 편역, 같은 책, 63쪽, 137쪽).

131) 김종헌, 「국제공산당의 일국일당 원칙이 미친 파장」, 『논쟁으로 읽는 한국사 (2 근현대편)』, 역사비평사, 2009, 126-127쪽.

132) 1929년 8월의 법정에서 여운형은 일국일당주의 원칙을 코민테른이 내렸느냐는 검사의 질문에 코민테른이 별도로 지령을 내렸다기보다는 "종래 사용해오고 있는 원래의 주의"라고 대답한다. 해외에서 조선인 파벌투쟁이 심해서 코민테른에서 이러한 지령을 내린 것이 아니냐는 이어지는 검사의 질문을 그는 부정하면서 "각 나라 모두 같은 것으로 조선만 특수한 것이라고 생각하지 않"는다고 답한다(변은진·전병무 편역, 앞의 책, 63쪽, 186쪽).

133) 변은진·전병무 편역, 같은 책, 266쪽. 앞선 검사의 심문 공판에서도 1920년대 중반 중국에서 중국혁명에 진력한 이유가 "중국 공산주의의 완성에 의해 조선 혁명을 실현"할 수 있다는 믿음 때문이냐고 검사가 묻자, 민중의 참여를 통한 다수의 의견에 따라 중국혁명이 완성되면 동양평화를 지킬 수 있을 것으로 생각했다고 그는 말한다(변은진·전병무 편역, 같은 책, 63쪽, 192-193쪽).

134) 강덕상은 여운형이 "손문의 '대아시아주의'의 충실한 실천자"였다고 평가한다. 강덕상, 앞의 글, 286-289쪽.

135) 여운형은 조선의 독립 문제를 인식하지 못하는 오카와와 거리를 두고 이에 대한 대안을 모색하고자 했다. 일본이 조선과 중국에서 한 일을 오카와는 충분히 깨닫지 못했다고 강덕상은 평가한다. 오카와와 달리 여운형은 아시아 민족들에 대한 독자적 공헌과 그 해방 위에서 조선의 독립과 자유를 생각했다(강덕상, 같은 글, 290쪽, 302쪽). 오카와의 아시아주의에 대한 평가로는 김경일, 『제국의 시대와 동아시아 연대』, 창작과비평사, 2011, 326쪽 이하 참조.

136) 김경일, 「동아시아의 맥락에서 본 안중근과 동양평화론: 열린 민족주의와 보편주의로의 지평」, 『정신문화연구』 제117호, 제32권 제4호, 2009 (이 책의 제2장 참조). 이러한 점에서 두 사람 모두 열린 민족주의를 지향했다. 해방 직후 남북한에서 재조 일본인이 처한 상황은 각각 차이가 있다. 일제 강점기 조선 혁명운동에 참여하여 끝까지 전향을 거부하고 형무소 간수로부터 60만 재조 일본인 가운데 "단 하나뿐인 일본인"이라는 힐책을 받은 바 있는 이소가야는 북한 거주 일본인이 보낸 역경의 시간의 와중에 "민족적 편향을 철저하게 배제하고 사회민주주의를 목표로 하는 사람의 정치적·도덕적인 모랄과 사랑의 실천"을 보인 함남 일대의 몇몇 사례를 언급하면서 이들과 함께 중앙의 지도자로서 여운형만을 언급한다(磯谷季次, 『わが青春の朝鮮』, 影書房, 1984 (김계일 옮김, 『우리 청춘의 조선: 일제 하 노동운동의 기록』, 사계절, 1988, 267쪽, 273-274쪽)).

제5장 좌절된 중용: 지식 생산에서 보편주의와 특수주의

1) John Tomlinson, *Cultural Imperialism: A Critical Introduction.* Baltimore: The Johns Hopkins University Press, 1991, p. 54.

2) Edward W. Said, *Orientalism.* New York: Pantheon Books, 1978 (박홍규 역, 『오리엔탈리즘』, 교보문고, 1991), Partha Chatterjee, *Nationalist Thought and the Colonial World: A Derivative Discourse.* London: Zed Books, 1986, V. Y. Mudimbe, *The Invention of Africa: Gnosis, Philosophy, and the Order of Knowledge.* Bloomington and Indianapolis: Indiana University Press, 1988, V. Y. Mudimbe, *The Idea of Africa.* Bloomington and Indianapolis: Indiana University Press, 1994.

3) 그에 의하면 보편주의를 추구하는 법칙 정립론자는 자기 이론에서 기본적으로 시간과 공간을 배제한다. 모든 시간과 공간에 적용될 수 있는 보편 법칙을 추구하기 때문이다. 특수성 옹호자인 개성 기술론자도 시간과 공간을 무시하는 점에서는 법칙 정립론자와 마찬가지다. 비교 가능한 현상과는 다른 특정 시공간을 탐구한다고 하더라도 서로 다른 텍스트에 대한 기본적인 접근 방식은 항상 같다는 점에서, 즉 그 대상이 어떻든 항상 같은 분석 규칙과 결과를 산출한다는 점에서, 법칙 정립론자의 연구에서처럼 개성 기술론자에게 시간과 공간은 분석에 부적합하게 되고 만다는 것이다(Immanuel Wallerstein, "The TimeSpace of World-Systems Analysis: A Philosophical Essay." *Historical Geography* 23, 1993, pp. 5-7).

4) Immanuel Wallerstein, *Unthinking Social Science: the Limits of Nineteenth-Century Paradigms.* Cambridge: Polity Press, 1991 (성백용 역, 『사회과학으로부터의 탈피: 19세기 패러다임의 한계』, 창작과비평사, 1994), 김경일, 「근대과학의 '보편주의'와 서구중심주의를 넘어서: 월러스틴의 역사사회과학을 중심으로」, 『창작과비평』 제89집(가을호), 1995.

5) 이 책의 마지막 장인 제10장 참조.

6) 한영혜, 「일본 사회과학의 흐름을 짚는다(1)」, 한국산업사회연구회, 『경제와 사회』 제12호(겨울호), 1991, 107-108쪽.

7) 정체성 이론이 양학파에 의해서만 주장되지는 않았다. 또 그것은 일선동조론의 논지를 강화하는 효과도 낳았다. 역사 진보에 수백 년의 차이가 있다는 가정은 양국민이 본래 같은 생활양식을 지닌 동조(同祖), 동원(同源)의 민족이었다는 논리와 양립할 수 있었다. 旗田巍, 『日本人の韓國觀』, 勁草書房, 1969 (이기동 역, 『일본인의 한국관』, 일조각, 1983, 134-136쪽) 참조.

8) 1910년대 전반 해외에서 신채호나 박은식 등에 의한 역사 연구가 등장하면서 민족의식이 고취되자, 이에 대응하여 일제는 1916년 반도사편찬사업을 계획했다. 1922년 조선총독부에 의해 조선사편찬위원회가 설치되었다가 1925년 조선사편수회로 개편되면서 식민사학의 체계화가 본격화되는데, 조선사편수회에는 부속 학술단체로 조선사학회가 있었다(조동걸, 「항일운동기의 역사인식」, 조동걸·한영우·박찬승 엮음, 『한국의 역사가와 역사학(하)』, 창작과비평사, 1994, 69-71쪽). 경성제국대학 또한 1920년대 전반기 민립대학설립운동에 대한 일제의 대응으로 추진된 것으로, 1924년 예과가 설립되고 1926년 정식으로 대학이 개설되었다. 학부로는 의학부와 법문학부만을 설치하여 소수의 조선인만을 입학시켰는데, 1938년 전쟁 수행을 위해 이공학부를 설치했다(현원복, 「1930년대의 과학기술학 진흥운동」, 고려대학교민족문화연구소, 『민족문화연구』 제12호, 1977, 179-180쪽).

9) 이를 위해 이들은 역사를 거슬러 올라가 민족의 시조인 단군을 비롯한 민족의 영웅들을 강조하거나, 과거 고구려의 고토인 만주에 많은 관심을 기울였다. 이 시기 역사학이 주로 고대에 관심을 기울인 것은 식민사가들이 주도한 역사정리와 왜곡이 대부분 이 시기를 중심으로 이루어졌기 때문이기도 하다.

10) 분석 대상으로서 전근대, 특히 고대에 대한 선호는 팔레(James Palais)가 우려하듯 취직이 쉽다는 등의 이유로 연구자 대부분이 20세기에 몰려 있는 1990

년대 이후의 상황과 대조를 이룬다(한홍구, 「미국 한국학의 선구자 제임스 팔레」, 『정신문화연구』 제24권 제2호, 2001, 225쪽). 이 점은 문학에서도 마찬가지여서, 한국 고전문학에서 박사학위를 받은 학생의 수는 현대문학과 비교하면 훨씬 소수다(Catherine Ryu, "Peter H. Lee: Envisioning the Future of Korean Literature in the Global Context," *The Review of Korean Studies* vol. 6, no. 2, 2003, p. 143). 한홍구와 Catherine Ryu의 글은 Kim Keong-il (ed.), *Pioneers of Korean Studies* (revised edition), Academy of Korean Studies, 2022의 5장과 7장에 수록되었다. 김광억은 고대에 관한 관심은 식민지 문화의 원시성이나 낙후성을 증명하려는 식민 세력의 문화정책에 암묵적으로 동조하거나 역이용당할 수 있다고 경계한다(김광억, 「일제 시기 토착 지식인의 민족문화 인식의 틀」, 『비교문화연구』 제4호, 1998, 111쪽).

11) 이 전통은 해방 이후 1980년대까지 이어진다. 예를 들어, 서울대학교 국사학과에서 식민지기를 다룬 석사 논문이 처음 나온 것은 1980년대 후반에 이르러서였다. 여기엔 규장각에 소장된 막대한 자료를 분석하려는 요구가 반영된 측면도 있지만, 식민지 시기와 근대 이후를 회피하려는 연구자들의 경향도 작용했다. Kim Keong-il, "Indigenizing the Social Sciences in Post-Colonial Korea," *The Review of Korean Studies*, vol. 4 no. 1, The Academy of Korean Studies, 2001, p. 126 참조.

12) 장석흥, 「안확」, 조동걸 외 편, 『한국의 역사가와 역사학(하)』, 창작과비평사, 1994, 148쪽.

13) 전통적인 랑케의 방법론과 관련해서는 오해가 있어왔다. 랑케는 사실이란 커다란 이념들의 체현화이며, 그것을 둘러싼 갈등들이 역사의 의미를 구성한다고 주장했다. 역사 연구에서 의미에 대한 이러한 강조에도 불구하고, 랑케가 말한 사실은 어떠한 가설이나 해석과는 분리된 것으로 흔히 이해해왔다. 케일러(William R. Keylor, *Academy and Community: the Foundation of the French Historical Profession*. Cambridge: Harvard University Press, 1975, p. 8)가 지

적하듯이 19세기에 걸쳐 대부분의 서유럽 국가들에서 독일 역사주의는 이처럼 왜곡되어왔으며, 그것이 비판을 받기 시작한 것은 20세기 중후반 들어와서다. 이 시기 실증주의 사가들의 랑케에 대한 이해 또한 이러한 왜곡을 반영한다.

14) Kim Keong-il, "Genealogy of the Idiographic vs. the Nomothetic Disciplines: the Case of History and Sociology in the Unites States" *Review: A Journal of Fernand Braudel Center* XX, 3/4 Summer/Fall, 1977.

15) 김경일, 「프랑스 근대 사회과학의 성립: 사회학과 역사학을 중심으로」, 한국 사회학회, 『한국사회학』 제29집 (여름호), 1995.

16) 천관우 외, 「한국 사관은 가능한가?—전환기에 선 민족사관 (씸포지움)」, 『사상계』 1963년 2월호, 264쪽.

17) 천관우 외, 같은 글, 264-265쪽.

18) 김용섭, 「우리나라 근대 역사학의 발달 2—1930, 40년대의 실증주의 역사학」, 『문학과 지성』 제9호(가을호), 1972, 507쪽.

19) 자연과학으로 대표되는 신사상·신지식의 수용과 보급은 일찍이 1920년대 전반기부터 강조되어왔다. 문화 운동의 일환으로 과학기술은 민족 독립 쟁취를 위한 유용한 수단으로 인식되었기 때문이다. 예컨대 『동아일보』는 1927년 5월 6일자 「신조선의 목표—일체를 '과학화'로」라는 사설에서 "현금과 금후의 세계는 말하자면 과학 신권(神權)의 운회(運會)"라는 점에서 "보이지 않는 왕인 과학의 신이 최고 지상의 위권(威權)으로써 일체에 군림하는 세상"이 될 것이라고 주장했다. "강약우열"이나 "영욕득상(榮辱得喪)", "민족의 소장과 국가의 흥망"이 과학에 달려 있다는 점에서 "과학은 일체 사활의 최후 심판자"이고, "조선의 구주(救主)는 과학이라는 대능자(大能者)"라는 것이다. 이러한 점에서 "과학사상의 보급과 한 가지 과학자의 부장(扶將)에 배전의 성의를 다"함으로써 "일체의 근반(根盤)을 과학에 정할 것이며, 첩경(蹊徑)을 과학에 유(由)할 것이며, 일체의 목표를 과학에 두"어야 한다는 것이다. 1930

년대에 들어오면서부터는 본격적인 운동 차원에서 대중화를 위한 노력이 전개되었다. "생활의 과학화"와 "과학의 생활화"를 내걸고 1934년 4월 19일 과학데이가 제정되고, 과학 주간이 실행되었으며, 이어 7월 5일에는 과학지식보급회가 창립되는 등 과학의 대중화 운동이 활발하게 전개되었다. "과학의 승리자는 모든 것의 승리자다", "한 개의 시험관은 전 세계를 뒤집는다" 등의 슬로건에서 보듯이, 과학은 "자연 법칙의 시현자요, 현대 생활의 지휘자요, 공업의 안내자요, 수확의 증가자요, 질병의 정복자요, 미신의 타파자"라는 전지전능의 위상으로 떠받들어졌다. 지역으로 보면 서울을 제외하고 기독교가 일정한 영향력을 가진 평양, 신천, 진남포, 원산 같은 북부 조선의 도시에서 과학진흥운동이 특히 호응을 받은 사실이 주목된다. 「과학은 힘이다」, 『조선중앙일보』 1934년 4월 19일, 7월 8일자 사설 및 현원복, 앞의 글, 251-255쪽 참조.

20) 최재석, 「1930년대의 사회학 진흥운동」, 고려대학교민족문화연구소, 『민족문화연구』 제12호, 1977, 이준식, 「일제 침략기 개량주의 사회학의 흐름: 한치진과 김윤경의 경우」, 『사회학연구』 넷째 책, 1986.

21) 방기중, 『한국근현대사상사연구: 1930·40년대 백남운의 학문과 정치경제사상』, 역사비평사, 1992, 113쪽.

22) 홍사중은 이 시기 마르크스주의가 한국의 지식인들에게 남겨놓은 가장 큰 공적으로 그것이 상징하는 과학주의를 꼽는다. 그리고 그 이유로서 "근대 합리주의의 논리나 근대 과학의 실험 조작의 정신이 결핍되어 있던 한국의 지식인들에게 맑스의 그 정치한 논리와 가설, 명제, 전제 등으로 엮어지는 변증법적인 방법론의 엄밀성 또는 그 정연한 공식성" 등을 제시한다. 그러나 동시에 그는 그것이 미친 '해독'을 지적하는 것도 잊지 않았다. "이론 신앙만이 아니라 '과학'에의 망집(妄執)의 씨를 뿌려놓"은 것으로 비판하는 것이다(홍사중, 『한국 지성의 고향』, 탐구당, 1966, 71쪽). 일본에서도 마르크스주의는 당시 금기시된 천황제에 정면으로 도전했다는 점에서 과학 정신과 합리주의를 대표하는 것으로 평가되었다. 혼다는 이러한 점에서 그것이 사회과학이라는 명

칭을 독점해온 것은 결코 우연이 아니라고 지적한다(本多秋五「轉向文學論」, 岩波講座 『文學』 第5卷, 1954 (한국문학연구회 편, 『1930년대 문학연구』, 평민사, 1993, 213쪽)). 한영혜는 이는 사회과학의 여러 영역에서 마르크스주의가 주류 방법론이 된 결과라기보다는 부르주아 학문에 대한 비판과 부정을 담은 특정한 의미의 '사회과학'이라는 용어를 마르크스주의 진영에서 제시했기 때문이라고 지적하고 있다. 따라서 마르크스주의의 앙양과 함께 일반화된 사회과학이란 용어는 실체로서의 사회과학 범주가 아니라 애초부터 마르크스주의의 또 다른 이름으로 제시된 개념으로 보아야 한다는 것이다(한영혜, 앞의 글, 128-131쪽 및 한영혜, 「일본 사회과학의 흐름을 짚는다(3)」, 한국산업사회연구회, 『경제와 사회』 제14호(여름호), 1992, 305쪽).

23) 류시현, 「1930년대 안재홍의 '조선학 운동'과 민족사 서술」, 『아시아문화연구』 제22집, 2011, 156-158쪽, 김인식, 「1930년대 안재홍의 '조선학'론」, 『한국인물사연구』 제23호, 2015, 147쪽.

24) 「조선의 원시상(2)」, 『동아일보』 1927년 3월 25일자. "요새 와서 조선인의 연구열이 발흥함을 따라서 일종 병폐(病敗)의 풍이 보이기 비롯하는 것은 보기싫은 사대적 정신이 그 부면(部面)에도 나타나는 것"이라고 하면서 "내 정신과 내 전통을 떼어놓고 외국인의 천부(淺膚)하고 편루(偏陋)한 억설(臆說)을 추수승습(追隨承襲)하여 그리함이 학적 충실인 듯하게 생각하는 폐가 있음은 딱한 일"이라고 지적하고 있다.

25) 최남선, 「단군론」(11), 동아일보 1926년 4월 29일 및 「조선사학의 출발점, 삼국유사의 신교간」(독서계 논단), 동아일보 1927년 3월 29일자 참조.

26) 한영혜, 「일본 사회과학의 흐름을 짚는다(3)」, 앞의 글, 305-307쪽.

27) 민경배, 「1930년대 종교계에 있어서의 국학진흥운동」, 고려대학교민족문화연구소, 『민족문화연구』 제12호, 1977, 138-142쪽.

28) 김경일, 『한국의 근대와 근대성』, 백산서당, 57-61쪽.

29) 예컨대 단군 조선의 관념과 불함 문화권의 이론을 기반으로 한 최남선의 민

족 특수성 이론의 국수주의를 가장 전형으로 꼽을 수 있다. 또한 "다른 어느 말로 번역할 수도 없고 이해할 수도 없는 비밀경"(이광수, 「조선민족론」, 『동광총서』, 1933 (『민족개조론』, 우신사, 1981, 8-10쪽))으로서 민족의 특수성을 강조하면서 복고적인 "전설적 조선 정신"(이광수, 「옛 조선인의 근본도덕」, 『동광』 제34호(6월호), 1932, 22쪽)으로의 복귀를 주장한 이광수의 입장도 비슷한 맥락에서 이해된다.

30) 이청원, 『조선 사회사독본』, 동경: 백양사, 1936, 1-2쪽.

31) Eric Hobsbawm, *Revolutionaries: Contemporary Essays.* London: Weidenfeld and Nicolson, 1973, pp. 250-251.

32) 그가 특히 문제로 삼은 것은 문헌 고증과 고적 답사 및 유물 수집을 위주로 하는 실증주의 역사학이었다. 그는 독일의 역사주의를 '신흥 독일 자본주의가 영국에 대항하기 위한 국민적 운동의 소산'으로 이해하면서 이것이 일본을 거쳐 수입된 '박래품(舶來品)'으로 당시의 역사학에서 '특수사관'이라는 '불행한 각인'을 남겼다고 보았다. "국정의 격변 때문에 기반을 잃어 골동품 수집의 편력학도로서 정치적으로는 버림받았지만, 적어도 관념적으로는 조선 문화사의 독자적 소우주(Microkosmos)로서 특수화하려는 기도"로서 그것은 "비교적 뿌리 깊게 습관 지워져" 왔다는 것이다. 백남운, 『조선 사회경제사』, 동경: 개조사, 1933, 6-7쪽.

33) 백남운, 같은 책, 7쪽.

34) 「조선 특수 사정」, 『동아일보』 1932년 8월 14일, 「조선의 독자성」, 『동아일보』 1932년 12월 7일 및 「관립 전문, 대학 입학 문제」, 『동아일보』 1934년 3월 18일자 사설 참조.

35) 방기중, 앞의 책, 166-167쪽.

36) 안재홍선집 간행위원회 편, 『民世安在鴻選集』(1), 지식산업사, 1981, 551-552쪽.

37) 안재홍선집 간행위원회 편, 같은 책, 560쪽.

38) 안재홍선집 간행위원회 편, 같은 책, 211쪽.

39) 안재홍선집 간행위원회 편, 같은 책, 266-267쪽.

40) 안재홍선집 간행위원회 편, 같은 책, 299쪽.

41) 안재홍선집 간행위원회 편, 같은 책, 562쪽.

42) 안재홍선집 간행위원회 편, 같은 책, 563-565쪽.

43) 안재홍선집 간행위원회 편, 같은 책, 565쪽.

44) 안재홍선집 간행위원회 편, 같은 책, 558-559쪽.

45) 안재홍선집 간행위원회 편, 같은 책, 559쪽.

46) 안재홍선집 간행위원회 편, 같은 책, 563-565쪽.

47) 또 다른 맥락에서 그는 다음 인용문에서 보듯이 사해동포주의처럼 막연한 추상의 인류애를 세계주의로 배격하면서 이를 국제주의와 구별하고 있다. "세계 인류를 사랑한다는 것은 그 관념에서 좋되 실제에서는 너무 추상적인 자이니 각 민족, 각 국민이 세계적인 또 인류인 처지에서 자기의 민족 또는 국민을 사랑하고 그리고 그것을 좁다란 배타이기적인 처지를 힘써 벗어나서 국제적 공존과 호애를 목표로 하는 데에 현대인의 진면목이 있는 것이다. 국경이 초월되고 동지적 친애로 결합되는 계급적 단결의 목표가 사회도 개조하는 동력이 된다는 것은 신시대를 창조하는 새로운 주조인 채로, 민족 또는 국민의 동일 혈통, 동일 문화 그리고 허구한 동일 생활 전통의 유대에서의 운명 공동의 의식 또는 상호 독특한 친애 및 결합은 아직 드디어 주관적인 해탈을 범연히 강요할 수 없는 살아 있는 사태"라는 것이다(안재홍선집 간행위원회 편, 같은 책, 446쪽).

48) 해방 이후 간행한 『신민족주의와 신민주의』에서 그는 서구 민족주의와 민주주의는 봉건 귀족과 대지주와 자본가 등에 의한 '특권벌(特權閥)적 독점'으로 계급적인 억압·착취를 하다가 점차 "소시민, 노동자·농민 등 하층 계급에게 정치 참여의 권리를 할양한 자본적 민주주의"라고 정의했다. 따라서 이와는 다른 사회 기반 위에 구성되어 그 발생과 발전의 역사가 서구와는 근본적으로 다른 우리 사회에는 "모든 진보적이요 반제국주의적인" 계급과 범주들

이 "만민공생의 신발족(新發足)"을 하기 위한 역사 명제가 요청된다고 보았다(안재홍, 『신민족주의와 신민주주의』, 민우사, 1945).

49) 안재홍선집 간행위원회 편, 앞의 책, 560쪽.

50) 박달환, 앞의 글, 55-56쪽.

51) 1927년 10월 『조선일보』에 발표한 최남선의 『백두산근참기(白頭山覲参記)』에 대한 서평에서 그는 "그[최남선—필자]가 조선을 위하여 집착·번뇌하느니 만치, 조선학을 위하여는 왕왕이 과학적 냉정을 잃는 때가 있다는 것은 그를 가장 잘 아는 자의 선의의 평이요, 나도 또 그렇게 평하려 한다"(안재홍선집 간행위원회 편, 『民世安在鴻選集』(4), 지식산업사, 1992, 226쪽)라고 비판했다.

52) 1938년 무렵에 집필했다는 『조선상고사』는 '성모체계(聖母體系)와 원생사상(原生思想)'을 기반으로 불함문화 또는 불함철학을 체계화하기 위한 것이었고, 1941년에 집필한 『조선통사』는 '민족적 생존의 구원(久遠)한 원류'로서 '단군을 통한 홍익인간의 대원(大願)'을 구명하고자 한 것이었다(안재홍선집 간행위원회 편, 『民世安在鴻選集』(3), 지식산업사, 1991, 425쪽, 안재홍선집 간행위원회 편, 『民世安在鴻選集』(4), 같은 책, 85쪽).

53) 신용하 편, 『아시아적 생산양식론』, 까치, 1986.

54) 전쟁 이전의 아시아적 생산양식 논쟁에 대한 다음과 같은 전후의 비판은 이러한 맥락에서 이해된다. 즉 "아시아의 정체성을 타파해야 할 사명을 가진 이론이 어느 사이에 아시아 정체성의 기초가 된 이론—제국주의의 아시아 지배 이론—으로 끌려갔을 뿐만 아니라 자기 자신의 무기력과 정체된 행동을 합리화하고, 서구에 대한 이유 없는 찬미가 되고, 아시아의 대중에 대한 절망"으로 되고 말았다는 것이다(石母田正,「危機における歷史學の課題」,『歷史と民族の發見』, 東京大學出版會, 1952, 22-28쪽, 방기중, 앞의 책, 167-168쪽).

55) 방기중, 같은 책, 169쪽.

56) 백남운, 앞의 책, 8쪽, 방기중, 같은 책, 171-184쪽.

57) 방기중, 같은 책, 133쪽.

58) 안재홍선집 간행위원회 편, 『民世安在鴻選集』(1), 앞의 책, 76-77쪽.

59) 안재홍선집 간행위원회 편, 『民世安在鴻選集』(1), 같은 책, 512쪽.

60) 안재홍선집 간행위원회 편, 『民世安在鴻選集』(1), 같은 책, 446쪽, 559쪽.

61) 안재홍선집 간행위원회 편, 『民世安在鴻選集』(1), 같은 책, 481쪽.

62) 안재홍선집 간행위원회 편, 『民世安在鴻選集』(1), 같은 책, 529쪽, 강조는 필자.

63) 안재홍선집 간행위원회 편, 『民世安在鴻選集』(3), 앞의 책, 389쪽, 안재홍선집 간행위원회 편, 『民世安在鴻選集』(4), 앞의 책, 28-29쪽.

제6장 신여성의 미국 체험과 자아 정체성

1) 망명이나 도주 형태로 북쪽 국경을 넘어 만주나 러시아(소련)로 간 경우는 예외에 속한다. 일제의 통제를 받지 않고 비밀리에 혹은 신분을 위장해 중국이나 러시아(소련)로 나가는 가능성은 열려 있었다.

2) 「朝鮮 女流 10巨物 列傳(1)―朴仁德, 黃愛施德 兩氏」(『삼천리』 제3권 제11호, 1931, 37쪽)는 "반도의 여류 거물들"을 네 범주로 구분했다. 즉, (1) 미국에 가 있는 김마리아 등 미국계, (2) 시베리아와 상하이 등지의 좌익운동가, (3) 서대문 감옥에 갇혀 있는 여성운동가들 및 (4) 재경 단체에서 활약하는 현역 운동가들이 그것이다. 이 기사는 미국계로 분류된 김마리아, 박인덕, 황애시덕의 세 사람을 "1919년을 기억하는 이 땅 인사에게 가장 불멸의 기억을 남겨준 여류 거물들"로, "반도의 애인"으로 표현하고 있다

3) 오천석(吳天錫)은 미국에 유학한 여성으로 김마리아, 김활란(金活蘭), 박인덕(朴仁德), 김필례(金弼禮), 황에스더, 홍에스더, 김함나, 김신실(金信實), 서은숙(徐恩淑), 유형숙(柳瑩淑), 김앨니스, 김성실(金誠實), 윤성덕(尹聖德), 박마리아. 김동준(金東俊), 김메블 등을 꼽았다. 오천석, 「米洲留學生의 面

影」,『삼천리』제5권 제3호, 1933, 43쪽 참조.

4) 그녀에 관한 연구로는 박용옥,『김마리아: 나는 대한의 독립과 결혼했다』, 홍성사, 2003, 전병무,『김마리아―한국 항일여성운동계의 대모』, 독립기념관 한국의 독립운동가들 48, 역사공간, 2013 등이 있다. 논문으로는 김호일,「기독교 교육가 김마리아 연구」, 중앙대학교 인문과학연구소,『인문학연구』36, 2003이 있으며, 이밖에 단행본·전기류로는 박석분·박은봉,『인물여성사』, 새날, 1997 및 김옥선,『빛과 소금의 삶: 김마리아 선생의 생애』, 보람문화사, 1994 등이 있다. 아울러 그녀의 이력에 대한 당대의 자료로는 정일형,「김마리아론―다난한 망명생활공개장」,『우라키』제6호, 1933을 비롯하여「정치무대에 활약하는 名花들」,『삼천리』제3권 9호, 1931, 16쪽, 중외일보 1929년 10월 26일자,『동아일보』1932년 7월 25일자 등이 참고가 된다.

5) 총무는 나혜석이었다. 박용옥. 같은 책, 140쪽 이하 참조.

6) 3·1운동의 흥분이 채 가시기도 전에 여성항일단체로서 애국부인회 사건은 전국에 걸친 관심의 대상이 되었고, 김마리아는 "조선의 잔다르크"로 불릴 정도로 항일 여성운동의 상징이 되었다. 일제 역시 그에 상응해 집중 감시를 하던 상황에서 병보석으로 풀려난 그녀가 상하이로 탈출한 사건은 엄청난 반향을 불러일으켰다. 김마리아의 탈출은 미국 선교사 매큔(George Shannon Mc-Cune)의 권고 및 재정 지원 그리고 상해임시정부에서 특파된 윤응념(尹應念)의 개입이 있었다. 자세한 내용에 관해서는 박용옥. 같은 책, 274-286쪽 참조.

7) 당시 대부분의 언론 기사나 김호일의 논문 등에서는 그녀가 미국에서 생활한 기간을 13년으로 서술하고 있는데, 이는 1921년부터 1923년까지 상하이 시절을 합산한 해외 체류 기간이다.

8) 이 신학원에 대한 자세한 내용에 대해서는 박용옥, 앞의 책, 384-386쪽 참조.

9) 1922년 2월 18일에 개최된 임시정부 제10회 임시의정원 제2일째 회의에서 김구와 함께 의정원 황해도 의원으로 선출되었다. 그러나 실제 활동은 거의 하지 않고 주로 난징에서 학업에 열중했다. 박용옥, 같은 책, 293쪽. 그런가 하

면 『동아일보』는 그녀가 만주의 훈춘(琿春)과 하얼빈 등지에서 애국부인회를 조직해 활동했다고 보도했지만, 신빙성은 다소 떨어진다. 『동아일보』 1922년 1월 7일 및 2월 4일자 참조.

10) 부회장은 황에스더가 맡았다고 한다. 박용옥, 「김마리아의 망명생활과 독립운동」, 『한국민족운동사연구』 22, 1999 및 김호일, 앞의 글 참조.

11) 자세한 내용에 관해서는 박용옥, 『김마리아: 나는 대한의 독립과 결혼했다』, 앞의 책, 397-398쪽, 409쪽 참고.

12) 당시 원산 신학원으로 그녀를 인터뷰하러 간 잡지사의 기자는 "미국서 돌아온 뒤 노래를 잊어버린 카나리아인 듯, 사회니 민족이니 하는 말을 한 마디도 입에 담지 않고, 고요히 법문(法門) 속에 몸을 감추어버린 불명불읍(不鳴不泣)의 유명한 김마리아"로 그녀의 처지를 표현했다. 인터뷰를 위해 그녀와 대면한 이 기자는 김마리아의 "얼굴에서는 옛날 정치 운동에 뛰어다니든 표한(慓悍)한 표정은 찾을 길 업고, 교육자로서 양과 같이 순한 표정이 흐르고 있었다"라고 적었다. 「佳人獨宿空房記」, 『삼천리』 제7권 제7호, 1935년 8월, 86쪽.

13) 허정숙은 동행한 아버지 허헌의 도움으로 경제의 어려움 없이 세계를 여행했다.

14) "하우스웍, 쿡, 웨이트레스, 너스(nurse), 챔버메이드(chamber maid), 페들러(행상), 세일스 걸 등 온갖 험한 일"을 하면서 생계를 유지했다. 또한 심한 인종 차별 때문에 때로는 "중국 백성으로 행세"하기도 했지만, 그로부터 벗어날 수는 없었다. 정일형, 앞의 글, 40쪽.

15) 1924년 김마리아의 권유로 미국에 와서 함께 생활한 독립운동의 후배 차경신은 "독립운동을 하던 때부터 가장 힘든 일은 배고픔을 해결하는 것"이라고 회상했다. 김마리아에게도 차경신에게도 이러한 사정은 미국이라고 해서 달라지지 않았다. 박용옥, 『김마리아: 나는 대한의 독립과 결혼했다』, 308-309쪽, 311-312쪽 참조.

16) 「佳人獨宿空房記」, 『삼천리』 제7권 제7호, 1935년 8월, 88쪽. 또 다른 곳에서

그녀의 이러한 생활은 "반공생(半工生)"으로 표현되었다. 「김마리아 양 조선 탈출 전말(3)」, 『동아일보』 1925년 8월 17일자. 그런데 미국 유학 생활에서 그녀가 선교사의 후원 등을 받지 않은 것은 아니었다(『동아일보』 1931년 3월 19일자). 이것으로 학비는 해결되었다고 해도 생활비를 마련하기 위해 그녀는 "노동시장을 헤매며 잡역"을 해가면서 힘든 고학 생활을 해야 했다.

17) 김마리아, 「한 달의 '넬스' 생활」, 『우라키』 제6호, 1933, 43-44쪽.

18) 식민지 시기 그녀에 대해 다룬 수많은 신문·잡지 기사들과 달리, 해방 이후 그녀의 친일 경력을 반영해 고발한 반민족연구소 편, 『친일파 99인(2)』, 돌베개, 1993을 제외하고는 그녀에 관한 연구는 존재하지 않는다. 한편 일제 강점기 그녀의 여행기가 소개되었으며(성현경 편, 『경성 엘리트의 만국 유람기: 동아시아 근대와 여행 총서 2』, 현실문화, 2015, 제4장), 해방 이후 집필한 그녀 자신의 영문 자서전의 번역본이 나와 있다(박인덕, 『구월 원숭이』, 창미, 2007 (Park In-deok, *September Monkey*, New York: Harper & Brothers, 1954)).

19) 「新女性總觀(2)—百花爛漫의 己未女人群」, 『삼천리』 제16호 1931년 6월, 24쪽.

20) 박인덕, 「파란 많은 나의 반생」, 『삼천리』 제10권 제11호 1938년 11월, 211쪽.

21) 이에 못지않게 기독교의 역할도 중요하다. 박인덕은 미국 유학에서 자신의 성격을 "예수교 사회 인사의 습관에 맞추려 무한히 애를 썼"다고 말한다. 「청춘을 앗기는 佳人哀詞」, 『삼천리』 제7권 제3호, 1935년 3월, 103쪽 참조. 미국 생활에 대한 적응에서 영어와 아울러 기독교가 주요한 자원이라는 사실은 해방 이후 역사에 비추어보더라도 흥미롭다.

22) 박인덕, 「경성에서 시카고까지」(1), 『동아일보』, 1927년 1월 20일자 및 1931년 10월 9일자의 그녀의 귀국 보도 기사 참조. 일설에 의하면 그녀는 웨슬리안대학에서 신학 공부를 마친 후 뉴욕 컬럼비아대학에서 학위를 받았다고 한다. 「朝鮮 女流 10巨物 列傳(1)—朴仁德, 黃愛施德 兩氏」, 앞의 글, 37쪽.

23) 박인덕, 「파란 많은 나의 반생」, 앞의 글, 211쪽.

24) 그녀 자신의 말을 빌리면, 1년 동안 미국 48개 주에서 32개 주를 찾았고, 거의 모든 대도시를 방문했다. 100개 대학 5만여 명 학생에게 "우리의 사천 년 역사, 문화, 풍속, 문물, 청년운동과 기독의 영향을 말했"으며, 강연 횟수는 270회에 이르렀다. 박인덕, 「북미 대륙 방랑의 1년」, 『우라키』 제4호, 1930, 125-126쪽. 또 다른 잡지는 "조선 사정과 조선 기독교의 과거, 현재, 장래와 일반 학술 문제"를 주제로 한 강연은 무려 260회에 이르렀으며, 이들 강연은 "수십만 외국인에게 감격을 주었다"라고 언급한다. 「朝鮮 女流 10巨物 列傳(1)—朴仁德, 黃愛施德 兩氏」, 앞의 글, 37쪽.

25) 상세하게는 프랑스, 벨기에, 독일을 거쳐 덴마크, 스웨덴, 모스크바, 오스트리아, 스페인, 이탈리아, 터키를 경유, 시리아와 유다, 이집트를 보고 홍해를 건너 인도와 싱가포르, 홍콩을 거쳐 상하이에 도착했다. 이어 9월 14일 상하이에서 난징, 베이징을 거쳐 톈진에서 배를 타고 대련에 와서 다시 봉천, 안동을 거쳐 10월 2일 평양에 내렸다가 6일 비행기로 여의도 비행장에 내렸다. 박인덕, 「파란 많은 나의 반생」, 앞의 글, 211-212쪽 및 동아일보 1931년 10월 9일자.

26) 미주학생선교회의 주관으로 4년마다 열린 전미주학생선교대회의 1935년 회의이다. 박인덕은 미국에 체류하던 1927년에 이 회의에 참석한 바 있다. 당시 잡지는 "미국학생의학의용단(米國學生宜學義勇團)"이라는 명칭의 단체로부터 "조선 대표"로 초대장을 받았다고 보도했는데, 기독교계의 원익상(元翊常) 목사가 박인덕의 대표 자격을 문제 삼은 일이 있다. 「들은 風月記」, 『삼천리』 제7권 제8호, 1935년 9월, 93쪽 및 「三千里 機密室 (The Korean Black Chamber)」, 『삼천리』 제7권 제9호, 1935년 10월, 24쪽 참조.

27) 박인덕, 「태평양을 다시 건너며, 세계기독교대회에 참석코저」, 『삼천리』 제8권 제1호, 1936년 1월. 108쪽.

28) 「궁금한 그 사람 그 뒤」, 『삼천리』 제8권 제11호, 1936년 11월, 178-179쪽. 그녀는 1926-1931년 사이의 "미국 유학길에서 세계 일주는 거반하게 된 셈이고, 조선 와서 4년 만에 다시 세계학생기독청년회 초대를 받아 제2차로 갔을 때

전 세계를 마저 돌은 셈"이라고 언급했다. 박인덕, 「파란 많은 나의 반생」, 212 쪽 및 「三千里 機密室 (The Korean Black Chamber)」, 앞의 글, 24쪽 참조.

29) 일곱 살 때 진남포에서 참외 장사하던 이야기를 하면서 그녀는 "제 먹고 제 입을 일에는 자신이 났"다고 서술한다. 「佳人獨宿空房記」, 앞의 글, 84쪽.

30) 미국 장님 시인의 후원을 받았는데, 그녀는 "남의 돈으로 공부하는 것이 황송 스럽고 또한 즐거워서 나는 공부 이외에 다른 것을 생각지 않"아 늘 학과 성 적이 좋았다고 한다. 박인덕, 「파란 많은 나의 반생」, 209-210쪽.

31) "흥보아라 나도 갈수 있다. 그대들의 배경이 없어도 나는 갈 터이니"하고 미 국으로 갈 준비를 했다고 한다. 『중외일보』 1929년 10월 31일자.

32) 박인덕, 「경성에서 시카고까지(1)」, 『동아일보』, 1927년 1월 20일자 및 중외일 보, 같은 신문 참조.

33) 자신의 남자다운 활발한 성격을 의식하면서 그녀는 "그 까닭에 아마 여자다 운 점이 다소라도 있는 여성이 되었는지 모른다"라고 서술한다. 「청춘을 앗 기는 佳人哀詞」, 『삼천리』 제7권 제3호, 1935년 3월, 103쪽.

34) 그녀에 대해서는 여동생인 허근욱이 쓴 회상 형식의 글이 있으며(허근욱, 「나 의 아버지 허헌과 언니 허정숙」, 『역사비평』 26호, 1994 가을호), 연구로는 서 형실, 「허정숙―근우회에서 독립투쟁동맹으로」, 『역사비평』 19호, 1992 겨울 호 및 신영숙, 「일제 시기 여성운동가의 삶과 그 특성 연구―조신성과 허정숙 을 중심으로」, 『역사학보』 150, 1996 등이 있다. 또한 송진희, 「허정숙의 생애 와 활동―사상과 운동의 변천을 중심으로」, 순천대학교 교육대학원 석사학 위논문, 2004와 아울러, 박석분·박은봉, 앞의 책에도 그녀에 관한 장이 실려 있다.

35) 「인재 순례―제2편 사회단체」, 『삼천리』 제5호, 1930년 4월, 10쪽, 강만길·성 대경 편, 『한국사회주의운동 인명사전』, 창작과비평사, 1996, 540-541쪽 및 박 석분·박은봉, 같은 책, 128-145쪽 참조. 뒤의 두 책은 상하이영어학교의 경력 을 소개하고 있지 않다.

36) 草土,「현대여류사상가들(3)─붉은 연애의 주인공들」,『삼천리』제17호, 1931 년 7월, 13쪽. 영어로 발간된 나이두의 시집으로는 *The Golden Threshold* (1905), *The Bird of Time* (1912), *The Broken Wing* (1918) 등이 있었다고 하는 데, 이 가운데 어느 책을 번역했는지는 확실치 않다.

37) 허정숙,「울 줄 아는 인형의 여자국 북미 인상기」,『별건곤』제10호, 1927년 12 월, 74쪽.

38) 草土,「현대여류사상가들(3)─붉은 연애의 주인공들」, 앞의 글, 14쪽.

39) 허근욱, 앞의 글, 223-224쪽. 백악관에서 대통령 방문 및 면담 사실은 과장이 나 왜곡으로 보인다.

40) 영국 런던에서 허헌은 영국 노동당 본부를 방문하기도 하고, 벨기에 브뤼셀 에서는 세계약소민족대회와 코론느에서 개최된 국제반제국동맹창립대회에 참석(1927년 2월 10일─20일)하여「한국에 대한 일본의 제국주의적 정치」라 는 제목의 보고 연설 등을 했다고 한다. 허근욱, 같은 글, 223-224쪽.

41) 김마리아와 박인덕이 유학 목적으로 머문 것에 비해, 허정숙은 컬럼비아대학 에서 수학했다고는 하더라도 고작 6개월 체류에 불과했다.

42) 김마리아,「사랑하는 고국 형님! 미국 '꽉'대학에서」(2),『동아일보』1925년 3 월 2일자.

43) 박인덕,「경성에서 시카고까지」(2),『동아일보』, 1927년 11월 21일자.

44) 허정숙, 앞의 글, 76쪽

45)『조선일보』1925년 5월 22일자 및 박용옥, 앞의 책, 330-331쪽.

46) 박용옥, 같은 책, 333쪽, 390쪽.

47) 김마리아,「사랑하는 고국 형님! 미국 '꽉'대학에서」(2), 앞의 글,「한 달의 '널 스' 생활」, 앞의 글.

48) 박인덕,「북미 대륙 방랑의 1년」,『우라키』제4호, 1930, 123쪽.

49) 박인덕, 같은 글, 123쪽.

50) 박인덕,「경성에서 시카고까지」(2), 앞의 글.

51) 박인덕의 미국에 대한 인식과 나혜석의 일본에 대한 태도가 지니는 흥미로운 유사성에 대해서는 김경일, 『여성의 근대, 근대의 여성: 20세기 전반기 신여성과 근대성』, 푸른역사, 2004, 84-91쪽 참조.

52) "과거 3, 4년간을 조선 땅에 쑥 박혀 있는 동안 너무나 정신상의 피로를 느꼈던 것이며, 또한 모든 것에서 뒤떨어진 듯한 감을 느꼈"다고 그녀는 적었다. 박인덕, 「태평양을 다시 건너며, 세계기독교대회에 참석코저」, 『삼천리』 제8권 제1호, 1936년 1월, 70쪽 참조.

53) 박인덕, 같은 글, 77쪽.

54) 미국 문명과 러시아 문명 가운데 어느 것을 모델로 삼아야 하는가란 흥미로운 질문에 대한 답변에서 박인덕은 두 나라가 개인주의와 집단주의, 사유제와 국유제, 종교의 공인과 부정, 가정의 존중과 무관심 등에서 대조된다고 하면서도, 미국 문명은 연로하고 이미 성숙된 반면, 러시아는 새 문명을 산출하려는 실험장에 있다는 점에서 직접 비교가 어렵다고 언급한다. 洪陽明 외, 「우리들은 亞米利加문명을 끌어 올까 露西亞문명을 끌어 올까?」, 『삼천리』 제4권 제7호, 1932년 5월, 14쪽. 또한 다음 장에서 보듯이 그녀는 일종의 성인교육 모범 사례를 미국보다는 유럽 사례를 통해 찾고자 했다. 이와 관련해서는 독일인의 품성과 독일 농촌에 관한 호의에 찬 평가가 주목될 필요가 있다. 박인덕, 「내가 본 독일 농촌」, 『삼천리』 제4권 제4호, 1932년 4월, 66-68쪽. 이 밖에도 인도 여행의 소감을 기록한 박인덕, 「인도 여행」, 『삼천리』 제12권 제4호, 1940년 4월, 256-260쪽 참조.

55) 하지만 그녀가 미국 문명을 비관적으로만 본 건 아니다. 열렬한 사회운동가답게 그녀는 미국 사회의 장래는 사회운동에 달려 있다고 보았다. 그녀는 "지금은 대두할 만한 세력을 가지지 못했다고 하지만, 암암리에 자라 오르는 그들의 세력은 어느 날이나 부정한 돈의 국가를 ××[전복―필자]하려는 기세를 가지고 있는 것을 엿볼 수 있"다고 적는다. 허정숙, 「울 줄 아는 인형의 여자국 북미 인상기」, 앞의 글, 74-75쪽.

56) 「단합하기 공부하자」, 『신한민보』1923년 8월 16일자, 박용옥, 앞의 책, 305-306쪽.

57) 박용옥, 같은 책, 393-394쪽.

58) 박인덕, 「6년 만의 나의 반도, 아메리카로부터 돌아와서 여장을 풀면서」, 『삼천리』제3권 제11호, 1931년 11월, 91쪽.

59) 허정숙, 앞의 글, 76-77쪽.

60) 「김마리아 제2회 신문조서」, 『한국독립운동사자료집』14(삼일운동 4), 국사편찬위원회, 1991, 25쪽, 박용옥, 앞의 책, 162쪽.

61) 「김마리아양 조선 탈출 전말」(3), 『동아일보』1925년 8월 17일자. 항일독립운동가열전인 『기려수필(騎驢隨筆)』에도 이와 비슷한 언급이 보인다. 즉 "우리 동포를 구하는 길이 정치에만 있는 것이 아니라 역시 그것이 교육에도 있다고 말하고 미주에 유학하고자 드디어 먼저 남경의 금릉대학에 갔다"는 것이다. 宋相燾, 『騎驢隨筆』, 국사편찬위원회, 1971, 272쪽, 박용옥, 같은 책, 292쪽.

62) 「단합하기 공부하자」, 『신한민보』1923년 8월 16일자, 박용옥, 같은 책, 297쪽, 305쪽.

63) 김마리아, 「사랑하는 고국 형님! 미국 '곽'대학에서」(2), 앞의 글.

64) 박용옥, 앞의 책, 103쪽.

65) 「김마리아가 고국의 친구에게 보낸 편지」, 『조선일보』1925년 5월 22일자, 박용옥, 같은 책, 315쪽, 320쪽.

66) 그녀의 법정 시효 만기는 1931년 5월이었다. 박용옥, 같은 책, 382-383쪽.

67) 이 시기의 자세한 활동 내용에 대해서는 박용옥, 같은 책, 410쪽 이하 참조.

68) 한 좌담회에서 그녀는 "아메리카의 여성들은 자기의 소질에 따라서 직업을 얻는 바, 교사 노릇을 많이 한"다고 언급했다. 「외국 대학 출신 여류 삼학사(三學士) 좌담회」, 『삼천리』제4권 제4호 1932년 4월, 35쪽.

69) 저렴한 등록금과 직업 교육에 주안점을 둔 켄터키주 메디슨시의 베리아대학(Berea College)에 많은 관심을 가지고 집중해서 소개한 것은 이러한 맥락에

서 이해된다. 자세한 내용에 관해서는 박인덕, 「북미 대륙 방랑의 1년」, 앞의 글, 125쪽 참조.

70) 박인덕, 「조선 사회와 장년 교육론」, 『삼천리』 제7권 제5호, 1935년 6월, 115쪽.

71) 박인덕, 『丁抹國民高等學校』, 경성: 조선기독교청년회연합회, 1932. 3부로 구성된 이 책은 1부에서 덴마크 국민고등학교 방문 기행을, 2부에서는 국민고등학교 운동에 대한 역사를 다루었으며, 마지막 3부에서는 그것을 모방해 조선 내에서 실험해보자는 취지에서 '국민수양소' 안을 제시했다. 박인덕의 이 책에 대해서는 『동광』지에서 논평한 글이 하나 있다. 이 서평은 덴마크의 경험을 조선에 적용할 경우, 자주국 대(對) 식민지 차이와 함께 런던, 베를린, 파리처럼 거대 소비시장을 배후에 둔 덴마크 대(對) "무자비하게 농촌을 흡취하려 하는 자본 및 반봉건의 세력이 거의 무제한으로 침윤"시키고 있는 조선 사이의 전혀 다른 조건을 고려해야 한다고 주장했다. 이 조건을 무시하고 덴마크 모델에 "비판보다는 찬미"를 앞세우면서 그것을 모방, 장려하는 것은 "미구에 파탄을 불면"하거나 "정치적, 경제적 현실의 앞에 허수아비 될 염려가 적지 않"다는 것이다. 「독서실」, 『동광』 제36호, 1932년 8월, 124쪽.

72) 위의 덴마크 사례의 3부에서 제안한 '국민수양소' 안을 염두에 둔 실행인지도 모르겠다. 나가카와 진토쿠(永河仁德)로 창씨 개명한 박인덕이 교장(塾長)을 맡고, 다수의 일본인을 강사로 선발했으며, 총 10만 원의 재단법인 형태로 설립했다. 「조선·내지·해외 화제」, 『삼천리』 제13권 제6호, 1941년 6월, 155쪽 참조.

73) 박용옥, 앞의 책, 94-96쪽.

74) 일상생활의 관습과 예절은 한국식을 존중해 하루에도 10여 차례나 반드시 공손히 꿇어앉는 평절로 인사하게 했다. 박용옥, 같은 책, 100-101쪽 참조.

75) 박용옥, 같은 책, 151쪽, 414-415쪽.

76) 박용옥, 같은 책, 148-149쪽, 157-158쪽.

77) 박용옥, 같은 책, 209쪽.

78) 박용옥, 같은 책, 233-234쪽.

79) 한국정신문화연구원 현대사연구소, 『遲耘 金錣洙』(자료총서 4), 한국정신문화연구원, 1999, 104쪽, 박용옥, 같은 책, 227-228쪽.

80) 미국유학생회의 소식지인 *The Korean Student Bulletin* (1925년 4월호, 국가보훈처 1999, 2-3쪽) 및 박용옥, 같은 책, 339쪽, 461쪽 참고.

81) 박인덕, 「경성에서 시카고까지」(2), 앞의 글.

82) 박인덕, 「6년 만의 나의 반도, 아메리카로부터 돌아와서 여장을 풀면서」, 『삼천리』 제3권 제11호, 1931년 11월, 89쪽.

83) 박인덕, 같은 글, 89쪽.

84) 김마리아, 「사랑하는 고국 형님! 미국 '팍'대학에서」(1), 앞의 글.

85) 김마리아, 「사랑하는 고국 형님! 미국 '팍'대학에서」(2), 앞의 글.

86) 「朝鮮 女流 10巨物 列傳(1)—박인덕, 황애시덕 양씨」, 앞의 글, 38쪽.

87) "마음이 외로워지며 새삼스러이 달빛조차 흐려지는 듯 하며 그 쾌활한 곡조차 애끓는 애연성을 띄며 바르르 떠는 길고 짧고 높고 얕은 멜로디가 가물가물 멀리 바다로 퍼지어 높고 넓은 여운이 그만 귀에서 마지막 사라질 때에는 더욱이나 청량하고 애달파"졌다고 적었다. 박인덕, 「경성에서 시카고까지」(1), 앞의 글.

88) 자유종은 "얼핏 보기에 몹시도 가련한 자유를 잃은 것같이 보였"지만, 사실은 "그 몸덩이에 쓰인 문구와 같이 온 세상 전 인류에게 자유를 광포했"다고 그녀는 적었다. 박인덕, 「미국 자유종각 방문기」, 『삼천리』 제5권 제3호, 1933년 3월, 46-47쪽.

89) 1939년 4월 독일은 폴란드와 1934년에 맺은 불가침 조약 파기를 선언했으며, 이어 9월에 폴란드를 침공했다. 제2차 세계대전의 시작이다.

90) 박인덕, 「열(熱)과 자유의 신이 잠자는 신비의 도성, '쇼팡'의 모국」, 『동아일보』 1939년 9월 10일자.

91) 박용옥, 앞의 책, 159-160쪽, 177쪽 이하

92) 근화회의 회장은 김마리아였으며, 총무는 황에스더였다. 실업부, 교육부, 사교부 등 세 부서를 두었는데, 김마리아와 황에스더가 각각 교육부와 실업부 책임을 맡고, 박인덕은 사교부 책임을 맡았다. 박용옥, 같은 책, 333-334쪽, 342-346쪽.

93) 박인덕, 「흑인과 미주의 인구 문제」, 『삼천리』 제12권 제9호, 1940년 10월, 79쪽.

94) 박인덕(永河仁德), 「임전 애국자의 대사자후(大獅子吼)!!—승전의 길은 여기 있다」, 『삼천리』 제13권 제11호, 1941년 11월, 36쪽.

95) 찬양회와 국채보상운동이 여성의 자의식과 해방에 미친 영향에 대해서는 김경일, 앞이 책, 40-43쪽 참조.

96) 박용옥, 앞의 책, 160-161쪽, 204-205쪽.

97) 1928년 2월 뉴욕 한인 사회의 유지들이 『3·1신보』의 발간을 계획, 추진하고 동지회도 조직했지만, 여기에 여성 유학생은 포함되지 않았다. 조선 사회보다 남녀평등 의식이 더 강하리라 기대되는 재미 한인 사회조차 여성에 대한 성차별 의식에서 자유롭지 못했다. 박용옥, 같은 책, 345쪽.

98) 김마리아, 「사랑하는 고국 형님! 미국 '꽉'대학에서」(2), 앞의 글.

99) 「佳人獨宿空房記」, 앞의 글, 88쪽.

100) 예컨대 교회 안에서 남녀 차별을 정당화하는 데 「고린도전서」 14장 34-35절과 「디모데전서」 2장 12-13절을 인용하는 것을 그녀는 지적하고 있다. 김마리아, 「조선기독교여성운동」, 『종교시보』 제3권 제1호, 1934년 1월, 10쪽, 박용옥, 앞이 책, 467쪽 참조.

101) 김마리아, 같은 글, 10쪽, 박용옥, 같은 책, 468쪽.

102) 이 경우 그녀가 언급한 사회 책임은 여자기독청년회나 절제 운동 등에 한정된다는 점에서도 그녀의 민족주의 성향을 엿볼 수 있다.

103) 「佳人獨宿空房記」, 앞의 글, 87-88쪽 참조.

104) 박인덕, 「6년 만의 나의 반도, 아메리카로부터 돌아와서 여장을 풀면서」, 앞이 글, 89-90쪽.

105 박인덕을 면담한 잡지사 기자는 "여권 존중에서부터 부인 해방을 절규하는 여사는 또한 결혼에 대하여도 대단히 자유스러운 견해를 가지고" 있다고 언급했다. 「朝鮮 女流 10巨物 列傳(1)―朴仁德, 黃愛施德 兩氏」, 앞의 글, 38쪽. 또 다른 자리에서 박인덕은 러시아 사례를 소개하면서 "남자 하는 일이 따로 있고 여자 하는 일이 따로 있지 않는 이상, 여자도 사회사업 하고 싶은 사람, 가정 살림하고 싶은 사람, 어린 애기 기르고 싶은 사람 다 각기 자기의 소질에 따라서 원하는 대로 일"해야 한다고 주장한다. 아울러 그녀는 러시아에서 어린이에 대한 절대 자유와 자유결혼을 언급하고 있다. 「외국 대학 출신 여류 삼학사 좌담회」, 앞의 글, 34-37쪽.

106) 박인덕, 「6년 만의 나의 반도, 아메리카로부터 돌아와서 여장을 풀면서」, 앞의 글, 90쪽.

107) 박인덕, 「조선 여자와 직업 문제」, 『우라키』 제3호, 1928, 47쪽. 어떤 경우든 그녀는 이와 대조되는 조선 사례를 함께 언급하고 있다. 서구 같은 정치적 지위는커녕 인간으로 취급받지도 못하면서 평생을 "가정 사업의 헤매이기"에 구속된 조선 여성의 현실을 일깨우는 것이다.

108) 박인덕은 랭킨을 미국 최초의 상원의원으로 언급하지만, 사실은 최초의 하원의원이다. 그녀는 의회에서 미국의 제1, 2차 세계대전 참전에 반대한 유일한 인물이었다. http://en.wikipedia.org/wiki/Jeannette_Rankin 참조. 박인덕은 1929년 여름 뉴욕의 한 호텔에서 그녀와 면담했다. 박인덕, 「내외 인물 인상기―미국 여성의 대표적 인물 랭킨스 양의 인상」, 『동광』 제32호, 1932년 4월, 37쪽 참조.

109) 박인덕, 「6년 만의 나의 반도, 아메리카로부터 돌아와서 여장을 풀면서」, 앞의 글, 91쪽.

110) 박인덕, 「조선 여자와 직업 문제」, 앞의 글, 48쪽.

111) 박인덕(永河仁德), 「임전 애국자의 대사자후(大獅子吼)!!―승전의 길은 여기 있다」, 앞의 글, 35쪽.

112) 박인덕(永河仁德), 「東亞 黎明과 半島 女性」, 『대동아』 제14권 제3호, 1942년 3월, 91쪽.

113) 허정숙, 「울 줄 아는 인형의 여자국 북미 인상기」, 앞의 글, 76쪽.

114) 「남편 재옥·망명 중 처의 수절 문제」, 『삼천리』 제10호, 1930년 11월, 38쪽.

제7장 차이와 구별로서의 신여성

1) 같은 해에 태어난 신여성으로는 박인덕(朴仁德, 1896-1980)을 들 수 있는데, 그녀는 미국으로 유학을 다녀왔으며, 이들과는 사뭇 다른 인생을 살았고, 크게 다른 주장을 펼쳤다. 이 외에도 윤심덕(尹心悳, 1897-1926)을 들 수 있지만, 1920년대 중반에 자살했다는 점에서 검토 대상에서 제외한다.

2) 양문규, 「1910년대 나혜석 문학의 또 다른 근대성」, 문학과사상연구회, 『근대 계몽기 문학의 재인식』, 소명, 2007, 249쪽.

3) 나혜석, 「아아 자유의 파리가 그리워―歐美 漫遊하고 온 후의 나」, 『삼천리』 1932년 1월호 (이상경 편, 『나혜석 전집』, 태학사, 2000).

4) 김경일, 『여성의 근대, 근대의 여성: 20세기 전반기 신여성과 근대성』, 푸른역사, 2004, 106-107쪽.

5) 서정자·남은혜 편, 『김명순 문학전집』, 푸른사상, 2010, 835쪽.

6) 나혜석, 「이상적 부인」, 『학지광』 1914년 12월호 (이상경 편, 앞의 책, 183쪽).

7) 이구열, 『나혜석 일대기―에미는 선각자였느니라』, 동화출판공사, 1974, 55쪽.

8) 김일엽, 「진리를 모릅니다―나의 회상기」, 『여성동아』 1971년 12월―1972년 6월 (『미래세가 다하고 남도록』(상), 인물연구소, 1974, 298쪽).

9) 나혜석이나 김명순과 비슷하게 그녀 역시 이탈리아에서 유학해 세계를 무대로 삼는 대성악가가 되는 꿈을 가지고 있었다(유민영, 『윤심덕―사의 찬미』, 民聲社, 1987, 80-81쪽).

10) The Modern Girl Around the World Research Group, *The Modern Girl around the World: Consumption, Modernity, and Globalization*, Duke University Press, 2008.

11) 예를 들면, "하나님! 하나님의 딸이 여기 있습니다. 아버지! 내 생명은 많은 축복을 가졌습니다. (…) 내게 무한한 광영과 힘을 내려주십쇼. (…) 상을 주시든지 벌을 내리시든지 마음대로 부리시옵소서"와 같은 내용이다(나혜석, 「경희」, 『여자계』 1918년 3월호 (이상경 편. 앞의 책, 103-104쪽).

12) 이상경 편, 같은 책, 682쪽.

13) 1920년 4월 정동 예배당에서 김필수 목사의 주례로 나혜석이 김우영과 기독교식으로 결혼식을 한 사실도 기독교의 영향을 짐작할 수 있게 한다. 나혜석, 「모된 감상기」, 『동명』 1923년 1월 1일—21일자 (이상경 편, 같은 책, 221-222쪽), 이상경, 『인간으로 살고 싶다—영원한 신여성 나혜석』, 한길사, 2000, 190쪽.

14) 김탄실, 「시로 쓴 반생기」, 『동아일보』 1938년 3월 10일—12일자 (서정자·남은혜 편, 『김명순 문학전집』, 푸른사상, 2010, 232쪽).

15) 김탄실, 「귀향」, 『매일신보』 1936년 10월 7일—13일자 (서정자·남은혜 편, 같은 책, 682-684쪽, 김명순, 「생활의 기억」, 『매일신보』 1936년 11월 19일—21일자 (서정자·남은혜 편, 같은 책, 695쪽).

16) B기자, 「삭발하고 장삼 입은 김일엽 여사의 회견기」, 『개벽』 1935년 1월호 (김일엽, 『미래세가 다하고 남도록』(하), 앞의 책, 224쪽).

17) 유민영, 앞의 책, 28쪽, 51-52쪽.

18) 羅英均, 『日帝時代, わが家は』(小川昌代 譯). 東京: みすず書房, 2003, 144쪽.

19) 김명순, 「네 자신의 우헤」, 『생명의 과실』, 한성도서주식회사, 1925 (서정자·남은혜 편, 앞의 책, 650쪽).

20) 김일엽, 「부녀 잡지 신여자 창간사」, 『신여자』 제1호, 1920년 3월 (김일엽, 『미래세가 다하고 남도록』(하), 앞의 책, 162-163쪽).

21) 김일엽, 「내가 남자라면—개성의 이해자로 아내를 해방」, 동아일보 1922년 1

월 3일자 (김일엽, 『미래세가 다하고 남도록』(하), 같은 책, 244쪽).

22) 나혜석, 「이혼 고백장―靑邱씨에게」, 『삼천리』 1934년 8, 9월호 (이상경 편, 앞의 책, 421쪽, 426쪽). 양문규는 이 시기 『학지광』이나 『청춘』 등에서 가장 중요한 의제가 자아 각성과 개성 구현이었다고 지적한다. 이 매체들을 통해 남성 계몽주의자들 역시 자아와 개성의 중요성을 강조했지만, 추상적 개념과 과거 방식에 의지해 생의 구체성과 유리된 공허함을 드러냈다. 하지만 나혜석은 경험적 사고를 통한 열정을 수반한다고 그는 언급한다(양문규, 앞의 글, 247쪽, 250-251쪽).

23) 김경일, 『근대의 가족, 근대의 결혼』, 푸른역사, 2012, 21-24쪽.

24) 김일엽, 「우리 신여자의 요구와 주장」, 『신여자』 제2호, 1920년 4월 (『미래세가 다하고 남도록』(하), 인물연구소, 1974, 165-166쪽).

25) 김명순, 「생활의 기억」, 앞의 글, 691-692쪽.

26) 나혜석, 「이상적 부인」, 앞의 글, 183-185쪽.

27) 나혜석, 「잡감―K언니에게 여(與)함」, 『학지광』 1917년 7월호 (이상경 편, 앞의 책, 193-194쪽).

28) 김일엽, 「부녀 잡지 신여자 창간사」, 앞의 글, 163쪽.

29) 양문규, 앞의 글, 247-248쪽.

30) 이일정, 「남녀의 동권은 인권의 대립―당파열 타파의 필요」, 『동아일보』 1920년 4월 3일자.

31) 김일엽, 「여자 교육의 필요」, 『동아일보』 1920년 4월 6일자.

32) 김일엽, 「먼저 현상을 타파하라」, 『신여자』 제4호, 1920년 6월 (김일엽, 『미래세가 다하고 남도록』(하), 앞의 책, 179쪽).

33) 나혜석, 「이상적 부인」, 앞의 글, 184쪽, 김경일, 『여성의 근대, 근대의 여성: 20세기 전반기 신여성과 근대성』, 앞의 책, 48쪽.

34) 이일정, 앞의 글.

35) 양문규는 현모양처 교육에 대한 나혜석의 이러한 비판이 같은 시기 다른 유

학생의 글에서는 단 한 편도 발견되지 않는다는 점에서 그 선진성을 평가한다(양문규, 앞의 글, 248쪽).

36) 김명순, 「계통 없는 소식의 일절」, 『신여성』 1924년 9월호 (서정자·남은혜 편, 앞의 책, 635쪽).

37) 김일엽, 「우리 신여자의 요구와 주장」, 앞의 글, 166쪽.

38) 나혜석, 「신생활에 들면서」, 『삼천리』 1935년 2월호 (이상경 편, 앞의 책, 438쪽).

39) 조선과 일본에 대한 김명순의 태도나 민족 영역에서 나혜석의 이중성에 대한 논의로는 각각 김경일, 『여성의 근대, 근대의 여성: 20세기 전반기 신여성과 근대성』, 앞의 책, 93-97쪽 및 101-104쪽 참조.

40) 김일엽, 「여자의 자각」, 『신여자』 제3호, 1920년 5월 (『미래세가 다하고 남도록』(하), 앞의 책, 176쪽).

41) 김일엽, 「잡지 신여자 머리에 씀」, 『신여자』 제3호, 1920년 5월 (『미래세가 다하고 남도록』(하), 같은 책, 172-173쪽).

42) 김경일, 『여성의 근대, 근대의 여성: 20세기 전반기 신여성과 근대성』, 앞의 책, 93-96쪽.

43) 그녀는 사회 제도와 교육에 근거를 두고 남녀 차별의 문제를 설명한다. "[남녀불평등 문제는] 남자 그 사람만 잘못이라 할 수 없고, 여자 그 사람만 불쌍하다고 할 수 없이 사회 제도가 그릇되었고, 교육 그것이 잘못 되었"기 때문이라는 것이다(나혜석, 「생활 개량에 대한 여자의 부르짖음」, 『동아일보』 1926년 1월 24일—30일자 (이상경 편, 앞의 책, 277-278쪽)).

44) 나혜석, 같은 글, 277-278쪽.

45) 예를 들면, 남녀평등에 대한 지지에도 불구하고 나혜석은 가정 내 부부 사이의 남녀평등에 대해서는 정작 모호한 태도를 보였다(김경일, 『근대의 가족, 근대의 결혼』, 앞의 책, 45쪽).

46) 김일엽, 『미래세가 다하고 남도록』(하), 같은 책, 215쪽, 219쪽.

47) 여성의 권리를 급진으로 부르짖기보다는 자유주의 사상에 기반을 두어 여성

계몽과 여권 신장을 주장하는 수준에 머문다는 점에서, 박인덕의 여성운동은 본격적인 페미니즘의 기준으로 보면 크게 미흡하다고 김욱동은 지적한다. 박인덕은 초기 단계의 자유주의 페미니즘을 전개한 것으로 보아야 한다는 것이다(김욱동, 「박인덕의 『구월 원숭이』—자서전을 넘어서」, 『로컬리티 인문학』 3, 2010, 294-295쪽).

48) 나혜석 외. 「설문 응답」, 『삼천리』 1930년 5월호 (이상경 편, 앞의 책, 627쪽).

49) 나혜석, 「프랑스 가정은 얼마나 다를까」, 『동아일보』 1930년 3월 28일—4월 2일자 (이상경 편, 같은 책, 299쪽).

50) 김일엽, 『미래세가 다하고 남도록』(하), 앞의 책, 226쪽.

51) 김일엽, 「진리를 모릅니다—나의 회상기」, 앞의 글, 298쪽.

52) 김일엽. 「근래의 연애 문제」, 『동아일보』 1921년 2월 24일자 (『미래세가 다하고 남도록』(하), 앞의 책, 183쪽).

53) 김일엽, 「나의 정조관」, 『조선일보』 1927년 1월 8일자 (『미래세가 다하고 남도록』(하), 같은 책, 158쪽).

54) 김일엽. 「근래의 연애 문제」, 앞의 글, 184쪽.

55) 김경일, 『근대의 가족, 근대의 결혼』, 앞의 책, 26-32쪽, 336쪽 이하 참조.

56) 김일엽, 『미래세가 다하고 남도록』(하), 앞의 책, 219쪽.

57) 김일엽, 같은 책, 208쪽.

58) 김명순, 「애?」, 『애인의 선물』, 1927 (서정자·남은혜 편, 앞의 책, 678쪽).

59) 김상배, 『김명순 자전 시와 소설—꾸밈없이 살았노라』, 춘추각, 1985, 257쪽, 김명순, 「나는 사랑한다」, 『동아일보』 1926년 9월 2일자 (서정자·남은혜 편, 앞의 책, 561쪽).

60) 나혜석, 「강명화의 자살에 대하여」, 『동아일보』 1923년 7월 8일자 (이상경 편, 앞의 책, 252쪽).

61) 나혜석, 「독신 여성의 정조론」, 『삼천리』 1935년 10월호 (이상경 편, 같은 책, 475쪽).

62) 나혜석, 「이혼 고백장―靑邱씨에게」, 앞의 글, 406쪽, 이구열, 앞의 책, 184-185쪽.

63) 나혜석, 「독신 여성의 정조론」, 앞의 글, 432쪽.

64) 나혜석, 같은 글, 473쪽.

65) 김일엽, 「K언니에게」, 『신여자』 제2호, 1920년 4월 (김일엽, 『미래세가 다하고 남도록』(하), 앞의 책, 300쪽).

66) 김일엽, 『미래세가 다하고 남도록』(하), 같은 책, 217쪽.

67) 나혜석, 「이혼 고백장―靑邱씨에게」, 앞의 글, 425쪽.

68) 나혜석, 「신생활에 들면서」, 앞의 글, 431-432쪽.

69) 나혜석, 「독신 여성의 정조론」, 앞의 글, 474쪽.

70) 김일엽, 「우리 신여자의 요구와 주장」, 앞의 글, 164-165쪽.

71) 나혜석, 「잡감―K언니에게 여(與)함」, 앞의 글, 196쪽.

72) 나혜석, 「이혼 고백장―靑邱씨에게」, 앞의 글, 425쪽.

73) 1927년 2월의 『별건곤』 제4호, 「米國, 中國, 日本에 다녀온 女流人物評判記」 (23쪽)에서 대담자는 김일엽과 김명순을 왜 여자계의 명물이라고 부르냐고 묻는다. 이에 대해 다른 대담자는 "연애를 네댓 번씩하고 결혼을 일 년에 한 번씩은 하고 그만하면 명물"이라면서, "그러고도 무슨 회석(會席)상에 가서 뻔뻔히 의견을 말하고 신문 지상에 신 정조관(新貞操觀)을 발표하고 시 쓰고 문(文)쓰고 소설 쓰고 기자라고 인력거" 타고 다니는 것이 가소롭다고 냉소한다. 이들이 그렇게 된 데에는 "사회의 죄도 일부분은 있"지 않느냐는 상대방의 말에 그는 "사회의 죄가 무슨 죄임닛가? 전혀 모다 자취지얼(自取之孼)이지요. 제 생각으로는 하나도 동정할 것이 없다"라고 대답한다.

74) 김일엽, 「먼저 현상을 타파하라」, 앞의 글, 180쪽. 김일엽은 "우리 각성한 여자는 이를 적으로 대하고 나아가야 한다"라면서, 자기 개조와 현상 타파를 촉구하고 있다.

75) 김명순, 「네 자신의 우혜」, 앞의 글, 650쪽.

76) 나혜석, 「신생활에 들면서」, 앞의 글, 438쪽.

77) 대표적인 사례로 1921년 『동아일보』 지상에서 여성의 의복 개량 문제를 놓고 김일엽과 나혜석이 벌인 토론을 들 수 있다. 김일엽의 「부인 의복 개량에 대하여—한 가지 의견을 드리나이다」(4회, 『동아일보』 1921년 9월 10일—14일)에 대해 나혜석이 마찬가지로 4회에 걸쳐 「부인 의복 개량 문제—김원주형의 의견에 대하여」(같은 신문, 9월 29일—10월 1일)라는 제목으로 자신의 의견을 피력한 것이다. 두 사람 모두 "위생과 예의와 미를 겸한 가장 편하고 가장 완전한 개량복"을 모색해야 한다는 의견에 동의하면서도, 나혜석은 사치를 부정하고 검박(儉朴)을 강조하는 것은 "인류의 진화적 본능을 무시하는" 것이라고 평가했다. 사회의 부가 증대됨에 따라 "작일의 사치품이 금일의 실용품이" 될 가능성을 시야에 넣어야 한다는 것이다. 김일엽, 「부인 의복 개량에 대하여—한 가지 의견을 드리나이다」, 『동아일보』 1921년 9월 10일—14일자 (김일엽, 『미래세가 다하고 남도록』(하), 앞의 책, 192쪽), 나혜석, 「김원주 형의 의견에 대하여—부인 의복 개량 문제」, 『동아일보 1921년 9월 28일—10월 1일자 (이상경 편, 앞의 책, 215-216쪽) 참고.

78) 김일엽, 「나의 정조관」, 앞의 글, 158쪽.

79) 김일엽, 같은 글, 157쪽.

80) 김일엽, 같은 글, 158쪽.

81) 1930년대에 들어와 처녀성에 대한 그녀의 입장은 다소 완화되는 듯 보인다. 1931년 '정조 파괴 여성의 재혼론'에 대한 의견을 묻는 『삼천리』의 기획에서 김일엽은 "처녀·비처녀의 관념을 양기(揚棄)"할 것을 촉구하고 있다(김일엽, 「처녀·비처녀의 관념을 양기하라—정조 파괴 여성의 재혼론」, 『삼천리』 1931년 2월 (『미래세가 다하고 남도록』(상), 앞의 책, 194-195쪽). 그러나 해방 후인 1970년의 회고록에서 그녀는 '개조 처녀' 혹은 '처녀로의 재귀(再歸)' 등의 표현을 동원해 과거 자신의 신 정조론을 정리하면서 그러한 원칙에서 자신은 "대상되는 이성(異性)에 지극히 충실했다"라고 말하고 있다(김일엽, 「진리를

모릅니다—나의 회상기」, 앞의 글, 332쪽). 이러한 점에서 김일엽의 신 정조
론은 처녀성과 순결의 이데올로기를 일관된 준거로 삼고 있다고 말할 수 있
다.

82) 김일엽, 「나의 정조관」, 앞의 글, 159쪽.

83) 김일엽, 같은 글, 157쪽.

84) 김일엽, 「진리를 모릅니다—나의 회상기」, 앞의 글, 299쪽.

85) 아울러 김일엽의 정조관이 남성에 대한 예속을 전제로 제시된 이론이라는 임
　　종국의 비판을 포함한 자세한 논의에 관해서는 김경일, 『근대의 가족, 근대의
　　결혼』, 앞의 책, 288-289쪽, 439쪽 참조.

86) 김명순, 「이상적 연애」, 『조선문단』 1925년 7월호 (서정자·남은혜 편, 『김명
　　순 문학전집』, 푸른사상, 2010, 654쪽).

87) 김명순, 「계통 없는 소식의 일절」, 앞의 글, 635쪽.

88) 나혜석, 「잡감—K언니에게 여(與)함」, 앞의 글, 192쪽, 「나의 여교원 시대」,
　　『삼천리』 1935년 6월호 (이상경 편, 앞의 책, 462쪽).

89) 김원주, 「재혼 후 일주년—인격 창조에」, 『신여성』 1924년 9월호, 40-43쪽.

90) 김명순, 「부친보다 모친을 존경하고 여자에게 정치사회문제를 맡기겠다」, 『동
　　아일보』 1922년 1월 7일자 (서정자·남은혜 편, 앞의 책, 619쪽).

91) 이하에서 논의하는 나혜석의 모성 개념에 관해서는 김경일, 『근대의 가족, 근
　　대의 결혼』, 앞의 책, 215-221쪽 참조.

92) 나혜석, 「이혼 고백장—靑邱씨에게」, 앞의 글, 414쪽.

93) 그녀가 모성의 본능성을 완전히 부정하는 건 아니다. "솟아오르는 정의 본능
　　성이 없다는 부인설이 아니라 자식에 대한 정이라고 별다른 것은 아니라고 말
　　하고 싶다"라고 말하고 있기 때문이다(나혜석, 「모된 감상기」, 앞의 글, 233쪽).

94) 나혜석, 같은 글, 232-233쪽.

95) 이에 관한 보다 상세한 논의는 김경일, 『근대의 가족, 근대의 결혼』, 앞의 책,
　　381쪽 이하 참조.

96) 나혜석, 「이성 간의 우애론 —아름다운 남매의 기(記)」, 『삼천리』 1935년 6월 호 (이상경 편, 앞의 책, 454쪽). 소완규는 1902년 전북 익산군의 지주 집안에서 태어나 중국과 일본에 유학했다. 1930년에 니혼대학 법률과를 마친 후 1932년 메이지대학 고등연구과를 졸업하고 1933년 변호사로 개업했다. 『조선일보』, 『조선중앙일보』 감사역을 지내기도 했는데 일제 말 친일 단체에서 활동했다. 해방 후 조선변호사회 회장, 미군정 사법부 차장 등으로 활동하다가 한국 전쟁 중 납북되었다. 국사편찬위원회 한국근현대인물자료(https://db.history.go.kr/item/level.do?levelId=im_107_00429) 및 위키백과(https://ko.wikipedia.org/wiki/소완규) 해당 항목 참조.

97) 나혜석, 「이혼 고백장—靑邱씨에게」, 앞의 글, 406쪽.

98) 나혜석 외, 앞의 글, 54쪽.

99) 나혜석, 「현숙(玄淑)」, 『삼천리』 1936년 12월호 (이상경 편, 앞의 책, 153쪽, 159쪽).

100) 나혜석, 같은 글, 165쪽.

101) 안숙원, 「신여성과 에로스의 역전극—나혜석의 『현숙』과 김동인의 『김연실전』을 대상으로」, 『여성문학연구』 제3호, 2000, 67쪽.

102) 나혜석, 「현숙(玄淑)」, 앞의 글, 158쪽.

103) 나혜석, 같은 글, 162쪽.

104) 안숙원, 앞의 글, 74쪽.

제8장 지배와 연대 사이에서

1) 이규수, 「'재조 일본인' 연구와 '식민지 수탈론'」, 『일본역사연구』 제33집, 2011, 145쪽, 「재조 일본인의 추이와 존재 형태—수량적 검토를 중심으로」, 『역사교육』 125, 2013, 38쪽.

2) 梶村秀樹『朝鮮史と日本人』(梶村秀樹著作集 第1巻), 東京: 明石書店, 1992, 193쪽 이하의「植民地と日本人」,「植民地朝鮮での日本人」참조. 이준식,「재조(在朝) 일본인 교사 죠코(上甲米太郎)의 반제국주의 교육노동운동」,『한국민족운동사연구』49, 2006, 8쪽, 이형식,「재조 일본인 연구의 현황과 과제」,『일본학』제37집, 2013, 246-247쪽.

3) 高崎宗司,『植民地朝鮮の日本人』(岩波新書 790), 東京: 岩波書店, 2004, 1쪽, 이규수,「재조 일본인의 추이와 존재 형태—수량적 검토를 중심으로」, 앞의 글, 38쪽.

4) 이형식, 앞의 글, 246쪽.

5) 이규수,「재조 일본인의 추이와 존재 형태—수량적 검토를 중심으로」, 앞의 글, 38쪽, 40쪽.

6) 하라 토모히로(原智弘),「재조 일본인 교원의 조선 체험—어느 사범학교 교원의 사례」,『한국사연구』153, 2011, 315쪽.

7) 안홍선,「12살 소녀들을 정신대로 보낸 어느 일본인 교사의 '참회의 여정'」,『교육비평』제21호, 2006, 143쪽.

8) 小雄英二,『〈日本人〉の境界: 沖縄・アイヌ・台湾・朝鮮 植民地支配から復帰運動まで』, 東京: 新曜社, 1998.

9) 기유정,「일본 제국과 제국적 주체의 정체성—『綠旗』속 모리타 요시오(森田芳夫)의 국체론과 정체성 분석을 중심으로」,『일본학』제35집, 2012, 124쪽.

10) 〈표8-1〉및 이규수,「'재조 일본인' 연구와 '식민지 수탈론'」, 앞의 글, 168쪽의 [부표1] 참조.

11) 〈표8-1〉참조. 일제 말기인 1945년의 통계는 자세하지 않지만, 김경남은 패전에 따라 조선에서 본국으로 송환된 일본인의 규모를 대략 80만 명 정도로 추산한다(김경남,「재조선 일본인들의 귀환과 전후의 한국 인식」,『동북아역사논총』21호, 2008, 305쪽). 이연식은 패전 이후 한반도에서 일본으로 돌아간 일본인의 규모를 최소 92만 명에서 100만 명 정도로 추산하는 일본 후생성의

자료를 소개한다. 이 중에서 민간인은 남한이 42만 명, 북한이 30만 명으로 대략 72만 정도에 이른다(厚生省社會援護局援護50年史編集委員會, 『援護50年史』, 1997, 730쪽, 이연식, 『조선을 떠나며-1945년 패전을 맞은 일본인들의 최후』, 역사비평사, 2012, 130쪽)

12) 경성(38,397), 부산(24,936), 인천(11,126), 마산(7,081), 평양(6,917), 대구(6,492)의 순서였으며, 다음이 중국으로 상하이(6,877), 안동(6,097), 봉천(5,044)이었다(키무라 겐지(木村健二), 「식민지 하 조선 재류 일본인의 특징-비교사적 시점에서」, 『지역과 역사』 15호, 2004, 254쪽). 이는 거류지의 통계로서 1895년에 이미 식민지로 강제 병합된 대만의 인구는 반영되지 않은 것이다.

13) 통계의 전거를 밝히고는 있지 않지만, 1940년 조선 거주 일본인의 수를 키무라는 707,337명으로 제시한다. 그에 따르면, 1940년 시점에서 일본 제국의 식민지와 세력권에 체재하는 전체 일본인 수는 2,898,643명에 달했다(木村健二, 같은 글, 260쪽).

14) 앞서 언급했듯이 서민이 중심이 된 풀뿌리 침략에 대한 다카사키의 지적은 이러한 맥락에서 나온 것이다. 키무라는 일본인의 식민지 조선 진출의 특징은 자영 중소 상공업자를 중심으로 한 전 계층의 진출이었다고 주장한다. 〈표 8-2〉에서 보면, 상업 및 교통업에다 중소의 독립 자영업자와 상업 사용인 그리고 음식점 종업원을 포함한 수치다. 일본 제국의 판도에서 일본인의 식민지·세력권으로의 진출·정주는 중소 상공업자의 두터운 존재를 특징으로 한다. 그중에서도 1876년 부산 개항 이후의 긴 역사를 가지는 조선에서 이러한 특징이 가장 뚜렷하게 나타난다고 그는 지적한다(木村健二, 같은 글, 261쪽, 273쪽).

15) 박광현, 「'재조선(在朝鮮)' 일본인 지식 사회 연구-1930년대의 인문학계를 중심으로」, 『일본학연구』 제19집, 2006, 132쪽.

16) 박광현, 같은 글, 133쪽.

17) 예컨대 다바타 가야, 「식민지 조선에 살았던 일본 여성들의 삶과 식민주의 경험에 관한 연구」, 이화여자대학교 석사학위논문, 1996, Nicole Cohen, "Children of Empire: Growing up Japanese in Colonial Korea, 1876-1946," Ph.D. diss., Columbia University, 2006, 헬렌 리, 「제국의 딸로서 죽는다는 것」, 『아세아연구』 51권 2호, 2008, 이연식, 『패전 후 한반도에서 돌아간 일본인 여성의 귀환 체험』, 『한일민족문제연구』 17, 2009, Jun Uchida, *Brokers of Empire: Japanese Settler Colonialism in Korea, 1876-1945*, Cambridge: Harvard University Asia Center, 2011, Kweon Sug-In, "Japanese Female Settlers in Colonial Korea: Between the 'Benefits' and 'Constraints' of the Colonial Society," *Social Science Japan Journal*, 17(2), 2014 등 참조. 또 다른 논문에서 권숙인(「식민지 조선의 일본인 화류계 여성―한 게이샤 여성의 생애사를 통해 본 주변부 여성 식민자」, 『사회와역사』 103집, 2014)은 일본인 예기(藝妓) 여성의 생애사를 분석하고 있다.

18) 예컨대 조사·학술 사업에서는 이마무라 도모(今村鞆)와 조선사학회, 경성제대에서의 학술 연구 사업에 관한 연구(김혜숙, 「이마무라 도모(今村鞆)의 조선 풍속 연구와 재조 일본인」, 『한국민족운동사연구』 48, 2006, 박광현, 앞의 글)와 『綠旗』와 모리타 요시오(森田芳夫)에 관한 연구(기유정, 앞의 글), (여성) 교육에서는 오쿠무라 이오코(奧村五百子), 후치자와 노에(淵澤能惠)와 츠다 세츠코(津田節子) 등에 관한 선행 연구(加納実紀代, 「奧村五百子: '軍國昭和'に生きた明治一代女」, 『思想の科學』, 1975年 9月号, 任展慧, 「朝鮮統治と日本の女たち」, 『ドキュメント女の百年 5: 女と權力』, 平凡社, 1978)를 잇는 후속 연구(윤정란, 「19세기 말 20세기 초 재조선 일본 여성의 정체성과 조선교육사업: 기독교 여성 후치자와 노에(淵澤能惠: 1850-1936)를 중심으로」, 『역사와경계』 73, 2009, 스가와라 유리(菅原百合), 「일제 강점기 후치자와 노에(淵澤能惠: 1850-1936)의 조선에서의 활동」, 『일본학』 제35집, 2012)와 아울러 언론계에서는 호소이 하지메(細井肇)와 마키야마 고조(牧山敬藏)에 관한

연구(윤소영, 「호소이 하지메(細井肇)의 조선 인식과 제국의 꿈」, 『한국근현대사연구』 제45집, 2008, 김종식, 「재조선 일본인의 일본 인식—재조 일본인 정치가 마키야마 고조를 중심으로」, 한국일본학회 학술대회 발표문, 2013) 등이 있다.

19) 咲本和子, 「'皇民化'政策期の在朝日本人: 京城女子師範學校を中心に」, 『國際關係學研究』 25, 1998, 原智弘, 앞의 글, 또한 안태윤, 「식민지에 온 제국의 여성: 재조선 일본 여성 쓰다 세츠코를 통해서 본 식민주의와 젠더」, 『한국여성학』 제24권 4호, 2008 참조.

20) 原智弘, 같은 글, 311-312쪽.

21) 정준영, 「경성제국대학 교수들의 귀환과 전후 일본 사회」, 『사회와역사』 제99집, 2013, 82쪽.

22) 정준영, 같은 글, 85쪽. 박광현(앞의 글, 125쪽 이하)은 1930년대 조선의 인문학계에 초점을 맞춰 경성제대를 중심으로 한 재조선 일본인 지식 사회의 형성 원리를 검토하고 있다.

23) 종전 이전 일본에 들어와 학계에 자리 잡은 일부 교수를 제외하고는 종전 이후 일본으로 귀환해 정규직 지위를 가진 경우가 극히 드물었다고는 하지만, 이들은 식민지 경험을 자산으로 전후 일본의 대학 사회에 합류하는 데 성공하는 양상을 보이기도 했다. 몇 년 동안 불안정한 상태를 거쳐 일부는 도쿄대학을 비롯해 주요 지방 국립대학 및 사립대학 교수로 자리 잡았다. 나아가 일부는 경성제대 학연을 기반으로 대학 내에서도 응집성이 강한 집단(이른바 '조선부락')을 형성하기도 했다(정준영, 같은 글, 110쪽, 114쪽).

24) 이준식, 앞의 글, 9쪽.

25) 梶村秀樹, 앞의 책, 239-240쪽, 김경일, 『한국 근대 노동사와 노동운동』, 문학과지성사, 2004, 496-497쪽.

26) 磯谷季次, 『わが靑春の朝鮮』, 影書房, 1984 (김계일 옮김, 『우리 청춘의 조선: 일제 하 노동운동의 기록』, 사계절, 1988).

27) 1926년부터 1936년 사이에 재조 일본인이 치안유지법 위반으로 기소된 사례
는 18건, 33명이었는데, 이 가운데 1931-1933년이 12건, 24명에 달했다. 園部
裕之,「在朝日本人の參加した共產主義運動-1930年代における」,『朝鮮史研
究会論文集』26, 1989, 235쪽, 이준식, 앞의 글, 10쪽. 또한 미즈노 나오키(水
野直樹),「1930년대 전반 재조 일본인(在朝日本人)의 사회운동과 그 역사적
의미」,『인문논총』제77권 제2호, 2020, 132쪽 이하 참조. 이노우에는 조선인
이 주도하는 운동에 이들 일본인이 분산 참가하는 형태를 보이는 점에서 "식
민지에서 일본 공산주의자의 투쟁"을 꾸준히 강조한 코민테른의 방침에도 불
구하고, "(식민지) 본국 공산주의(당)"에 의해 조직 차원에서 실천된 사례는
거의 없었다고 지적한다(井上學,「1930年代日朝共産主義者の邂逅-三宅鹿之
助と李載裕」, 加藤哲郎 伊藤晃 井上學 編,『社會運動の昭和史―語られざる
深層』, 白順社, 2006, 206-207쪽).

28) 原智弘, 앞의 글, 313쪽.

29) 이에 대해서는 1960년대 이래로 일본에서 꾸준하게 연구 성과가 나오고 있
다. 그 상세 목록은 原智弘, 같은 글, 312쪽의 주2 참조. 한국에서 이 사례를
연구한 이준식은 죠코가 주도한 교원노동자조합 사건에서 조선의 민족해방
관련 내용이 거의 드러나지 않는다는 점에 주목했다. 그리고 그 이유에 대해,
일본인이 조선 민족의 해방을 위한 투쟁에 나섰다는 사실이 세상에 알려지는
것을 극구 꺼린 경찰이 교육노동자조합사건을 프롤레타리아 교육운동으로
규정하려 했기 때문이라고 설명했다. 그러나 이 사건의 저간에는 식민지 조
선의 아동을 참되게 교육하기 위해서는 일본 제국주의로부터 조선 민족을 해
방하는 과제가 선결되어야 한다는 죠코의 생각이 깔려 있었다. 종전되고 일
본으로 귀환한 다음에도 그는 재일 조선인 거주 지역에서 사회교육운동에 헌
신함으로써 뜻을 함께하는 소수의 일본인들과 재일 조선인들로부터 지금까
지도 '인민교사'로 기억되고 있다(이준식, 앞의 글, 26-27쪽, 31쪽). 이러한 죠
코의 사례가 이 장의 도입절에 인용한 안홍선의 언급―"한쪽 끝의 경계에서

또 다른 한쪽으로 이어지는"—에 부합하는 재일 조선인과 재조 일본인의 사례에 해당하는지도 모르겠다.

30) 그에 관해서는 2000년대 중반 이래 일본에서 2편 정도의 연구가 나와 있고, 비슷한 시기 한국에서는 안홍선이 그에 관한 논문을 발표했다. 原智弘, 앞의 글, 312-313쪽의 주3 및 안홍선, 앞의 글 참조.

31) 桶口雄一,「上甲米太郎が問いかけるもの」,高麗博物館 編,『植民地・朝鮮の子どもたちと生きた教師上甲米太郎』, 東京: 大槻書店, 2010, 16쪽, 안홍선, 같은 글, 170쪽, 原智弘, 같은 글, 313쪽. 그런가 하면 조선에서 공산주의 운동에 관여한 미야케가 옥살이하는 동안 그의 아내인 미야케 히데(三宅秀子)가 생활 방편으로 운영한 서점에 때때로 "2, 3명의 청년들이 몰려와 진열된 책에 침을 뱉는 등의 온갖 고통을 감내"해야 했다. 井上學, 앞의 글, 202쪽 참조.

32) 그는 "조선인과 함께 감옥으로 가고 그를 통하여 조선인으로부터 주체적으로 배운다는 자세를 확립"했다는 점에서 "이들이야말로 오늘날까지 의의를 가질 수 있는 유일한 한일연대 사상의 선구자"라고 평가하면서도, "극히 빼어난 개인으로서의 감수성과 모랄에 의해 재단된 것으로 조직으로서의 자세의 표출"이었다는 점에서 "식민자 사회를 뒤흔들지는 못하고 거기서 뛰쳐나온 극소수자의 행동으로밖에 성립되지 않은 데 문제의 심각성이 있"다고 지적한다(梶村秀樹, 앞의 책, 239-240쪽). 이준식(앞의 글, 30-31쪽) 역시 조선의 다른 일본인이 죠코를 '미친놈'으로 부르면서 이단 취급을 했다는 하타다 다카시(旗田巍)의 회고를 언급하고 있다. 하타다는 소년기를 식민지 조선에서 보내고 나중에 도쿄대학 역사학 교수를 지냈다.

33) 그의 부임 당시 학내에는 1926년에 입학한 1기 조선인 학생들이 만든 자주 서클인 경제연구회가 있었다. 학내에서 "1년간 계속하여 유물사관과 마르크스 경제학을 해설"하여 "단도직입적인 맑시스트" 교수로 알려진 그는 좌익 교수로 알려진 스즈키 타케오(鈴木武雄)와 함께 이 학회의 지도교수를 맡았다. 경제연구회에 속한 최용달(崔容達), 이강국(李康國), 박문규(朴文圭) 등은 1927

년에 입학한 법문학부 2기로 미야케가 부임해 처음 가르친 학생들이었다. 井上學, 앞의 글, 188-189쪽.

34) 井上學, 같은 글, 189-190쪽. 독일에서 그의 활동은 전명혁, 「1930년대 초 코민테른과 미야케(三宅鹿之助)의 정세 인식」, 『역사연구』 16호, 2006, 59-63쪽에 자세한 내용이 소개되어 있다. 이밖에도 그에 관한 언급으로는 磯谷季次, 앞의 책, 153-159쪽 및 변은진, 「1930년대 경성 지역 혁명적 노동조합연구」, 한국근현대사연구회 1930년대 연구반, 『일제 말 조선 사회와 민족해방운동』, 일송정, 1991, 276-277쪽 참조.

35) 井上學, 같은 글, 190쪽.

36) 井上學, 같은 글, 188쪽.

37) 「三澤, 李載裕ノ協議決定セル各種情勢討議」가 그것인데(한홍구·이재화 편, 『한국민족해방운동사자료총서』(제4권), 경원문화사, 1988, 182쪽 이하), 합의된 사항을 미야케가 집필한 것으로 전해진다. 작성 후 미야케는 이를 그릇으로 덮어 화로 밑에 넣어두었는데 검거 당시에 일부가 소각되어 완전한 내용을 파악할 수는 없다(김경일, 『이재유, 나의 시대 나의 혁명』, 푸른역사, 2007, 135-138쪽).

38) 검찰의 기록에 따르면, 미야케가 정태식과 함께 이 그룹의 존재를 알게 된 시기는 1934년 4월 초라고 하지만, 그 전에 알았을 가능성도 전혀 배제할 수는 없다(김경일, 같은 책, 141쪽).

39) 미야케는 이 그룹의 문화 방면에서 (1) 조선에서 농업 문제를 철저하게 근본적으로 연구할 것, 조선의 신문 지상들에 나타나는 사회민주주의 및 민족개량주의를 철저하게 비판할 것, 당시 조선인 사이에서 이상한 충동을 야기한 백남운의 『조선 사회경제사』를 철저하게 비판할 것, (2) 공산주의 운동의 자료로서 독일어로 된 제13차 코민테른 집행위원회 총회 테제를 번역, 제공할 것 등을 구체화하여 협정했다(김경일, 같은 책, 141-142쪽).

40) 관보에는 "치안유지법 위반 범인 장익죄(藏匿罪)"에 따른 실관(失官)으로 공

시되었다(안용식 편, 『조선총독부 하 일본인 관료 연구』(III), 2003, 400쪽).

41) 三宅鹿之助, 「感想錄」, 『思想彙報』 第4號, 1935年 9月, 203쪽. 이노우에(井上學, 앞의 글, 203쪽)는 미야케가 여기서 공산주의와 천황제를 대치시키고 있을 뿐, 조선 민족의 해방운동을 부정하는 대목이나 조선 민족에 대한 자신의 '동정'에 관한 '반성'이 전혀 없다는 점에 주목한다.

42) 井上學, 같은 글, 201쪽.

43) 김윤회는 이른바 화요파로 불리는 김단야(金丹冶), 김형선(金炯善)의 조직에 속해 1930년대 전·중반 서울의 혁명운동에 참여한 인물이다. 그는 친구 김수천(金洙千)을 서점 점원으로 알선하는 등 음으로 양으로 미야케 일가를 후원했다. 나중에 그가 경찰에 쫓겨 체포될 때까지 1935년 1월 말부터 5월 중순까지 히데는 2회에 걸쳐 12원의 도피 자금을 대는 등 이에 보답했다(김경일, 『이재유, 나의 시대 나의 혁명』, 앞의 책, 143쪽).

44) 일제 강점기 형평사운동을 주도해 이러타사를 운영하다가 1933년 7월 '형평청년전위동맹사건'으로 경찰에 체포된 그는 1936년 11월 25일 미야케보다 1개월 앞서 출옥했다(전명혁, 앞의 글, 75쪽).

45) 공교롭게도 이날은 창동 부근에서 이재유가 끝내 일제 경찰에 체포되던 바로 그날이었다.

46) 井上學, 앞의 글, 203쪽.

47) 井上學, 같은 글, 199쪽, 205쪽.

48) 이에 완전히 동의하지는 않지만, 이노우에도 미야케의 가까운 지인 몇몇의 평가를 소개하고 있다. 예컨대 시카타 히로시(四方博)는 미야케가 "원래 유약한 성격이라 자신이 고수한 이론적 입장을 끊을 수 없"어 이재유를 숨겨주었을 것이라고 언급했으며, 그의 제자인 최용달은 이 사건이 있고 나서 몇 년 후에 "당시 나는 미야케 교수가 그 자신의 가능한 한계를 넘어서 깊숙이 개입했기 때문에, 초래한 결과는 아마도 자타 공히 적지 않은 실패가 아닐까라고 생각"했다고 수기에 적었다. 한편 구니사키 데이도는 1930년 1월 소련에 망

명한 일본 공산당의 지도자 야마모토 겐죠(山本懸蔵)에게 보낸 보고서에서 미야케는 "마르크스주의 학자의 한 사람으로서 운동에는 많은 관심을 가지고 있지만 활동가라기보다는 학자이므로 조선으로 돌아가서 당을 위해 활동할 수 있는지의 여부는 의심스럽지만 동정자(同情者)로서는 어느 정도의 역할을 할 것"이라고 적었다(井上學, 같은 글, 200-201쪽, 205-206쪽).

49) 古屋貞雄 外, 「暗黑下日朝人民連帶昭和初期日本人先覺者體驗聞(座談)」, 『朝鮮研究』, 朝鮮研究所, 1966年 8月号.

50) 1931년 4월 미야케가 베를린에서 돌아오면서 북만 지역에서 김일성의 항일무장투쟁을 보러 갔다는 언급이나 해방 후 그가 북한으로부터 메달을 증여받은 사실 등에서 그 자신이 국내 공산주의 운동에 깊숙이 관여했다는 부담 때문에 이재유와의 관계를 부정한 것은 아닌지 전명혁(앞의 글, 73쪽)은 추론한다. 사실 미야케 교수가 해방 후 이재유를 부인한 사실은 일종의 미스테리로서, 이노우에 씨도 이에 대해 필자에게 문의한 바 있었다. 2004년 6월 14일 이노우에 씨에게 보낸 이메일에서 필자는 "이재유도 자신이 만나는 사람이 미야케라는 사실을 만나기 직전까지 알지 못했지만, 마찬가지로 미야케도 자신이 정태식으로부터 소개받은 사람이 이재유라는 사실을 몰랐다고 생각"한다고 답했다. "인텔리는 약하므로 섣불리 알고 있으면 체포되어 가족으로부터 격리되면 [알고 있는 사실을] 발설하여 운동에 지장을 주게 된다. 따라서 [이름을] 듣지 않는다. 듣지 않으면 알지도 못하므로 [경찰에] 말할 수가 없다. 결국 자신의 것밖에 말하지 않는다는 것이 나의 주의"라는 미야케의 진술에서 보듯이(古屋貞雄 外, 같은 글, 7쪽), 경찰 탄압이 엄존하던 상황에서 운동가들은 서로 이름이나 신상 정보를 알려 하지 않았다. 미야케 본인도 그랬듯, 이는 개인 신조라기보다 당시 운동가들의 불문율이었다. 이재유 그룹의 핵심 운동가들도 서로 본명과 경력을 숨기고 접촉했기 때문에 나중에 검거된 후에야 경찰을 통해 상대 신원을 확인했던 경우가 적지 않았다. 당시 운동가들은 혁명운동에서 일과 보안을 중요시하고, 사소한 개인 신변 사항을 아는 것은 부르주아 취

향의 반영이라거나 조직 자체를 위험에 빠뜨리는 섣부른 행위로 인식했기 때문에, 적어도 검거되기 전까지 미야케가 이재유를 몰랐을 개연성은 충분하다.

51) 전명혁, 같은 글, 73-75쪽.

52) 井上學, 앞의 글, 204-205쪽.

53) 井上學, 같은 글, 207쪽.

제9장 사상 전향과 식민지 근대

1) 思想の科學研究會 編, 『共同研究·轉向』(上), 東京: 平凡社, 1959, 5쪽.

2) 鶴見俊輔, 『戰時期 日本の精神史: 1931-1945』, 東京: 岩波書店, 1982 (강정중 역, 『일본 제국주의 정신사』, 한벗, 1982, 8쪽).

3) 1948년 말 이들을 포함한 친일 행위자를 심판하기 위해 반민족특별조사기관법이 국회에서 통과되었다. 그러나 채 1년도 지나지 않은 1949년 9월 이 법은 폐지되고, 이른바 친일파의 청산 문제는 한국 사회에서 미결 과제로 남아 있었다. 민주화 이후인 2004년 3월 공포된 일제강점하 친일반민족행위 진상규명에 관한 특별법에 따라 이듬해인 2005년 5월 대통령 직속 친일반민족행위 진상규명위원회가 설치되었다. 여기서 1,006명의 친일반민족행위자 명단이 발표되었고, 25권의 『친일반민족행위진상규명보고서』이 발간되었다. 위원회 활동은 2009년 11월 종료되었다.

4) 伊藤 晃, 『轉向と天皇制—日本共産主義運動の1930年代』, 東京: 勁草書房, 1995, 5쪽.

5) 伊藤 晃, 같은 책, 2쪽, 319쪽.

6) Richard H. Mitchell, *Thought Control in Prewar Japan*, Ithaca: Cornell University Press 1976 (김윤식 역, 『일제의 사상 통제—사상 전향과 그 법체계』, 일지사, 1982, 120쪽).

7) Robert N. Bellah, "Continuity and Change in Japanese Society," in Bernard Barber and Alex Inkeles (eds.), *Stability and Social Change*, Boston: Little Brown and Company, 1972, 김윤식, 「사상 전향과 전향 사상」, 『한국근대문학사상사』, 한길사, 1984, 285쪽.

8) 鶴見俊輔, 앞의 책, 33쪽.

9) Mitchell, op. cit., 123-125쪽, 鶴見俊輔, 같은 책, 33쪽.

10) Ibid., 3쪽, 184쪽, 241쪽.

11) 鶴見俊輔, 앞의 책, 23쪽, 169쪽.

12) W. G. Beasley, *The Rise of Modern Japan*, London: Weidenfeld and Nicolson, 1990 (장인성 역, 『일본근현대사』, 을유문화사, 1996, 134쪽).

13) Ibid., 130-131쪽.

14) Mitchell, op. cit., 239쪽.

15) 鶴見俊輔, 앞의 책, 44쪽. 1942년 일본군 북지나군의 군의관으로 복무한 오가와 다케미츠(小川武滿)는 입대 이후 신병 훈련을 받으면서 군인칙령 등을 "한 자도 남김없이 암기하는 것은 바보같은 짓이야 요점만 외워두면 되겠지"라고 생각했다가 "대학 나온 놈이 이 정도도 못 외우냐"는 질책과 함께 엄청나게 두들겨 맞은 경험을 말한다. 아무리 애써도 외울 수 없어 도망쳤다가 잡혀와서 영창에 들어가거나 화장실에서 총검으로 자살한 사람들을 그는 증언한다. 野田正彰, 『戰爭と罪責』, 岩波書店, 1998 (서혜영 옮김, 『전쟁과 죄책』, 또 다른우주, 2023, 101-102쪽).

16) 鶴見俊輔, 같은 책, 40쪽, 44쪽.

17) Beasley, op. cit., 168쪽.

18) 鶴見俊輔, 앞의 책, 38쪽. 메이지헌법 제1조는 천황의 가계가 만세일계(萬世一系)라고 선언했다. 1929년 일본 대심원이 국체란 이 만세일계의 천황이 통치권을 갖는 것을 의미한다고 판결함으로써, 이 용어는 정식 법률 용어가 되었다. Mitchell, op. cit., 112쪽. 스타인호프가 지적했듯이(Patricia Golden

Steinhoff, "Tenkō: Ideology and Societal Integration in Prewar Japan," unpublished doctoral dissertation of the Department of Social Relations, Harvard University, 1969, p. 3), 그것은 국가의 법률 및 입헌 구조와 함께 천황제도와 가족제도를 중심으로 하는 정신과 문화의 구조를 총칭한다.

19) Mitchell, op. cit., 25쪽.

20) 천황은 국가 이상의 것이 아니며, 국가의 법에 복종해야 한다는 미노베 타츠키치(美濃部達吉) 등에 의한 이른바 천황 기관설로 대표된다. 이에 대해 호즈미 야츠카(穗積八束) 등은 천황은 국가와 법을 초월하는 윤리 권위를 의미한다고 주장했고, 이는 1925년 치안유지법 제정을 뒷받침한 국가 이론이 되었다. 미첼이 지적하듯이, 이로써 일본 정부는 정치와 윤리를 혼합해 신뢰할 수 있는 일본 전통을 유지하는 쪽을 택한 것이다(Ibid., 74쪽).

21) A. F. Thomas, "Japan's National Education," *Transactions and Proceedings of Japan Society*, London, 1938-39, p. 50.

22) Galen M. Fisher, "Revisiting Japan," *Amerasia* I (July) 1937, pp. 220-221.

23) 鶴見俊輔, 앞의 책, 50쪽.

24) 과도한 개념 대비는 서양을 폄하하고 이와 대조되는 일본의 민족적 힘을 고양하는 효과를 가져왔다. 이를 통해 일본은 서구 각국의 블록 경제화에 맞서 자국의 통상을 증진하고 이민을 통해 인구 압력을 해소시키는 경제 효과를 기대했다(Fisher, op. cit., p. 220).

25) 本多秋五, 「轉向文學論」, 岩波講座 『文學』 第5卷, 1954 (한국문학연구회 편, 『1930년대 문학연구』, 평민사, 1993, 209쪽).

26) 국가 권력은 대중 기반을 확보하기 위해 오랜 세월에 걸쳐 대중에게 친숙하고 낯익은 것으로 받아들여진 가치나 이념에 주목할 필요가 있었다. 집단주의, 정신주의, 애국주의, 천황에 대한 경외 등이 그랬다. 일본 정부는 서구 가치들—예컨대 개인주의나 물질주의—에 비해 이들이 더 우월한 도덕적 가치를 지닌다는 사실을 널리 유포했다. 이에 적응하지 못하는 지식인들의 사고

는 일본 전통의 이단으로 여겨졌으며, 따라서 단순·동질화한 일반 대중의 생
각에 가능한 한 적응·동화되어야 했다.

27) Beasley, op. cit., 173쪽.

28) 林房雄, 「轉向について」, 1940 (『林房雄著作集 III』, 東京: 翼書院, 1969).

29) 이 시기를 '완전한 사상 전향'으로 개념화한 미첼은 다시 두 시기로 나눈다.
첫 번째는 1937년 중일전쟁을 전후한 시기로서, 단순히 혁명사상을 버리는
것뿐만 아니라 '애국정신'에 눈을 뜨고 '일본 정신'을 전면으로 받아들여, 자
신의 애국주의를 적극 증명하도록 기대된 시기다. 두 번째는 중국과 교전 상
태가 길어지고 1941년 태평양전쟁이 발발한 것이 계기가 되었다. 이 시기는
스스로 일본인이라는 사실을 깨닫고, 일본 사상을 실천에 옮겨 국체 관념을
완전히 인정하고 이해함으로써, 서양 문화 가운데 일본 문화에 동화되지 않
는 부분을 버려야 하는 단계다(Mitchell, op. cit., 173쪽).

30) 鶴見俊輔, 앞의 책, 172쪽.

31) 지승준, 「1930년대 사회주의 진영의 '전향'과 대동민우회」, 중앙대학교 대학
원 석사학위논문, 1996, 27-29쪽.

32) 예컨대 1931년 한 해 동안 만기 출옥한 사상범 974명 가운데 재범으로 다시
구금된 사람은 572명으로, 그 비율은 절반이 넘는 60% 정도를 차지했다(『중
앙일보』 1932년 12월 20일자).

33) 또 다른 요인으로 일본에서는 당이 전향을 주도해갔던 것에 비해 조선에서는
그것을 주도할 당이 없었다는 사실을 들 수 있다(김민철, 「일제 하 사회주의
자들의 전향 논리」, 『역사비평』 제28호, 1995, 238쪽). 1928년 코민테른의 12
월 테제에 의해 조선공산당이 해체되면서 당을 재건하기 위한 수많은 시도가
있었지만, 1930년대 중반 공산주의 운동은 거의 궤멸 상태에 들어갔다.

34) 鶴見俊輔, 앞의 책, 21쪽.

35) Mitchell, op. cit., 168쪽.

36) 1942년 일본에서 전향 동기의 비율을 보면, 국민적 자각이 31.9%로 가장 높

왔고, 다음이 가정 관계로서 26.9%였다. 이어서 구금에 의한 후회(14.4%), 이론적 모순의 발견(11.7%), 신앙(2.2%) 등의 순이었다(鶴見俊輔, 앞의 책, 23쪽). 1940년대 이후의 자료인바 '국민적 자각'의 비중이 높다는 점을 고려하더라도 이는 조선의 경우와 명백히 대조되는 지점이다.

37) 崔用達, 「感想錄」, 『思想彙報』 제24호, 1940, 305쪽.

38) 김윤식, 「전향론」, 『한국근대문예비평사연구』, 일지사, 1976, 183쪽.

39) 朝鮮總督府 警務局, 「朝鮮內における思想轉向の狀況」, 『高等警察報』 제3호, 1934, 8-9쪽.

40) 이와 관련한 보다 자세한 논의는 김경일, 『제국의 시대와 동아시아 연대』, 창작과비평사, 2011의 제7장 2절 참조.

41) 崔判玉, 「非合法運動から合法生活への叫び」, 『高等警察報』 제3호, 1934, 27쪽, 姜文秀, 「鮮人思想犯轉向者は如何なる保護を希望するか」, 『思想彙報』 제6호, 1936, 101쪽.

42) 姜文秀, 「上申書」, 『思想月報』 제4권 제3호, 1934, 49쪽.

43) 姜文秀, 같은 글, 48-49쪽.

44) 黃舜鳳, 「鮮人思想犯轉向者は如何なる保護を希望するか」, 『思想彙報』 제6호, 1936, 98-99쪽.

45) 김윤식, 「사상 전향과 전향 사상」, 앞의 글, 267-268쪽.

46) 박찬승, 『한국근대정치사상사연구—민족주의 우파의 실력양성운동론』, 역사비평사, 1992, 355쪽.

47) 지승준, 앞의 글, 61쪽.

48) 사회·공산주의자들의 전향 문제에 대한 다양한 의견차에 관해서는 김경일, 『제국의 시대와 동아시아 연대』, 앞의 책, 203쪽 이하 참조.

49) 趙成鎬, 「上申書」, 『思想月報』 제3권 제4호, 1933, 28쪽.

50) 朝鮮總督府 高等法院 檢事局, 「大東民友會の結成竝其の活動概況」, 『思想彙報』 제13호, 1937, 41쪽.

51) 같은 글, 52쪽

52) 일본 공산주의자들이 일본의 국체와 국민성을 보고 깨달아 전향한 것과 달리, 조선인들은 일본의 막강한 국력에 눌려 전향했다는 지적도 이와 비슷한 맥락에서 이해된다(지승준, 앞의 글, 29-30쪽).

53) 李光洙, 「心的 新體制と朝鮮文化の進路」, 『每日新報』 1940년 9월 5일-12일자 (金炳傑 金奎東 편, 『친일문학작품선집』 실천문학사, 1986, 78쪽, 85쪽).

54) 李光洙, 「나의 고백」, 1949 (한국현대문학전집 2, 삼성출판사, 1978, 333-335쪽).

55) Mitchell, op. cit., 135쪽.

56) 金斗禎, 『防共戰線勝利の必然性』, 全鮮思想報國聯盟, 1939, 93쪽.

57) 지승준, 앞의 글, 55-57쪽.

58) 정용욱, 「일제 하(1932-35) 전향 공작에 대한 옥중 투쟁기」(자료), 『역사비평』 제21호, 1993, 374쪽.

59) 金石範, 『轉向と親日派』, 東京: 岩波書店, 1993, 53쪽.

60) 지승준, 앞의 글, 48-50쪽.

61) 朝鮮總督府 高等法院 檢事局, 「大東民友會の結成竝其の活動概況」, 앞의 글, 39쪽.

62) 지승준, 앞의 글, 65-66쪽.

63) 이러한 주장을 대표하는 책으로는 金斗禎, 『防共戰線勝利の必然性』, 全鮮思想報國聯盟, 1939이 있다.

64) 김남천, 『맥』, 슬기, 1987(1947), 139쪽.

65) 같은 책, 184쪽.

66) 이러한 생각은 1930년대 "근대 이후의 시대"가 광범위하게 논의된 일본 지성계에서 고야마 이와오(高山岩男)나 고사카 마사키(高坂正顯) 등 젊은 교토학파 철학자들의 이론을 반영한다. 사카이는 이들에 의한 다원주의 세계 역사는 당대의 역사 상황이라는 맥락에서 보면 '반근대 수사학'에 지나지 않는다고 비판했다. 그들이 표방하듯이 반서구의 결단이 아니라 오히려 거꾸로 근

대화 경로를 추구하는 의지가 주된 동기였다는 것이다. 따라서 이들이 말하는 다원주의 역사는 일원론 역사의 또 다른 변형이며, 보편주의의 가장 추악한 모습에 지나지 않는다(Naoki Sakai, "Modernity and Its Critique: The Problem of Universalism and Particularism," in Masao Miyoshi and H. D. Harootunian (eds.), *Postmodernism and Japan*. Durham: Duke University Press, 1989, pp. 105-114).

67) 김남천, 앞의 책, 176쪽.

68) 전후 일본에서 다케우치 요시미(竹內好)도 동양은 그것이 포괄하고 있는 이름들 사이에 어떠한 공통성도 내포하지 않은 것이라고 지적했다. 따라서 동양의 정체성을 결정하는 원칙은 동양 바깥에 있다는 것이다. 처음부터 동양은 서구가 만들어낸 하나의 그림자였으며, 만약 서구가 없었다면 동양도 있을 수 없었다는 것이 그의 주장이다. 다른 말로 하면 일본은 자기 자신이 되고자 하지 않았기 때문에 자신이 되지 못했을 뿐만 아니라 서구를 닮지도 못했다는 것이다(Sakai, op. cit., p. 117). 혼다 슈우고(本多秋五)도 이와 비슷한 지적을 한 바 있다. 그에 따르면, 일본에서는 모든 외래의 사상 문화가 일본 풍토화되는 반면에, 진정한 의미에서 그것이 일본 풍토화, 민족화가 되기는 대단히 곤란하다는 것이다(本多秋五, 앞의 글, 216-217쪽).

69) 김남천, 앞의 책, 176쪽, 179-180쪽.

70) 그는 동양학 성립의 가능성을 두 가지로 상정한다. 하나는 서양 학자가 서구의 학문 방법으로 동양을 연구하는 것이다. 이때 동양은 지역의 의미밖에 없기 때문에 편의를 위한 명칭에 불과하다. 다른 하나는 동양인이 서구의 학문 세계에서 분리하여 동양을 새롭게 구성해보려는 노력이 있다. 그러나 근대화된 동양 학자들이 서구의 방법론을 버리고 동양 고유의 학문 방법으로 동양을 연구하는 것 역시 불가능하다. 이러한 점에서 그는 "동양학의 성립이란 애매하고 또 내용 없는 일거리가 되기 쉬"운 것이라고 주장한다(같은 책, 174-175). 비슷한 맥락에서 한국학의 성립 가능성과 관련한 논의로는 김경일, 『한

국의 근대 형상과 한국학: 비교 역사의 시각』, 한국학중앙연구원출판부, 2020
의 제8장 참조.

71) 이 책의 제5장 참조.

72) 김석범, 앞의 책, 25쪽, 99쪽.

73) 伊藤 晃, 앞의 책, 9쪽.

74) 아시아주의와 대동아공영권의 관련성에 대한 논의는 김경일, 『제국의 시대와
동아시아 연대』, 앞의 책의 제2장과 제8장 참조.

75) 이 구조는 내용만 바뀐 채—국가 권력을 대신해 미점령군이, 일본식 보편주
의를 대신해 서구 합리주의가—종전 이후에도 일정 기간 지속되었다.

76) 思想の科學研究會 編, 앞의 책, 18-19쪽, 鶴見俊輔, 앞의 책, 32쪽, 78쪽.

77) 각각 김석범, 앞의 책, 5쪽 및 伊藤 晃, 앞의 책, 2쪽, 16쪽, 343쪽 참조. 이러한
평가가 권력에 대한 굴복을 거부했다는 긍정적 평가를 배제하지는 않는다. 종
전 후에도 약간의 비전향자를 보유했던 일본 공산당은 다른 당파에 대해 도
덕적 우위를 확보할 수 있었다.

78) 일본에서 비전향자로 사망한 사람은 1920-30년대만 해도 그 수가 상당했다고
전해진다(思想の科學研究會 編, 앞의 책, 8쪽). 한국에서 이렇게 희생당한 사
람의 수 역시 만만치 않았을 것으로 짐작된다. 비전향자의 수는 종전될 때까
지 옥에 갇혀 있던 비전향자가 십여 명에 지나지 않았던 일본과는 비교가 되
지 않을 정도로 많았다. 구체적인 자료가 부재한 탓에 간접적으로 추산해보
자면, 해방 당시 남북의 형무소에 수용되어 있던 전체 사상범이 대략 3만여
명이라고 하는데, 당시 인구가 2,500만이므로 인구 비율상 대략 800명에 한
명 꼴로 사상범이 옥에 갇혀 있었다고 볼 수 있다(김석범, 같은 책, 40쪽).

제10장 식민주의와 동화주의: 복합과 균열

1) 김경일·강창일, "동아시아에서 아시아주의: 1870-1945년의 일본을 중심으로", 『역사연구』 제8호, 2000 및 김경일, 『제국의 시대와 동아시아 연대』, 창작과비평사, 2011 참조.

2) Peter Duus, "Defining the Koreans: Images of Domination," *The Abacus and the Sword: The Japanese Penetration of Korea, 1895-1910*, Berkeley: University of California Press, 1998, pp. 421-422.

3) 일본의 식민 정책론자인 야나이하라(矢內原忠雄)는 식민 정책을 종속주의, 동화 정책, 자주 정책의 세 유형으로 구분하고, 종속과 동화의 두 사례로 조선을 언급하고 있다. 그에 따르면, 조선에 대한 일본의 통치 정책은 "철저한 종속주의"인바, 마치 일본 중심의 절대 지배주의의 무력적 표현이 군사 정책으로 구현된 것처럼 동화 정책은 그 문화적 표현이라고 보았다. 矢內原忠雄, 「朝鮮統治の方針」(伊東昭雄, 『アジアと近代日本』, 東京: 社會評論社, 1990, 150쪽) 및 淺田喬二, 『日本知識人の植民地認識』, 東京: 校倉書房, 1985, 13쪽 참조. 이러한 점에서 야나이하라는 일본의 동화 정책이 프랑스의 동화 정책과 원리상 다르다면서 "프랑스에서와 같이 자연법의 인간관에 기초한 것이 아니라 오히려 일본 국민정신 우월성의 신념에 기초"(小熊英二, 『〈日本人〉の境界』, 東京: 新曜社, 1998, 193쪽)한 군사적 성격을 가지고 있다고 지적했다.

4) 강동진, 『일제의 한국침략정책사』, 한길사, 1980, 298쪽. 근대 국가는 개인의 국적 이탈권을 인정한다는 점에서, 일본의 국적법에도 국적 이탈의 규정이 명기되어 있었다. 이 조항이 그대로 조선에 적용된다면, 통치에 반항하는 조선인이 국적법의 절차를 밟아 이탈할 가능성을 우려하면서 일본은 이 조항을 조선인에게 적용하지 않는 대신 식민지의 관습법을 그대로 유지한다는 방침을 채택했다. 조선 시대 관습법은 왕조의 지배로부터 신민이 이탈하는 규정이 없었기 때문이다. 이처럼 조선인에게는 일본의 국적법을 시행하지 않고

조선의 관습법을 존중한다는 명분을 내세워 '일본인'으로부터의 이탈을 막는 한편, 조선인을 일본인과 구분하기 위해 일본은 재래의 민적(호적)제도를 그대로 유지하는 방안을 고안했다. 小熊英二, 같은 책, 154-161쪽 참조.

5) Duus, op. cit., pp. 417-418.

6) Ibid., p. 399.

7) Ibid., p. 406.

8) 小熊英二, 앞의 책, 633쪽.

9) 小熊英二, 같은 책, 245-246쪽 참조. 1918년에 취임한 하라 다카시(原敬) 수상이 의회 답변에서 "나는 동화주의라는 말을 사용하지 않는다"라고 하면서 '내지연장주의'라는 새로운 용어를 제시했다고 하는데, 오구마는 이 표현이 하라가 외교관으로 체재했던 프랑스에서 알제리 통치를 위해 내건 표현(prolongément de la métropoles)의 번역어라고 추정하고 있다.

10) 내지연장주의 이론의 원리와 식민지에서 그 정책의 시행은 별개의 문제다. 식민지 조선에서 1919년 3·1 운동 이후 내지연장주의가 식민 정책의 구호로 제시되었음에도 실제 시정 방침에서는 '구관존중(舊慣尊重)' 항목이 새로 추가되었다. 이에 따라 보통학교에서 조선어 교습이 이뤄지고, 묘지 규칙이나 도살장 규칙에 전통 관습이 반영되었다. 矢內原忠雄, 「朝鮮統治の方針」(伊東昭雄, 앞의 책, 156쪽) 참조. 식민지 모국에서 원리의 변화와 식민지 현지에서 계급 통치의 양상 간에는 괴리와 모순이 있었다.

11) 小熊英二, 앞의 책, 241쪽, 245쪽, 신주백, "일제의 새로운 식민지 지배 방식과 재조 일본인 및 '자치' 세력의 대응(1919-1922)", 『역사와현실』 제39호, 2001, 46쪽.

12) 오구마 에이치(小熊英二, 앞의 책, 178쪽, 192쪽)는 이 시기 동화주의 비판의 논거가 식민 정책학에 유입된 프랑스의 인종사상에 의해 제공되었다고 지적하고 있다. 그가 말하는 프랑스의 인종주의 사상이란 프랑스의 사회심리학자 르봉(Gustave Le Bon)의 주장으로, 예컨대 르봉이 언급한 민족 특성의 불변이

나 문명화에 대한 의문 등이 동화주의 비판의 논리를 제공했다고 보고 있다.

13) 이와 관련해 동화주의나 자치주의와 달리 침략 정책이나 식민지 지배 자체를 부정한 다른 사조들도 서구의 영향권에서 벗어나지 않았다는 지적 또한 흥미롭다. 기독교, 민주주의, 사회주의 등 다양한 사상들은 대체로 유럽의 사상과 학문의 세례를 받았고, 서양의 사상과 학문이 이들의 비판을 지탱했다(伊東昭雄, 앞의 책, 306쪽).

14) 박찬승, 『한국근대정치사상사연구—민족주의 우파의 실력양성운동론』, 역사비평사, 1992, 306-308쪽.

15) 이 시기 인종 개념은 생물학적 인종의 존재를 긍정한다는 객관의 차원에서 이해되었으며, 거기서 국가의 정체성 수립을 위한 강력한 도구로서 역사 문화의 산물이라는 인식은 찾아보기 어렵다. Etienne Balibar, "Racism and Nationalism," in Etienne Balibar and Immanuel Wallerstein (eds.) *Race, Nation, Class: Ambiguous Identities*, London: Verso. 1991, p. 37, Duus, op. cit., pp. 413-14 참조.

16) 예를 들면, 『대한매일신보』(「일본의 행동」, 1905년 1월 6일자)는 '황인종의 연합'을 언급하면서, "일본 사람이 황인종 동맹을 주선"하고 "아세아는 아세아 사람을 위한 것이라는 말을 표준 삼"았다는 사실을 상기하면서 일본의 팽창욕을 경계하고 있다. 미국 샌프란시스코에서 발간한 『공립신보(共立新報)』(「일본 당국자를 경성함」, 1907년 10월 4일자)는 "동양은 동양 사람의 동양이요, 황인은 황인종이라야 같이 구원할 것"이 명확한데도 불구하고 일본이 무력으로 조선을 병합하려 한다면서, "구아(歐亞) 동서를 가르고 인종 황백을 나누어 구미 열강이 한소리 한주먹으로 동아 황인을 맹타할 지경이면 일본이 고립하여 능히 이것을 방어하겠"는지를 되묻고 있다. 그런가 하면 러시아 블라디보스토크에서 발행된 『해조신문(海朝新聞)』(「미국 회항 함대에 대하여 우리들의 희망하는 바를 논평함」, 1908년 4월 1일자)에서도 조선과 일본은 "인종도 서로 같고 문자와 풍속도 대강 서로 같으니 (…) 어찌 양(洋)도 다르

고 인종도 다른 미국을 의뢰할 생각"이냐고 하면서 일본의 자성을 촉구하고 있다.

17) ビ-タ-・ドウス, "朝鮮観の形成―明治期の支配イメ-ジ", ビ-タ-・ドウス, 小林 英夫 編, 『帝國という幻想: 「大東亞共榮圈」の思想と現實』, 東京: 靑木書店, 1998, 66쪽.

18) 미국에서 일본인 이민을 배척한 것은 전자의 경우고, 일본인이 조선인을 차별 대우한 것은 후자에 해당한다고 할 수 있지만, 양자는 동일한 인종의 차원에서 이해되었다. 이렇게 개념 혼란을 보이는 사례로는 小熊英二, 앞의 책, 426쪽, 652쪽 참조.

19) 小熊英二, 같은 책, 264쪽. 그러면서도 조선의 교육 내용에서는 오히려 일본 학교보다도 훨씬 더 일본 정신을 강조했다. 이러한 점에서 가시와키 키엔(柏木義円)은 조선에서의 교육이 "내지보다도 오히려 국민 교육의 색채가 농후"하다면서 이러한 국민 교육은 식민지 민중의 반감만 키울 뿐이라고 지적하고 있다(柏木義円, 「京城滯在中所感」, 『上毛敎界月報』 37號, 1925 (伊東昭雄, 앞의 책, 131쪽).

20) 이와 관련해서는 '식민지'라는 언어가 기피되고 인종주의 논조가 적었다고 해서 지배와 차별이 존재하지 않은 것이 아니라, 식민지나 인종이라는 말로써 지배와 차별이 표현되지 않은 것이라는 주장(小熊英二, 같은 책, 637쪽, 663쪽)이 참조된다.

21) 이에 관한 논의로는 강인철, 『민중, 시대와 역사 속에서―민중의 개념사, 통사』, 성균관대학교출판부, 2023, 68쪽 이하 참조.

22) 예컨대 친일과 배일은 정치적 선택의 문제라기보다 "자기의 생명을 충실히 하며 자기의 생명을 발전하려 하는 양심적 요구에 불과"하다는 주장이 전형적이다. 그에 따르면, "자기의 구복(口腹)을 위하여 양심을 기만하는 자는 친일이 되고, 자기의 양심을 그대로 발표하는 자는 배일이 된다"라는 점에서 "진정한 친일도 진정한 배일도 없다"라는 것이다. 「약자의 비애―친일과 배

일」,『동아일보』1922년 4월 9일자 사설.

23) 오구마 에이치(小熊英二)는 이론과 명분, 때로는 허울이 지배하는 "논단상(論壇上)에서는 동화론이 다수"였던 것과 달리 실제 "제도로는 배제적 요소가 적지 않은 불균형"이 존재했다고 서술하고 있다. 그리고 이러한 괴리를 호도하고 애매한 위치 부여를 정당화한 것이 '점진'이고 '동조'였다. 즉, 현재의 차이나 차별을 먼 미래(점진) 혹은 먼 과거(동조)로 해소했다는 것이다. 小熊英二, 앞의 책, 177쪽, 652쪽 참조.

24)「조선인의 교육 용어를 일본어로 강제함을 폐지하라(1)」,『동아일보』1920년 4월 11일자 및「교육용 일본어에 대하여」,『조선일보』1920년 5월 19일자 압수 사설 참조.

25)「조선인의 교육 용어를 일본어로 강제함을 폐지하라(3)」,『동아일보』1920년 4월 13일자 사설.

26)「조선인의 眞情」,『조선일보』1920년 7월 3일자 압수 사설.

27) 강동진, 앞의 책, 박찬승, 앞의 책, 金東明,『支配と抵抗の狹間: 1920年代朝鮮における 日本帝國主義と朝鮮人の政治運動』, 東京大學 總合文化研究科 박사학위논문, 1997, 김동명, "15년 전쟁 하 일본 제국주의의 식민지 지배 체제의 전개",『일본학』20집, 2001, 신주백, 앞의 글, 이태훈, "1920년대 초 자치청원운동과 유민회의 자치 구상",『역사와현실』제39호, 2001.

28) 박찬승, 같은 책, 317-319쪽.

29) 우치다 료헤이(內田良平) 등 구 흑룡회 조직원들에 의해 1921년 동경에서 조직된 동광회(同光會)가 조선 의회 설치와 내정 독립을 주장하는 자치 청원을 주도하다가 총독부에 의해 해산되고 말았던 사례가 이를 대표한다. 이는 1920년 민원식(閔元植) 등이 조직한 국민협회와 같은 동화주의 단체가 1920년대 내내 존속한 사실과 대조된다. 신주백, 앞의 글, 56-60쪽 참조.

30) 박찬승, 앞의 책, 343쪽, 358-359쪽.

31) 박찬승, 같은 책, 363쪽.

32) 「민중의 열망」, 『동아일보』 1924년 6월 30일자 사설.

33) 자치 운동을 주도한 『동아일보』조차 이 지방제도 '개혁안'이 "너무 관료적이요 실질적으로 공허함에 일경(一驚)을 불금(不禁)"한다고 논평했다. "오직 1, 2의 형식적 개정에 불과하여 선거라 하되 선거의 허명뿐이요 그 실이 없으며, 결의기관이라 하되 결의의 형식뿐이요, 실질이 없는 목우적(木偶的) 괴물을 작성"했다는 점에서 "식자(識者)의 기소(譏笑)"를 면할 수 없고 "민중을 우롱함"이 이보다 더할 수 없다는 것이다. 「소위 지방자치 확장안」, 『동아일보』 1930년 3월 13일자 사설.

34) 小熊英二, 앞의 책, 418쪽.

35) 小熊英二, 같은 책, 421-423쪽.

36) 김동명, "15년 전쟁 하 일본 제국주의의 식민지 지배 체제의 전개", 앞의 글, 181쪽.

37) 예컨대 동화주의에 기초한 일본의 식민주의를 신랄하게 비판한 蔡培火 등을 볼 것. 그는 1928년에 쓴 『일본 국민에 준다(日本國民に与う)』라는 글을 통해, 동화란 '우민화의 간판'이고 민족의 언어를 빼앗고 개성을 말살하는 것이라고 지적하면서, "의식적·계획적으로 타인을 동화시키려고 노력하는 것은 설령 성의를 가지고 하더라도 허용될 수 없는 인격의 모욕, 생활의 압박이 된다"라고 비판했다. 伊東昭雄, 앞의 책, 308쪽 참조.

38) 伊東昭雄, 같은 책, 7쪽.

39) 예컨대 이사바시 단산(石橋湛山, 「大日本主義の幻想」, 『東洋經濟新報』, 1921)은 이민족과 국민에 대한 일본의 합병과 지배를 비판했으며, 이와는 다른 차원에서 가시와키 키엔(柏木義円, 앞의 글)은 "오늘의 조선인이 요구하는 것은 이른바 선정(善政)보다도 오히려 이해"라고 하면서, "이해가 없는 선정은 결코 조선인을 심복시킬 수 없다"라고 주장했다. 伊東昭雄, 같은 책, 120쪽, 129쪽 참조.

참고문헌

강덕상, 「대중국화평공작・'아시아연맹' 구상과 여운형―오카와, 다나카, 고노에
　　와의 교류를 둘러싸고」, 몽양여운형선생전집발간위원회 편, 『몽양 여운형 전
　　집』(3), 한울, 1997.

강동국, 「동아시아의 관점에서 본 안중근의 동양평화론」, 안중근의사기념사회업
　　회 편, 『안중근과 그 시대―안중근 의거 100주년 기념연구논문집1』, 경인문화
　　사, 2009.

강동진, 『일제의 한국침략정책사』, 한길사, 1980.

강만길・성대경 편, 『한국사회주의운동 인명사전』, 창작과비평사, 1996.

강문구, 「새로운 정치적 이상을 찾아서」, 몽양여운형선생전집발간위원회 편, 『몽
　　양 여운형 전집』(3), 한울, 1997.

강영수, 「여운형론―오늘의 시점에서 본 몽양의 사상과 업적」, 『정경연구』 1965
　　(몽양여운형선생전집발간위원회 편, 『몽양 여운형 전집』(2), 한울, 1993)

강원룡, 「내가 본 여운형의 삶」 몽양여운형선생전집발간위원회 편, 『몽양 여운형
　　전집』(3), 한울, 1997.

국가보훈처・광복회, 「청취서」, 『21세기와 동양평화론』, 1996.

국사편찬위원회, 『윤치호일기(2)』, 1974.

국사편찬위원회, 『윤치호일기(3)』, 1974.

국사편찬위원회, 『윤치호일기(5)』, 1975.

국사편찬위원회, 『윤치호일기(6)』, 1976.

권숙인, 「식민지 조선의 일본인 화류계 여성―한 게이샤 여성의 생애사를 통해
　　본 주변부 여성 식민자」, 『사회와역사』 103집, 2014.

기유정, 「일본 제국과 제국적 주체의 정체성―『綠旗』 속 모리타 요시오(森田芳
　　夫)의 국체론과 정체성 분석을 중심으로」, 『일본학』 제35집, 2012.

510

김경남, 「재조선 일본인들의 귀환과 전후의 한국 인식」, 『동북아역사논총』 21호, 2008.

김경일, 『일제 하 노동운동사』, 창작과비평사, 1992.

김경일, 「근대과학의 '보편주의'와 서구중심주의를 넘어서: 월러스틴의 역사사회 과학을 중심으로」, 『창작과비평 제89집(가을호), 1995.

김경일, 「일제의 식민 지배와 동화주의」, 김경일·박명규 외. 『한국사회사상사연 구』, 나남, 2003.

김경일, 『한국의 근대와 근대성』, 백산서당, 2003.

김경일, 『한국 근대 노동사와 노동운동』, 문학과지성사, 2004.

김경일, 『여성의 근대, 근대의 여성: 20세기 전반기 신여성과 근대성』, 푸른역사, 2004.

김경일, 『이재유, 나의 시대 나의 혁명―1930년대 서울의 혁명운동』, 푸른역사, 2007.

김경일, 「동아시아의 맥락에서 본 안중근과 동양평화론: 열린 민족주의와 보편주 의로의 지평」, 『정신문화연구』 제117호, 제32권 제4호, 2009,

김경일, 『제국의 시대와 동아시아 연대』, 창작과비평사, 2011.

김경일, 『근대의 가족, 근대의 결혼』, 푸른역사, 2012.

김경일, 『노동』, 소화, 2014.

김경일, 『한국의 근대 형상과 한국학: 비교 역사의 시각』, 한국학중앙연구원출 판부, 2020.

김경일, 「자유주의와 민족주의」 (네이버 열린연단 강연), 2023년 2월 3일 https:// tv.naver.com/v/32785916

김경일, 「여운형의 노동 인식과 마르크스주의: 사상과 이념 체계」, 『여운형의 평 등애민사상』, 제16회 몽양학술심포지엄, 2023년 11월 23일, 몽양교육자료관 매진홀.

김경일·강창일. 「동아시아에서 아시아주의: 1870-1945년의 일본을 중심으로」,

『역사연구』 제8호. 2000.

김광식, 「해방 직후 여운형의 정치활동 노선과 건준·인공의 형성 과정」, 최장집 편, 『한국현대사』 1, 열음사, 1985.

김광억, 「일제 시기 토착 지식인의 민족문화 인식의 틀」, 『비교문화연구』 제4호, 1998.

김남식 편, 『남로당연구자료집(II)』, 고려대학교 아세아문제연구원, 2010.

김남천, 「인물소묘: 여운형」, 『신천지』 창간호 1947년 2월.

김남천, 『맥』, 슬기. 1987(1947).

김동명, 「15년 전쟁 하 일본 제국주의의 식민지 지배 체제의 전개」, 『일본학』 20 집, 2001.

김동환, 「여운형 씨 연설평—반도의 웅변가들」, 『삼천리』 제6권 8호, 1934 (몽양 여운형선생전집발간위원회 편, 『몽양 여운형 전집』(2), 한울, 1993).

김두백, 「철창리의 거물」, 『동광』 1931년 5월호 (몽양여운형선생전집발간위원회 편, 『몽양 여운형 전집』(2), 한울, 1993).

김마리아, 「사랑하는 고국 형님! 미국 '꽉'대학에서」(1, 2), 『동아일보』 1925년 2월 25일 및 3월 2일자.

김마리아, 「한 달의 '널스' 생활」, 『우라키』 제6호, 1933.

김마리아, 「조선기독교여성운동」, 『종교시보』 제3권 제1호, 1934년 1월.

김명순, 「부친보다 모친을 존경하고 여자에게 정치사회문제를 맡기겠다」, 『동아 일보』 1922년 1월 7일자 (서정자·남은혜 편, 『김명순 문학전집』, 푸른사상, 2010).

김명순, 「계통 없는 소식의 일절」, 『신여성』 1924년 9월호 (서정자·남은혜 편, 『김 명순 문학전집』, 푸른사상, 2010).

김명순, 「네 자신의 우혜」, 『생명의 과실』, 한성도서주식회사, 1925 (서정자·남은 혜 편, 『김명순 문학전집』, 푸른사상, 2010).

김명순, 「이상적 연애」, 『조선문단』 1925년 7월호 (서정자·남은혜 편, 『김명순 문학전집』, 푸른사상, 2010).

김명순, 「나는 사랑한다」, 『동아일보』 1926년 9월 2일자 (서정자·남은혜 편, 『김
　명순 문학전집』, 푸른사상, 2010).

김명순, 「애?」, 『애인의 선물』, 1927 (서정자·남은혜 편, 『김명순 문학전집』, 푸른
　사상, 2010).

김명순, 「생활의 기억」, 『매일신보』 1936년 11월 19일－21일자 (서정자·남은혜
　편, 『김명순 문학전집』, 푸른사상, 2010).

김민철, 「일제 하 사회주의자들의 전향논리」, 『역사비평』 제28호, 1995.

김민환, 「동양3국공영론」, 『개화기 민족지의 사회사상』, 나남, 1988.

김삼웅, 『안중근 평전』, 시대의 창, 2009.

김삼웅, 『몽양 여운형 평전－진보적 민족주의자』, 채륜, 2015.

김상배, 『김명순 자전 시와 소설－꾸밈없이 살았노라』, 춘추각, 1985.

김세민, 『한국근대사와 만국공법』, 경인문화사, 2002.

김영작, 『한말 내셔널리즘 연구: 사상과 현실』, 청계연구소, 1989.

김영호, 「동북아 중심국가론의 기대와 우려－동북아개발은행과 동북아판 신마
　셜플랜을 촉구하며」, 『시민과세계』 제3호, 참여사회연구소, 2003.

김오성, 「여운형론」, 『지도자군상』 제1권, 대성출판사, 1946 (몽양여운형선생전
　집발간위원회 편, 『몽양 여운형 전집』(2), 한울, 1993).

김오성, 「정치가형의 지도자－여운형론」, 『지도자론』, 조선정판사, 1946 (몽양여
　운형선생전집발간위원회 편, 『몽양 여운형 전집』(2), 한울, 1993).

김옥선, 『빛과 소금의 삶: 김마리아 선생의 생애』, 보람문화사, 1994.

김용섭, 「우리나라 근대 역사학의 발달 2－1930, 40년대의 실증주의 역사학」, 『문
　학과 지성』 제9호 (가을호), 1972.

김욱동, 「박인덕의 『구월 원숭이』－자서전을 넘어서」, 『로컬리티 인문학』 3, 2010.

김원주, 「재혼 후 일주년－인격 창조에」, 『신여성』 1924년 9월호.

김윤식, 「전향론」, 『한국근대문예비평사연구』, 일지사, 1976.

김윤식, 「사상 전향과 전향 사상」, 『한국근대문학사상사』, 한길사, 1984.

김윤희, 「대한제국기 서울지역 금융시장의 변동과 상업 발전―대한천일은행 및 대자본가의 활동을 중심으로」, 고려대학교 대학원 사학과 박사학위논문, 2002.

김인식, 「1930년대 안재홍의 '조선학'론」, 『한국인물사연구』 제23호, 2015.

김일엽, 「부녀 잡지 신여자 창간사」, 『신여자』 제1호, 1920년 3월 (『미래세가 다하고 남도록』(하), 인물연구소, 1974).

김일엽, 「K언니에게」, 『신여자』 제2호, 1920년 4월 (『미래세가 다하고 남도록』(하), 인물연구소, 1974).

김일엽, 「우리 신여자의 요구와 주장」, 『신여자』 제2호, 1920년 4월 (『미래세가 다하고 남도록』(하), 인물연구소, 1974).

김일엽, 「여자 교육의 필요」, 『동아일보』 1920년 4월 6일자.

김일엽, 「여자의 자각」, 『신여자』 제3호, 1920년 5월 (『미래세가 다하고 남도록』(하), 인물연구소, 1974).

김일엽, 「잡지 신여자 머리에 씀」, 『신여자』 제3호, 1920년 5월 (『미래세가 다하고 남도록』(하), 인물연구소, 1974).

김일엽, 「먼저 현상을 타파하라」, 『신여자』 제4호, 1920년 6월 (『미래세가 다하고 남도록』(하), 인물연구소, 1974).

김일엽, 「근래의 연애 문제」, 『동아일보』 1921년 2월 24일자 (『미래세가 다하고 남도록』(하), 인물연구소, 1974).

김일엽, 「부인 의복 개량에 대하여―한 가지 의견을 드리나이다」, 『동아일보』 1921년 9월 10일―14일자.

김일엽, 「내가 남자라면―개성의 이해자로 아내를 해방」, 동아일보 1922년 1월 3일자.

김일엽, 「나의 정조관」, 『조선일보』 1927년 1월 8일자 (『미래세가 다하고 남도록』(하), 인물연구소, 1974).

김일엽, 「처녀·비처녀의 관념을 양기하라—정조 파괴 여성의 재혼론」, 『삼천리』 1931년 2월 (『미래세가 다하고 남도록』(상), 인물연구소, 1974).

김일엽, 「진리를 모릅니다—나의 회상기」, 『여성동아』 1971년 12월—1972년 6월 (『미래세가 다하고 남도록』(상), 인물연구소, 1974).

김일엽, 『미래세가 다하고 남도록』(상·하), 인물연구소, 1974.

김정현, 「유길준과 양계초의 미국체험과 근대 국가 인식—유길준의 『西遊見聞』 과 양계초의 『新大陸遊記』의 비교를 중심으로」, 『문명연지』 제18집, 2006.

김종식, 「재조선 일본인의 일본 인식—재조 일본인 정치가 마키야마 고죠를 중심 으로」, 한국일본학회 학술대회 발표문, 2013.

김종헌, 「국제공산당의 일국일당 원칙이 미친 파장」, 『논쟁으로 읽는 한국사(2 근 현대편)』, 역사비평사, 2009.

김탄실, 「귀향」, 『매일신보』 1936년 10월 7일—13일자 (서정자·남은혜 편, 『김명 순 문학전집』, 푸른사상, 2010).

김탄실, 「시로 쓴 반생기」, 『동아일보』 1938년 3월 10일—12일자 (서정자·남은혜 편, 『김명순 문학전집』, 푸른사상, 2010).

김현철 「개화기 한국인의 대외인식과 '동양평화구상'」, 『평화연구』 11, 2002.

김형준, 「인물론: 여운형」, 『신세대』 1946년 7월호 (몽양여운형선생전집발간위원 회 편, 『몽양 여운형 전집』(2), 한울, 1993).

김혜숙, 「이마무라 도모(今村鞆)의 조선 풍속 연구와 재조 일본인」, 『한국민족운 동사연구』 48, 2006.

김호일, 「기독교 교육가 김마리아 연구」, 중앙대학교 인문과학연구소, 『인문학연 구』 36, 2003.

나혜석, 「이상적 부인」, 『학지광』 1914년 12월호 (이상경 편, 『나혜석 전집』, 태학 사, 2000).

나혜석, 「잡감—K언니에게 여(與)함」, 『학지광』 1917년 7월호 (이상경, 『나혜석 전집』, 태학사, 2000).

나혜석, 「경희」, 『여자계』 1918년 3월호 (이상경 편. 『나혜석 전집』, 2000).

나혜석, 「김원주 형의 의견에 대하여—부인 의복 개량 문제」, 『동아일보 1921년 9월 28일—10월 1일자 (이상경, 『나혜석 전집』, 태학사, 2000).

나혜석, 「모된 감상기」, 『동명』 1923년 1월 1일—21일자 (이상경 편, 『나혜석 전집』, 태학사, 2000).

나혜석, 「강명화의 자살에 대하여」, 『동아일보』 1923년 7월 8일자 (이상경 편, 『나혜석 전집』, 2000).

나혜석, 「생활 개량에 대한 여자의 부르짖음」, 『동아일보』 1926년 1월 24일—30일자.

나혜석, 「프랑스 가정은 얼마나 다를까」, 『동아일보』 1930년 3월 28일—4월 2일자.

나혜석, 「아아 자유의 파리가 그리워—歐美 漫遊하고 온 후의 나」, 『삼천리』 1932년 1월호(이상경 편, 『나혜석 전집』, 태학사, 2000).

나혜석, 「이혼 고백장—靑邱씨에게」, 『삼천리』 1934년 8, 9월호 (이상경 편, 『나혜석 전집』, 태학사, 2000).

나혜석, 「신생활에 들면서」, 『삼천리』 1935년 2월호 (이상경 편, 『나혜석 전집』, 태학사, 2000).

나혜석, 「나의 여교원 시대」, 『삼천리』 1935년 6월호 (이상경 편, 『나혜석 전집』, 태학사, 2000).

나혜석, 「이성 간의 우애론 —아름다운 남매의 기(記)」, 『삼천리』 1935년 6월호 (이상경 편, 『나혜석 전집』, 태학사, 2000).

나혜석, 「독신 여성의 정조론」, 『삼천리』 1935년 10월호 (이상경 편, 『나혜석 전집』, 태학사, 2000).

나혜석, 「현숙(玄淑)」, 『삼천리』 1936년 12월호 (이상경 편, 『나혜석 전집』, 태학사, 2000).

나혜석 외. 「설문 응답」, 『삼천리』 1930년 5월호.

다바타 가야, 「식민지 조선에 살았던 일본 여성들의 삶과 식민주의 경험에 관한 연구」, 이화여자대학교 석사학위논문, 1996.

랭던, 윌리암(Langdon, William R.),「서문」, 여운홍,『몽양 여운형』, 청하각, 1967.

류시현,「1930년대 안재홍의 '조선학 운동'과 민족사 서술」,『아시아문화연구』제 22집, 2011.

몽양여운형선생전집발간위원회 편,『몽양 여운형 전집』(1), 한울, 1991.

몽양여운형선생전집발간위원회 편,『몽양 여운형 전집』(2), 한울, 1993.

몽양여운형선생전집발간위원회 편,『몽양 여운형 전집』(3), 한울, 1997.

미즈노 나오키(水野直樹),「1930년대 전반 재조 일본인(在朝日本人)의 사회운동과 그 역사적 의미」,『인문논총』제77권 제2호, 2020.

민경배,「1930년대 종교계에 있어서의 국학진흥운동」, 고려대학교민족문화연구 소,『민족문화연구』제12호, 1977.

박 보리스, 신운용, 이병조 역,『하얼빈 역의 보복—이토 히로부미에 대한 안중근의 총성』, 채륜, 2009 (Пак, Б. Д. (Борис Дмитриевич), *Возмездие на харбинском вокзале: документально-исторический очерк*).

박광현,「'재조선(在朝鮮)' 일본인 지식 사회 연구—1930년대의 인문학계를 중심 으로」,『일본학연구』제19집, 2006.

박달환,「안재홍론」,『인민』1·2월 합본호, 1946.

박달환,「여운형론」,『인민』제4호, 1946년 4월호 (몽양여운형선생전집발간위원 회 편,『몽양 여운형 전집』(2), 한울, 1993).

박석분·박은봉,『인물여성사』, 새날, 1997.

박영재.「근대 일본의 한국 인식」, 역사학회 편.『일본의 침략정책사 연구』, 일조 각. 1984.

박용옥,「김마리아의 망명생활과 독립운동」,『한국민족운동사연구』22, 1999.

박용옥,『김마리아: 나는 대한의 독립과 결혼했다』, 홍성사, 2003.

박은식,『한국통사』, 상해: 대동편집국, 1915.

박인덕,「경성에서 시카고까지」(1, 2),『동아일보』, 1927년 1월 20일 및 1월 21일자.

박인덕,「조선 여자와 직업 문제」,『우라키』제3호, 1928.

박인덕, 「북미 대륙 방랑의 1년」, 『우라키』 제4호, 1930.

박인덕, 「6년 만의 나의 반도, 아메리카로부터 돌아와서 여장을 풀면서」, 『삼천리』 제3권 제11호, 1931년 11월.

박인덕, 「내외 인물 인상기―미국 여성의 대표적 인물 랭킨스 양의 인상」, 『동광』 제32호, 1932년 4월.

박인덕, 「내가 본 독일 농촌」, 『삼천리』 제4권 제4호, 1932년 4월.

박인덕, 「미국 자유종각 방문기」, 『삼천리』 제5권 제3호, 1933년 3월.

박인덕, 「조선 사회와 장년 교육론」, 『삼천리』 제7권 제5호, 1935년 6월.

박인덕, 「태평양을 다시 건너며, 세계기독교대회에 참석코저」, 『삼천리』 제8권 제1호, 1936년 1월.

박인덕, 「형제여 잘 있거라」, 『삼천리』 제8권 제4호, 1936년 4월.

박인덕, 「파란 많은 나의 반생」, 『삼천리』 제10권 제11호 1938년 11월.

박인덕, 「열(熱)과 자유의 신이 잠자는 신비의 도성, '쇼팡'의 모국」, 동아일보 1939년 9월 10일자.

박인덕, 「인도 여행」, 『삼천리』 제12권 제4호, 1940년 4월.

박인덕, 「흑인과 미주의 인구 문제」, 『삼천리』 제12권 제9호, 1940년 10월.

박인덕(永河仁德), 「임전 애국자의 대사자후(大獅子吼)!!―승전의 길은 여기 있다」, 『삼천리』 제13권 제11호, 1941년 11월.

박인덕(永河仁德), 「東亞 黎明과 半島 女性」, 『대동아』 제14권 제3호, 1942년 3월.

박정심, 「한국 근대 지식인의 근대성 인식I―문명·인종·민족 담론을 중심으로」, 『동양철학연구』 제52집, 2007.

박찬승, 『한국근대정치사상사연구―민족주의 우파의 실력양성운동론』, 역사비평사, 1992.

박찬승, 『민족주의 시대』, 경인문화사, 2007.

박한용, 「조선반제동맹 경성지방조직준비위원회와 이관술」, 『이관술과 그의 시대』, 수선사학회·성균관대학교 동아시아역사연구소 공동 학술회의 발표문,

2023년 6월 29일.

박한용·이주실 편역, 『일제 강점기 몽양 여운형 관련 국내 잡지 자료』(몽양 여운형 자료총서III), 몽양기념관 (사)몽양여운형선생기념사업회, 2022.

반민족연구소 편, 『친일파 99인(2)』, 돌베개, 1993.

방기중, 『한국근현대사상사연구: 1930·40년대 백남운의 학문과 정치경제사상』, 역사비평사, 1992.

백영서, 『동아시아의 귀환─중국의 근대성을 묻는다』, 창작과비평사, 2000.

변은진, 「1930년대 경성 지역 혁명적 노동조합연구」, 한국근현대사연구회 1930년대 연구반, 『일제 말 조선 사회와 민족해방운동』, 일송정, 1991.

변은진·전병무 편역, 『여운형의 항일독립운동 재판기록』(몽양 여운형 자료총서 II), 몽양기념관 (사)몽양여운형선생기념사업회, 2022.

B기자, 「삭발하고 장삼 입은 김일엽 여사의 회견기」, 『개벽』 1935년 1월호 (김일엽, 『미래세가 다하고 남도록』(하), 인물연구소, 1974).

사토 코에츠, 「후쿠자와 유키지의 유교관과 '탈아론'의 사상적 지평」, 『일본사상』 제10호, 2006.

서정자·남은혜 편, 『김명순 문학전집』, 푸른사상, 2010.

서중석, 「남북에서 존경받는 포용과 신념의 민족 지도자」, 몽양여운형선생전집발간위원회 편, 『몽양 여운형 전집』(3), 한울, 1997.

서형실, 「허정숙─근우회에서 독립투쟁동맹으로」, 『역사비평』 19호, 1992 겨울호.

성현경 편, 『경성 엘리트의 만국 유람기: 동아시아 근대와 여행 총서 2』, 현실문화, 2015.

宋相燾, 『騎驢隨筆』, 국사편찬위원회, 1971.

송진희, 「허정숙의 생애와 활동─사상과 운동의 변천을 중심으로」, 순천대학교 교육대학원 석사학위논문, 2004.

스가와라 유리(菅原百合), 「일제 강점기 후치자와 노에(淵澤能惠: 1850-1936)의 조선에서의 활동」, 『일본학』 제35집, 2012.

신영숙, 「일제 시기 여성운동가의 삶과 그 특성 연구-조신성과 허정숙을 중심으로」, 『역사학보』 150, 1996.

신용하, 「중국에서의 아시아적 생산양식 논쟁」, 신용하 편, 『아시아적 생산양식론』, 까치, 1986.

신운용, 「안중근 의거의 사상적 배경」, 안중근의사기념사회업회 편, 『안중근과 그 시대-안중근 의거 100주년 기념연구논문집1』, 경인문화사, 2009.

신운용, 「안중근의 '동양평화론'과 이등박문의 '극동평화론'」, 안중근의사기념사회업회 편, 『안중근과 그 시대-안중근 의거 100주년 기념연구논문집1』, 경인문화사, 2009.

신운용, 「안중근의 동양평화론 연구와 실천을 위한 방안」, 안중근의사기념사회업회 편, 『안중근과 그 시대-안중근 의거 100주년 기념연구논문집1』, 경인문화사, 2009.

신주백, "일제의 새로운 식민지 지배방식과 재조 일본인 및 '자치'세력의 대응(1919-1922)", 『역사와현실』 제39호, 2001.

신채호, 「동양주의에 대한 비평」, 『대한매일신보』 1909년 8월 8일 및 10일자, 최원식·백영서 편, 『동아시아인의 '동양' 인식: 19-20세기』, 문학과지성사, 1997.

심지연, 「청년의 마음, 정당통합을 위한 행보」, 몽양여운형선생전집발간위원회 편, 『몽양 여운형 전집』(2), 한울, 1993.

안숙원, 「신여성과 에로스의 역전극-나혜석의 『현숙』과 김동인의 『김연실전』을 대상으로」, 『여성문학연구』 제3호, 2000.

안용식 편, 『조선총독부 하 일본인 관료 연구』(III), 2003.

안재홍, 『신민족주의와 신민주주의』, 민우사, 1945.

안재홍선집 간행위원회 편, 『民世安在鴻選集』(1), 지식산업사, 1981.

안재홍선집 간행위원회 편, 『民世安在鴻選集』(2), 지식산업사, 1983.

안재홍선집 간행위원회 편, 『民世安在鴻選集』(3), 지식산업사, 1991.

안재홍선집 간행위원회 편, 『民世安在鴻選集』(4), 지식산업사, 1992.

안중근, 「동양평화론」, 최원식·백영서 편, 『동아시아인의 '동양' 인식: 19-20세기』, 문학과지성사, 1997.

안태윤, 「식민지에 온 제국의 여성: 재조선 일본 여성 쓰다 세츠코를 통해서 본 식민주의와 젠더」, 『한국여성학』 제24권 4호, 2008.

안홍선, 「12살 소녀들을 정신대로 보낸 어느 일본인 교사의 '참회의 여정'」, 『교육비평』 제21호, 2006.

양니엔췬, 「'동아시아'란 무엇인가?―근대 이후 한중일의 '아시아' 想像의 차이와 그 결과」, 『대동문화연구』 제50집, 2005.

양문규, 「1910년대 나혜석 문학의 또 다른 근대성」, 문학과사상연구회, 『근대 계몽기 문학의 재인식』, 소명, 2007.

여운형, 「꼬비 沙漠과 上海生活」, 『신인문학』 1935년 6월호.

여운형, 「청년에게 보내는 말」, 『중앙』 제4권 1호, 1936년 1월호.

여운형, 「전쟁은 나고야 마느냐」, 『삼천리』 1936년 1월호 부록.

여운형, 「동경기행」, 『중앙』 제4권 2호, 1936년 2월호.

여운형, 「조선 농촌 문제의 특질―탐구된 규정의 집약적 재현」, 『중앙』 제4권 2호, 1936년 2월호.

여운형, 「모스크바의 印象―나의 回想記 第四篇」, 『중앙』 1936년 6월호.

여운형, 「파나마운하행 일등기선」, 『신인문학』 1936년 8월호.

여운형, 「자연 교육」, 『학우구락부』 1939년 7월호.

여운형, 「나의 前進目標―飛躍 前夜의 沈默」, 『신세기』 1940년 1월호.

여운형, 「신조선 건설의 대도」, 『조선주보』 제1권 제2호, 1945년 10월 22일자.

여운형, 「통일전선 낙관」, 『조선인민보』 1945년 12월 7일자.

여운형, 「농군이 되라」, 『건설』 6호, 1946년 1월호.

여운형, 「우리나라의 정치적 진로」, 『학병』 1권 1호, 1946년 1월호.

여운형, 「제1회 전국문학자대회 축사」, 『건설기의 조선문학』 1946년 2월호.

여운형, 「민주주의 국가건설의 先務」, 『인민과학』 제1권 1호, 1946년 3월호.

여운형, 「민주 정당 활동의 노선」, 『조선인민보』 1946년 8월 11, 12일자.

여운형, 「건국 과업에 대한 사견」, 『독립신문』 1946년 10월 18일—22일자.

여운형, 「근로인민당의 탄생과 금후의 사업」, 『중외신문』 1947년 6월 21, 22일자.

여운홍, 『몽양 여운형』, 청하각, 1967.

여현덕, 「여운형의 생애사와 주요 쟁점들」, 몽양여운형선생전집발간위원회 편, 『몽양 여운형 전집』(3), 한울, 1997.

오천석, 「米洲留學生의 面影」, 『삼천리』 제5권 제3호, 1933,

우정열, 「윤치호 문명개화론의 심리와 논리: 근대 자유주의 수용과 노예로의 길」, 『역사와사회』 제33집, 2004.

우홍준, 「구한말 유길준의 정치·경제·사회론: 서유견문을 중심으로」, 『한국행정학보』 제38권 제1호, 2004.

유광렬, 「여운형론 I」, 1934 (몽양여운형선생전집발간위원회 편, 『몽양 여운형 전집』(2), 한울, 1993).

유길준전서편찬위원회 편, 『유길준전서(I, III, IV)』, 일조각, 1971.

유민영, 『윤심덕—사의 찬미』, 民聲社, 1987.

유영렬, 『개화기의 윤치호 연구』, 한길사, 1985.

윤경로, 「사상가 안중근의 생애와 활동」, 『한국 근대사의 기독교적 이해』, 역민사, 1985.

윤병석, 「안중근 의사의 하얼빈 의거와 '동양평화론'」, 안중근의사기념사회업회 편, 『안중근과 그 시대—안중근 의거 100주년 기념연구논문집1』, 경인문화사, 2009.

윤소영, 「호소이 하지메(細井肇)의 조선 인식과 제국의 꿈」, 『한국근현대사연구』 제45집, 2008.

윤정란, 「19세기 말 20세기 초 재조선 일본 여성의 정체성과 조선교육사업: 기독교 여성 후치자와 노애(淵澤能惠: 1850-1936)를 중심으로」, 『역사와경계』 73, 2009.

이광린,「유길준의 개화사상-서유견문을 중심으로」,『역사학보』제75·6합집, 1977.

이광린,「개화기 한국인의 아시아연대론」,『한국사연구』제61·62집. 1988.

이광수,「옛 조선인의 근본도덕」,『동광』제34호(6월호), 1932.

이광수,「조선민족론」,『동광총서』, 1933 (『민족개조론』, 우신사, 1981).

李光洙,「나의 고백」, 1949 (한국현대문학전집 2, 삼성출판사, 1978).

이구열,『나혜석 일대기-에미는 선각자였느니라』, 동화출판공사, 1974.

이규수,「'재조 일본인' 연구와 '식민지 수탈론'」,『일본역사연구』제33집, 2011.

이규수,「재조 일본인의 추이와 존재 형태-수량적 검토를 중심으로」,『역사교육』125, 2013.

이기웅 편,『안중근 전쟁 끝나지 않았다』, 열화당, 2000.

이기형,『몽양 여운형』, 실천문학사, 1984.

이동화,「발문」, 여운홍,『몽양 여운형』, 청하각, 1967.

이동화,「8.15를 전후한 여운형의 정치활동」,『창작과 비평』1978년 여름·가을호 (몽양여운형선생전집발간위원회 편,『몽양 여운형 전집』(2), 한울, 1993).

이만규,『여운형 투쟁사』, 총문각, 1946.

이상경,「인간으로 살고 싶다-영원한 신여성 나혜석』, 한길사, 2000.

이상경 편,『나혜석 전집』, 태학사, 2000.

이수영,「여운형론」,『전선』1권 3호, 1933년 3월호 (몽양여운형선생전집발간위원회 편,『몽양 여운형 전집』(2), 한울, 1993).

이승원,「전장의 시뮬라크르: 박영희의『전선기행』을 중심으로」,『정신문화연구』109호, 2007.

이연식,「패전 후 한반도에서 돌아간 일본인 여성의 귀환 체험」,『한일민족문제연구』17, 2009.

이연식,『조선을 떠나며-1945년 패전을 맞은 일본인들의 최후』, 역사비평사, 2012.

이인직, 『혈의 누(외)』, 을유문화사, 1969.

이일정, 「남녀의 동권은 인권의 대립―당파열 타파의 필요」, 『동아일보』 1920년 4월 3일자.

이정식, 『여운형―시대와 사상을 초월한 융화주의자』, 서울대학교출판부, 2008.

이준식, 「일제 침략기 개량주의 사회학의 흐름: 한치진과 김윤경의 경우」, 『사회학연구』 네째 책, 1986.

이준식, 「재조(在朝) 일본인 교사 죠코(上甲米太郎)의 반제국주의 교육노동운동」, 『한국민족운동사연구』 49, 2006.

이지원, 「일제 하 안재홍의 현실인식과 민족해방운동론」, 한국역사연구회, 『역사와현실』 제6호, 1991.

이태훈, "1920년대 초 자치청원운동과 유민회의 자치 구상", 『역사와현실』 제39호, 2001.

이현구, 「여운형 씨의 정치 견해」, 『백민』 1947년 9월호 (몽양여운형선생전집발간위원회 편, 『몽양 여운형 전집』(2), 한울, 1993).

이형식, 「재조 일본인 연구의 현황과 과제」, 『일본학』 제37집, 2013.

이환의, 「나는 유물론자가 아니다」, 『세대』 1964년 9월호 (몽양여운형선생전집발간위원회 편, 『몽양 여운형 전집』(2), 한울, 1993).

임영태 편, 『식민지 시대 한국 사회와 운동』, 사계절, 1985.

장석흥, 「안확」, 조동걸 외 편, 『한국의 역사가와 역사학(하)』, 창작과비평사, 1994.

장인성, 「'인종'과 '민족'의 사이: 동아시아연대론의 지역적 정체성과 '인종'」, 『국제정치논총』 제40집 4호, 2000.

전명혁, 「1930년대 초 코민테른과 미야케(三宅鹿之助)의 정세 인식」, 『역사연구』 16호, 2006.

전명혁, 「'이재유 그룹'과 이관술」, 『이관술과 그의 시대』, 수선사학회·성균관대학교 동아시아역사연구소 공동 학술회의 발표문, 2023년 6월 29일.

전병무, 『김마리아─한국 항일여성운동계의 대모』, 독립기념관 한국의 독립운동
　　가들 48, 역사공간, 2013.

전봉덕, 「대한민국국제의 제정과 기본 사상」, 『법사학연구』 제1권 제1호, 1974.

정병준, 『몽양 여운형 평전』, 한울, 1995.

정시우, 『독립과 좌우합작』, 삼양사, 1946.

정용욱, 「일제 하(1932-35) 전향 공작에 대한 옥중 투쟁기」(자료), 『역사비평』 제
　　21호, 1993.

정용화, 『문명의 정치사상: 유길준과 근대 한국』, 문학과지성사, 2004.

정일형, 「김마리아론─다난한 망명생활공개장」, 『우라키』 제6호, 1933.

정준영, 「경성제국대학 교수들의 귀환과 전후 일본 사회」, 『사회와역사』 제99집,
　　2013.

정지아, 『아버지의 해방일지』, 창비, 2022.

정창렬, 「러일전쟁에 대한 한국인의 대응」, 역사학회 편, 『러일전쟁 전후 일본의
　　한국침략』, 일조각, 1986.

조기준, 『한국기업가사』, 박영사, 1973.

조동걸, 「항일운동기의 역사인식」, 조동걸·한영우·박찬승 엮음, 『한국의 역사가
　　와 역사학(하)』, 창작과비평사, 1994.

조선인민당, 『인민당의 노선』, 신문화연구소 출판부, 1946.

조재곤, 「한말 조선 지식인의 동아시아 삼국제휴 인식과 논리」, 『역사와현실』 제
　　37호, 2000.

조흥은행, 『조흥은행 85년사』, 1982.

조흥은행, 『조흥은행 90년사』, 1987.

주요한, 「呂運亨獄中記」, 『신동아』 1932년 9월호.

주요한, 『안도산 전』, 삼중당, 1978.

주운성, 「현대조선인물평─여운형론」, 『청년공론』 창간호, 1936년 5월호 (몽양여
　　운형선생전집발간위원회 편, 『몽양 여운형 전집』(2), 한울, 1993).

지승준, 「1930년대 사회주의 진영의 '전향'과 대동민우회」, 중앙대학교 대학원 석사학위논문, 1996.

천관우 외, 「한국 사관은 가능한가?—전환기에 선 민족사관 (심포지움)」, 『사상계』 1963년 2월호.

草士, 「현대여류사상가들(3)—붉은 연애의 주인공들」, 『삼천리』 제17호, 1931년 7월.

최근우, 「잃어버린 巨星을 追慕한다—夢陽呂運亨」, 『민족일보』 1961년 5월 12일자 (몽양여운형선생전집발간위원회, 『몽양 여운형 전집』(2), 한울, 1993).

최남선, 「단군론」(11), 동아일보 1926년 4월 29일자.

최남선, 「조선사학의 출발점, 삼국유사의 신교간」(독서계 논단), 동아일보 1927년 3월 29일자.

최상룡, 「여운형의 사상과 행동—원칙과 타협의 지도자」, 『계간 사상』 1992년 가을호 (몽양여운형선생전집발간위원회, 『몽양 여운형 전집』(3), 한울, 1997).

최서면, 『새로 쓴 안중근 의사』, 집문당, 1994.

최장집, 「한국민주주의·민족주의와 여운형」, 몽양여운형선생전집발간위원회 편, 『몽양 여운형 전집』(3), 한울, 1997.

최재석, 「1930년대의 사회학 진흥운동」, 고려대학교민족문화연구소, 『민족문화연구』 제12호, 1977.

키무라 겐지(木村健二), 「식민지 하 조선 재류 일본인의 특징—비교사적 시점에서」, 『지역과 역사』 15호, 2004.

팔봉, 「대아세아주의와 김옥균 선생」, 『조광』 1941년 11월호.

하라 토모히로(原智弘), 「재조 일본인 교원의 조선 체험—어느 사범학교 교원의 사례」, 『한국사연구』 153, 2011.

한국정신문화연구원 현대사연구소, 『遲耘 金錣洙』(자료총서 4), 한국정신문화연구원, 1999.

한기형, 「근대 초기 한국인의 동아시아 인식—『청춘』과 『개벽』의 자료를 중심으로」, 『대동문화연구』 제50집, 2005.

한민성 편저, 『추적 여운형』, 갑자문화사, 1982.

한영우, 「안재홍의 신민족주의와 사학」, 한국독립운동사연구소, 『한국독립운동
사연구』 제1권, 1987.

한영혜, 「일본 사회과학의 흐름을 짚는다(1),(3)」, 한국산업사회연구회, 『경제와
사회』 제12호(겨울호), 1991 및 제14호(여름호), 1992.

한태수, 「인물론 몽양 여운형」, 『신문과 방송』 1977년 9월호 (몽양여운형선생전
집발간위원회, 『몽양 여운형 전집』(2), 한울, 1993).

한홍구, 「미국 한국학의 선구자 제임스 팔레」, 『정신문화연구』 제24권 제2호,
2001.

한홍구·이재화 편, 『한국민족해방운동사자료총서』, 경원문화사, 1988.

함동주, 「명치기 아시아주의의 '아시아'상」, 『일본역사연구』 제5집, 1997.

허근욱, 「나의 아버지 허헌과 언니 허정숙」, 『역사비평』 26호, 1994 가을호.

허동현, 「1880년대 개화파 인사들의 사회진화론 수용양태 비교연구—유길준과
윤치호를 중심으로」, 『사총』 55, 2002.

허정숙, 「울 줄 아는 인형의 여자국 북미 인상기」, 『별건곤』 제10호, 1927년 12월.

허정숙, 「미주 여성을 들어 조선 여성에게!(1-3)」, 『조선일보』 1928년 1월 3일~5일자.

헬렌 리, 「제국의 딸로서 죽는다는 것」, 『아세아연구』 51권 2호, 2008.

현광호, 「안중근의 동양평화론과 그 성격」, 『아세아연구』 제46권 3호, 2003.

현원복, 「1930년대의 과학기술학 진흥운동」, 고려대학교민족문화연구소, 『민족
문화연구』 제12호, 1977.

홍사중, 『한국 지성의 고향』, 탐구당, 1966.

洪陽明 외, 「우리들은 亞米利加문명을 끌어 올까 露西亞문명을 끌어 올까?」, 『삼
천리』 제4권 제7호, 1932년 5월.

ピ-タ-・ドゥス, "朝鮮觀の形成―明治期の支配イメ-ジ", ピ-タ-・ドゥス, 小林英夫
　　編, 『帝國という幻想: 「大東亞共榮圈」の思想と現實』, 東京: 青木書店, 1998.

加納実紀代, 「奥村五百子: '軍國昭和'に生きた明治一代女」, 『思想の科學』, 1975年
　　9月号.

姜文秀, 「上申書」, 『思想月報』 제4권 제3호, 1934.

姜文秀, 「鮮人思想犯轉向者は如何なる保護を希望するか」, 『思想彙報』 제6호,
　　1936.

高崎宗司, 『植民地朝鮮の日本人』(岩波新書 790), 東京: 岩波書店, 2004.

子安宣邦, 『福澤諭吉『文明論之概略』精讀』, 岩波書店, 2005 (고야스 노부쿠니, 김
　　석근 역, 『후쿠자와 유키치의 『문명론의 개략』을 정밀하게 읽는다』, 역사비평
　　사, 2007).

古屋貞雄 外, 「暗黑下日朝人民連帶昭和初期日本人先覺者體驗聞(座談)」, 『朝鮮
　　研究』, 朝鮮研究所, 1966年 8月号.

金東明, 『支配と抵抗の狹間: 1920年代朝鮮における 日本帝國主義と朝鮮人の政
　　治運動』, 東京大學 總合文化研究科 박사학위논문, 1997.

金斗禎, 『防共戰線勝利の必然性』, 全鮮思想報國聯盟, 1939.

金石範, 『轉向と親日派』, 東京: 岩波書店, 1993.

白南雲, 『朝鮮社會經濟史』, 東京: 改造社, 1933

磯谷季次, 『わが靑春の朝鮮』, 影書房 1984 (김계일 옮김, 『우리 청춘의 조선: 일제
　　하 노동운동의 기록』, 사계절, 1988).

旗田巍, 『日本人の韓國觀』, 勁草書房, 1969 (이기동 역, 『일본인의 한국관』, 일조
　　각, 1983).

羅英均, 『日帝時代, わが家は』(小川昌代 譯). 東京: みすず書房, 2003.

中野泰雄, 『日韓關係の原像』, 東京: 亞紀書房, 1984 (나카노 토무, 『동양평화의 사
　　도 안중근』, 하소, 1995).

大島淸・加藤俊彦・大內力, 『人物 日本資本主義』(第3券, 『明治初期の企業家』, 東

京大學出版會, 1976.

李載裕,「朝鮮における共産主義運動の特殊性とその發展の能否」,『思想彙報』제
11집, 1937.

梶村秀樹『朝鮮史と日本人』(梶村秀樹著作集 第1卷), 東京: 明石書店, 1992.

柏木義円,「京城滯在中所感」,『上毛教界月報』37號, 1925 (伊東昭雄,『アジアと近
代日本』, 東京: 社會評論社, 1990).

本多秋五「轉向文學論」, 岩波講座『文學』第5卷, 1954 (한국문학연구회 편,『1930
년대 문학연구』, 평민사, 1993).

思想の科學研究會 編,『共同研究 · 轉向』(上), 東京: 平凡社, 1959.

齊藤泰彦,『わが心の安重根』, 東京: 五月書房, 1994 (사이토 다이켄, 이송은 역,
『내 마음의 안중근』, 집사재, 2002).

佐木隆三,『伊藤博文と安重根』, 東京: 文藝春秋, 1996 (사키 류조, 이성범 역,『안
중근과 이토오 히로부미』, 제이앤씨, 2003).

三宅鹿之助,「感想錄」,『思想彙報』第4號, 1935年 9月.

石橋湛山,「大日本主義の幻想」,『東洋經濟新報』, 1921 (伊東昭雄,『アジアと近代
日本』, 東京: 社會評論社, 1990).

石母田正,「危機における歷史學の課題」,『歷史と民族の發見』東京大學出版會,
1952.

咲本和子,「'皇民化'政策期の在朝日本人: 京城女子師範學校を中心に」,『國際關
係學研究』25, 1998.

小雄英二,『〈日本人〉の境界: 沖縄 · アイヌ · 台湾 · 朝鮮 植民地支配から復歸運動
まで』, 東京: 新曜社, 1998.

市川正明,『安重根と朝鮮独立運動の源流』, 原書房, 2005.

野田正彰,『戰爭と罪責』, 岩波書店, 1998 (서혜영 옮김,『전쟁과 죄책』, 또다른우
주, 2023).

嚴安生,『日本留學精神史―近代中國知識人の軌跡』, 岩波書店, 1991 (옌안성 저,

한영혜 역, 『신산을 찾아 동쪽으로 향하네―근대 중국 지식인의 일본 유학』, 일조각, 2005).

園部裕之, 「在朝日本人の參加した共産主義運動-1930年代における」, 『朝鮮史研究会論文集』 26, 1989.

俞萬兼, 「朝鮮財界の重鎭」, 韓翼敎 編, 『韓相龍君を語る』, 韓相龍還曆紀念會, 1941.

安駉壽, 「日淸韓同盟論」, 『日本人』, 第121号 및 123号, 1900.

李淸源, 『朝鮮社會史讀本』, 東京: 白揚社, 1936.

李光洙, 「心的 新體制と朝鮮文化の進路」, 『每日新報』 1940년 9월 5일-12일자 (金炳傑 金奎東 편, 『친일문학작품선집』 실천문학사, 1986).

伊東昭雄, 『アジアと近代日本』, 東京: 社會評論社, 1990.

伊藤 晃, 『轉向と天皇制―日本共産主義運動の1930年代』, 東京: 勁草書房, 1995.

林房雄, 「轉向について」, 1940 (『林房雄著作集 III』, 東京: 翼書院, 1969).

任展慧, 「朝鮮統治と日本の女たち」, 『ドキュメント女の百年5: 女と權力』, 平凡社, 1978.

井上學, 「1930年代日朝共産主義者の邂逅-三宅鹿之助と李載裕」, 加藤哲郎 伊藤 晃 井上學 編, 『社會運動の昭和史―語られざる深層』, 白順社, 2006.

朝鮮功勞者銘監刊行會, 『朝鮮功勞者銘監』, 民衆時論社, 1935.

朝鮮總督府 警務局, 「朝鮮內における思想轉向の狀況」, 『高等警察報』 제3호, 1934.

朝鮮總督府 高等法院 檢事局, 「大東民友會の結成竝其の活動槪況」, 『思想彙報』 제13호, 1937.

朝鮮總督府 高等法院 檢事局, 『思想月報』 1933.

朝鮮總督府 高等法院 檢事局, 『思想彙報』 1935, 1936, 1937, 1938.

朝鮮總督府, 『朝鮮總督府統計年報』, 1914(第1號), 1930, 1942.

朝鮮治刑協會, 『治刑』, 1938-1939, 1941.

淺田喬二, 『日本知識人の植民地認識』, 東京: 校倉書房, 1985.

崔用達, 「感想錄」, 『思想彙報』 제24호, 1940.

崔判玉, 「非合法運動から合法生活への叫び」, 『高等警察報』 제3호, 1934.

統監府, 『(第2次)統監府統計年報』, 1909.

桶口雄一, 「上甲米太郎が問いかけるもの」, 高麗博物館 編, 『植民地・朝鮮の子ど
もたちと生きた教師上甲米太郎』, 東京: 大槻書店, 2010.

鶴見俊輔, 『戰時期 日本の精神史: 1931-1945』, 東京: 岩波書店, 1982 (강정중 역,
『일본 제국주의 정신사』, 한벗, 1982).

韓翼敎 編, 『韓相龍君を語る』, 韓相龍還曆紀念會, 1941.

黃舜鳳, 「鮮人思想犯轉向者は如何なる保護を希望するか」, 『思想彙報』 제6호,
1936.

https://en.wikipedia.org/wiki/Direct_action#CITEREFGraeber2009.

Balibar, Etienne, "Racism and Nationalism," in Etienne Balibar and Immanuel
Wallerstein (eds.) Race, Nation, Class: Ambiguous Identities, London: Verso. 1991.

Beasley, W. G., The Rise of Modern Japan, London: Weidenfeld and Nicolson,
1990 (장인성 역, 『일본근현대사』, 을유문화사, 1996).

Bellah, Robert N. "Continuity and Change in Japanese Society," in Bernard Bar-
ber and Alex Inkeles (eds.), Stability and Social Change. Boston: Little Brown
and Company, 1972.

Chatterjee, Partha. Nationalist Thought and the Colonial World: A Derivative Dis-
course. London: Zed Books, 1986.

Cohen, Nicole, "Children of Empire: Growing up Japanese in Colonial Korea,
1876-1946," Ph.D. diss., Columbia University, 2006.

Duus, Peter, "Defining the Koreans: Images of Domination," The Abacus and the
Sword: The Japanese Penetration of Korea, 1895-1910, Berkeley: University of
California Press, 1998.

Fisher, Galen M., "Revisiting Japan," *Amerasia* I (July) 1937.

Hobsbawm, Eric *Revolutionaries: Contemporary Essays*. London: Weidenfeld and Nicolson, 1973.

Keylor, William R. *Academy and Community: the Foundation of the French Historical Profession*. Cambridge: Harvard University Press, 1975.

Kim, Keong-il, "Genealogy of the Idiographic vs. the Nomothetic Disciplines: the Case of History and Sociology in the Unites States" *Review: A Journal of Fernand Braudel Center* XX, 3/4 Summer/Fall, 1977.

Kim, Keong-il, "Indigenizing the Social Sciences in Post-Colonial Korea," *The Review of Korean Studies*, vol. 4 no. 1, The Academy of Korean Studies, 2001.

Kim Keong-il (ed.), *Pioneers of Korean Studies* (revised edition), Academy of Korean Studies, 2022.

Kuhn, Thomas S. *The Structure of Scientific Revolutions*. Chicago: Chicago University Press, 1962 (Enl. ed. 1970).

Kweon, Sug-In, "Japanese Female Settlers in Colonial Korea: Between the 'Benefits' and 'Constraints' of the Colonial Society," *Social Science Japan Journal*, 17(2), 2014.

Mitchell, Richard H., *Thought Control in Prewar Japan*, Ithaca: Cornell University Press 1976 (김윤식 역, 『일제의 사상 통제―사상 전향과 그 법체계』, 일지사, 1982).

Mudimbe, V. Y. *The Invention of Africa: Gnosis, Philosophy, and the Order of Knowledge*. Bloomington and Indianapolis: Indiana University Press, 1988.

Mudimbe, V. Y. *The Idea of Africa*. Bloomington and Indianapolis: Indiana University Press, 1994.

Park, In-deok, *September Monkey*, New York: Harper & Brothers, 1954 (박인덕, 『구월 원숭이』, 창미, 2007).

Percy, John, "Direct Action—Two Earlier Versions," *Direct Action for Socialism in the 21st Century*, Issue 1, June 2008.

Ryu, Catherine, "Peter H. Lee: Envisioning the Future of Korean Literature in the Global Context," *The Review of Korean Studies* vol. 6. no. 2, 2003.

Said, Edward W., *Orientalism*. New York: Pantheon Books, 1978 (박홍규 역, 『오리엔탈리즘』, 교보문고, 1991).

Sakai, Naoki, "Modernity and Its Critique: The Problem of Universalism and Particularism," in Masao Miyoshi and H. D. Harootunian (eds.), *Postmodernism and Japan*. Durham: Duke University Press, 1989.

Steinhoff, Patricia Golden, "Tenkō: Ideology and Societal Integration in Prewar Japan," unpublished doctoral dissertation of the Department of Social Relations, Harvard University, 1969.

Suh, Dae-Sook, *Documents of Korean Communism: 1918-1948*, Princeton: Princeton University Press, 1970.

The Modern Girl Around the World Research Group, *The Modern Girl around the World: Consumption, Modernity, and Globalization*, Duke University Press, 2008.

Thomas, A. F., "Japan's National Education," *Transactions and Proceedings of Japan Society*, London, 1938-39.

Tomlinson, John, *Cultural Imperialism: A Critical Introduction*. Baltimore: The Johns Hopkins University Press, 1991.

Uchida, Jun, *Brokers of Empire: Japanese Settler Colonialism in Korea, 1876-1945*, Cambridge: Harvard University Asia Center, 2011.

Wallerstein, Immanuel. *Unthinking Social Science: the Limits of Nineteenth-Century Paradigms*. Cambridge: Polity Press, 1991 (성백용 역, 『사회과학으로부터의 탈피: 19세기 패러다임의 한계』, 창작과비평사, 1994).

Wallerstein, Immanuel, "The TimeSpace of World-Systems Analysis: A Philosophical Essay." *Historical Geography* 23, 1993.

각 장 출전

「문명론과 인종주의, 아시아연대론―유길준과 윤치호의 비교를 중심으로」, 『사회와역사』 제78집(여름호), 2008.

「동아시아의 맥락에서 본 안중근과 동양평화론―열린 민족주의와 보편주의로의 지평」, 『정신문화연구』 제117호, 제32권 제4호, 2009.

「한상룡(韓相龍)―친일 예속자본가의 전형」, 『한국학보』 제71집(여름호), 일지사, 1993.

「여운형의 사상 노선과 마르크스주의」, 『역사비평』 제146호, 2024년 봄호.

「좌절된 중용: 일제 하 지식 형성에서의 보편주의와 특수주의」, 『사회와역사』, 한국사회사학회논문집 제51집, 문학과지성사, 1997.

「식민지 시기 신여성의 미국 체험과 문화 수용―김마리아, 박인덕, 허정숙을 중심으로」, 이화여자대학교 한국문화연구원, 『한국문화연구』 제11집, 2006.

「차이와 구별로서의 신여성―나혜석의 사례를 중심으로」, 『나혜석 연구』 창간호, 2012.

「지배와 연대 사이에서―재조 일본인 지식인 미야케 시카노스케(三宅鹿之助)」, 『사회와역사』 제105집, 2015.

"Japanese Assimilation Policy and Thought Conversion in Colonial Korea," in *Colonial Rule and Social Change in Korea, 1910-1945* edited by Hong Yung Lee, Yong-Chool Ha and Clark W. Sorensen, Seattle: University of Washington Press, 2013.

「일제의 식민 지배와 동화주의」, 김경일·박명규 외, 『한국사회사상사연구』, 나남, 2003.

찾아보기

수록 도판 크레디트

24쪽 러일전쟁 시기 조선 및 만주 일대 철도 지도 그림엽서(1905, 대한민국역사
박물관 소장, 이뮤지엄 제공)

29쪽 유길준(출처 wikimedia commons)

36쪽 윤치호(출처 wikimedia commons)

39쪽 윤치호가 영어로 쓴 첫 번째 일기(1889년 12월 7일자, 출처 wikimedia commons)

47쪽 러일전쟁 시기 인천적십자병원의 러시아군 부상병 사진엽서(수도국산달
동네박물관 소장, 이뮤지엄 제공)

52쪽 조선의 첫 미국 보빙사절단(출처 wikimedia commons)

64쪽 만주 의병 활동 중의 안중근(1908, 출처 wikimedia commons)

66쪽 안중근 의사의 손바닥 낙관(출처 wikimedia commons)

74쪽 안중근 의사 유묵(보물 제569-22, 23호, 안중근의사기념관 소장, 국가유산
포털 제공)

83쪽 안중근 의사 동상 제막식(1959, 국가기록원 제공)

90쪽 안중근의사기념관 내 석상(출처 wikimedia commons)

97쪽 한상룡(출처 wikimedia commons)

101쪽 한성은행(1930년대, 국사편찬위원회 우리역사넷 제공)

104쪽 시부사와 에이이치(출처 wikimedia commons)

119쪽 조선신탁주식회사(1937, 서울역사아카이브 제공)

138쪽 여운형(사)몽양여운형선생기념사업회

158쪽 YMCA에서 열린 건국동맹 회의에서 연설하는 여운형(1945, (사)몽양여운
형선생기념사업회 제공)

173쪽 여운형 암살 애도 전단(1947, 대한민국역사박물관 소장, 이뮤지엄 제공)

182쪽 농부의 점심식사(1930, 『日本地理風俗大系』, 新光社, 서울역사아카이브 제공)

548

198쪽 신간회 총무 간사 시절의 안재홍(경기박물관 소장)

203쪽 신채호(국가기록원 제공)

208쪽 최남선(국가기록원 제공)

212쪽 『한글』 제1권 제4호(1932, 국립한글박물관 소장)와 『조선민속』 제3호(울산 박물관 소장, 서울역사아카이브 제공)

216쪽 백남운(출처 wikimedia commons)

232쪽 안재홍 친필 약력(국립6.25전쟁납북자기념관 소장, 이뮤지엄 제공)

240쪽 김마리아(국가기록원 제공)

243쪽 박인덕(출처 박인덕 저, 『세계일주기』, 조선출판사, 1941)

247쪽 허정숙(출처 wikimedia commons)

266쪽 근화회 개최 소식을 알리는 『신한민보』 기사(1929년 9월 19일자, 국사편찬 위원회 한국근대사료DB 제공)

281쪽 나혜석(출처 wikimedia commons)

282쪽 김일엽(출처 wikimedia commons)

282쪽 김명순(출처 wikimedia commons)

288쪽 나혜석의 판화 「김일엽 선생의 가정생활」(1920, 출처 『신여자』 제2호; wiki-media commons)

291쪽 경성공립여자보통학교 자수실습 광경(1930, 『日本地理風俗大系』, 新光社, 서울역사아카이브 제공)

297쪽 자유연애 대강연회 연단에 선 김일엽(1926, 출처 『동아일보』 2월 24일자 사회면; wikimedia commons)

301쪽 『신여성』 창간 1주년 기념호(1924, 개벽사, 이뮤지엄 제공)

313쪽 나혜석, 「무희(Dancer)」(1927~28, 국립현대미술관 소장; wikimedia com-mons)

327쪽 경성제국대학 정문(출처 wikimedia commons)

332쪽 이재유 탈옥 및 은닉 사건 기사에 실린 미야케 시카노스케(1935, 『동아일 보』 8월 24일자)

출간예정

위계와 증오 엄한진

조선시대 노장 주석서 연구 조민환

광장의 문학, 한국과 러시아문학 김진영

도시마을의 변화과정 한광야

일제 강점기 황도유학 신정근

서양 중세 제국 사상사 윤 비

'트랜스Trans'의 한 연구 변 혁

피식민자의 계몽주의 한기형

국가처벌과 미래의 형법 김성돈

지식의 제국과 동아시아 진재교

제국과 도시 기계형

고대 로마 종교사 최혜영

J. S. 밀과 현대사회의 쟁점 강준호

문학적 장면들, 고소설의 사회사 김수연

조선 땅의 프로필 박정애

제주형 지역공동체의 미래 배수호

제국의 시선으로 본 동아시아 소수민족 문혜진

루쉰, 수치와 유머의 역사 이보경

식민지 학병의 감수성 손혜숙

계몽시대 여성담론 및 여자교육 김경남

플라톤의 『테아이테토스』 연구 정준영

출토자료를 통해 본 고구려의 한자문화 권인한

지은이 김경일

한국학중앙연구원 명예교수. 서울대학교 사회학과와 동 대학원을 졸업하고, 박사학위를 받았다. 덕성여자대학교 교수를 거쳐 한국학중앙연구원 사회과학부에서 정년을 맞았다. 뉴욕주립대(빙햄턴)와 파리 인간과학연구소(Maison des Sciences de L'Homme)에서 수학했고(박사후과정), 도쿄대학 경제학부 객원연구원, 캘리포니아대학(버클리)과 워싱턴대학 교류교수 등을 역임했다. 긴 시간 한국 사회사, 사회사상, 역사사회학, 동아시아론 등에 관심을 기울여왔다.

주요 저서로 『일제하 노동운동사』, 『이재유 연구』, 『지역 연구의 역사와 이론』, 『한국의 근대와 근대성』, 『동아시아의 민족 이산과 도시: 20세기 전반기 만주의 조선인』(공저), 『한국노동운동사 2, 일제 하의 노동운동: 1920-1945』, 『한국 근대 노동사와 노동운동』, 『여성의 근대, 근대의 여성』, *Pioneers of Korean Studies*(편저), 『이재유, 나의 시대 나의 혁명』, 『제국의 시대와 동아시아 연대』, 『근대의 가족, 근대의 결혼』, 『노동』, 『한국 근대 여성 63인의 초상』(공저), *Modern Korean Labor: A Sourcebook*(공편), 『신여성, 개념과 역사』, *Korean Women: A Sourcebook*(공편), 『동아시아 일본군 위안부 연구』(공저), 『근대 여성 12인, 나를 말하다: 자서전과 전기로 본 여성의 삶과 근대』, 『한국의 근대 형상과 한국학: 비교 역사의 시각』, 『한국의 민주화 운동에서 노동과 여성: 노동의 서사와 노동자 정체성』 등이 있다.

㊑ 知의회랑
arcade of knowledge
043

근대를 살다
한국 근대의 인물과 사상

1판 1쇄 인쇄 2024년 8월 10일
1판 1쇄 발행 2024년 8월 15일

지 은 이   김경일
펴 낸 이   유지범
책임편집   현상철
편   집   신철호·구남희
마 케 팅   박정수·김지현

펴 낸 곳   성균관대학교출판부
등   록   1975년 5월 21일 제1975-9호
주   소   03063 서울특별시 종로구 성균관로 25-2
전   화   02)760-1253~4 팩스 02)762-7452
홈페이지   http://press.skku.edu

ISBN 979-11-5550-637-0 93300